VALENTIN THURN
STEFAN KREUTZBERGER

HARTE KOST

VALENTIN THURN
STEFAN KREUTZBERGER

HARTE KOST

Wie unser Essen produziert wird.
Auf der Suche nach Lösungen
für die Ernährung der Welt

LUDWIG

Bilder im Innenteil:
Seiten 4/5, 9 rechts unten und 15 rechts oben: © Ralf Weber
Seite 8: © Hacky Hagemeier
Alle anderen Bilder: © Jens Mattner

MIX
Papier aus verantwortungsvollen Quellen
FSC® C014496

Verlagsgruppe Random House FSC® N001967
Das für dieses Buch verwendete
FSC®-zertifizierte Papier *Super Snowbright*
liefert Hellefoss AS, Hokksund, Norwegen.

Printed in Germany 2014
Umschlaggestaltung: Yellowfarm Gmbh, S. Freischem
Redaktion: Andrea Kunstmann
Satz: Leingärtner, Nabburg
Druck und Bindung: GGP Media GmbH, Pößneck
ISBN: 978-3-453-28063-2

www.Ludwig-Verlag.de

Inhalt

Die Filmklappen kennzeichnen die Kapitel, in denen Valentin Thurn von den Dreharbeiten zu *10 000 000 000* berichtet.

Vorwort von Dr. Vandana Shiva
Von der Monokultur zur Diversität

Wie unser Essen zum Fluch wurde und wie wir es wieder zu einem Quell des Lebens machen können

Lebensmittel sind dazu da, um uns zu ernähren. Die industrielle Nahrungsmittelproduktion jedoch stellt inzwischen die Hauptursache für die Zerstörung unseres Planeten und eine ernsthafte Gefahr für unsere Gesundheit dar. Guter Boden, Biodiversität, ausreichend Wasser und ein stabiles Klima sind die Voraussetzungen für den Anbau von Nahrungsmitteln. Wenn man aber die ökologischen Grundlagen der Landwirtschaft zerstört, gefährdet man auch unsere Lebensmittelversorgung.

Der UN zufolge sind die industriellen Monokulturen dafür verantwortlich, dass 75 Prozent der Biodiversität in der Landwirtschaft vernichtet wurden. Früher aßen wir 8 500 verschiedene Pflanzensorten. Heute werden lediglich etwa acht Nutzpflanzen in großem Stil angebaut, konsumiert und als Rohstoffe auf dem Weltmarkt gehandelt. Die Gentechnik hat zu der flächendeckenden Verbreitung von Monokulturen wie Mais, Soja, Raps und Baumwolle geführt, da mit den zugehörigen Patenten und Lizenzgebühren hohe Profite erwirtschaftet werden können. In Argentinien haben Sojamonokulturen, die gegen Breitbandherbizide resistent sind, zu einem erheblichen Anstieg von Geburtsfehlern geführt. Französische und russische Studien konnten die krebserregende und organschädigende Wirkung von genetisch veränderten Pflanzen nachweisen.

Wo die Biodiversität durch Monokulturen ersetzt wird, stirbt die organische Bodensubstanz – der Humus, die Mykorrhizen, die Regenwürmer. Diese

Entwicklung wird durch genmanipulierte Pflanzen drastisch verstärkt, da diese nicht nur mit Chemikalien behandelt werden, sondern auch selbst Giftstoffe freisetzen. Die Böden im indischen Vidharba, auf denen gentechnisch veränderte Baumwolle angebaut wird, weisen unseren Untersuchungen zufolge eine dramatische Abnahme nützlicher Mikroorganismen auf. Durch die Patente auf Genpflanzen kontrollieren nur fünf Konzerne das globale Saatgut und damit die Basis aller Landwirtschaft. In Indien hat dieses Saatgutmonopol zu einem Preisanstieg und damit zu einer Massenverschuldung geführt. Seit 1995 haben sich fast 300 000 indische Bauern als Reaktion auf ihre Schulden durch den Kauf der teuren Saat und der Agrochemikalien das Leben genommen.

- Ein Großteil der Böden auf der Welt sind ausgelaugt und verödet – verantwortlich dafür ist eine Landwirtschaft ohne Nachhaltigkeit, die nicht begriffen hat, dass der Boden ein lebendiges System ist, das der Mensch in Einklang mit der Natur bestellen muss.
- 75 Prozent unseres Wassers werden von der industriellen Landwirtschaft verbraucht. Die Schadstoffe dieser Großbetriebe gelangen in den Ozean und erzeugen dort die sogenannten Todeszonen.
- 40 Prozent der Treibhausgase, die für den Klimawandel mitverantwortlich sind, stammen aus der globalisierten, industriellen Landwirtschaft.
- 75 Prozent der Krankheiten und gesundheitlichen Probleme haben ihren Ursprung in einer Agrarwirtschaft, die sich nicht um die Erde oder unser Wohlbefinden kümmert.

Doch auf einem toten Planeten gibt es kein Essen.

Der epidemische Anstieg von Fettleibigkeit und Diabetes, von Krebs, Leber- und Nierenkrankheiten, von Lebensmittelallergien, Verdauungsbeschwerden und Mangelerscheinungen ist darauf zurückzuführen, dass wir die Lebensmittelproduktion wie einen Krieg betreiben und dabei Methoden der biologischen und chemischen Kriegsführung anwenden. Der Krieg gegen die Erde ist nicht zuletzt ein Krieg gegen uns selbst. Wenn uns unsere Lebensmittel krank machen und töten, ist unsere Nahrungsmittelversorgung ernsthaft gefährdet. Wir müssen uns entscheiden, ob wir eine gesunde oder eine kranke Beziehung zum Erdboden, den Pflanzen und den Tieren führen wollen. Auf kranken Böden wachsen kranke Pflanzen. Kranke Pflanzen führen zu kranken Tieren – und kranken Menschen.

Die Landwirtschaft ist eben nicht einfach nur ein chemischer Prozess. Unsere Lebensmittel spiegeln unsere Beziehung zur Erde wider, zur Sonne, zur Biodiversität und den Lebewesen, die uns ernähren, zu den Generationen, die vor uns kamen, und jenen, die uns nachfolgen.

Die Industrie produziert keine Nahrungsmittel, sondern Rohstoffe, mit denen man zwar Profit machen kann, die aber keinen Nährwert besitzen. Deshalb stammen nur 30 Prozent aller konsumierten Nahrungsmittel von großen industriellen Agrarbetrieben. 70 Prozent werden auf Kleinbauernhöfen angebaut.

Nahrung ist kein Rohstoff und darf kein Spekulationsobjekt sein. Aus diesem Grund bewertet die Stiftung Navdanya unsere Böden inzwischen in »Gesundheit pro Hektar« – d. h. nach dem Nährwert und nicht nach dem Ertrag. In mehreren Jahrzehnten, in denen wir nun schon Saatgut bewahren, die Biodiversität schützen, Landwirtschaft unter Gesichtspunkten der Ökologie und des fairen Handels betreiben, konnten wir durch Forschung und Praxis zeigen, dass nur Diversität und ein Verzicht auf Monokulturen die Nahrungsmittelversorgung garantieren können. Nicht die industrielle Landwirtschaft, sondern die Agrarökologie ist der Schlüssel zu einer umweltverträglichen, gesunden und gerechten Ernährung.

Dazu bedarf es eines raschen und radikalen Paradigmenwechsels im Nahrungsmittelanbau. Ich bin mir sicher, dass Stefan Kreutzberger und Valentin Thurn mit *Harte Kost* einen bedeutenden Beitrag zu diesem Sinneswandel leisten werden: von einem mechanistischen, wissenschaftsorientierten Weltbild hin zu einem ökologischen, von einer Abfall produzierenden zu einer nachhaltigen Landwirtschaft, von Gewalt zu Gewaltlosigkeit, von Krankheit zu Gesundheit und Wohlbefinden, vom Monopol hin zum Gemeingut – und von der Monokultur zur Diversität.

Dr. Vandana Shiva ist Mitglied des Club of Rome und des Exekutivkomitees des Weltzukunftsrates. Für ihr soziales und ökologisches Engagement erhielt sie 1993 den alternativen Nobelpreis. 1991 gründete sie die indische Organisation *Navdanya*, die sich für den Schutz von biologischer und kultureller Vielfalt des Saatgutes einsetzt.

Vorwort der Autoren

Dieses Buch richtet sich an alle, die sich nicht mit dem Skandal abfinden wollen, dass eine Milliarde Menschen hungern und zwei Milliarden mangelernährt sind, während gleichzeitig die Hälfte der produzierten Lebensmittel im Müll landet. Und es richtet sich an alle, die wissen wollen, warum das in unserer reichen Gesellschaft immer noch so ist. Denn nun ist es so gut wie sicher: Das erste und wichtigste Millenniumsziel der Vereinten Nationen wird nicht erreicht. Die Weltgemeinschaft hat es nicht vermocht, den Anteil der extrem Armen und Hungernden von 1990 bis zum Jahr 2015 um die Hälfte zu senken. Dabei ging es nicht einmal um deren absolute Zahl, sondern nur um ihren Anteil an der stetig wachsenden Weltbevölkerung. In der zweiten Hälfte des Jahrhunderts wird sie um 42 Prozent auf zehn Milliarden Menschen anwachsen. Wo soll die Nahrung herkommen, die jeder Einzelne täglich zum Überleben benötigt und von der heute schon mindestens jeder Sechste viel zu wenig hat? Werden die Satten von ihrem Zuviel abgeben und dem Skandal der Lebensmittelvernichtung ein Ende setzen? Überfällig scheint ein radikaler Sinneswandel, denn gleichzeitig bröckeln die Fundamente unserer Konsumgesellschaft: Fruchtbarer Boden verschwindet, Wasser wird zur Mangelware, die Zahl der Arten, von denen sich die Welt ernährt, schrumpft. Und der Treibstoff der industriellen Landwirtschaft, Rohöl und Dünger, geht zu Ende. Lebensmittel und Ackerflächen werden zu heiß begehrter Spekulationsmasse, und Landflucht drückt die Menschen in die Slums der Megastädte des Südens.

In unserem Buch *Die Essensvernichter* und mit dem Kinofilm *Taste the Waste* haben wir 2011 dokumentiert, dass die Hälfte aller Lebensmittel auf dem Müll landet, weil unser Wirtschaftssystem auf Wachstum und Überfluss programmiert ist. Die Verbraucher haben dadurch die Wertschätzung für Nahrung verloren, und viele wissen gar nicht mehr, wie Lebensmittel hergestellt werden. Mit dem hier vorliegenden Buch und Valentins im Frühjahr 2015 in die Kinos kommenden Film *10 000 000 000* gehen wir nun einen Schritt weiter und zeigen, wie die Landwirtschaft im 21. Jahrhundert funktioniert, und fragen, wie sie optimiert und geändert werden kann, sodass zehn Milliarden Menschen satt werden können.

Wir erkunden dazu rund um den Globus die wichtigsten Grundlagen der Lebensmittelproduktion: Saatgut, Pestizide, Dünger, Futtermittel, Tiermast und Agrarhandel. Wir stoßen dabei auf zwei entgegengesetzte Lager. Auf der einen Seite steht die industrielle Landwirtschaft mit Monokulturen und Massentierhaltung, deren Nachteile zunehmend sichtbarer werden: Raubbau an Wasser, Boden und Biodiversität. Indem die Agrarindustrie die knappen Ressourcen hemmungslos ausbeutet, sägt sie an dem Ast, auf dem sie sitzt. Doch sie behauptet nach wie vor, nur sie könne die Mengen produzieren, die die wachsende Menschheit benötige.

Demgegenüber stehen die Anhänger der bäuerlichen und biologischen Landwirtschaft, die schonend mit den Ressourcen umgehen, viele neue Ideen einbringen und bewusster und weniger konsumieren wollen. Doch kann auf diesem Weg auch genug Nahrung für zehn Milliarden Menschen erzeugt werden? Wir wollen herausfinden, ob es einen Königsweg in der Landwirtschaft gibt, bei dem die notwendige Menge und Qualität an Nahrung sich nicht nur heute, sondern auch zukünftig mit den begrenzten Ressourcen produzieren lässt. Werden wir vielleicht bald zu Vegetariern, essen wir zukünftig Insekten oder gar Laborfleisch? Oder baut bald wieder jeder selbst seine Nahrung an?

In der Auseinandersetzung mit diesen Fragen wollen wir erklären, wie sich die Visionen der industriellen und bäuerlichen Nahrungsmittelproduktion unterscheiden: vom normierten Saatgut und der Genmanipulation über die dafür notwendigen künstlichen Düngemittel und Pestizide, die Futtermittelproduktion, die Mast und die Massentierhaltung, die Macht des Handels bis hin zur Spekulation mit Nahrungsrohstoffen an den Börsen.

Eines wurde uns bei den Recherchen klar: Ernährung ist eine hochpolitische Angelegenheit. Es geht gar nicht nur um die Menge an Nahrungsmitteln und die Kalorienzahl, sondern entscheidend auch darum, was wir essen und wie das Essen verteilt wird: Wenn die Zahl der Hungernden auf der Welt steigt, dann liegt das nicht am Mangel, sondern an der ungleichen und unfairen globalen und sozialen Verteilung. Hunger ist eine direkte Folge von Armut und fehlenden Bildungschancen. Unsere Recherchen und Beispiele aus den Ländern Kambodscha und Malawi zeigen aber auch, dass es oftmals kleine Lösungen sind, die großen Resultate bringen. Das Erfolgskonzept dabei lautet: Die Ernährungsbasis so weit wie möglich selbst erzeugen und eigenes Saatgut vermehren.

Was für Entwicklungsländer gilt, ist aber auch bei uns sinnvoll: Wenn wir regionale Produkte einkaufen, kann die bäuerliche Landwirtschaft überleben, die Garant ist für eine stabile Ernährung auch in Krisenzeiten. Wenn wir unseren Ernährungsstil überdenken und ändern, leisten wir einen Teil zur Lösung der globalen Frage. Die Haltung »Weniger ist mehr« und die Bereitschaft zu verzichten, breiten sich in ganz unterschiedlichen Milieus aus. Immer mehr Menschen begreifen, wie sehr sie Teil eines großen Ganzen sind. Jeder kann hier und jetzt etwas dazu beitragen – von dieser positiven Einstellung sind wir fest überzeugt.

Der ungewöhnliche Aufbau des Buches folgt der Struktur des Kinofilms auf der Suche nach Lösungen für die immer prekärer werdende Welternährung. Dabei erfüllen unsere Texte unterschiedliche Funktionen: Valentin Thurn schreibt persönliche, emotional gefärbte Berichte von den Dreharbeiten, während Stefan Kreutzberger vor und zwischen diesen Kapiteln mit harten Fakten und weitergehenden Erläuterungen für Einordnung und Analyse sorgt. Die Emotion soll bei den Lesern die Bereitschaft wecken, sich mit den Fakten zu beschäftigen, und die Fakten wollen aus der Emotion eine Meinung machen, die bestehen bleibt. Das Buch ist eine Erkundungsreise durch unser System der Nahrungsmittelversorgung. Wir fragen nicht nur, wie die unterschiedlichen landwirtschaftlichen Produktionsweisen funktionieren, sondern auch, welche Auswirkungen sie auf unser Leben haben. Unser Ringen um eine richtige Lösung soll deutlich machen, dass es hier nicht um abstrakte Fragen geht, sondern auch um Entscheidungen, die jeder von uns selbst treffen muss.

Dabei lassen wir den Leser aber am Ende nicht hilflos zurück, sondern zeigen praktische Handlungsoptionen und Vernetzungsmöglichkeiten für jedermann auf – ohne behaupten zu wollen, dass es eine einfache Lösung gibt.

Valentin Thurn und Stefan Kreutzberger, im Juli 2014

1 Werden wir genug zu essen haben?

Können alle Menschen auf der Welt zukünftig ausreichend ernährt werden? So lautet die zentrale Frage dieses Buches. Die vorläufige Antwort muss lauten: kommt darauf an.

Die gute Nachricht ist: Es gibt genügend Nahrung, Spielraum für Veränderung, kreative Ideen, neue Ernährungsquellen, und die Welt hat noch eine Menge Platz, auch für zehn Milliarden Menschen. Wir müssten dafür allerdings vereint den Raubtierkapitalismus bändigen, die Agrar- und Lebensmittelindustrie in ihre Schranken weisen, einen fairen Welthandel und eine gerechte Verteilung etablieren, gleiche Bildungschancen verankern und die Unterdrückung der Frauen beseitigen.

Klingt nach einer unmöglichen Aufgabe, die nur eine Weltregierung stemmen könnte. Oder aber das Gegenteil: starke Regionen und lokale Strukturen. Also von unten statt von oben. Das Beste: Jeder kann bereits jetzt damit anfangen, auf politischer und kultureller Ebene und auch ganz privat, indem wir unseren Heißhunger nach Fleisch auf ein gesundes Maß reduzieren, weniger Lebensmittel wegwerfen und wieder Freude am Kochen mit natürlichen Zutaten aus der Region entwickeln. Jede noch so kleine Verhaltensänderung in diesem Sinne addiert sich zu einer mächtigen Welle, der auf Dauer Machtstrukturen, Unterdrückung und Gier nicht standhalten können.

Nun die schlechten Nachrichten: Wir steuern auf einen globalen Kollaps zu! Der Raubbau hat bereits die Belastungsgrenzen des Planeten überschritten. Die noch nicht zubetonierten fruchtbaren Böden der Erde gehen durch Erosion verloren, werden ausgelaugt und vergiftet. Der Grundwasserspiegel sinkt in vielen Regionen dramatisch, und die Meere sind bald leer gefischt. Der menschengemachte Klimawandel wird die Landwirtschaft vor ungeheure Herausforderungen stellen: Vertrocknete Landstriche hier und Überschwemmungen dort zerstören die Getreideernte und lassen das Vieh verhungern.

Damit dennoch alle satt werden, so argumentiert die globalisierte Ernährungsindustrie, müsste die Nahrungsmittelproduktion in den nächsten Jahrzehnten verdoppelt werden, und sie fordert eine zweite Grüne Revolution unter Federführung der Gentechnik. Pessimisten warnen vor Verteilungskriegen und prophezeien sogar den Zusammenbruch der Zivilisation. In Europa haben wir vielleicht nicht viel davon mitbekommen, aber die große Ernährungskrise 2007/2008 hat in über 40 Ländern für gewalttätige Unruhen gesorgt. Nachdem die Lebensmittelpreise global über Jahre gesunken waren, stiegen sie innerhalb weniger Monate auf das Dreifache.

In den letzten Jahren hat die Welt zeitweise mehr gegessen als produziert. Seit den 1980er-Jahren schrumpfen die weltweiten Nahrungsmittelvorräte, während der Krise reichten sie gerade mal für eine Durststrecke von zwei Monaten. Heute hat die Weltbevölkerung die Sieben-Milliarden-Marke überschritten, mehr als eine Verdoppelung seit 1960. Jede Sekunde kommen fünf Menschen dazu, jedes Jahr 80 Millionen. Und alle Menschen müssen essen, sich und ihre Kinder ernähren und haben selbstverständlich ein Recht auf gleiche Chancen und Lebensweisen.

Das Recht auf Nahrung

Jeder Mensch hat ein grundlegendes Recht darauf, zu jeder Zeit und an jedem Ort Zugang zu sicheren und nahrhaften Lebensmitteln zu haben, um ein gesundes und aktives Leben zu führen, sagen die Vereinten Nationen. Dass wir Hunger zulassen, verstößt gegen das Völkerrecht und ist ein Verbrechen an der Menschheit. Im internationalen Pakt über wirtschaftliche, soziale und kulturelle Rechte von 1966 heißt es in Artikel 11: »Die Vertragsstaaten erkennen das Recht eines jeden auf einen angemessenen Lebensstandard für sich und seine Familie an, einschließlich ausreichender Ernährung, Bekleidung und Unterbringung, sowie auf eine stetige Verbesserung der Lebensbedingungen. In Anerkennung des grundlegenden Rechtes jedes Einzelnen, vor Hunger geschützt zu sein, werden die Vertragsstaaten einzeln und im Wege internationaler Zusammenarbeit die erforderlichen Maßnahmen, einschließlich besonderer Programme, durchführen.«

Das Recht auf Nahrung ist heute allerdings das Menschenrecht, das wie kein anderes regelmäßig mit Füßen getreten wird. Noch nie haben auf unserer Erde so viele Menschen fortdauernd gehungert, obwohl die globale Landwirtschaft gleichzeitig mehr Lebensmittel produziert als je zuvor. Es ist absurd: Rein statistisch gesehen hat die Welt mehr als genug Nahrungsenergie pro Kopf zur Verfügung, und dennoch müssen Menschen in Armut und Hunger leben. Noch wächst die Produktion von Nahrungsmitteln weltweit schneller als die Bevölkerung. Die globale Ernte erbringt – in Kalorien ausgedrückt – ein Drittel mehr, als zur energetischen Versorgung aller Menschen notwendig wäre. Aber das hat mit der Ernährungspraxis gar nichts zu tun: Mindestens jeder dritte Mensch auf dem Globus muss andauernd oder lange Zeit hungern und ist unter- oder mangelernährt –, viel mehr als die offiziellen Statistiken ausweisen. Die meisten davon leben (noch) in Asien und der Pazifikregion, in Afrika südlich der Sahara, in Lateinamerika und auch im Nahen Osten und vielen osteuropäischen Ländern. Die Deutsche Welthungerhilfe gibt seit 2005 jedes Jahr den Welthungerindex (WHI) heraus. Dieses vom Internationalen Forschungsinstitut für Ernährungspolitik (IFPRI) in Washington entwickelte Instrument berechnet aus Daten von 122 Ländern die weltweite Hunger- und Ernährungssituation. Der WHI basiert dabei auf drei gleich gewichteten Indikatoren: dem Anteil der Unterernährten an der Bevölkerung, dem Anteil der Kinder unter fünf Jahren mit Untergewicht und deren Sterblichkeitsrate. Der aktuelle Index für das Jahr 2013 stellt fest, dass bewaffnete Konflikte, Naturkatastrophen und hohe Nahrungsmittelpreise die Faktoren sind, die besonders negative Auswirkungen auf die weltweite Ernährungssituation haben. Länder, in denen schon heute am meisten gehungert wird, seien auch am stärksten von Krisen betroffen. Aber es gibt auch positive Meldungen: Der Anteil der weltweit hungernden Menschen nimmt ab, und viele Länder in Lateinamerika sowie Thailand und Vietnam haben seit dem Vergleichsjahr 1990 deutliche Fortschritte gemacht. Dennoch ist in Südasien der Hunger am größten. Ebenso ist die Situation in der Sahelzone weiterhin kritisch: In Burundi, Eritrea und auf den Komoren sind die WHI-Werte mit Abstand am schlechtesten.[1]

Von der Beseitigung der Armut und des Hungers ist die Welt immer noch weit entfernt. Fast ein Drittel aller Kinder in Entwicklungsländern kommt nach wie vor untergewichtig zu Welt. Alle fünf Sekunden stirbt ein Kind unter zehn Jahren an den Folgen von Hunger und Unterernährung. Die Kinder sterben an Schwäche und Krankheiten wie Durchfall, Lungenentzündung, Malaria und Tuberkulose, denen ihr entkräfteter Körper nichts entgegensetzen kann. Bei einer nur etwas besseren Ernährung könnte die Hälfte von ihnen überleben. Aber auch Mangelernährung führt zu bleibenden gesundheitlichen und geistigen Schäden, die Hunger und Armut weiter befördern. So ernähren sich viele Menschen in Entwicklungsländern von zwar sättigenden, stärkereichen Grundnahrungsmitteln wie Reis, Maniok, Hirse und Mais, doch es fehlt ihnen an ausreichenden Vitaminen und Mineralstoffen wie Eisen und Jod. Das führt zu schweren Mangelerscheinungen. Dieses Mikronährstoffdefizit nennt man auch »versteckten Hunger«. Die Weltgesundheitsorganisation (WHO) zählt hierzu über zwei Milliarden Menschen. Jedes zweite Kind in Entwicklungsländern ist heutzutage durch versteckten Hunger geschwächt. Mehr als die Hälfte aller weltweiten Todesfälle ist die direkte Folge von Hunger und verstecktem Hunger. Diese hauptsächliche Todesursache auf unserem Planeten ist aber kein Naturereignis, sondern von Menschenhand gemacht. Und gleichzeitig schlägt sich die andere Hälfte der Menschheit in den »entwickelten« Ländern die Bäuche voll und wirft auch noch Unmengen unverdorbener Lebensmittel gedankenlos in den Müll.

Schöngerechnete Hungerzahlen

Nach Berechnungen der FAO (Food and Agriculture Organization of the United Nations), der Ernährungs- und Landwirtschaftsorganisation der Vereinten Nationen, litten im letzten Untersuchungszeitraum von 2011 bis 2013 genau 842 Millionen Menschen an chronischem Hunger, 12 Prozent der Weltbevölkerung oder jeder achte Mensch.[2] Zum vorhergehenden Berichtszeitraum 2010 bis 2012 sind dies beachtliche 26 Millionen Menschen weniger. Laut FAO sei das ein Erfolg des weltweiten Wirtschaftswachstums und einer verantwortungsvollen Politik auf dem Weg zur Umsetzung des ersten UN-Millenniumsentwicklungsziels, der Halbierung des Anteils der Armen und Hungernden bis zum Jahr 2015. Wie aber berechnen sich diese exakten Zahlenangaben, die von allen staatlichen Stellen und auch vielen Nichtregierungsorganisationen ungeprüft als Messzahl übernommen werden? Und was wird dabei unter »Hunger« verstanden?

Nach der nüchternen Definition der FAO bedeutet Hunger ein chronisches Kaloriendefizit, das mindestens ein Jahr andauert *(undernourishment)*. Das Ergebnis davon ist Unterernährung *(undernutrition)*. Knapp 10 Prozent aller Hungernden sterben jährlich an ihren Folgen.

Für die Bestimmung der Zahl der Hungernden ist es dabei entscheidend, welche Kalorienzahl man als Grenze ansetzt. Ein Säugling benötigt mindestens 300 Kilokalorien (kcal) am Tag, ein Kind zwischen einem und zwei Jahren 1 000 kcal. Im Alter von fünf Jahren sind 1 600 kcal und für Erwachsene zwischen 2 000 und 2 700 kcal erforderlich, abhängig von Klima, Region, Größe und Arbeitstätigkeit. Das WFP (World Food Programme, Welternährungsprogramm der Vereinten Nationen) geht bislang von durchschnittlich 2 100 Kilokalorien täglich für einen erwachsenen Menschen aus. Alles darunter führt auf Dauer zur Unterernährung. Auch die FAO hat bis zum Jahr 2011 mit diesem Durchschnittswert gearbeitet. In aufwendigen Untersuchungen wertet sie Jahr für Jahr für jedes Land der Welt alle möglichen Bevölkerungsdaten wie beispielsweise die Alters- und Geschlechtsverteilung aus und setzt sie in ein Verhältnis zur verfügbaren Nahrungsmittelmenge. Die Ergebnisse werden detailliert in den jährlichen Berichten und ihren Anhängen veröffentlicht.

Mit dem Jahresbericht 2012 führte die FAO, von der Öffentlichkeit weitgehend unbeachtet, eine neue Methode zur Bemessung des Hungers ein, an der sie zuvor zwei Jahre gearbeitet hatte. Im Bezugsjahr 1990 gab es demnach weit mehr hungernde Menschen als nach der alten Methode und heute deutlich weniger. »Dadurch scheint der Hunger seit 1990 quasi wie von Geisterhand auf dem Rückzug«, kritisieren die Entwicklungsorganisationen FIAN (Food First Informations- und Aktions-Netzwerk) und Brot für die Welt die neue Zählweise in einem ausführlichen Hintergrundpapier anlässlich des Welternährungstages 2013.[3] Laut der FAO gab es für die Neuberechnung gute Gründe: Mittlerweile lagen neue Datensätze zu den Bevölkerungszahlen vor, insgesamt sei auch mehr Nahrung vorhanden als vermutet und es gebe bessere Daten zu Nahrungsmittelverlusten. Die Menschen seien im Durchschnitt kleiner als bislang angenommen und benötigten daher weniger Kalorien. Im Schnitt rechnet die FAO nun nur noch mit einem Bedarf von 1 880 kcal für einen erwachsenen Menschen und legt dabei einen »bewegungsarmen Lebensstil« zugrunde. Nach Ansicht der Entwicklungsorganisationen ist das eine ausgesprochen fragwürdige Messlatte: »Würde der Berechnung des Kalorienbedarfs nicht ein bewegungsarmer, sondern ein »moderater Lebensstil« (beispielsweise der einer Servicekraft) zugrunde gelegt, würde die FAO-Schätzung 50 Prozent mehr hungernde Menschen ergeben«, schreiben sie in ihrem Papier. Dies würde einen Sprung von 842 Millionen auf 1 297 Milliarden Menschen bedeuten und belegt erneut, wie manipulierbar und realitätsfern globale Statistiken sein können. Hungernde Menschen sitzen eben nicht in Ruhe am leeren Tisch und warten auf ihr Ende, sondern sind ständig unterwegs auf der Suche nach Essbarem und schleppen Wasserkrüge über weite Strecken.

Globale Hungerstatistik
Zahl der unterernährten Menschen in Millionen

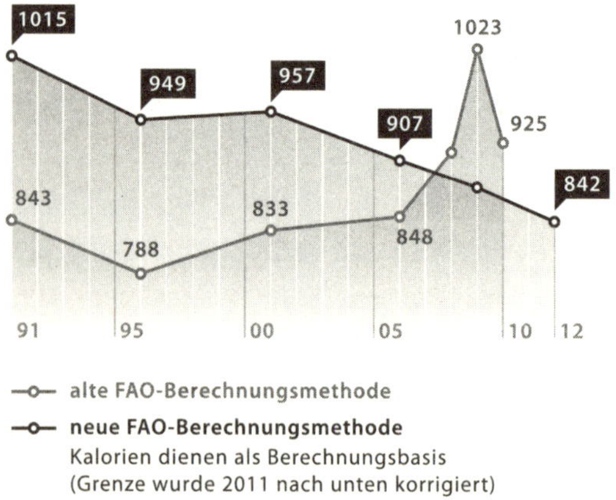

Um offiziell überhaupt als Betroffener gezählt zu werden, muss man darüber hinaus ein ganzes Jahr am Stück hungern. All jene Millionen Menschen fallen durch das statistische Raster, die infolge von Dürren oder Überschwemmungen für mehrere Monate ihre Ernährungsgrundlage verlieren, denen ihr Land gestohlen wird oder die sich wegen explodierender Lebensmittelpreise die Grundnahrungsmittel nicht mehr leisten können. »Die Effekte steigender Nahrungsmittelpreise werden kaum mehr berücksichtigt«, kritisiert Roman Herre, Agrarreferent von FIAN. Er glaubt nicht an diesen herbeigerechneten und politisch motivierten Positivtrend. Im Gegenteil macht er darauf aufmerksam, dass 80 Prozent des postulierten Rückgangs bei den neuen Hungerzahlen allein auf die Länder China und Vietnam zurückzuführen sind. »In den 45 ärmsten Ländern der Welt wuchs die Zahl der Hungernden dagegen um 25 Prozent oder 50 Millionen Menschen.« Der Schlussfolgerung der FAO, Wirtschaftswachstum sei die zentrale Lösung zur Hungerbekämpfung, erteilt Herre eine deutliche Absage. In den sieben afrikanischen Ländern mit dem größten Wirtschaftswachstum sei die Zahl der Hungernden von 2000 bis heute um knapp 5 Millionen Menschen angestiegen. Nur Ghana habe substanzielle Fortschritte bei der Hungerbekämpfung gemacht. »Aus unserer Sicht hat sich an den realen Faktoren, die zu Hunger führen, nichts gebessert«, so sein ernüchterndes Fazit.[4]

Aber Politik und Verwaltungsorganisationen stehen unter Erfolgszwang und greifen anstelle von wirkungsvollen Maßnahmen gerne zu Taschenspielertricks. Bis 2015, so hatten sie im Jahr 2000 versprochen, würden sie alles daransetzen, den Anteil der Hungernden in der Welt um 50 Prozent zu reduzieren. Vier Jahre zuvor beim Welternährungsgipfel 1996 war allerdings noch die Rede davon, die tatsächliche Anzahl zu halbieren. Mit dem Prozentwert und der neuen Berechnungsmethode steht man nun glänzend da: Verglichen mit 19 Prozent Hungernden im Jahr 1990 liegen wir nun bereits unter 12 Prozent, lautet die weltweit verkündete gute Nachricht. Und alle atmen auf – nur nicht die Betroffenen.

Wir werden immer mehr – aber das ist nicht das Hauptproblem

Jeden Tag gesellen sich 219 000 Menschen mehr an den globalen Mittagstisch. Heute sind es insgesamt 7,2 Milliarden, 2024 werden es wohl 8 Milliarden sein, und bereits im Jahr 2045 könnte es 9 Milliarden Menschen geben. Die Kurve dieses rasanten Wachstums würde erst danach abflachen und nach mittlerer Prognose im Jahr 2060 die 10 Milliarden erreichen. Bleibt es hingegen konstant bei der jetzigen Gebärrate, sind wir 2070 bereits bei 15 Milliarden.[5] Die Entwicklung ist regional sehr unterschiedlich. Während die Bevölkerung im dicht besiedelten Europa schrumpft, wächst ihre Zahl insbesondere in ärmeren Weltregionen mit niedriger Bevölkerungsdichte, vor allem in Afrika südlich der Sahara. Von heute rund 900 Millionen Menschen wird sich die dortige Bevölkerung im Jahr 2050 wohl auf 2 Milliarden mehr als verdoppeln. Die durchschnittliche Kinderzahl pro Frau ist weltweit von rund 5 Kindern in den 1960er-Jahren auf heute 2,5 Kinder deutlich gesunken. Bei einer »Fertilitätsrate« von 2,1 würde sich eine Bevölkerung stabil halten. Im südlichen Afrika sank sie allerdings nur von 6,6 Kindern auf 5,1. Hauptgründe dafür sind ungewollte Geburten wegen mangelnder Verhütungsmittel und fehlenden Wissens darüber sowie eine junge Altersstruktur. 60 Prozent der Frauen und Mädchen, die im Jahr 2012 im südlichen Afrika verhüten wollten, hatten keine Möglichkeit dazu.[6] Zwei von fünf Menschen in den am wenigsten entwickelten Ländern sind unter 15 Jahre alt. In Kombination mit einer hohen Fertilitätsrate führt das zu einem sehr hohen Bevölkerungswachstum. Da es in allen Entwicklungsländern keine ausreichende Alterssicherung gibt, wünschen sich die Menschen deshalb mehr als zwei Kinder.

Wenn alle künftigen Erdenbürger ausreichend ernährt werden sollen, müsste sich nach Ansicht der Weltagrarorganisation die weltweite Lebensmittelproduktion in den nächsten 40 bis 50 Jahren nahezu verdoppeln. Angesichts dieser Dimensionen geht das Gespenst der »Überbevölkerung« um und schürt die Angst vor dem Kollaps der Ressourcen, vor zu wenig Land und Wasser und weiterer Umweltzerstörung. Aber stimmt dieses Schreckensszenario denn? Wenn alles so weitergeht wie bisher, wohl schon. Der Fehler ist, dass dabei nur von unserem Wachstumsmodell aus gedacht und geurteilt

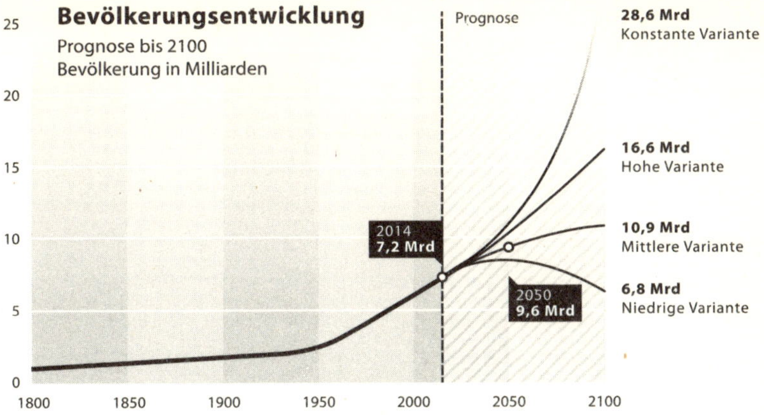

wird: immer mehr Fleischkonsum aus Massentierhaltung, riesige Monokulturen, Überproduktion und Wegwerfmentalität. Alternative Anbau- und Konsummodelle werden nicht berücksichtigt. Dabei könnten alle Hungernden der Welt rein rechnerisch allein dreimal von der Hälfte der in Nordamerika und Europa weggeworfenen Lebensmitteln satt werden. Würde darüber hinaus nur halb so viel Fleisch gegessen, könnte Hunger im Jahr 2050 ein Fremdwort sein.

Die Ideologie der Überbevölkerung

Wer die Ursachen für jetzige und zukünftige Umweltprobleme auf eine vermeintliche Überbevölkerung schiebt, stiehlt sich aus der Verantwortung, hier und bei sich etwas ändern zu müssen. Denn nicht zu viele Menschen sind das Problem, sondern vielmehr der ungerecht verteilte Zugang zu den Ressourcen. Mehr noch: Das Lamento, es gebe zu viele Menschen, und die Grenzen der Belastbarkeit der Erde seien dadurch erreicht, ist im Kern auch rassistisch und menschenfeindlich. Dahinter steckt nämlich die Annahme, dass es von uns (Kultivierten) zu wenig und von den anderen (Unkultivierten, Afrikanern etc.) zu viele gebe, die uns die Haare vom Kopf fressen.

Die Industrienationen fördern auf der einen Seite die Familienplanung ihrer eigenen Mittelschichten und verlangen aber von anderen Ländern eine rigorose Beschränkung der Geburtenrate. »Überzählig sind immer die anderen: die Armen, die Ausländer, die Angehörigen anderer Religionsgemeinschaften. Die Frage nach der Quantität ist immer an die Frage nach der Qualität gekoppelt. In Israel befürchtet man, die Palästinenser vermehrten sich zu stark, »Kinder statt Inder« lautete vor ein paar Jahren ein Slogan der CDU, und in den Vereinigten Staaten sind es die armen schwarzen Frauen, die zu viele Kinder zur Welt bringen. Es geht nie nur um die Zahlen, sondern stets um die Frage, wer sich vermehren darf und wer nicht«,[7] sagt die Inderin Shalini Randeria, Professorin für Anthropologie und Entwicklungssoziologie am Genfer Hochschulinstitut für Internationale Studien. Sie spricht sich für das Recht auf eine freie und selbstbestimmte Familienplanung aus und kritisiert die einseitige Politik des Westens: »Mich stört (...) die westliche Doppelmoral. Wenn eine Frau aus Kamerun mehrere Kinder zu Welt bringt, trägt sie angeblich zur globalen Überbevölkerung bei, wenn der Schweizer aber zwei Autos kauft, kurbelt er das Wirtschaftswachstum an. Man kann die Frage der vermeintlichen Überbevölkerung nicht vom Ressourcenverbrauch trennen. Die Einwohner der Stadt New York verbrauchen an einem Tag mehr Energie als der gesamte afrikanische Kontinent. Wenn einem der Umweltschutz tatsächlich am Herzen liegt, muss man den Ressourcenverbrauch der Industrieländer vermindern, statt sich über die Familiengröße fremder Frauen in fernen Ländern Gedanken zu machen.«[8]

Dem Untergang geweiht?

Auch die amerikanische Weltraumbehörde macht sich Gedanken um die Zukunft der Menschheit. Im März dieses Jahres veröffentlichte die britische Tageszeitung *The Guardian* die Ergebnisse einer von der NASA in Auftrag gegebenen Studie der Universität Maryland. Nach Ansicht der Forscher um den Mathematiker Safa Motesharrei führt unsere ungebremste Ausbeutung der Ressourcen und die ungleiche Verteilung des Reichtums zum totalen

Kollaps. Entscheidend sind dabei fünf Risikofaktoren: der Klimawandel, der Energieverbrauch, das Bevölkerungswachstum, die Wasserversorgung und die Landwirtschaftsentwicklung. Hier sei bereits jetzt eine »verheerende Dynamik« eingetreten: Allein die Menschen in der westlichen Welt verbrauchen 1,5-mal mehr Ressourcen, als auf der Erde nachwachsen könne. Fatal sei, dass diese Überausbeutung der Ökosysteme mit einer Spaltung der Gesellschaft in reiche Eliten und große arme Bevölkerungsschichten einhergeht. Alle neuen Technologien könnten den Kollaps nicht verhindern, sondern nur hinauszögern. Ein Zusammenbruch ließe sich nur noch vermeiden, »wenn die Pro-Kopf-Rate der Erschöpfung der Natur auf ein nachhaltiges Niveau reduziert wird und die Ressourcen in einigermaßen gerechter Weise verteilt werden«.[9] Dem stehe aber die Spaltung der Gesellschaft entgegen, so das pessimistische Fazit der Forscher.

Leben und Sterben im Anthropozän

Der Mensch formt heute die Natur und nicht mehr die Natur den Menschen. Diese eingängige These ist der Kern einer naturwissenschaftlichen Debatte über die Bestimmung eines neuen Erdzeitalters, des sogenannten Anthropozäns, der »Menschenzeit«: Sie begann am Anfang der Industrialisierung um das Jahr 1800 und ist die Epoche, in der der Mensch von allen globalen Faktoren her den größten Einfluss auf die biologischen, geologischen und atmosphärischen Prozesse auf der Erde nimmt. Mittendrin leben wir gerade und müssen mit den Folgen zurechtkommen. Der Begriff selbst wurde zum Jahrtausendwechsel unter anderem vom niederländischen Chemiker und Atmosphärenforscher Paul Crutzen eingebracht, geht aber auf die kritischen Grundannahmen des Club of Rome aus dem Jahr 1972 zurück. In ihrem Bericht *Die Grenzen des Wachstums* machten die Zukunftsforscher bereits damals eindringlich auf die zunehmende Umweltverschmutzung, den rasanten Anstieg der Weltbevölkerung, die Ausbeutung der natürlichen Rohstoffe und die Endlichkeit der Ressourcen aufmerksam. Die absoluten Wachstumsgrenzen der Erde würden bereits im 21. Jahrhundert erreicht.

Angesichts des Klimawandels und der rapide abnehmenden biologischen Vielfalt wiederholte der Club 40 Jahre später diese Prognose in ihren Grundzügen. Dass mittlerweile planetarische Grenzen fast erreicht und – noch viel weitreichender – einige bereits überschritten sind, bestätigte 2009 ein Team internationaler Wissenschaftler und Wissenschaftlerinnen von 27 Universitäten und Forschungsinstituten. Der Einfluss des Menschen auf das Erdsystem habe mittlerweile solche Ausmaße angenommen, dass die Existenz der Menschheit langfristig gefährdet sei. Die Autoren der Studie *Planetary Boundaries: A safe operating space for humanity*[10] um Johan Rockström, Direktor des Stockholm Resilience Centre an der dortigen Universität, identifizierten **neun** Grenzen, die die Menschheit einhalten muss, um noch über mehrere Generationen hinweg (über)lebensfähig zu bleiben. Sieben davon konnten sie konkret beziffern. Wird nur eine dieser sich wechselseitig beeinflussenden Grenzen überschritten, drohen bereits unkalkulierbare und nicht mehr rückgängig zu machende Umweltveränderungen, sogenannte *tipping points,* Kipppunkte unseres Ökosystems. In drei Bereichen sind die Grenzen jetzt schon deutlich überschritten: beim Klimawandel, dem Verlust der biologischen Vielfalt und dem Unterbereich Stickstoffeintrag in die Biosphäre. Bald erreicht sind die Grenzen in den Bereichen Versauerung der Ozeane, dem Phosphoreintrag in die Biosphäre (den fasst Rockström mit dem Stickstoffeintrag als eine planetarische Grenze zusammen) sowie Landnutzungsänderungen. In den beiden Bereichen globale Süßwassernutzung und Abbau der stratosphärischen Ozonschicht dauert es auch nicht mehr allzu lange. Die Bereiche atmosphärische Aerosolbelastung und Verschmutzung durch Chemikalien konnten noch nicht quantifiziert werden.

Welche konkreten Folgen das Überschreiten dieser Grenzen haben wird, ist unklar, da die Wissenschaft hierzu den Bereich der historischen Erfahrung verlassen muss. Klar ist aber, dass sich »das Risiko nicht-linearer Veränderungen« außerhalb des noch überschaubaren Bereichs »wesentlich erhöht«, sprich unkalkulierbar wird.

Strittig bleibt – über den Bericht hinaus – die Frage, welche Ursachen in welchem Maße dafür verantwortlich sind, uns über die Grenzen des Wachstums zu treiben: Ist die kapitalistische Wirtschaftsweise mit ihrem kurzfris-

Planetarische Grenzen

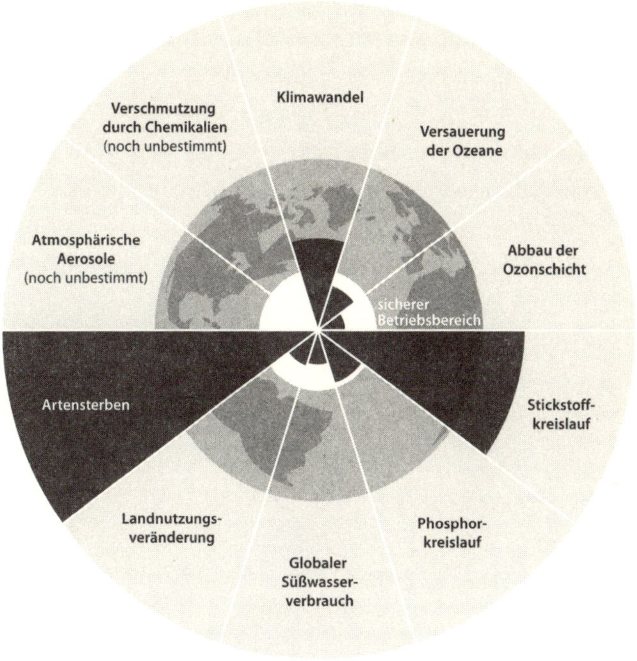

tigen Profitstreben schuld, oder sind es die angeborene Gier und Rücksichtlosigkeit der Menschen oder die sich zügellos vermehrende Weltbevölkerung? Die reine Anzahl der Menschen wird mit Sicherheit am wenigsten daran schuld sein. Auf der Erde ist noch reichlich Platz, und die aus den Ernteerträgen resultierende Nahrungsenergie reicht rechnerisch allemal aus, auch zehn Milliarden Menschen satt zu machen. Dass in unserer so reichen Welt jeder dritte Mensch hungern muss oder mangelernährt ist, hat weniger mit planetarischen Grenzen zu tun als vielmehr mit den Konsumansprüchen privilegierter Minderheiten und einer zutiefst ungerechten weltweiten Verteilung. Und dies wurzelt tatsächlich in dem vorherrschenden neokolonialen Wirtschaftssystem.

Ganz warme Zeiten

Nun haben wir es schwarz auf weiß: Es lägen »überwältigende Beweise« vor, dass unser energieintensiver Lebensstil sowie der wachsende Fleischverbrauch in den Industrienationen maßgeblich zur Steigerung der globalen Temperaturen führt, schreibt der Weltklimarat IPCC im zweiten und dritten Teil des 5. Weltklimaberichts Ende März und Mitte April 2014: Trotz weltweiter Klimaschutzanstrengungen seien die weltweiten Treibhausgasemissionen, bedingt durch das Wirtschafts- und Bevölkerungswachstum, nicht weniger geworden, sondern stiegen mit zunehmender Geschwindigkeit an. In den letzten 100 Jahren ist die mittlere Temperatur weltweit um 0,8 Grad Celsius gestiegen – vom Menschen verursacht.

Ernährung und Erwärmung
Anteil an den globalen Treibhausgasemissionen in Prozent

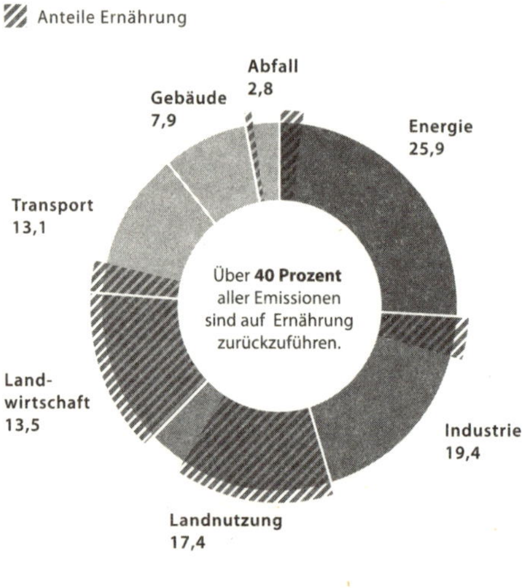

Die Erdatmosphäre enthält unter anderem die sogenannten Treibhausgase (THG) Kohlendioxid (CO_2), Methan und Lachgas, die wie ein Schutzschild den Erdball umgeben. Sie verhindern, dass die kurzwelligen, sichtbaren Sonnenstrahlen wieder als reflektierte, langwellige Wärmestrahlen ins All entweichen. Ohne diesen Schutzschild wäre es auf der Erde, genau wie im

Weltraum, bitterkalt. So aber herrscht bei uns eine konstante globale Mitteltemperatur von 15 Grad Celsius. Das heutige Problem ist, dass die Konzentration der Gase seit der Industrialisierung – also in erdgeschichtlich unglaublich kurzer Zeit – stark angestiegen ist. Allen voran das CO_2 mit einem Anteil von 76 Prozent, Methan mit 16 Prozent, Lachgas mit rund 6 Prozent und spezielle fluorhaltige Gase mit 2 Prozent. Da alle eine unterschiedlich hohe Treibhauswirkung haben, werden sie zur Vergleichbarkeit in CO_2-Äquivalente (CO_2 eq) umgerechnet und erfasst. Das Verbrennen fossiler Energieträger wie Öl, Kohle und Gas setzt das darin über Jahrmillionen gebundene CO_2 schlagartig wieder frei. Durch Industrie, Haushalte und Verkehr erhöht sich der Anteil fortlaufend, und unsere Atmosphäre heizt sich in der Folge überdurchschnittlich stark auf. Vor allem die Industriestaaten sind für diesen zusätzlichen, unnatürlichen Treibhauseffekt verantwortlich. Die großen natürlichen Speicherorte für CO_2 auf der Erde – Senken genannt – wie Wälder, Moore und die Weltmeere können die zusätzliche Belastung nicht mehr auffangen. Verstärkt wird dieses Problem durch die gleichzeitige Abholzung großer Waldflächen in Asien, Süd- und Mittelamerika, der »grünen Lunge« unseres Planeten. Dieser von Menschen gemachte Treibhauseffekt vollzieht sich rascher als bislang angenommen. Von 1970 bis 2000 stieg der Treibhausgasausstoß im Schnitt um 1,3 Prozent im Jahr, von 2000 bis 2010 betrug die Steigerung schon rund 2,2 Prozent jährlich. Machen wir so weiter, dann liegt die durchschnittliche Mitteltemperatur der Erdoberfläche bereits im Jahr 2040 rund zwei Grad höher als in vorindustriellen Zeiten. In der Klimapolitik besteht nun ein weitreichender Konsens darüber, dass bei einer Begrenzung auf zwei Grad über dem vorindustriellen Wert eine gefährliche Störung des Klimasystems durch den Menschen gerade noch vermieden werden kann. Geht die Erwärmung darüber hinaus, gerät der Klimawandel völlig außer Kontrolle. Bei einem weiteren ungebremsten Ausstoß von Treibhausgasen ist zu erwarten, dass bis Ende des Jahrhunderts die globale Mitteltemperatur um sogar knapp fünf Grad Celsius und der Meeresspiegel um bis zu 90 Zentimeter steigen könnte. Die Überflutung von Küstenregionen und tief gelegenen Inselstaaten, die Zunahme von Wirbelstürmen sowie die Ausbreitung von Wüstenregionen und das Abschmelzen von Gletschern sind die Folgen. Da dabei sogenannte klimatische »Kipppunkte« überschritten werden, ist ein rasanter Klimawandel völlig unkalkulierbar und nicht mehr aufzuhalten. Es kommt zu einer irreversiblen Veränderung des Weltklimas. Meeresströmungen und Vegetationszonen verändern sich weltweit mit nicht abschätzbaren Folgen. Bereits heute ist der Klimawandel eine der Hauptursachen von Naturkatastrophen: In Afrika und Asien lassen Dürren die Ernte vertrocknen, oder sintflutartige Regengüsse und Hochwasser spülen sie hinfort.

Ernteausfälle und Vertreibung

Der IPCC rechnet mit einem Rückgang der weltweiten Ernteerträge um durchschnittlich bis zu 2 Prozent in jedem Jahrzehnt und erheblichem Landverlust durch steigende Meeresspiegel, der Hunderte Millionen Menschen aus Küstengebieten vertreiben dürfte. Bis zum Jahr 2100 könnte der Wasserstand zwischen 26 und 98 Zentimeter steigen, doppelt so hoch, wie noch im Jahr 2007 angenommen wurde. Das 200 Kilometer breite Nildelta, die Kornkammer Ägyptens, wäre dann schon lange weg. Denn schon eine dünne Schicht Meerwasser reicht aus, um das Land unfruchtbar zu machen.[11] In Birma und Bangladesch werden landwirtschaftliche Flächen nahe der Küste schon seit einigen Jahren durch Stürme und steigenden Wasserspiegel mit Salzwasser überflutet. Obwohl einige höher gelegene Gebiete auf der Nordhalbkugel vom Temperaturanstieg profitieren werden und mehr produzieren können, gehen die Erträge in den meisten Regionen um bis zu 25 Prozent zurück. Betroffen sind vor allem die großen Kornkammern der Erde: der Mittlere Westen der USA, Brasilien, Thailand, Vietnam, Indien, China und Australien. Nach 2050 wird sich diese Entwicklung noch verschärfen. Bereits jetzt zeigen sich die Auswirkungen des Klimawandels. Teeproduzenten in Ostafrika kämpfen mit extremen Kälteeinbrüchen, und in ganz Mittelamerika fällt stärkerer Regen, während die Trockenzeiten länger werden. Das führt neben dem Verderb auch vermehrt zu Schimmelpilzkrankheiten und Insektenbefall. 2013 war wegen des »Kaffeerosts« die gesamte Kaffeeproduktion in den Keller gegangen, und Bananenbauern klagen über einen

Befall ihrer Pflanzen mit Thripsen, winzigen Schädlingen, die den Pflanzensaft saugen.

Insgesamt bestätigt der Weltklimarat die Annahmen der Umweltverbände, dass »die Auswirkungen des Klimawandels auf die Nahrungsversorgung weitaus schlimmer sind als zuvor geschätzt«,[12] und erkennt an, dass eine Zunahme der Extremwetterlagen auch extreme Nahrungspreise bedeute. »Ohne schnelle Taten bei der Anpassung und der Emissionsreduzierung könnte das Ziel, dass jeder genug zu essen hat, für immer verfehlt werden«, warnt Tim Gore von der Hilfsorganisation Oxfam. So richtig dies ist, haben Ernteausfälle und Hunger natürlich noch andere Gründe als den Klimawandel. Das sehen mittlerweile auch die naturwissenschaftlichen Forscher des Weltklimarates so und beziehen die Wechselwirkungen von Klimawandel, Konflikten und Migration mit in ihre Überlegungen ein. So seien besonders arme, marginalisierte und diskriminierte Personengruppen von den Klimaauswirkungen betroffen, stellen sie fest. Hans Peter Schmidt, IPCC-Autor und Klimaforscher vom Karlsruher Institut für Technologie (KIT) kommt denn auch zu dem bemerkenswerten Schluss: »Wenn wir die Armut in den Entwicklungsländern nicht in den Griff bekommen, lösen wir das Klimaproblem nicht.«[13]

Das Zwei-Grad-Ziel

Das erklärte Ziel aller Klimaschützer ist es nun, den Anstieg bei zwei Grad Celsius zu begrenzen und keine weitere Steigerung zuzulassen. Das IPCC geht davon aus, dass diese Obergrenze noch eingehalten werden kann. Dies erfordere jedoch eine schnelle und drastische Zügelung der Emissionen und einen tief greifenden technologischen und wirtschaftlichen Wandel. Für seinen Bericht hat das IPCC rund 900 Szenarien analysiert. Um das Zwei-Grad-Ziel zumindest mit einer Wahrscheinlichkeit von 66 Prozent zu halten, darf die THG-Konzentration in der Atmosphäre bis zum Jahrhundertende nicht über 450 ppm CO_2 eq steigen. Dies entspricht ungefähr einer eingebrachten Gesamtmenge von einer Billion Tonnen CO_2. Bis zum Jahr 2012 hat die Menschheit allerdings schon 545 Milliarden Tonnen emittiert. Will man die

Erwärmung bei zwei Grad stabilisieren, muss der Ausstoß bis zum Jahr 2050 weltweit um 40 bis 70 Prozent unter das Niveau von 2010 gesenkt werden. Bis zum Ende des Jahrhunderts müssten die Emissionen dann massiv bis nahezu null sinken. Unsere heilige Kuh, das wirtschaftliche Wachstum, würde unter diesen Minderungszielen sicherlich leiden, aber in einem viel geringeren Maße, als man denkt: »Für eine Zwei-Grad-kompatible Entwicklung verringert sich in diesem Jahrhundert der jährliche Konsumzuwachs um 0,04 bis 0,14 Prozent gegenüber einer Entwicklung ohne Klimaschutzpolitiken«, berechnet das IPCC und fügt noch hinzu: »In diese Berechnungen sind weder Zusatznutzen noch vermiedene Kosten durch Anpassungsmaßnahmen oder Schäden des Klimawandels einbezogen.«[14] Längerfristig wird es ohne diese Begrenzung sowieso keine wirtschaftliche Entwicklung mehr geben.

Wohlgemerkt, das Zwei-Grad-Ziel ist kein weltfremdes Szenario von grünen Wissenschaftlern, sondern erklärter Wille der meisten Staaten der Welt. Es geht als politische Zielformulierung auf einen Vorschlag der EU aus dem Jahr 1996 zurück, der später von vielen internationalen Organisationen aufgegriffen wurde. 2009 wurde das Ziel im Abschlussdokument der UN-Klimakonferenz in Kopenhagen formuliert und auf der UN-Klimakonferenz in Cancún in Mexiko im Dezember 2010 erstmals offiziell akzeptiert. Auch die G-8-Staaten haben im Juli 2009 im italienischen L'Aquila dieses klimapolitische Ziel anerkannt.[15] Jetzt müssen sie es nur noch umsetzen.

Tonne oder Teller?

Bis zur Hälfte aller für den menschlichen Verzehr geeigneten Lebensmittel werden bereits auf dem Acker untergepflügt, verderben bei Transport und Lagerung oder werden in den Müll geschmissen, obwohl das großteils vermeidbar wäre. Sie werden an Tiere verfüttert oder zur Stromerzeugung verbrannt und zu Gas verrottet. Die Verschwendung von weltweit 1,3 Milliarden Tonnen Lebensmitteln im Jahr – das entspricht fast der gesamten Produktion in Afrika südlich der Sahara – richtet so immense Umweltschäden an. Nach Angaben der FAO werden 1,4 Milliarden Hektar – gut 28 Prozent – des weltweiten Ackerlandes dazu benötigt, um Nahrung zu produzieren, die nicht gegessen wird. Etwa 250 Kubikkilometer Wasser, so viel wie die Wolga im Jahr führt, werden dazu eingesetzt, und es entstehen 3,3 Milliarden Tonnen CO_2-Emissionen. Die finanziellen Einbußen addieren sich auf sagenhafte 565 Milliarden Euro im Jahr. Die FAO spricht von einem weltweiten Verlust von gut einem Drittel der Nahrungsmittel über alle Gruppen betrachtet. Bei Früchten, Gemüse, Wurzeln und Knollen liegen die weltweiten Verluste sogar zwischen 40 und 55 Prozent, bei Fisch bis zu 80 Prozent.

Nahrung vergeuden heißt Hunger erzeugen

Die FAO stellt heraus, dass die globale Verschwendung und die Verluste von Nahrungsmitteln wesentliche Gründe für die in vielen Regionen der Welt herrschenden Nahrungskrisen sind. Bis zu 40 Prozent der Nahrungsmittel in Entwicklungs- und Schwellenländern verderben, bevor sie überhaupt die Konsumenten erreichen, also bereits auf dem Feld, als Nachernteverluste und beim Transport. Die Ursachen liegen hauptsächlich in finanziellen und technischen Einschränkungen bei Erntetechnik, Lagerung und Kühlung, schlechter Infrastruktur und mangelnder Verpackung. In Ländern mit mittleren und hohen Einkommen sieht es hingegen anders aus: Hier entstehen die Verluste besonders bei der Produktion, im Groß- und Einzelhandel sowie am Ende der Ernährungskette auf Verbraucherebene. Zu der Ressourcenverschwendung kommt so ein ethischer Skandal hinzu: In Europa und Nordamerika wirft jeder Bürger durchschnittlich im Jahr mehr als sein Körpergewicht an Lebensmitteln in den Abfall, im Wert von Hunderten Euro pro Kopf. Für die Hälfte der Weltbevölkerung, die von weniger als zwei Dollar pro Tag leben muss, ist das eine unvorstellbare, geradezu zynische Verschwendung. Und sie hat Folgen: Die Konsumweise in industrialisierten Ländern lässt die Produktion über den eigentlichen Bedarf hinaus steigen und somit auch die Preise für Grundnahrungsmittel auf den Weltmärkten. Explodierende Nahrungsmittelpreise machen ausreichende und angemessene Nahrung für arme Menschen unerschwinglich.

Energie- und Wasserverschwendung

Bereits im Mai 2008 hat das Stockholm International Water Institute SIWI die weltweit verschwendeten Kalorien und die Wasservergeudung untersucht. Das schwedische Forscherteam wählte bei seiner Studie *Saving Water: From Field to Fork* einen Metaansatz und verglich die täglich weltweit pro Kopf produzierten Energieeinheiten an essbaren Feldfrüchten mit den tatsächlich für den privaten Haushalt verfügbaren Kalorien. Die Forscher kommen zu dem Ergebnis, dass entlang der Produktionskette 56 Prozent, also mehr als die Hälfte der zu Verfügung stehenden Nahrungsenergie verloren geht: als NacherntevERLUSTE, bei der Tiermast (die einbezogen wird) sowie als Verluste und Abfall bei der Produktion, im Handel und beim Verbraucher.

In unseren weggeworfenen Nahrungsmitteln ist eine Wassermenge gebunden, die jährlich doppelt so hoch ist wie all das Wasser, welches wir zum Waschen und Trinken verbrauchen, insgesamt ein Viertel des weltweiten Wasserverbrauchs. Die eingesetzte Energie zur Erzeugung und zum Trans-

56% Verluste in der Lebensmittelkette

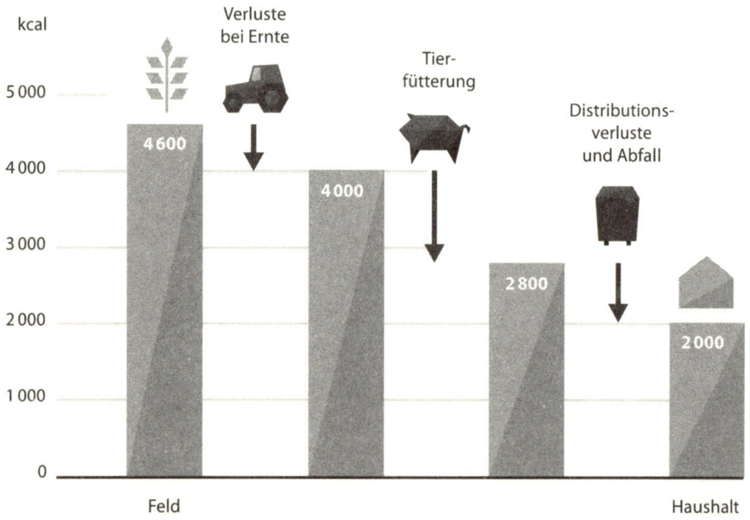

port der »überflüssigen« Lebensmittel und die Entsorgung des späteren Lebensmittelmülls produziert ungeheure Mengen von Klimagasemissionen, mehr als der gesamte Verkehrsbereich. Würden wir den Müll um die Hälfte reduzieren, wäre das, als ob wir jedes zweite Auto stehen ließen.

Deutschland wacht auf

Die Fernsehdokumentation *Frisch auf den Müll* von Valentin Thurn im Herbst 2010, das gemeinsam mit Stefan Kreutzberger verfasste Bestsellersachbuch *Die Essensvernichter* und der Kinoerfolg *Taste the Waste* im November 2011 stießen in Deutschland eine längst überfällige und in der Folge kontrovers geführte öffentliche Diskussion zum Thema Lebensmittelverschwendung an:[16] Wie hoch ist das tatsächliche Ausmaß, und wer sind die Verursacher des Skandals? Fundierte Untersuchungen und Zahlen lagen bislang nicht vor. Eine daraufhin von der damaligen Bundeslandwirtschaftsministerin Ilse Aigner in Auftrag gegebene Studie kam im März 2012 zu dem Ergebnis, dass in Deutschland knapp 11 Millionen Tonnen Lebensmittel pro Jahr im Müll landen. Rund 61 Prozent davon sollen aus den Privathaushalten stammen, 17 Prozent von Großverbrauchern, 17 Prozent aus der Lebensmittelindustrie und 5 Prozent im Handel anfallen. Doch die Angaben täuschten, denn der gesamte Bereich der Landwirtschaft mit einem geschätzten Anteil von 15 bis 20 Prozent wurde gar nicht in der Studie berücksichtigt und auf eine spätere Untersuchung verschoben. Das bedeutet, dass all das auf dem Acker untergepflügte, als »nicht verkaufsfähige Ware« aussortierte und zu Tierfutter oder in der Biogasanlage verstromte Getreide, Gemüse und Obst bislang gar nicht erfasst wurden. Die derart verkürzte Betrachtung reduziert die gesamte Abfallmenge und verändert die prozentualen Anteile der verbliebenen Akteure zulasten der Verbraucher. Darüber hinaus stammten die verwendeten Zahlenangaben von Industrie und Handel – nur stichprobenartig überprüft – aus deren eigenen Umfragen und internen Verbandserhebungen: Industrie und Handel hatten sich geweigert, die Wissenschaftler in ihre Mülltonnen blicken zu lassen.

Die Studie spricht hierbei selbst von einer enormen Bandbreite zwischen 460 000 bis 4,79 Millionen Tonnen Müll beim Handel und von 210 000 bis 4,58 Millionen Tonnen pro Jahr bei der Industrie.[17]

Auch das EU-Parlament forderte im Januar 2012 konkrete Maßnahmen, um die Lebensmittelverschwendung in der EU bis 2025 um die Hälfte zu verringern und einkommensschwachen Haushalten den Zugang zu Lebensmitteln zu erleichtern. Hierzu bedürfe es »einer gemeinsamen koordinierten Strategie auf EU- und nationaler Ebene, die jeden Sektor einbezieht« und entsprechender Aufklärungskampagnen. Das Jahr 2014 sollte dann zum »Europäischen Jahr gegen Lebensmittelverschwendung« werden, was aber wieder zurückgenommen wurde. Ministerin Ilse Aigner zog dieses an sich schon ehrgeizige Halbierungsziel für Deutschland sogar auf das Jahr 2020 vor. Wie sie das allerdings in den wenigen verbleibenden Jahren erreichen wollte, sagte sie nicht, und bisher wurden auch keine entsprechend wirkungsvollen staatlichen Konzepte vorgelegt. Das Ministerium hat sich entschieden, bei seiner Kampagne »Zu gut für die Tonne« vorrangig den Verbraucher anzusprechen.

Stellt man allein den Konsumenten und sein Verhalten in den Mittelpunkt der (durchaus berechtigten) Kritik, blendet man so die eigentlichen Verursacher für die geringe Wertschätzung und den Überfluss von Lebensmitteln im Land aus: Hersteller und Handel entwerten unsere Lebensmittel seit Jahrzehnten durch Niedrigpreisschlachten, aggressive und irreführende Werbung und Warenverpackungen im XL-Format. Die Angebotsfülle von stark verarbeiteten Fast-Food- und Convenience-Produkten und eine völlig intransparente Warenherstellung tragen darüber hinaus zur Entfremdung gegenüber natürlichen Lebensmitteln und ihrer Verarbeitung bei. Verantwortlich für den Großteil der Lebensmittelverschwendung ist – neben einer unzureichenden Verbraucheraufklärung – die im System einkalkulierte Diskrepanz zwischen Angebot und Nachfrage. Lebensmittel sind eine Ware wie jede andere auch und sollen Profite generieren. Dafür müssen Bedürfnisse erzeugt und Verhaltensweisen geändert werden. Der Müll der Wegwerfgesellschaft gehört daher untrennbar zu unserem industriellen Lebensstil. Denn was nicht mehr da ist, kann wieder neu produziert werden und die Regale füllen. Die geplante Überproduktion manifestiert sich in knebelnden

Lieferverträgen, die die Kosten drücken, preisverzerrenden Agrarsubventionen und genormten Qualitäts- und Geschmacksstandards bei einer tatsächlichen Abnahme der natürlichen Vielfalt der Lebensmittel.

Der große Hunger nach Fleisch

Tatsächlich hängen die meisten Bereiche der planetarischen Grenzen direkt und indirekt eng mit unserer Ernährung und unseren Essgewohnheiten zusammen: Der CO_2-Fußabdruck der Produktion und des Konsums von Lebensmitteln trägt im hohen Maße zum Klimawandel bei. Industrialisierte Monokulturen ändern die Landnutzung, zerstören natürliche Ökosysteme durch Rodung von Urwäldern und führen zum Verlust der Artenvielfalt. Künstliche Düngemittel potenzieren den Stickstoff- und Phosporeintrag in die Biosphäre, Pestizide verseuchen die Böden mit Giften und Schwermetallen, und der enorme Süßwasserbedarf der Anpflanzungen senkt allerorts den Grundwasserspiegel: Jedes Kilo Weizen hat 1 100 Liter Wasser verschluckt und ein Kilo Reis etwa 2 700 Liter.

Das ist aber noch gar nichts gegen die insgesamt bis zu 16 000 Liter Wasser, die notwendig sind, um ein Kilo Rindfleisch zu erzeugen. Deshalb ist ein wesentlicher Motor des zunehmenden Ressourcenverbrauchs der Heißhunger nach Fleisch. In allen Weltregionen – außer in Afrika – hat der Konsum in den letzten 20 Jahren deutlich zugenommen. Stieg er in den Entwicklungs- und Schwellenländern stark an, entwickelte er sich in den Industrieländern moderat auf sehr hohem Niveau weiter. In Deutschland essen wir heute doppelt so viel Fleisch wie noch vor 100 Jahren. Mit der Nachfrage wächst auch die weltweite Fleischproduktion: Von 1961 bis 2009 hat sie sich mehr als vervierfacht und mit ihr der Bedarf der für die Tiermast benötigten Futtermittel.

Trog oder Teller?

Die intensive industrielle Tiermast benötigt riesige Mengen Getreide wie Mais und Weizen und eiweißreiche Futtermittel, hauptsächlich Soja aus Südamerika. In Europa dienen bereits 57 Prozent der Getreideernte der Tierernährung. Die deutsche Landwirtschaft verfüttert sogar 60 Prozent allen Getreides und 70 Prozent aller Ölsaaten, wie Raps und Sonnenblume, an Tiere. Am extremsten ist es bei Soja: Nur 2 Prozent werden weltweit direkt für den menschlichen Verzehr angebaut, 98 Prozent dienen als Futtermittel. Und Nutztiere sind keine guten Futterverwerter. Sie verbrauchen viel mehr Energie, als sie über ihr Fleisch wieder für die menschliche Ernährung zur Verfügung stellen. Was in der Fachsprache der Tiermäster und Metzger als »Veredelung« bezeichnet wird, ist in Wirklichkeit eine gigantische Nahrungsmittelverschwendung. Jedes Grillhähnchen hat zuvor zwei Kilo Getreideschrot gefressen, um auf ein Kilo Lebendgewicht zu kommen. Bei Schweinen sind es drei bis vier Kilo, und jedes Kilo Rindfleisch schlägt mit sieben bis neun Kilo zu Buche. Allein für ein 200-Gramm-Rindersteak müssen demnach etwa 1,6 Kilo Getreide verfüttert werden. Dieses Missverhältnis spiegelt sich auch im Flächenbedarf wieder. Tierische Lebensmittel beanspruchen für ihre Herstellung daher viel mehr Gras- und Ackerland als pflanzliche Lebensmittel. Tierhaltung ist mit Abstand der größte Landnutzer weltweit. Ungefähr ein Drittel der globalen Landfläche wird bereits in irgendeiner Form dafür genutzt. Nationale Grenzen sind dabei längst gesprengt. Das für die deutsche Tiermast benötigte Soja importieren wir hauptsächlich aus Brasilien und Argentinien. Für die Produktion nehmen wir dortiges Land in Anspruch. »Deutschland ›gewinnt‹ sozusagen Ackerland. Brasilien hingegen ›verliert‹ das eigene Ackerland in dem Sinne, als dass es diese Ressourcen nicht mehr für eigene Zwecke nutzen kann. So kommt es zu einem virtuellen Export von Ackerland aus Brasilien nach Deutschland.«[18] Dieser »virtuelle Nettolandhandel« summiert sich – im Vergleich zu den Importen und Exporten aller Agrarprodukte gesehen – auf eine Fläche von 6,88 Millionen Hektar, der Größe Bayerns. Deutschland selbst hat eine landwirtschaftliche Nutzfläche von 16,9 Millionen Hektar. Über 40 Prozent unserer eigenen Flächenressourcen okkupieren wir demnach in Ländern außerhalb des EU-Gebietes, um unseren eigenen Bedarf sicherzustellen.

Agrarfläche zum Anbau von Soja für Deutschland
weltweit 3,58 Millionen Hektar

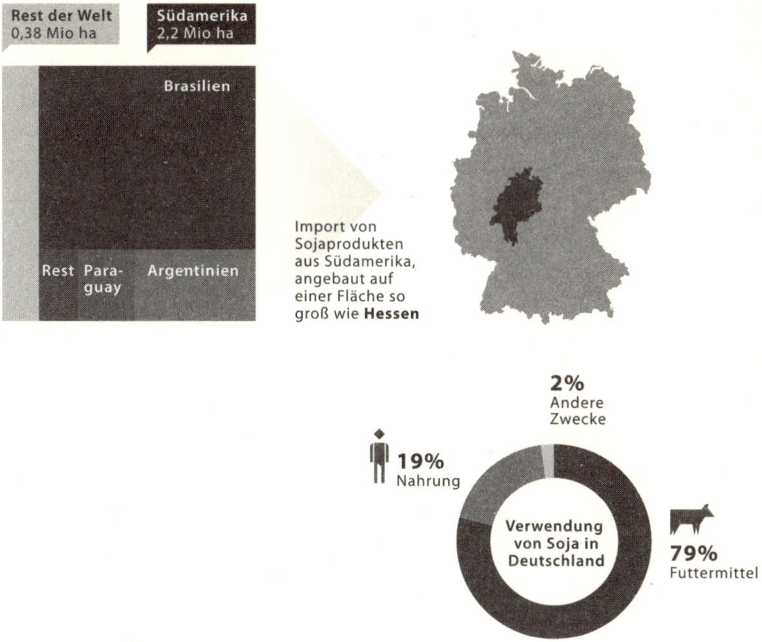

Der Fußabdruck unseres Fleischkonsums

Rein statistisch betrachtet, verbraucht jeder Deutsche etwa 88 Kilogramm Fleisch im Jahr, sechs Kilogramm mehr als der EU-Durchschnitt. Davon sind 56 Kilogramm Schweinefleisch, 19 Kilogramm Geflügel, 13 Kilogramm Rind und ein Kilogramm Lamm. Der dafür nötige Flächenbedarf liegt bei 1 000 Quadratmetern pro Kopf. Bei 82 Millionen Einwohnern macht das eine Fläche von acht Millionen Hektar aus: fast die Hälfte der gesamten landwirtschaftlichen Nutzfläche Deutschlands allein für die Fleischproduktion. Diese Erhebungen beziehen allerdings Haut, Knochen und Innereien der Tiere sowie sämtliche Abfälle mit ein. Tatsächlich verspeisen die Deutschen »nur«

rund 60 Kilogramm Fleisch und Fleischprodukte im Jahr und Männer doppelt so viel wie Frauen. Ernährungsphysiologisch ist das viel zu viel. Den Empfehlungen der Deutschen Gesellschaft für Ernährung (DGE) folgend, sollte der Fleischkonsum nur etwa halb so hoch sein und 300 bis 600 Gramm pro Woche nicht überschreiten. Unsere fleischlastige Ernährung bestimmt wesentlich die Art der Landnutzung. Schon kleine Änderungen unserer Konsumweise könnten hingegen den Flächenfußabdruck reduzieren: Ein fleischfreier Tag pro Woche setzt beispielsweise fast 600 000 Hektar frei. Folgt man darüber hinaus den wissenschaftlichen Ernährungsempfehlungen, 75 Prozent mehr Gemüse und 44 Prozent weniger Fleisch zu essen, führt das zu 1,8 Millionen Hektar Landgewinn.[19] Reduziert man daneben den vermeidbaren Lebensmittelmüll um die Hälfte, gewinnt man noch einmal 1,2 Millionen Hektar. »Wenn es gelänge, die Deutschen dazu zu motivieren, an beiden Schrauben zu drehen – ihre Ernährungsgewohnheiten zu verändern und weniger Nahrungsmittel in die Abfalltonne zu werfen –, dann würden Acker- und Grünlandflächen erheblichen Umfangs weniger benötigt«, schreibt Tanja Dräger de Teran, Referentin für nachhaltige Landnutzung, Klimaschutz und Ernährung beim WWF Deutschland. Und weiter: »Möglich wäre es dann, den heutigen Flächenfußabdruck eines Deutschen durch Verbrauch landwirtschaftlicher Rohstoffe von etwa 2 900 Quadratmetern um mindestens 500 Quadratmeter zu senken.«[20]

Leere Meere

Um die globalen Wildfischbestände ist es mittlerweile äußerst schlecht bestellt. Die letzten großen Raubfische werden systematisch gejagt und zu handlichen Sushihäppchen filetiert, die kleineren Fische zu Tierfutter zermahlen. In klebrigen Reis gerollt verspeisen wir so gut wie ausgestorbene Thunfischarten, tropische Garnelensorten und exotische Fischarten, von denen wir nicht einmal den Namen kennen. Aber auch unsere heimischen Meere sind schon fast leer gefischt. Von der ursprünglichen Population des Blauflossenthunfischs (oder Roter Thunfisch) im Mittelmeer sind nur noch rund 20 Prozent übrig; die Befischung liegt dreimal so hoch, wie es für den Bestand noch verträglich wäre. Nicht viel anders erging es in der Nord- und Ostsee dem – Dorsch genannten – europäischen Kabeljau. Die Bestände waren 2010 fast ausgerottet, und nur strikte Fangbeschränkungen über mehrere Jahre ermöglichten inzwischen eine Erholung. Aber nach wie vor gelten drei Viertel der europäischen Fischbestände als überfischt.

Vermehrt fangen Hochseeflotten mit Spezialschiffen nun auch die ganz kleinen Fische, Krebse und Meerestiere in arktischen Gewässern und vor den Küsten Lateinamerikas, den sogenannten »Krill«, zur Fischmehlerzeugung. Dieser Eingriff in den Anfang der maritimen Nahrungskette wirkt sich verheerend auf die Population von größeren Fischarten aus und beschleunigt das Aussterben vieler Arten.

Die FAO schätzt in ihrem jüngsten Bericht, der alle zwei Jahre erscheint, dass von den weltweit kommerziell gejagten Fischbeständen bereits 57,4 Prozent bis an ihre Reproduktionsgrenze genutzt werden, 29,9 Prozent überfischt sind, der Fortbestand somit gefährdet ist, und 7 bis 8 Prozent erschöpft und damit quasi ausgestorben sind. Nur noch 12,7 Prozent der weltweiten Bestände werden moderat bis wenig befischt.[21] Große Fischarten wie Thunfisch, Hai, Schwertfisch und auch Kabeljau muss man mit der Lupe – oder besser dem Echolot – suchen, denn ihre Bestände sind bis zu 90 Prozent dezimiert. Auch kleineren Speisefischen wie beispielsweise Sardinen, Anchovis und Sprotten geht es an den Kragen. Sie werden massenhaft abgefischt, zu Mehl zerrieben und ihr Öl ausgekocht, um sie später an Schweine und Hühner oder in Aquakulturen an Zuchtlachse und Garnelen zu verfüttern. Rund 30 Millionen Tonnen Fisch müssen weltweit so enden.

Ähnlich schwer wie bei der Fleischproduktion wiegt auch hier das tatsächliche Verschwendungsverhältnis: Für ein Kilogramm Zuchtlachs sind in der Regel vier bis fünf Kilogramm anderer Fisch nötig.[22] Die viel niedriger klingenden Aussagen der Züchter, es würden doch nur ein bis zwei Kilogramm Fischfutter pro Kilogramm Lachs benötigt, beruhen auf einem Taschenspielertrick: Den konzentrierten Futterpellets ist nämlich die gesamte Feuchtigkeit entzogen. Es ist paradox: Fischzucht trägt somit zur Überfischung der Meere bei.

Die Vernichtung und Verschwendung von Fischprotein geht aber noch weiter: in Form von ungewolltem Beifang und Rückwürfen. Die FAO sprach bereits 1994 von pro Jahr 27 Millionen Tonnen ungenutzt in die Meere zurückgeworfenem Fischmüll, etwa einem Drittel der von Menschen verzehrten Menge. Dramatischer sieht es die Umweltorganisation der Vereinten Nationen UNEP. Sie schätzt, dass die Menschen nur knapp über die Hälfte des gefangenen Fischs tatsächlich verzehren. Die extremste Schätzung stammt von dem britischen Journalisten Charles Clover. In seinem Buch *Fisch kaputt*[23] stellte er die Vermutung an, dass sich die Menge der tatsächlich von Menschen verzehrten Fischproteine nur auf etwa 10 Prozent der Meerestiere belaufe, die jährlich vernichtet werden. Dabei rechnet er alle Rückwürfe, die Fischmehlproduktion, verdorbene Ware, ungenießbare Teile und Küchenabfälle ein.

Revolution auf See?

Der katastrophale Zustand der Weltfischbestände und die ungeheure Verschwendung von wertvollen Eiweißquellen haben nun auch die seit Jahrzehnten wegsehende EU-Verwaltung zeitweise in Betroffenheit versetzt. Angesichts der unbestreitbar alarmierenden Zahlen über den Raubbau auf See einigten sich Ende Mai 2013 die europäischen Fischereiminister und das EU-Parlament auf einen Kompromiss, wie in Zukunft gefischt werden soll. Das neue Fischereigesetz, das am 1. Januar 2014 in Kraft trat, ist – laut Einschätzung der Umweltorganisation WWF – eine kleine Revolution: Erstmals nehme die EU-Politik die Gefahr der Überfischung ernst und suche Lösungen für nachhaltigen Fischfang. Tatsächlich wurde ein Rückwurfverbot beschlossen, und der Beifang soll begrenzt werden. Auch das Nachhaltigkeitsziel ist in dem Gesetz verankert, sodass ab 2020 nur noch so viel gefischt werden soll, wie nachwächst. Und endlich müssen sich die EU-Fischer auch außerhalb der EU-Grenzen an die neuen Regeln halten – selbst wenn sie vor Afrika fischen. Wie das kontrolliert werden soll, bleibt hingegen unklar, und das Gesetz erlaubt nach wie vor hohe »Bagatellgrenzen«

beim Rückwurf. Laut der damaligen Ministerin Ilse Aigner sei insgesamt der Kompromiss allerdings weniger ambitioniert ausgefallen, als Deutschland es sich gewünscht hat.[24]

Gute Vorsätze werden gern schnell wieder vergessen: Das EU-Parlament stimmte bereits Mitte Dezember 2013 für ein Handelsabkommen mit Marokko, das die weitere Überfischung vor Westafrika garantiert. Ein Vorschlag für ein schrittweises Ende der Tiefseefischerei wurde hingegen abgelehnt. Durch die Entscheidung des Parlaments dürfen nun wieder 126 EU-Fischereifahrzeuge vier Jahre lang in marokkanischen Gewässern fischen – auch vor der Westsahara, deren Fischbestände als voll befischt oder bereits überfischt gelten.

Dennoch ist das neue Fischereigesetz ein wichtiger Schritt hin zu einer möglichen Wende noch kurz vor Toresschluss. Denn viele Meeresforscher und Fischereiexperten prognostizieren bereits den Kollaps der hoch subventionierten, aber trotzdem immer weniger rentablen, kommerziellen Meeresfangfischerei für das Jahr 2048. Danach werden wir unseren Fischeiweißbedarf wohl vollständig aus riesigen Aquakulturen decken müssen: geklonte Tiermassen auf engstem Raum, schnell aufgepeppt mit Kraftfutter, Anabolika und Medikamenten. Wiederholt sich hier das gleiche grausame Spiel wie bei der industriellen Massentierhaltung von Schweinen, Rindern und Hühnern?

Wege aus der Hungerkrise – der Weltagrarbericht

Von der Form unserer landwirtschaftlichen Produktion und unserer Ernährungsweise hängt es ab, wie künftige Generationen leben und überleben werden. Die zentrale Herausforderung lautet: »Wie können wir durch die Schaffung, Verbreitung und Nutzung von landwirtschaftlichem Wissen, Forschung und Technologie Hunger und Armut verringern, ländliche Existenzen verbessern und gerechte, ökologisch, ökonomisch und sozial nachhaltige Entwicklung fördern?« Genau diese Fragestellung stand am Beginn eines im Jahr 2003 von der Weltbank und den Vereinten Nationen initiierten einmaligen internationalen wissenschaftlichen Projektes mit dem etwas umständlichen Namen International Assessment of Agricultural Knowledge, Science and Technology for Development (IAASTD), der vereinfacht als Weltagrarbericht bekannt wurde.[25] Über 400 Expertinnen und Experten aller Kontinente und Fachrichtungen arbeiteten vier Jahre intensiv an der Frage und fassten 2008 den »Stand des Wissens über die globale Landwirtschaft, ihre Geschichte und Zukunft zusammen«.[26] Daran beteiligt waren Agrarwissenschaftler und Ökonomen, Biologen und Chemiker ebenso wie Ökologen, Meteorologen, Anthropologen, Mediziner, Geografen, Historiker, Philosophen und Vertreter traditionellen und lokalen Wissens verschiedener Kulturkreise. Der Aufsichtsrat setzte sich aus je 30 Vertreterinnen und Vertretern von Regierungen und der Zivilgesellschaft zusammen, darunter Unternehmen wie Syngenta und Unilever sowie Bauern-, Wissenschafts- und Verbraucherschutzorganisationen wie Greenpeace und das Pestizid-Aktionsnetzwerk. »Diese einzigartige Vielfalt ermöglichte eine ganzheitliche Betrachtungsweise aller wesentlichen ökologischen, wirtschaftlichen, sozialen und kulturellen Aspekte der Landwirtschaft«, schreiben die Verfasser des deutschen Informationsportals zum Weltagrarbericht, die Zukunftsstiftung Landwirtschaft.[27]

Doch so harmonisch wie gehofft lief es dann doch nicht: Die Firma Syngenta und die internationale Agrarindustrievereinigung CropLife stiegen nach der Vorlage des Berichtes wieder aus dem Prozess aus, und auch die Regierungen der USA, Kanadas und Australiens unterzeichneten den Bericht nicht. Die Ergebnisse der Bestandsaufnahme und die Folgerungen daraus waren ihnen zu kritisch und zu radikal. Die Verfasser sprachen sich nämlich eindeutig für eine verstärkte Förderung der ökologischen Landwirtschaft aus und forderten einen systematischen Wandel in der landwirtschaftlichen Forschung, Entwicklung und Praxis. Sie verurteilten die Landnutzungsänderungen durch Agrarsprit und stellten fest, dass die grüne Gentechnik mehr Probleme bereite als Lösungen schaffe. Der agrarindustrielle Weg der Landwirtschaft und des Welthandels erfuhr eine klare Absage: Der entscheidende Faktor zur Bekämpfung des Hungers sei nicht die Steigerung der Produktivität um jeden Preis, sondern die Verfügbarkeit von Lebensmitteln und ihrer Produktionsmittel vor Ort. Der beste Garant für die Ernährungssicherheit seien daher lokale kleinbäuerliche Strukturen. Immerhin 58 Regierungen verabschiedeten schließlich im April 2008 in Johannesburg den Bericht unter dem Titel *Landwirtschaft am Scheideweg*. Die erste Presserklärung dazu stand unter dem Motto: »Weiter wie bisher ist keine Option!«

Das Konzept der Ernährungssouveränität

Kritisch setzt sich der Weltagrarbericht auch mit dem von den Vereinten Nationen verwendeten Begriff der »Ernährungssicherheit« auseinander. Es dürfe eben nicht nur um die bloße Sicherstellung der Nahrungszufuhr gehen, sondern vielmehr um die souveräne Teilhabe an Produktion und Handel. Eine steigende Agrarproduktion sei allein noch lange kein Mittel gegen Hunger: »Die Annahme, Durchschnittszahlen der Nahrungsmittelproduktion eines Landes seien Indikatoren seiner Ernährungssicherheit, täuscht hinweg über interne Verteilungsbeschränkungen, politische Zugangsbegrenzungen, die Unmöglichkeit, verfügbare Nahrungsmittel zu kaufen, Überkonsumption in Teilen der Bevölkerung, Maßnahmen, um Bauern von familiärer Lebensmittelproduktion zum Anbau von Cash Crops zu bringen, Ernteausfälle, Speicherverluste und eine Reihe anderer Faktoren.«[28]

Stattdessen verwendet der Bericht – erstmals in einem UN-Prozess – den politischen Begriff der »Ernährungssouveränität«, der bereits 1996 von der internationalen Kleinbauern- und Landarbeiterbewegung La Via Campesina als antikoloniale Kritik an den Handelsregeln der WTO und den neoliberalen Kreditauflagen des IWF und der Weltbank entwickelt wurde. Ernährungssouveränität wird dabei als ein umfassendes Konzept zur Demokratisierung der Lebensmittelproduktion verstanden. Es beinhaltet zahlreiche Aspekte wie gerechte Handelsbeziehungen und faire Preisbildung, existenzsichernde Einkommen, Organisationsfreiheit, Bildung, Entschuldung von Staaten und die Sicherung des Zugangs zu fruchtbarem Land, Wasser und Saatgut und die Pflege und den Erhalt natürlicher Ressourcen. Dieses Konzept unterstützen viele nicht staatliche Organisationen wie beispielsweise die brasilianische Landlosenbewegung MST, die Menschenrechtsorganisation FIAN und die indische Aktivistin Vandana Shiva, die auch das Vorwort zu diesem Buch geschrieben hat. Die Staaten Venezuela, Nepal und Senegal haben das Konzept in ihren Verfassungen verankert, und auch Mali und Bolivien planen, dies zu tun.

Der Weltagrarbericht definiert Ernährungssouveränität nun »als das Recht von Menschen und souveränen Staaten (...) auf demokratische Weise ihre eigene Agrar- und Ernährungspolitik zu bestimmen«.[29] Dies gelte es zu fördern und zu unterstützen. Da Hunger ursächlich vor allem ein Problem auf dem Land ist, könne es nur von dort aus nachhaltig angegangen werden. Kleinbauern, die weltweit insgesamt den Großteil der Nahrungsmittel produzieren, benötigten deshalb Zugang zu Boden und Wasser sowie Mittel für Saatgut, Dünger und Arbeitsgeräte. Voraussetzung hierfür seien eine soziale Mindestabsicherung, Bildung und zusätzliche Erwerbsmöglichkeiten. Die Weltagrarorganisation FAO würdigte diesen Ansatz des Weltagrarberichtes und rief das Jahr 2014 zum Internationalen UN-Jahr der familienbetriebenen Landwirtschaft aus. Dennoch verweigerte noch Anfang Juni 2014 der Deutsche Bundestag dem Weltagrarbericht seine offizielle Anerkennung: Er werde die Bundesregierung bis auf Weiteres nicht auffordern, ihn zu unterzeichnen. Ein entsprechender Antrag von Bündnis 90/Die Grünen lehnten CDU/CSU und SPD im Ausschuss für wirtschaftliche Zusammenarbeit ab. Die Vertreter der Koalitionsfraktionen begründeten dies damit, dass die Bundesregierung auch ohne eine Unterzeichnung im »Lichte der Erkenntnisse und Empfehlungen des Berichtes handeln« würde. Doch auch ohne regierungsamtliche Förderung findet das Konzept bei uns immer mehr praktische Unterstützer. Jeder, der Ernährung und Konsum als einen politischen Akt begreift und selbstbestimmt damit umgeht, setzt bereits aktiv das Konzept der Ernährungssouveränität um: vegetarische und biologische Ernährung, fairer Handel, das Retten von Lebensmitteln vor der Tonne, Lebensmittelkooperativen, das Konzept der solidarischen Landwirtschaft (das wir weiter unten noch vorstellen), Schul- und Nachbarschaftsgärten, Tauschbörsen und Regionalwährungen sind Mosaiksteine eines bunten Gegenkonzeptes zur herrschenden Welt der Agrarindustrie und der Lebensmittel- und Handelskonzerne. Denn weiter wie bisher ist keine Option!

2 Das Saatgut-Monopoly

Natürlich dachten wir bei Saatgut an erster Stelle an Monsanto. Der US-Konzern ist nicht nur der weltgrößte Saatguthersteller, sondern gilt wegen der aggressiven Vermarktung von Gensoja und Genmais als Bösewicht Nummer eins. Seine Vergangenheit als Chemiekonzern, der im Vietnamkrieg das berüchtigte »Agent Orange« hergestellt hat, sorgt für das Image eines skrupellosen Unternehmens. Wir bemühen uns um ein Interview mit dem Vorstandsvorsitzenden Hugh Grant.

Die Monsanto-Pressestelle durchleuchtet uns detailliert: Über fünf Monate gehen E-Mails hin und her, drei Telefonkonferenzen finden statt. Kommunikationschefin Carla Roeber fragt besonders misstrauisch: »In welchem Umfeld wird Monsanto präsentiert werden?« Sie will nicht nur ein Exposé unseres Films, sondern eine ausführliche Liste aller unserer Gesprächspartner mit allen Kontaktdaten. Wow, ein derartiges Ansinnen habe ich noch von keinem Unternehmen gehört. Das gab es bisher nur, wenn wir eine Drehgenehmigung in einer Diktatur beantragt haben. Wir diskutieren weiter, doch es kommt weder eine Zu- noch eine Absage, es werden nur immer neue Fragen gestellt.

Parallel dazu versuchen wir es beim Donald Danforth Plant Science Center, einem Ableger von Monsanto, das als gemeinnütziges Institut auch von der Bill-&-Melinda-Gates-Stiftung, der Buffett-Stiftung, der McDonnell-Familie und USAID (der amerikanischen Entwicklungshilfe) getragen wird. Anders als Monsanto kümmert sich das Danforth Center auch um Pflanzen, die für Kleinbauern interessant sind: zum Beispiel, indem es eine virusresistente Cassava (Maniok) entwickelt. Mit Gentechnik.

Ein Türöffner, um die Gentechnik auf dem afrikanischen Kontinent zu platzieren, wo sie fast überall noch illegal ist? Oder tatsächlich ein Projekt, das Kleinbauern hilft? Wird das Saatgut wirklich verschenkt und können es die Bauern auch selbst vermehren, oder müssen sie es jedes Jahr neu kaufen? Das wären meine Fragen, doch Studienleiter Dr. Nigel Taylor zögert: »Es ist noch zu früh, wir brauchen noch ein Jahr für präsentable Ergebnisse.« Wir führen zwei lange Telefongespräche. Ich habe den Eindruck, dass dadurch ein gewisses Vertrauen entsteht, und biete an, ihn zunächst ohne Kamera zu treffen. Er willigt ein.

Mitten in der 40-Grad-Sommerhitze fliege ich von Chicago nach St. Louis, unter mir die endlosen Sojafelder des Mittleren Westens. In der Werbebroschüre des Danforth Center lese ich: »Alle sechs Sekunden stirbt ein Kind an Unterernährung. Wir glauben, dass die Wissenschaft dieses Leiden beenden kann.« Das Danforth-Gebäude ist ein riesiger Kubus in Orange und liegt – wie sollte es anders sein – direkt gegenüber der Monsanto-Zentrale, beide Gebäude durch einen breiten Grüngürtel von Blicken von außen geschützt. Ich werde von Forschungsdirektor Paul Anderson empfangen. Auch er will genau wissen, wie mein Film aufgebaut ist.

Ich erkläre ihm das Prinzip: Ich will die Frage »Wie können wir die Welt ernähren?« von den möglichen Lösungen her denken. Die unterschiedlichen Lösungen sollen jeweils von einem »Macher« präsentiert werden, ohne dass sie sofort kritisch durchleuchtet werden. Erst im Kontrast zu den anderen Konzepten wird klar, wo die Unterschiede liegen. Mein Anliegen ist es, mir die Argumente beider Seiten offen anzuhören und nicht von vornherein die Welt in Schwarz und Weiß zu malen.

Paul Anderson findet meinen Ansatz zwar überzeugend, andererseits versucht er mir klarzumachen, warum das Danforth Center derzeit die Öffentlichkeit scheut: »Wir würden riskieren, dass unser Projekt in der öffentlichen Debatte zerrupft wird, ähnlich wie dies beim Golden Rice geschah – da haben die Forscher in Deutschland bereits Interviews gegeben, bevor die neue Reissorte wirklich ausgereift war.« Die Folge: eine Greenpeace-Kampagne, viele kritische Artikel und Geldgeber, die ihre Zusagen wieder zurückzogen. »Wenn wir jetzt mit unserem Cassavaprojekt vor der Zeit in die Öffentlichkeit treten würden, würden wir Ähnliches riskieren«, so Anderson. Aufgrund der feindlichen Stimmung bliebe seinem Institut gar nichts anderes übrig: »Bitte kommen Sie in einem Jahr wieder.«

Enttäuscht fliege ich wieder zurück. Und werde vor der Haustür fündig, in Monheim am Rhein, keine 50 Kilometer von meinem Wohnort Köln entfernt. Als Saatgutkonzern ist Bayer CropScience die Nummer sieben weltweit. Aber bei den Genpflanzen die Nummer eins: Kein anderes Unternehmen hält beim Europäischen Patentamt so viele Patente auf Genpflanzen wie Bayer, 2013 waren es insgesamt 206. Während sich die Presse am Bösewicht Monsanto abarbeitet, kann der sonst eher für pharmazeutische Produkte bekannte Bayer-Konzern weitgehend unbehelligt seinen Geschäften nachgehen. Der Gesamtumsatz der Saatgutsparte Bayer CropScience ist immerhin etwa halb so groß wie der von Monsanto. Wenn es um Pestizide geht, ist Bayer sogar der zweitgrößte Hersteller weltweit – mit einem Weltmarktanteil von 20 Prozent.

Ich vereinbare einen Gesprächstermin in der Konzernzentrale in Monheim. Von außen wirkt der Komplex wie ein Universitätscampus, mit viel Grün zwischen den Bürokomplexen, allerdings mit einer Pforte, die nur geladene Besucher einlässt. Während ich in der Eingangshalle warte, schaue ich mir den grünen Firmenprospekt »Farming's Future« durch: Dort ist viel von »nachhaltiger Landwirtschaft« die Rede, eine Überschrift heißt »Kleinbauern stärken«, es könnte fast die Broschüre einer Hilfsorganisation sein.

Pressesprecher Richard Breum führt mich erst einmal durch einen riesigen Glasdom, in dessen Mitte Urwaldpflanzen gedeihen, in einen künstlichen Sprühregen eingehüllt. Drumherum sitzen die Angestellten an Tischen und essen – es ist die Kantine. Ich werde in ein Zimmer geleitet, wo uns sein Chef Steffen Kurzawa und ein dreigängiges Menü erwarten. Auch Bayer ist misstrauisch, doch mein letzter Film *Taste the Waste* stimmt sie vorsichtig positiv. Obwohl er kritisch die

Lebensmittelverschwendung anprangert, hatte ich darauf verzichtet, einseitig die Konzerne als einzige Verantwortliche abzustempeln.

Ich mache den beiden Pressesprechern klar, dass ich keinen Film pro oder kontra Gentechnik machen, sondern zeigen will, warum Bayer glaubt, dass ihr modernes Saatgut den Hunger bekämpft. Da Bayer aufgrund des negativen öffentlichen Klimas die gentechnische Forschung in Deutschland aufgegeben hat, müssen wir an einem der Bayer-Forschungszentren im Ausland drehen.

Ganz besonders interessiert uns Reis – für die Hälfte der Menschheit das Grundnahrungsmittel. Bayer ist beim Reis bereits heute Weltmarktführer und längst dabei, weitere Hochertragssorten zu entwickeln, mit und ohne Gentechnik. »Die Bauern können mit unserem Hybridreis 20 Prozent mehr ernten«, so Breum, »auch und gerade für Kleinbauern ist das lohnend.«

Zwei Monate später ist es so weit, wir haben einen Termin in der Bayer-Forschungszentrale in Gent, Belgien. In der Morgendämmerung sieht das orange leuchtende Gewächshaus auf dem Dach der Fabrikhalle wie ein UFO aus, das mitten im Gewerbegebiet von Gent gelandet ist. Direkt daneben noch ein Gewächshaus auf dem Dach eines Bürogebäudes – das gehört zum Konkurrenten Syngenta. Vielleicht ein Sicherheitsfeature, so kann kein Greenpeace-Trupp je die Gewächshäuser stürmen. Nach dem Sicherheitscheck an der Bayer-Pforte empfängt uns Dr. Johan Botterman. Eine weitere Sicherheitspforte, bevor wir ins Gewächshaus kommen. Hier gilt ein strenges Sicherheitsprotokoll: Die verschiedenen Gewächshäuser dürfen nur mit Schutzanzug betreten werden und nur in einer vorgeschriebenen Reihenfolge, damit sie nicht mit unerwünschtem Genmaterial »verunreinigt« werden. Am Eingang der Gewächshäuser stehen Schilder wie: »Experimentelle Saatgutproduktion. Nach dem Besuch dieser Abteilung darf keine andere mehr betreten werden.« Der glatte Betonboden ist klinisch sauber. Als die Sonne höher steigt, fährt ein Motor automatisch die Beschattung über dem Gewächshaus aus.

Bei den Reispflanzen sind die einzelnen Samenstände mit Tüten abgedeckt. Dr. Botterman erklärt: »Hier entwickeln wir eine neue

Genreissorte, die 2016 auf den Markt kommen soll. Mit den Tüten wollen wir jede Vermischung des Genpools vermeiden.« Es geht bei den neuen Reissorten vor allem um Resistenzen gegen Krankheiten wie den Bakterienbrand. »Es gibt immer mehr Druck, höhere Erträge auf weniger Ackerfläche zu erzeugen«, so der Reisexperte. »Und das auch noch nachhaltig und unter den Bedingungen des Klimawandels. Das ist eine gigantische Herausforderung für die Gesellschaft und unser Unternehmen.«

Im Gewächshaus nebenan wird gerade Soja geerntet. Hier geht es ebenfalls um Resistenz – aber nicht gegen Krankheiten, sondern gegen Unkrautvernichtungsmittel. Monsanto dominiert den Weltmarkt mit einer Gensoja, die gegen das Herbizid Glyphosat resistent ist. Für die Bauern bedeutet das weniger Arbeit beim Unkrautjäten. »Heute gehört das zur Grundausstattung bei Soja, da muss auch Bayer mitziehen, sonst brauchen wir gar nicht erst am Markt antreten«, erläutert Botterman. »Aber weil sich inzwischen Superunkräuter entwickelt haben, die auch gegen Glyphosat resistent sind, müssen wir jetzt noch stärkere Unkrautvernichtungsmittel entwickeln. Und entsprechend Pflanzen, die dagegen resistent sind.«

Botterman redet nicht lange um den heißen Brei herum: »Wir verkaufen den Bauern ja nicht nur das Saatgut, sondern auch die passenden Pestizide und Fungizide, schließlich produzieren wir ja auch diese Agrochemikalien. Nur in diesem Paket und mit dem passenden Dünger erreichen sie die höheren Erträge.« Eine junge Forscherin schneidet von jeder Pflanze ein paar Blattspitzen ab und füllt sie in kleine Reagenzgläser. Jedes Zuchtergebnis wird im Labor genetisch untersucht.

»Aktuell werden weltweit rund 600 Millionen Tonnen Reis produziert«, doziert Botterman. »Bis 2020 wird der Bedarf bereits auf 780 Millionen Tonnen geschätzt, und für 2050 reden wir von 1,5 Milliarden Tonnen Reis. Eine Wahnsinnsaufgabe in weniger als 40 Jahren.« Ich frage ihn, ob er das für möglich hält, und er bejaht: »Es ist möglich, wenn wir unser Wissen weiter ausbauen und in die landwirtschaftliche Praxis umsetzen.« Und dann wird er grundsätzlich: »Die Gesellschaft muss dem Essen wieder mehr Wertschätzung entgegenbringen. Die Menschen in den westlichen Industrieländern gehen davon aus, dass es immer genug zu essen gibt. Und dementsprechend wurde die Landwirtschaft lange vernachlässigt. Das müssen wir ändern, damit wir die Welt ernähren können.«

Der Mikrobiologe ärgert sich darüber, dass die Gentechnik in der öffentlichen Debatte oft »verteufelt« wird. Sein Appell: »Bitte beurteilt unsere Produkte nicht danach, ob sie gentechnisch erzeugt oder konventionell gezüchtet wurden, sondern ob sie sicher oder unsicher sind.« Überhaupt, was ist schon konventionell? Die Grenzziehung zur Gentechnik sei zunehmend schwierig. So würden heute vielfach auch konventionelle Zuchterfolge durch Biomarker im Genlabor identifiziert. »Alle reiten immer auf der Gentechnik herum«, klagt er, aber dass in der konventionellen Züchtung Mutationen mit brachialen Methoden erzeugt werden, das wisse keiner. Zum Beispiel durch Chemikalien oder radioaktive Bestrahlung: »So entstand die heute auf dem Markt erfolgreichste Grapefruitsorte. Aber das sind natürlich sehr grobe Methoden, bei der zunächst aus Tausenden von Mutationen eine brauchbare ermittelt werden muss«, so der Wissenschaftler. »Ganz präzise nur ein einzelnes Gen einer Pflanze austauschen, das ist doch ein viel geringerer Eingriff.« Während alle von Gentechnik reden, bleibt die Grundlage der Marktmacht der Saatgutkonzerne ohnehin unerkannt: die Hybride. Diese Erfindung zwingt die Bauern praktisch dazu, jedes Jahr das Saatgut von Neuem zu erwerben, anstatt wie früher einen Teil der Ernte für die Saat im nächsten Jahr beiseitezulegen. Das funktioniert so: »Wir kreuzen gezielt eine männliche und eine weibliche Linie. Es ist bekannt, dass die erste Generation, der sogenannte F1-Hybrid, deutlich ertragreicher ist als die Eltern.« Die zweite Generation jedoch lässt im Ertrag deutlich nach, die dritte noch mehr, sodass es sich für die Bauern nicht lohnt, das Hybridsaatgut selbst zu vermehren, sie müssen es jedes Jahr neu bei Bayer kaufen.

Macht das die Bauern nicht abhängig von den Konzernen? »Ja, im Prinzip schon, aber zum einen ist Bayer ja nicht der einzige Saatgutkonzern, der das macht. Und wenn es sich nicht lohnen würde für die Bauern, würden sie es nicht machen«, meint Botterman. »Natürlich hilft das auch unserer Firma, ihr geistiges Eigentum zu schützen – die Entwicklung neuen Saatguts kostet viel Geld, das wir nur wieder reinholen können, wenn die Bauern jedes Jahr bei uns kaufen. Aber sie können natürlich auch zu den klassischen Sorten zurückkehren, das ist doch ihre freie Wahl. Die meisten unserer Kunden sind Kleinbauern in Südostasien, sie profitieren, weil die Hybride 20 Prozent mehr Ertrag bringen.« Dr. Botterman gibt sich enthusiastisch: »Das Marktpotenzial ist spektakulär, denn in Südostasien werden erst 4 Prozent der Fläche mit Hybriden bepflanzt. Wir denken, dass wir das im nächsten Jahrzehnt verdoppeln oder sogar verdreifachen können.«

Dann wird uns eine besondere Ehre zuteil: Wir dürfen ins Allerheiligste – in das durch eine weitere Sicherheitsschleuse abgesperrte Genlabor. Der Forscher gibt uns den Rat, vorher Pipi zu machen, denn im Labortrakt selbst gibt es keine Toiletten mehr. Nachdem er neue weiße Mäntel ausgegeben hat, führt er uns ins Transferlabor. Ich frage den Forscher, warum hier nur Frauen arbeiten. »Die sind feinmotorisch einfach begabter«, antwortet er knapp. In der Tat, hier sind zierliche Finger von Vorteil. Unter dem Mikroskop zerkleinern die Laborantinnen winzige Pflanzenteile mit kleinen Messern und setzen diese in Petrischalen.

Hier wird geklont: »Anders als bei Tieren kann bei Pflanzen aus jeder Zelle ein ganzer Organismus wachsen«, erklärt der Forscher. So kann eine einzelne Pflanze tausend- oder gar millionenfach kopiert werden. Erde braucht es dazu nicht, die Zellhaufen wachsen viel besser auf Agar Agar, einer transparenten Gallertnährmasse aus Algen. So bepflanzt werden die Petrischalen dann in hell ausgeleuchteten Regalen gestapelt: »Diese Gewebekulturen sind die Basis für jede Form von Gentechnik. Wenn wir im Labor ein fremdes Gen einsetzen, dann braucht die Pflanze anschließend eine Regenerationsphase, um dieses Gen hoffentlich stabil zu integrieren. Hier untersuchen wir auch, ob die Pflanze die gewünschten Charakteristika auch tatsächlich ausgebildet hat.«

Bei Reis legt Bayer den Fokus derzeit auf Salztoleranz: »Durch den Klimawandel haben wir in Südasien immer mehr Standorte, an denen Meerwasser eindringt und die Böden versalzt«, so Botterman. Vor allem junge Reispflanzen leiden darunter. »Wir wissen, dass es Reissorten gibt, die höheren Salzgehalt ertragen. Jetzt müssen wir nur herausfinden, welches Gen diese Toleranz steuert, und es in unsere Hochertragssorten übertragen.«

Der Gentransfer geschieht im eigentlichen Genlabor, eine Etage tiefer. Viel davon sehen kann man allerdings nicht. Die Gene werden durch sogenannte Adenoviren in die fremde DNA eingeschleust – so klein, dass sie für das bloße Auge unsichtbar sind. Die Versuchsreihen, früher viel Handarbeit, übernimmt inzwischen ein Pipettierroboter, der in 360 winzige Reagenzgläschen die Chemikalien einfüllt, die nötig sind, um die Genschnipsel zu isolieren. Das Pflanzenmaterial wird schließlich in der sogenannten PCR (Polymerase Chain Reaction) analysiert, einer großen schwarzen Box, in der die Gensequenzierung vollautomatisch abläuft. Das Resultat ist eine Computerdatei.

»Gentechnik gibt es nun schon seit 30 Jahren, sie ist weltweit erprobt, wir brauchen sie, wenn wir die Erträge weiter steigern wollen«, davon ist der Mikrobiologe überzeugt. »Es ist natürlich nicht der einzige Weg, aber es ist der für uns bevorzugte, um schneller ans Ziel zu kommen. Früher mussten wir mühsam die besten Charakteristika aus unserem Elitematerial herausfiltern, heute können wir unsere Suche nach guten Genen sehr viel weiter ausdehnen. Wir können jetzt sogar beginnen, ein Pflanzengenom völlig neu zusammenzusetzen, es von Grund auf zu editieren. Das ist heute bereits möglich, eine wirklich faszinierende Technologie für die Pflanzen der Zukunft.«

Ich konfrontiere ihn noch einmal mit der gegenwärtig breiten Ablehnung der Gentechnik.

»In der Tat haben wir heute viel Gegenwind, in einigen Weltgegenden wird die Gentechnik in der Landwirtschaft nicht akzeptiert. Wir denken, das ist die falsche Sicht – bei immer noch einer Milliarde hungernder Menschen können wir es uns nicht erlauben, eine einzelne Technologie einfach auszuschließen, nur weil es vielleicht ein paar Unklarheiten darüber gibt, ob sie sicher für die Umwelt ist oder potenzielle Langzeiteffekte hat.«

Damit ist er ganz auf einer Linie mit seinem Chef: Liam Condon, gebürtiger Ire, leitet den Konzern seit 2012. Der Manager, der seine Karriere in der Pharmaindustrie begann, ist heute Chef von 22 000 Angestellten in über 120 Ländern. Bayer CropScience ist die Landwirtschaftssparte des Bayer-Konzerns. Sehr viel bekannter ist die Pharmasparte, dank Aspirin. Doch Bayer CropScience ist hochprofitabel und wächst mit jährlich zwischen 10 und 15 Prozent schneller als die meisten Konkurrenten.

Pressesprecher Richard Breum führt mich durch ein futuristisches Hochhaus mit asymmetrischen Flügeln. »Ich verirre mich hier regelmäßig«, gibt er zu. Im Wartezimmer finde ich einen Anstecker mit einer niedlichen Biene und der Banderole »We care for bees«. Biene? Hatte die EU nicht gerade die Bayer-Pestizide Imidacloprid und Clothianidin verboten, weil sie das Bienensterben mit verursachen? »Nun ja, den Anstecker hatten wir schon vorher«, spielt Breum die Sache herunter. »Dass sie das Pestizid verboten haben, war natürlich ein Schaden für Bayer, aber der war begrenzt, nur etwa 80 Millionen Euro.« Dann lächelt er verschmitzt: »Und jetzt müssen die Bauern ja etwas anderes als Ersatz kaufen, und da greifen viele wieder zu einem Bayer-Mittel – also am Ende war es für uns gar nicht so gravierend.«

Liam Condon empfängt mich mit einem Lächeln und einem festen Händedruck. Er braucht kein Vorgespräch, setzt sich direkt fürs Interview hin und redet in druckreifen Sätzen. Seine Botschaft ist klar: »Nur mit Innovationen können wir die Herausforderung bewältigen, in Zukunft zehn Milliarden Menschen zu ernähren. Da draußen gibt es viele Unkräuter, Insekten und Bakterien, die die Ernte zerstören. Wir entwickeln Lösungen, damit am Ende des Tages genug Essen übrig bleibt, um alle zu ernähren.«

»Wir bieten den Bauern das Saatgut für eine gesunde starke Pflanze, aber auch die Chemikalien, die die Saat vor Schädlingen schützen oder später vor Insekten, Unkräutern oder Pilzen, dafür haben wir Insektizide, Herbizide und Fungizide.« Pestizide sind eindeutig der Schwerpunkt bei Bayer. Dass die chemische Keule immer schlechter funktioniert, wird in den Firmenbroschüren nicht verschwiegen: So wird berichtet, dass inzwischen 217 Unkräuter Herbizidresistenzen entwickelt haben. In Deutschland zum Beispiel das Acker-Fuchsschwanzgras, das die Herbiziddusche auf den Feldern überlebt.

Das ist für Bayer allerdings kein geschäftlicher Schaden, ganz im Gegenteil: Denn so braucht die industrielle Landwirtschaft neue Herbizide. Im Bayer-Labor in Frankfurt/Main können Bauern aus aller Welt Unkräuter einschicken und untersuchen lassen, zu welchem alternativen Mittel sie wechseln müssen. Ganz besonders viele Resistenzen entstanden gegen das weltweit am häufigsten gespritzte Glyphosat. Bayer baut deshalb eine neue Herbizidfabrik in Mobile im US-Bundesstaat Alabama, das den neuen Wirkstoff Glufosinat herstellen soll, der gegen die meisten Superunkräuter (noch) wirkt. Die größte Investition, die Bayer je in einen Produktionsstandort gesteckt hat. Der Wirkstoff wird allerdings von der EU kritisch beurteilt, die Anwendung von Glufosinat ist bereits jetzt nur eingeschränkt möglich, ab 2017 läuft seine europäische Zulassung generell ab.

In Zukunft setzt Bayer noch stärker als bisher auf neues Saatgut, sein Umsatzanteil soll wachsen. Das Bayer-Management investiert deshalb Hunderte von Millionen in die Forschung. »Die weitere Verbreitung von Hybridsaatgut ist der Schlüssel, um die weltweite Produktivität zu steigern«, ist Condon überzeugt. »Beim Reis sind wir der Marktführer in dieser Technologie in Asien. Die Landwirte, die es nutzen, sind begeistert von den Ertragssteigerungen.«

Doch warum setzt der Konzern zunehmend auf die Gentechnik? »Die Bedenken der Menschen, dass hier Frankenstein-Food gezüchtet wird, nehmen wir ernst«, erklärt der Manager verständnisvoll. Aber dann holt er die Moralkeule heraus: »Wir sind leider nicht in der komfortablen Position, die Option Gentechnik einfach abzulehnen, dadurch fühlen sich einige Leute vielleicht ideologisch besser, aber es wird dazu führen, dass andere hungern und sogar verhungern. Wir werden, um die ganze Welt zu ernähren, alle verfügbaren Technologien nutzen müssen. Natürlich müssen sie sicher sein. Aber es wurde

Weltweite Gentechnikanbaufläche

Verteilung der weltweiten GVO-Anbaufläche von 170 Mio. Hektar 2012 (in Mio. Hektar)

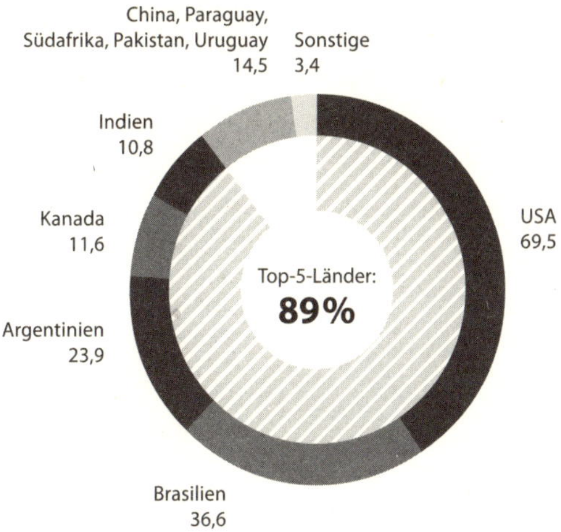

doch wieder und wieder und wieder überprüft, dass Gentechnik sicher ist. Ich meine, die Kritiker sollen doch auf die Fakten schauen.«

Bayer-Chef Liam Condon nutzt grüne Argumente: »Unser Planet hat seine ökologischen Grenzen erreicht.« Um den Wasserverbrauch zu verringern, gelte es, sparsame Landwirtschaftstechniken zu entwickeln. Zum Beispiel, wirbt der Konzern, sorge sein Herbizid Basta dafür, dass das Wasser nicht von konkurrierenden Unkräutern verbraucht werde und so der Wasserbedarf insgesamt auf ein Viertel reduziert werde.

Wenn er vom Klimawandel spricht, klingt Condon fast wie ein Greenpeacer: »Die Welternten sind bedroht: Nur ein Grad Temperaturerhöhung bedeutet beim Reis 322 Kilogramm weniger pro Hektar. Dazu kommen noch die Schäden durch Flut, Stürme oder Dürre, die ganzen Extreme werden häufiger werden.« Doch er nutzt die Bedrohungsszenarien als Argument für die Gentechnik: »Der Wandel geschieht schneller, als sich die Pflanzen anpassen können. Aber wir können diesen Anpassungsprozess durch moderne Pflanzenzüchtung beschleunigen.«

Dann wird der Manager noch kämpferischer: »Wir dürfen nicht länger warten! Die Weltbevölkerung wächst so schnell, dass wir eine Revolution brauchen, um die Menschen aufzuwecken! Wenn wir bis 2030 oder 2040 warten, wird das Essen längst nicht mehr für alle reichen. Und dann haben wir wahrscheinlich den nächsten Krieg in der Welt: um Nahrungsmittel.«

Sein Rezept: Helft den Kleinbauern, zu unabhängigen Unternehmern zu werden, Condon nennt sie »Agripreneure« nach dem Wort »Entrepreneur« für Unternehmer. Ich will mir ansehen, wie das mit dem Marktzugang für die Kleinbauern funktioniert im Heimatland der Reispflanze, dem indischen Bundesstaat Orissa.

Normierte Gennahrung

Das globale Saatgutgeschäft ist extrem konzentriert: Nur drei Konzerne teilen sich 53 Prozent des Marktes. Allen voran die US-amerikanischen Konzerne Monsanto und DuPont (Pioneer) und die Schweizer Firma Syngenta. Die dominierenden Unternehmen sind als Oligopol untereinander durch Beteiligungen verwoben und bestimmen die Preise.[30] Bei Zuckerrüben halten sie sogar 90 Prozent Marktanteil, bei Mais 57 Prozent und bei Soja 55 Prozent. Alle drei spielen auch im Geschäft mit Pestiziden eine führende Rolle. Ihr gekreuztes und genetisch manipuliertes Hybridsaatgut lassen sie sich als geistiges Eigentum schützen und verbieten so den Nachbau und den Tausch. In Europa besitzen die großen Drei zusammen mit BASF und Bayer bereits die Hälfte aller Patente auf Pflanzen. Die Normierung und Standardisierung wirkt sich verheerend auf die Artenvielfalt aus: Vor der sogenannten Grünen Revolution in den 1960er-Jahren wurden beispielsweise auf den Philippinen über 3000 Reissorten angebaut, heute sind es nahezu ausschließlich noch zwei Reisvarietäten. Im 20. Jahrhundert gingen so annähernd 75 Prozent aller Nutzpflanzensorten verloren.

Inzucht und Turbosaat

»Wer das Saatgut beherrscht, der beherrscht unsere Lebensmittel und der beherrscht die Menschheit«, schreibt treffend der österreichische Agrarbiologe Clemens G. Arvay in seinem empfehlenswerten Buch *Hilfe, unser Essen wird normiert!*[31] Die Saatgutunternehmen sehen sich hingegen gerne als Dienstleister, die den Welthunger bekämpfen. Sie behaupten, dass der wachsende Nahrungsmittelbedarf nur durch ihre Hochleistungssorten und entsprechende Technik gedeckt werden könne. Dabei beziehen sie sich auf die erste Grüne Revolution und fordern nun eine zweite. Damals erzielten erste Turboweizensorten und neue Anbaumethoden Rekorderträge in Asien, hauptsächlich in der Türkei, Pakistan, Indien und auf den Philippinen. Auf der einen Seite verbesserte sich dadurch kurzfristig die Ernährungssituation vieler Menschen erheblich, auf der anderen Seite führten die vergrößerten Anbauflächen mit industriell bewirtschafteten Monokulturen, der massive Einsatz von Kunstdünger und Pestiziden sowie der enorme Verbrauch an Grundwasser zu gravierenden Umweltschäden. Die Folgen dauern bis heute an und befördern den Klimawandel. Kleinbauern wurden umgesiedelt und mussten Randlagen mit geringer Produktivität neu erschließen, was unter anderem die jetzige ungerechte Landverteilung begründet. Als Vater dieser »Revolution« gilt der US-amerikanische Agrarforscher Norman E. Borlaug, der durch Kreuzungen neue Weizensorten schuf, die sechsmal so ertragreich wie traditionelle Sorten waren. 1970 erhielt er für seine Arbeiten zum Welternährungsproblem den Friedensnobelpreis. Als trotz seines Turbogetreides der Hunger nicht nachhaltig in den Griff zu bekommen war, sprach er sich für Geburtenkontrolle und die Einführung der Gentechnik aus.

Heute wollen es die Agrarkonzerne besser und umweltschonender machen als damals. Sie bieten ein Rundum-sorglos-Paket, bestehend aus Saatgut, chemischem Dünger und passendem Pestizid für einen hohen Ertrag an. Monsanto beispielsweise entwickelte das Integrated Farming System als Gesamtkonzept für Bauern: Per Satellitenfunk werden an einen Computer im Traktor metergenaue Messdaten über die Bodenbeschaffenheit des Feldes gesandt. Der Computer berechnet daraufhin die optimale Dünge- und Pestizidmenge sowie die Distanz der einzelnen Saatgutreihen. So könne der Landwirt vorausschauend und kosteneffizient arbeiten. Das Turbosaatgut aus dem Labor – und das ist der Haken – ist doppelt so teuer wie herkömmliches. Über Abnahmegarantien geben die Konzerne daher Rabatte an Regierungen in Entwicklungs- und Schwellenländern, aber auch an international tätige Organisationen der Entwicklungszusammenarbeit. Staaten wie Malawi oder China subventionieren beispielsweise bereits seit vielen Jahren die Düngemittel. Die Bauern geraten so schnell in eine Abhängigkeitsfalle. Denn einmal mit den integrierten Systemen angefangen, ist ein Ausstieg kaum mehr möglich. Und das liegt in erster Linie am patentierten Saatgut selbst, das bewusst nicht mehr vermehrungstauglich ist und somit jedes Jahr neu angeschafft werden muss. »Eine unvorstellbare Vielfalt an traditionellen Pflanzensorten – ein jahrtausendealtes Menschheitserbe – ist bereits verschwunden oder steht kurz vor dem Aussterben, um der industriellen Designersaat zu weichen, die sich bei genauer Betrachtung als biologisch degeneriert erweist«,[32] schreibt Arvay und erklärt die Tricks der Hybridzucht: »Die Degeneration, die durch jahrelange Inzucht eintritt, ist von zentraler Bedeutung für das Erfolgsrezept der Hybridzüchtungen. Durch die Inzucht wird das Erbmaterial der Pflanzen mit der Zeit homozygot. Das bedeutet, dass für jedes Merkmal zwei völlig identische genetische Anlagen vorliegen, und nicht, wie unter natürlichen Bedingungen, jeweils zwei unterschiedliche Anlagen von zwei Elternpflanzen.« Die Pflanzen sind genetisch monoton und verarmt. Aber welchen Vorteil können sie dann noch bieten? Im Labor werden sie mit einer anderen verarmten Inzuchtlinie gekreuzt. »Und dann macht es Wumm!« Die Gene rekombinieren sich neu, und der sogenannte »Heterosis-Effekt« tritt auf: Die Nachkommen wachsen viel stärker als die Ausgangspflanzen, bilden mehr Masse und Früchte und dickere

Wurzeln. Es kommt zu einer »Leistungsexplosion«, einer quantitativen Steigerung im Vergleich zu den ursprünglichen Sorten. Aber »dies hat einen hohen Preis, denn die Steigerung ist nicht nachhaltig. Sie tritt nur in der ersten Generation nach der Hybridisierung auf«, weiß Arvay. Nach dieser Wachstumsexplosion ist das Saatgut ausgelaugt und unbrauchbar, und für die nächste Aussaat muss neues gekauft werden. Die Vertreter von Alternativen zu den Konzepten der Agrarkonzerne sehen hingegen in der Biodiversität und in samenfesten Sorten den Schlüssel zur weltweiten Ernährungssicherung: Die Nutzpflanzen sollen sich in ihrer genetischen Vielfalt an die Folgen des Klimawandels anpassen können.

Die Krux mit dem TRIPS

Um ihre Forschungsergebnisse und Entwicklungen zu schützen, üben die Unternehmen mit Unterstützung der WTO massiven Druck auf die Regierungen aus. Die Rechte am geistigen Eigentum im freien Handel schützt seit 1995 das TRIPS-Abkommen, das jeder Staat auf nationaler Ebene ratifizieren muss, wenn er am Handel auf den Märkten der WTO-Mitgliedstaaten teilnehmen möchte. Am Entwurf des Abkommens waren die Konzerne maßgeblich beteiligt. Einige Wirtschaftswissenschaftler behaupten sogar, dass sie sowohl das US-Mandat als auch den Gesetzestext zum Abkommen formuliert und ihrer Regierung auferlegt haben.[33]

Doch es gibt auch rechtlichen Gegenwind zum Schutz der biologischen Vielfalt: Der Internationale Vertrag über pflanzengenetische Ressourcen für Ernährung und Landwirtschaft (ITPGR), kurz Saatgutvertrag genannt, ermöglicht seit dem Jahr 2004 seinen 131 Mitgliedern den freien Austausch genetischen Materials von 35 Nahrungs- und 29 Futterpflanzen. Die Samen stammen aus den öffentlichen Genbanken der Vertragsstaaten. Der Vertrag will sicherstellen, dass die genetischen Ressourcen der landwirtschaftlich genutzten Pflanzen erhalten, nachhaltig genutzt und frei ausgetauscht werden können. Die

Entwicklungsländer sollen eine gerechte Gewinnbeteiligung erhalten, wenn ihr genetischer Bestand kommerziell genutzt wird. In der Präambel sind die »Farmer's Rights« formuliert: Dazu gehört auch, das Saatgut aus eigener Ernte einzubehalten, für eigene Zwecke zu nutzen oder auf informellen Märkten zu tauschen.
Auch die Europaabgeordneten haben sich für die Rettung der Artenvielfalt starkgemacht und im März 2014 einen umstrittenen Vorschlag der EU-Kommission zur Verschärfung der Saatgutverordnung gekippt. Die neue Verordnung sollte den Markt für Pflanzensamen in der EU vereinheitlichen und strenger regulieren und so den Prozess zum Freihandelsabkommen (TTIP, Transatlantic Trade and Investment Partnership) erleichtern. Das TTIP-Abkommen gilt unter Kritikern als Einfallstor für US-Agrarkonzerne und ihre genetisch veränderten Produkte. Vor allem von den damit einhergehenden Schieds- oder Sondergerichten wird befürchtet, dass demokratisch gefasste Umwelt- und Verbrauchergesetze von den Unternehmen ausgehebelt und umgangen werden. Keine zwei Monate später stimmten die europäischen Umweltminister Ende Mai hingegen grundsätzlich für den Anbau von Genmais in der EU. Allerdings soll jeder Mitgliedstaat in einer »Opt-out-Lösung« selbst entscheiden dürfen, ob er den Anbau gentechnisch veränderter Pflanzen auf seinen Äckern zulässt oder nicht. Die deutsche Regierung hat sich bereits für ein Anbauverbot ausgesprochen.

Es ist nicht alles Gold, was glänzt

Sollte man nicht mittels kontrollierter Gentechnik zumindest gegen die Mangelernährung in der Welt vorgehen? Diese Frage stellen sich einige Ernährungsexperten und Forschungsinstitute. Und tatsächlich, in diesem Jahr könnte auf den Philippinen ein gentechnisch modifizierter Reis auf den Markt kommen, der extra viel Vitamin A enthält – der sogenannte »Golden Rice«. Er wurde entwickelt, um mangelernährte Kinder vor Krankheiten wie Erblinden oder einem frühen Tod zu bewahren. Laut WHO leiden rund 200 Millionen Kinder weltweit an Vitamin-A-Mangel, vor allem in Afrika und Südostasien aufgrund von Unterernährung. Selbst Menschen, die der Gentechnik kritisch gegenüberstehen, können daher der neuen Reissorte eine gute Seite abgewinnen. Aber braucht man derart manipulierte Pflanzensorten wirklich? Laut nationaler Statistik leiden zwar 15 Prozent der gesamten Bevölkerung der Philippinen unter Vitamin-A-Mangel, doch als die Regierung im letzten Jahr flächendeckend Vitaminpräparate an Kleinkinder ausgab, sank die Zahl drastisch. Förderprogramme für Bauern zum vermehrten Anbau von vitaminreichen Gemüsen und Früchten unterstützten die Maßnahme. Auf den Philippinen scheint also der Bedarf an Golden Rice nicht so groß zu sein. Trotzdem beharrt die Bill & Melinda Gates Foundation auf der Markteinführung im Land und übernimmt die Kosten dafür. Als Begründung werden die langjährigen Kontakte zum dortigen gemeinnützigen und von der Weltbank verwalteten International Rice Research Institute (IRRI) und zum Unternehmen Philrice genannt, die den Reis auf den Markt bringen sollen. Kritiker bemängeln, dass der Reis an Kinder ausgegeben werden könnte, ohne zuvor ausreichende Tests an Tieren durchlaufen zu haben. Sie fordern generell eine neue Risikobewertung von gentechnisch veränderten Organismen (GVO). Weil eine unabhängige Risikoforschung aber nicht über die finanziellen Mittel der Agrounternehmen verfügt, gibt es bislang keine hinreichenden Analysen über den Anbau von GVO im Freiland und zu den Gesundheitsrisiken für Mensch und Tier.

Vielfalt in Bauernhand

Am Flughafen von Bhubaneswar, der Hauptstadt von Orissa, empfängt uns unser Fahrer Santoshi. Er spricht kaum Englisch, seine Muttersprache ist Oriya. So hilft es uns leider auch nicht weiter, dass unser Kameramann Hajo Schomerus seit dem Besuch einer Filmschule in Pune ein wenig Hindi spricht. Zumal Oriya auch noch eigene Schriftzeichen hat. Der Bundesstaat Orissa ist das Armenhaus Indiens, mit 42 Millionen Einwohnern etwa halb so bevölkerungsreich wie Deutschland.

Wir kommen mit gemischten Gefühlen, denn die Verwüstungen durch Taifun Phailin liegen gerade einmal eine Woche zurück. Der Sturm hat große Landesteile getroffen, 600 000 Menschen wurden evakuiert, doch ihre Häuser und die Ernte wurden verwüstet. Was werden wir zu sehen bekommen? Werden wir überhaupt drehen können? Santoshi lächelt milde über unsere Fragen, unklar bleibt, was er überhaupt verstanden hat, seine Antwort ist immer: »You will see.«

Orissa ist eine der Wiegen des Reisanbaus. Sogar das Wort Reis geht auf Orissa zurück, sein lateinischer Name heißt »Oriza sativa«. Santoshi fährt mit uns über eine vierspurige Straße – ich wage nicht, von einer Autobahn zu sprechen, weil die Fahrt einem endlosen Hindernisrennen gleicht: Außerhalb der Städte werden zwar die Tuktuk genannten Motorradrikschas weniger, dafür lagern ganze Tierherden auf den Straßen. Immer ein Grund zu hupen, aber ich glaube, das ist hier die Etikette, denn so gut wie jeder Lkw bittet um ein Hupzeichen beim Überholen per Aufschrift auf seiner Rückfront: »Please horn.« Am nervenaufreibendsten aber sind die Geisterfahrer, die uns immer wieder auf der falschen Seite entgegenkommen. Fahrer Santoshi lässt sich davon nicht beirren, auch nicht, als es dunkel wird, und obwohl die Geisterfahrer oft unbeleuchtet unterwegs sind.

Endlich kommen wir in Balasore an. Entlang der Straße werden farbenfrohe Stände aufgebaut und Böller verkauft, weil das Fest Diwali naht, das Lichterfest. Das Hupkonzert wird leiser, als wir in eine Seitenstraße fahren. Vor unserem kleinen Hotel empfangen uns Kusum Mishra und Ashok Panigrahi. Das Ehepaar leitet die Saatgutinitiative Navdanya hier in der Gegend. Beide sind etwa 60 Jahre alt, sie ist in einen eleganten Sari gekleidet, er trägt ein Seidenhemd. Sie sind ganz offensichtlich selbst keine Bauern, sondern die Vertretung nach außen.

Die Initiative wurde ursprünglich in Nordindien gegründet, von Vandana Shiva. Ich hatte die charismatische Aktivistin vor einigen

Monaten auf der Geburtstagsfeier eines gemeinsamen Freundes getroffen. Sie hatte mir empfohlen, in den fernen Osten Indiens zu fahren. Vom Taifun konnte sie damals noch nichts ahnen. In ihren E-Mails widersprach sie jedenfalls unseren Überlegungen, die Reise abzusagen: »Wir haben Navdanya dort nach dem letzten Taifun vor 14 Jahren gegründet, weil die Felder der Bauern verwüstet waren. In der aktuellen Krise wird sich zeigen, dass unser System stabiler ist als das der Konzerne.«

Wir fragen Ashok, ob wir überhaupt in den Dörfern drehen können, doch er beruhigt uns: »Es ist nicht alles verwüstet, einige Dörfer wurden überschwemmt, aber unseres zum Glück nur wenig.« Am nächsten Morgen fahren wir mit den ersten Sonnenstrahlen los. Die Landstraße ist jetzt schon verstopft, aber irgendwie gleitet Santoshi sanft durch das Getümmel.

Auf Nebenstraßen fahren wir an weiten Reisfeldern vorbei. Mittendrin ein alter verlassener Tempel wie aus dem *Dschungelbuch*. An einer Wegkreuzung wartet ein Bauer im traditionellen Dhoti, einem farbigen um Hüften und Beine geschlungenen Tuch, das sich praktischerweise leicht übers Knie ziehen lässt und deshalb ideal für die Feldarbeit ist. Laxmidhar Nayak weist uns den Weg, jetzt geht es auf einem schmalen Fußpfad weiter. Wir packen das Kameraequipment und marschieren los.

Im Reisfeld steht das Wasser nur noch eine Handbreit hoch. Kusum bleibt mit ihrem vornehmen Sari lieber am Rand des Feldes stehen und fragt Bauer Laxmidhar, welche Schäden der Taifun hier angerichtet hat. »Es war eine Katastrophe. Das Wasser stand hier noch letzte Woche sechs Fuß hoch, bis zu meinem Nacken, an einigen Stellen war es sogar höher als mein Kopf. Die erste Welle blieb vier Tage, und dann kam eine Woche später noch eine Regenfront und brachte weitere drei Tage Hochwasser.«

Die Pflanzen liegen flach auf dem Feld, vom Schlamm verkrustet. »Diese Reissorte heißt Swarna, es ist ein Hybrid aus dem Regierungsladen. Leider sind die Pflanzen komplett zerstört, ich werde davon nicht ein Korn ernten können.« Kusum gibt die strenge Lehrerin:

»Na, warst du wieder gierig?« Der Bauer zeigt sich zerknirscht: »Ich bereue es, wir haben die Ernte verloren, diese Sorte werde ich nie wieder holen.«

Zum Feld nebenan könnte der Kontrast kaum größer sein: Die Reispflanzen stehen aufrecht, ihr sattes Grün leuchtet in der Sonne. »Das ist Desi, sie haben das Hochwasser gut überstanden und beginnen gerade zu blühen. Ich erwarte eine gute Ernte beim Desi.« Desi oder *native seeds* werden hier die traditionellen, einheimischen Reissorten genannt. »Also hast du dazugelernt?«, fragt Kusum. »Ich werde nur noch Desi pflanzen. Die Hybride werde ich ab jetzt meiden. Der Desi braucht zwar etwas länger, bis er reift, aber viel bedeutender ist, dass ihm am Ende das Hochwasser nichts anhaben kann.« Man könne sich nicht darauf verlassen, dass der Hybridreis mehr Ertrag bringe, erklärt der Bauer: »Nur wenn es nicht zu nass und nicht zu trocken ist und nur wenn ich genug Dünger streue, gibt der Hybrid vielleicht 10 oder 20 Prozent mehr her.« Laxmidhar schaut sich um, bückt sich, nimmt ein Büschel Reis in die Hand: »Schaut nur, die Reiskörner haben schon getrieben, so kann ich sie nicht mal als Tierfutter verwenden.« In der Tat: Obwohl die Reiskörner noch an der Mutterpflanze hängen, sprießen aus ihnen kleine grüne Triebe.

»Mein Reisfeld ist einen halben Hektar groß. Die Ernte reicht sonst fürs ganze Jahr für unsere Familie. Aber dieses Jahr haben wir durch das Hochwasser 80 Prozent der Ernte verloren.« In lapidarem Tonfall spricht der Bauer von seiner Verzweiflung, indischer Fatalismus vielleicht: »Ich weiß nicht, was wir machen sollen, jetzt müssen wir Reis kaufen. Dabei haben wir schon genug Schulden.« Kusum fragt nach, wie viel Geld verloren ging. »Wir haben pro Zentner 1 800 Rupien für das Saatgut ausgegeben und 7 500 für den Dünger.« »Und für den Desi?« »Dafür mussten wir nichts ausgeben, den haben wir vom letzten Jahr aufgehoben. Desi braucht auch keinen Kunstdünger.«

Kusum wendet sich an uns: »Das sind die Gründe, warum hier in Indien so viele Bauern Selbstmord begehen – sie sind überschuldet, weil sie Saatgut, Dünger und Pestizide kaufen. Wenn dann die Ernte zerstört wird, sind sie ruiniert.«

Alternativer Anbau ist besser

Wofür braucht man eigentlich all den teuren Dünger, die Pestizide und die Gentechnik, wenn es ohne sie viel besser klappt? Beim Reisanbau sorgt nun eine alternative Anbaumethode für Rekordernten, sehr zum Unmut der Agrarindustrie und vieler Wissenschaftler, die seit Jahren mit hohen Budgets an neuen ertragreichen Sorten dieses Grundnahrungsmittels von drei Milliarden Menschen forschen.

Der französische Jesuitenpater und Agronom Henri de Laulanié entwickelte Anfang der 1980er-Jahre in Feldversuchen auf Madagaskar das »System of Rice Intensification« (SRI) und brach dabei mit den gängigen Regeln des Nassreisanbaus: Die Setzlinge werden nach der neuen Methode bereits nach acht bis zwölf Tagen statt nach einem Monat ausgepflanzt, und zwar einzeln in einem weiten Abstand von 25 Zentimetern statt in Büscheln auf engem Raum. Die jungen Pflanzen konkurrieren so nicht um Nährstoffe, Platz und Sonne und entwickeln kräftigere Wurzeln und mehr Triebe. Statt die Felder ständig unter Wasser zu halten, bekommen die Pflanzen nur die optimale Wassermenge. Der Boden wird sogar zeitweise trockengelegt, um die Bakterienzusammensetzung zu ändern und so die Methanemissionen zu reduzieren. Das gesamte Verfahren ist allerdings deutlich arbeitsaufwendiger als die herkömmlichen Methoden. Die meisten Arbeitsschritte müssen per Hand erfolgen und das Unkraut muss regelmäßig mechanisch gejätet werden. Das dient aber wiederum der Bodenbelüftung und regt das Pflanzenwachstum an. Zur Düngung dient Kompost. Die Bauern in Madagaskar konnten mit dieser Methode ihre durchschnittlichen Erträge von zwei auf acht Tonnen Reis je Hektar steigern – mit einem Zehntel des Saatgutes.

Wissenschaftler um Professor Norman Uphoff von der Cornell University in New York überprüften diese Ergebnisse vor Ort und widmen sich seit 1997 der Verbreitung und Dokumentation der Methode.[34] Seitdem passen Millionen Bauern in über 50 Ländern Asiens, Afrikas und

Lateinamerikas die SRI-Praktiken an ihre Klimazonen und Bedingungen an und werden dafür mit Rekordernten belohnt. Unterstützung finden sie bei vielen Nichtregierungsorganisationen, die entsprechende Ausbildungsprogramme aufgelegt haben. Der Umstieg auf die innovative Anbaumethode kostet Mut, da die Existenz der Familie von einer guten Ernte abhängt. Es erfordert eine eingehende Schulung und Disziplin bei der Landarbeit und Bewässerung. Kritik und Widerstand kommt deshalb auch aus dem International Rice Research Institute: SRI sei zu arbeitsaufwendig und die Ertragssteigerung nicht ausreichend belegt. Die teilweise dramatischen Erfolge geben dem Konzept jedoch recht: Im Mai 2013 erntete der Kleinbauer Sumant Kumar auf seinem Feld im indischen Bundesstaat Bihar 22,4 Tonnen Reis pro Hektar – völlig ohne Kunstdünger und Pestizide.[35] Das ist Weltrekord und ein Schlag ins Gesicht der Chemiekonzerne. Es übertrifft sowohl die Resultate des IRRI wie auch aller Saatgutunternehmen, die gentechnisch veränderte Reissorten vertreiben. SRI breitet sich nun weiter aus. Über 300 wissenschaftliche Publikationen gibt es mittlerweile dazu. Die Methode lässt sich auch auf den Anbau von Mais, Hirse, Weizen, Zuckerrohr und selbst auf Kartoffeln, Tomaten, Senf oder Auberginen übertragen. Man erzielt kräftigere Pflanzen mit höheren Erträgen. Die Zeit ist reif für ein »System of Crop Intensification«.

Auf einem schmalen Damm zwischen den Reisfeldern gehen wir weiter. Auch die benachbarten Bauern haben mehr als die Hälfte ihrer Ernte durch das Hochwasser verloren. »Das letzte Hochwasser war 1999 – man hat uns damals gesagt, dass es ein Jahrhunderthochwasser war. Aber jetzt heißt es, der Klimawandel wird häufiger für solche Hochwässer sorgen«, erzählt uns Kusum. Eine armdicke Schlange windet sich durch die Reispflanzen, Laxmidhar warnt uns: »Vorsicht, lasst mich lieber vorausgehen, hier sind jetzt viele giftige Schlangen, die es hier sonst nicht gibt, das Hochwasser hat sie aus den Wäldern hierhergeschwemmt.«

Der Weg führt zu einer Holzbrücke über den Fluss. Sie sieht nicht gerade vertrauenserweckend aus, Teile der Brücke hängen im Wasser. Laxmidhar gebietet uns zu warten: »Das ist zu gefährlich, nach dem Hochwasser könnte sie zusammenstürzen.« Vorsichtig balanciert er über die dünnen Holzstangen, tastet bei jedem Schritt, ob die Brücke hält. Dann verschwindet er im Grün auf der anderen Flussseite. Zehn Minuten später kommt er mit einer riesigen Grapefruit wieder und bietet sie uns mit einem Lächeln an. Ihr Geschmack ist süß, viel süßer, als der jeder anderen Grapefruit, die ich aus dem Supermarkt kenne. Auf dem Rückweg müssen wir durch ein kleines Wäldchen. Der Bauer empfiehlt uns, nach Blutegeln zu schauen. In der Tat, Tonmann Ralf findet gleich zwei Egel, einer kriecht auf seiner Sandale, ein anderer auf seinem T-Shirt. Zum Glück haben sie sich noch nicht festgesaugt.

Laxmidhar führt uns in sein Dorf Durgadebi, in dem heute ein traditionelles Fest gefeiert wird zu Ehren der Göttin Lakshmi, die Wohlstand und Fruchtbarkeit verkörpert. In den Dörfern der Reisbauern wird jeder wichtige Moment im Zyklus des Reisanbaus mit einem Fest gewürdigt. Kusum, die ein Buch über die Reisfeste in Orissa geschrieben hat, erklärt uns die Bedeutung: »Im Monat Margashirsha, zur Erntezeit, ist jeder Donnerstag der Anbetung der Göttin Lakshmi gewidmet.« Die Göttin wird auch Annapurna genannt, die Herrin des Getreides: »Und entsprechend ist die älteste Frau der Familie die Eigentümerin des Kornspeichers und der Saat.« Zwei junge Mädchen zeichnen am Eingang eines Bauernhauses Ornamente auf den Boden.

Kusum erklärt uns: »Die Fußabdrücke zeigen immer in Richtung des Hauses, damit will man die Göttin einladen, das Haus zu betreten. Sie bringt Wohlstand und Geld. Das war früher gleichbedeutend mit einer guten Reisernte.«

Im größten Zimmer des Hauses schmücken die Frauen einen Altar. Üppige Rispen voller Reiskörner umgeben eine Skulptur der Göttin Lakshmi, daneben ihr Ehemann Narayan, der traditionell mit einem blauen Gesicht dargestellt wird. Die Frauen umrunden die Skulpturen mit Kerzen, Schmuckbändern und Tellerchen mit festlichen Speisen. Als alles fertig dekoriert ist, blasen drei der Frauen in unterschiedlich große Muscheln. Sie sind mit einem Loch versehen und klingen dadurch wie Flöten. Dann folgt Gesang. Und wieder der Flötenton.

An dem magischen Reisritual nehmen allein die Frauen teil. Es endet mit einem Festessen ebenfalls nur für die Frauen.

Derweil sitzen die Männer draußen im Schatten einer Plastikplane und palavern. Auch sie essen gemeinsam, aber erst nach den Frauen. Ihre Zusammenkunft ist eine Art Krisenrat. Hitzig streiten sie darüber, was nach dem Taifun getan werden muss. »Diese Farmer produzieren Bioreis, den wir über Navdanya ins Ausland exportieren«, erklärt Ashok. Damit können sie für einen Teil ihrer Ernte deutlich höhere Preise erzielen als auf dem lokalen Markt. Dennoch pflanzen einige der Bauern auch Hybridreis.

Ashok Panigrahi ist Wissenschaftler, dennoch nehmen ihn die Bauern ernst, weil er einfache und günstige Lösungen vorschlägt, etwa Wurmkompost und Kuhurin zur Bodenverbesserung oder Neem und das günstigere Kongamöl zur Schädlingsbekämpfung. Einige der Bauern kennt er seit 14 Jahren, und seither untersucht er die Ernteergebnisse vergleichbarer Flächen. Für das Dorf Chengua fasst Bauer Shaktidhar Mandal die Zahlen zusammen: »Auf den Feldern, auf denen wir mit Chemieprodukten düngen und spritzen, ernten wir nie mehr als 55 Zentner pro Hektar. Mit biologischen Methoden hingegen sind es bis zu 70 Zentner.« Sein Nachbar Babulal Behera fügt hinzu: »Dazu kommt, dass wir für den Bioreis keinen Dünger und nur ganz wenig Spritzmittel kaufen müssen. Allerdings bedeutet das auch ein wenig mehr Arbeit. Unterm Strich aber ist für mich klar: Die Biolandwirtschaft ist der chemischen überlegen.«

Push-and-Pull: Biofalle statt Giftnebel

In Ostafrika ringen die Bauern auf ihren ohnehin schon kargen Mais- und Hirsefeldern mit zwei natürlichen Feinden: der Larve der Stängelbohrermotte, die die Pflanzenhalme aushöhlt, und Striga, einem parasitischen Unkraut, das die Wurzeln anzapft und ihnen Wasser und Nährstoffe entzieht. Zusammen richten die beiden große Schäden an: In manchen Jahren verlieren die Kleinbauern 60 bis 90 Prozent ihrer Maisernte. Statt der Chemiekeule gibt es gegen die Schädlinge sehr wirksame natürliche Waffen: Die einfache Kernidee der Push-and-Pull-Methode ist, dass unerwünschte Insekten von den Nutzpflanzen vertrieben *(push)* und von anderen, dafür vorgesehenen Pflanzen, angelockt werden *(pull)*. Erforscht wurde die Methode vom International Centre of Insect Physiology and Ecology (ICIPE) zusammen mit dem Kenyan Agriculture Research Institut (KARI) und der Rothamsted Experimental Station zwischen 1994 und 2005 unter Leitung des Schweizer Insektenforschers, Landwirtschafts- und Entwicklungsexperten Hans Rudolf Herren. Er war Kopräsident des Weltagrarberichts und erhielt 2013 für sein Wirken den Alternativen Nobelpreis. In Kenia wird Desmodium, eine altbekannte Heilpflanze, zwischen die Getreidereihen gepflanzt. So hilfreich die Hülsenfrucht für den Menschen ist (sie soll unter anderem blutreinigend und entgiftend wirken), so abstoßend wirkt ihr Geruch auf die Stängelbohrermotten. Die Weibchen werden aber wiederum wie magisch vom Napiergras angezogen, das die Bauern als natürliche Falle in einem Gürtel um das Feld pflanzen. Das Gras produziert einen Mix von Duftstoffen, der dem des Getreides gleicht, allerdings in viel größeren Mengen. Die Mottenweibchen legen ihre Eier nun vorzugsweise auf den Blättern des Napiergrases ab. Wollen die daraus schlüpfenden Larven in die Stängel eindringen, produziert das Gras einen tödlich wirkenden schleimigen Pflanzensaft.

Darüber hinaus bekämpft Desmodium auch die Strigapflanze. Dessen Stoffe bringen die Strigasamen im Boden zum Keimen, bevor sie an die Wurzeln der Wirtspflanze andocken können. Das Getreide kann dann ungehindert wachsen.

Napiergras und Desmodium sind mehrjährig und halten sich über zehn Jahre. Sie müssen vor der neuen Getreideaussaat lediglich gestutzt

werden. Das auch Elefantengras genannte Napiergras wird bis zu vier Meter hoch und kann ebenso wie Desmodium als Tierfutter dienen. Ein Gemisch aus beiden ist nährstoffreich und bietet sich vor allem in der Trockenzeit an. Eine zusätzliche Einnahmequelle für die Bauern ist der Verkauf der Desmodiumsamen. Darüber hinaus ist die Hülsenfrucht ein natürlicher Dünger: Sie bindet den atmosphärischen Stickstoff organisch im Boden. Die abgestorbenen Blätter und Wurzeln der Pflanze fördern die Bodenorganismen und tragen zu einem höheren Nährstoffgehalt des Erdreichs bei. Es schützt vor Erosion, hemmt die Verdunstung und verbessert den Wasserrückhalt.
Laut Hans Rudolf Herren kann das Push-and-Pull-System bei einer entsprechenden Anpassungsforschung auch bei uns zum Einsatz kommen. Zurzeit wird die Methode vor allem bei Getreidesorten wie Mais, Hirse und Reis, aber auch bei Zuckerrohr angewendet. Um das System auf die mechanisierten und großflächigen Anbauflächen in Deutschland zu übertragen, müsste man regional herausfinden, welche Pflanzen die Eigenschaften haben, lokale Schädlinge abzustoßen oder anzuziehen. Dann wäre die Methode auch für Kartoffeln und Raps vorstellbar.

Janakara Singh aus dem Nachbardorf Maninath Pur zählt stolz auf, was das für ihn bedeutet: »Seit ich biologisch anbaue, konnte ich zwei Motorpflüge kaufen. Ich habe ein eigenes Motorrad. Meine Kinder gehen zur Schule. Ich habe eine Wasserpumpe und ein mobiles Telefon mit Kamera.« Ashok stellt eine Frage: »Warum pflanzt ihr denn überhaupt noch Hybride?« Die Antwort: »Die Regierung kauft uns die Ernte zu einem höheren Preis ab, sie zahlt mehr für den Hybridreis.« Ashok schimpft mit den Bauern: »Wisst ihr denn nicht, dass ihr damit eure einheimischen Sorten gefährdet? Wenn der Hybridreis blüht, werden die männlichen Samen auch auf die anderen Felder verteilt, sie vermischen ihr Erbgut mit eurem Reis!« Ashok ist davon überzeugt, dass die Konzerne genau das wollen – sie wollen, dass die

Bauern ihr gutes Saatgut verlieren und bei ihnen kaufen müssen. »Wir möchten die Bauern unterstützen, unabhängig zu sein, unabhängig vom Preisdiktat von Konzernen wie Monsanto oder Bayer.«

In der Mittagshitze gehen viele Männer mit nacktem Oberkörper durch die Gassen, aber selbst leicht bekleidet erkennt man die Brahmanen an einer Schnur, die am Gürtel festgebunden locker über eine Schulter führt. Sie sind die oberste Kaste und – wenn auch nicht immer wohlhabend – sich für harte Arbeiten, zum Beispiel das Mahlen von Reis, zu fein. Das erledigen Angehörige niedrigerer Kasten. Reismehl ist hellweiß und dient als Grundlage vieler Speisen. Die Menschen hier leben vegetarisch, und das seit mindestens fünf Jahrtausenden, seit die Hindureligion sich etablierte. Wie bei vielen anderen Völkern auch wurde der Speiseplan deshalb immer schon mit Hülsenfrüchten wie Bohnen oder Linsen ergänzt, denn die Aminosäuren, die in Getreide wie Reis enthalten sind, reichen für die menschliche Ernährung nicht aus. Jetzt, am Ende der Monsunzeit, werden im Dorf die Gemüsegärten angelegt.

Es ist bereits Abend, und eigentlich sind wir müde, doch einer der Bauern, der mit uns diskutiert hat, besteht darauf, dass wir auch sein Haus besuchen. Pitambar Tena will uns seinen besonderen Schatz zeigen: Dutzende kleiner Tongefäße – darin bewahrt er sein Saatgut auf. Stolz präsentiert er 20 Sorten Reis, jede mit einem Namensschild versehen. »Auf den Betrug mit dem Hybridreis bin ich nicht reingefallen«, erzählt er, »ich habe das Saatgut meines Vaters konserviert, und auch neue Sorten gesammelt, die ich von anderen Bauern bekommen habe.« Die Reiskörner müssen trocken gelagert werden. Weil das nicht immer klappt, teilen die Bauern das Saatgut bei Bedarf – Geld wird dafür nie verlangt. Auch Kürbis- und Gemüsesaaten lagert er hier: »Ich nehme immer nur die Samen der besten Pflanzen zum Einlagern.«

Das Saatgut, das auf diese Art von den Bauern über viele Jahrtausende hinweg vermehrt und verbessert wurde, ist optimal an die lokalen Klima- und Bodenbedingungen angepasst, im Gegensatz zum Hybridsaatgut, das immer nur bei einem durchschnittlichen Boden und einer durchschnittlichen Regenmenge funktioniere. Jede lokale

Verarmung der landwirtschaftlichen Sortenvielfalt

Verlust der kultivierten Pflanzensorten seit 1900: ca. 75%

8 000 Hochleistungssorten

72 500 Kommerzielle Sorten

1 900 000 Traditionelle Sorten von Bauern

Abweichung sorgt für Abstriche – und deshalb sei die Ernte bei den einheimischen Reissorten meist besser.

Kusum und Ashok laden uns in ihr Heimatdorf Mangalpur ein. Ihr Schatz verbirgt sich auf einem Reisfeld, das sich von Weitem nicht von den anderen unterscheidet. Ashok öffnet ein Gatter. Ein schmaler Trampelpfad führt auf das Feld. Jede Abteilung ist mit kleinen Schildern versehen. Einige sind bereits abgeerntet, andere stehen noch, die Samenstände prall gefüllt mit Reiskörnern. Die meisten Reispflanzen sind sattgrün, andere gelb, einige haben rote Blätter oder schwarze Körner. Jetzt erst wird mir klar, dass hier eine unglaubliche Vielfalt versammelt ist.

»Auf diesen Feldern wachsen 727 unterschiedliche Sorten.« Kusum streichelt mit einer zärtlichen Geste über die Reispflanzen. »Das ist der Grundstock für die erste regionale Saatgutbank in Orissa.« Ich sage: »Das klingt nach Wissenschaftlern und Laboren.« Kusum lächelt: »Dazu braucht es keine Technik. Das Wissen wird von den Bauern seit Jahrtausenden gehütet und weitergegeben, es sind die Wissenschaftler, die hier von den Bauern lernen und nicht umgekehrt.« Die Inspiration kam von Navdanya-Gründerin Vandana Shiva.

Saatgut in Bauernhand

Das bekannteste Kontrastkonzept zur privatisierten Patentindustrie ist das 1991 in Indien von der Menschenrechtlerin Vandana Shiva gegründete Netzwerk lokaler Gemeinden und Organisationen mit Namen Navdanya (neun Saaten/Samen). Die Organisation hat sich zum Ziel gesetzt, traditionelle Sorten vor dem Aussterben zu bewahren, biologische Anbaumethoden zu fördern, die Bauern vor Abhängigkeit von patentiertem Saatgut oder Hybridsamen zu schützen, die Bevölkerung mit gesunden Lebensmitteln zu versorgen und lokale Märkte zu stärken. Auf einer Versuchsfarm im nordindischen Dehradun bauen Aktivisten mit Unterstützung von Biologen gesammelte und gesicherte regionale Sorten an und bilden Bauern weiter, die zur biologischen Anbauweise wechseln wollen. 2004 gründete Vandana Shiva in enger Kooperation mit dem Schumacher College in Großbritannien dort eine internationale Hochschule für nachhaltiges Leben.

Das Vorbild zeigt langsam Wirkung: 2002 gründete sich die Vereinigung der Biobauern in Indien (OFAI – Organic Farming Association of India). Sie betreibt Lobbyarbeit gegenüber der Regierung und hilft konventionellen Bauern beim Übergang zum Bioanbau. Die Vereinigung setzt sich für den Erhalt der Umwelt und die Stärkung der Rolle ländlicher Gemeinden ein. Sie möchte den Verbrauchern die Vorteile biologisch produzierter Lebensmittel und die Nachteile der konventionellen chemischen Landwirtschaft, der Grünen Revolution und die drohenden Gefahren einer Genrevolution bewusst machen.

Vielfalt statt Monokultur

Ein ganz ähnliches Bauernnetzwerk mit Namen Masipag findet sich auf den Philippinen, deren Landwirtschaft im Zuge der Grünen Revolution grundlegend umgestaltet wurde, was zahlreiche Bauern in die Schuldenfalle und Armut trieb. Bereits Ende der 1980er-Jahre gegründet, gehören heute 30 000 Familien in 563 Bauerngruppen dem auch von internationalen Hilfsorganisationen unterstützten Netzwerk an. Masipag sammelte über 1 300 traditionelle Reissorten und züchtete Tausende neue Reislinien, die optimal an die regionalen Böden und das Klima angepasst sind. Die angeschlossenen Betriebe setzen beim Anbau ganz bewusst auf eine Vielfalt von Feldfrüchten und Reissorten, um unabhängig zu bleiben und totalen Ernteverlusten vorzubeugen. Eine mithilfe von Misereor erstellte Studie in 840 Haushalten belegt: Die Masipag-Erträge können problemlos mit denen von Hochleistungssorten mithalten und ganz ohne Pestizide auskommen.[36]

In El Salvador sind die Bauern seit dem Freihandelsabkommen CAFTA im Jahr 2006 von der globalisierten Agrarindustrie enttäuscht. Die Menschen leben hier größtenteils vom Mais- und Bohnenanbau, dessen Produktionskosten durch die Mehrausgaben für Pestizide und Dünger stark gestiegen sind. Gleichzeitig werden auf dem Markt die Maisimporte aus den USA zum halben Preis der einheimischen Ware angeboten. PROCOMES, eine salvadorianische Organisation für Kommunalentwicklung, arbeitet mit dem deutschen entwicklungspolitischen Verein INKOTA zusammen. Gemeinsam wollen sie die Ernährungssituation von Familien in ländlichen Gegenden durch Umweltentwicklung, den Ausbau der Ernährungssouveränität unter anderem durch Saatgutbanken, Mikrokredite zur Unterstützung von Kleinunternehmen und würdigen Wohnraum mit Strom- und Wasseranschluss verbessern.

Auch in Afrika organisieren sich an vielen Orten Kleinbauern, um den großen Agrokonzernen die Stirn zu bieten. Ein besonderes Beispiel findet sich in Swasiland: Lutsango Palata nennt sich eine Gruppe von zehn Frauen, die mit dürreresistentem Saatgut von Hülsenfrüchten handeln. Ihre Vorsitzende Happy Shongwe wurde bereits mehrfach dafür ausgezeichnet: Die Frauen verdienen mittlerweile mit dem Saatgut mehr Geld als die Bauern mit dem Verkauf von Lebensmitteln. In ganz Swasiland gibt es rund zehn ähnliche Kooperativen. Zu den

Abnehmern zählen die FAO, die Saatgut für ihre Versuchsgelände einkauft, und die nationale Maiskorporation. Initiiert wurde diese Bewegung von der FAO, die bereits in den 1990er-Jahren das Landwirtschaftsministerium aufforderte, Frauen zu Saatgutproduzenten auszubilden. Die Bemühungen sind Teil des Saatgutsicherheitsprogramms (HASSP, Harmonized Seed Security Project) der Organisation, dem auch Sambia, Malawi und Simbabwe angeschlossen sind.

Saaten aus deutschen Landen

Auch in Deutschland gibt es viele Initiativen für regionales Saatgut. Die Bingenheimer Saatgut AG ist für den Vertrieb von samenfesten Sorten bekannt. Zu den Leitlinien der Bingenheimer gehören neben dem Vertrieb von biologisch-dynamisch gezüchteten und entwickelten Sorten (laut Eigenwerbung) der Erhalt und die Förderung der Sortenvielfalt für Landwirtschaft und Gartenbau sowie der Ausbau der Saatgutvermehrung als Kulturaufgabe in der Gesellschaft. Darüber hinaus arbeitet man an der Weiterentwicklung von sozialen Wirtschaftsformen zwischen allen am Produktions- und Verbrauchsprozess beteiligten Gruppen. So veranstaltet die Saatgut AG zusammen mit Züchtern aus dem Ökoanbau den »Sortentag«, auf dem auch samenfeste Neuzüchtungen vorgestellt werden. Dazu gehören Tomaten, Auberginen und Zucchini, die als Konkurrenten zu den Hybridsorten auftreten könnten. Wenn denn das Bundessortenamt und die Prüfstelle in Frankreich das Biogemüse zulassen.

Ein Museum für die Zukunft

Da laut FAO in den letzten 100 Jahren rund drei Viertel aller Kulturpflanzen verloren gegangen sind, wurde 2004 der Globale Treuhandfonds für Nutzpflanzenvielfalt gegründet. Er ist international unabhängig und mit den Vereinten Nationen verbunden. Seine Aufgabe besteht darin, mehr als 760 000 genetische Muster aus aller Welt aufzubewahren und zu schützen. Das passiert in Forschungseinrichtungen auf der ganzen Welt und in einem Sicherheitslager in Spitzbergen im ewigen Eis. 2013 eröffnete der Treuhandfonds seinen ständigen Sitz in Bonn. Die damalige Bundesministerin Ilse Aigner nahm das zum Anlass zu betonen: »Verfügbarkeit von Nutzpflanzen bedeutet nicht nur, dass die Arten als solche erhalten bleiben. Auch der Zugang zu den genetischen Ressourcen für Ernährung und Landwirtschaft muss weiterhin für alle offen stehen. Das dürfen auch Patente nicht verhindern.«[37] Wie das in einem juristisch stark umkämpften Markt möglich sein soll und wem das Archiv tatsächlich offen steht, bleibt leider unklar. »Einige Saatgutunternehmen geben bereits weit mehr Geld für Rechtsanwälte als für ihre Forschung aus«, bemerkt dazu der Weltagrarbericht.[38]

»Hier in der Gegend von Balasore haben wir sehr unterschiedliche Anbauregionen«, erzählt Kusum, »wir brauchen Reissorten, die Hochwasser aushalten, andere, die einen hohen Salzgehalt im Boden vertragen, und wiederum andere, die der Trockenheit standhalten.« Der Klimawandel beschleunigt sich: »Wir haben immer mehr Hochwasser, aber gleichzeitig immer mehr Dürrejahre«, fährt Kusum fort. »Auch versalzen immer mehr Böden, bislang etwa ein Zehntel der Fläche, heute viermal so viel.«

Wenige Schritte vom Reisfeld entfernt steht das Elternhaus ihres Ehemanns Ashok. Kusum bittet uns in den ersten Stock, der von einem einzigen großen Raum eingenommen wird. Hier befinden sich Hunderte von Reissorten in Tontöpfen, kleinere in den Regalen, größere am Boden und alle fein säuberlich beschriftet: Meher, Tulasi, Nalimandu, Nabina und viele andere nie gehörte Namen.

Erst jetzt wird mir klar, welch unglaublichen Reichtum sie zusammengetragen hat. Der Beginn des Projekts geht auf das Jahr 1999 zurück, als ein Taifun große Teile von Orissa überschwemmte und ein schwerer Tsunami die Küste traf, bei dem über 15 000 Menschen ertranken. Die Bauern hatten gerade ausgesät und verloren praktisch die gesamte Ernte. »Wir schickten 100 Zentner Saatgut besonders salztoleranter Sorten in die besonders hart betroffene Region von Astaranga, wo das Meerwasser auf die Felder vordrang. Wir haben dafür kein Geld verlangt. Doch wir haben den Bauern das Versprechen abgenommen, dass sie uns von jeder Sorte eine kleine Menge Saatgut zurückgeben.«

»Hier sind alle 727 Sorten aus dem *conservation field* gelagert. Langsam wird es eng, ich brauche eine größere Saatgutbank.« Kusum erklärt, dass die Saaten jedes Jahr neu ausgebracht werden müssen: »Wenn sie nicht einmal im Jahr keimen, geht ihre Vitalität verloren.« Am Eingang des Raumes steht ein alter Schreibtisch, darauf liegt ein großes Buch, in dessen Tabellen jede Entnahme von Saatgut registriert wird, die meisten 250 Gramm oder 500 Gramm. Es gilt das gleiche Prinzip wie nach dem Tsunami: »Die Bauern, die hier Saatgut entnehmen, bekommen es umsonst, aber sie müssen uns zusichern, dass sie von derselben Sorte einige Körner zurückgeben. Man sagt, dass es früher 25 000 Reissorten gab, aber viele sind bereits verschwunden.« Auf dem Markt, schätzt sie, gibt es nur noch zehn bis fünfzehn Sorten. »Die Bauern schaffen es nicht mehr allein, diese Vielfalt zu erhalten. Es passiert leider häufig, dass zum Beispiel Salzwasser die Ernte eines Feldes komplett zerstört. Dann sind sie auf Hilfe angewiesen. Doch anstatt zu helfen, versucht die Regierung, die Bauern zum Kauf von Hybridsaatgut zu bewegen.« Kusum vermutet dahinter den Einfluss der multinationalen Konzerne.

»Das Saatgut darf keinem Konzern gehören. Das Saatgut muss in Bauernhand bleiben. Wenn ein Bauer die Saat von den Konzernen kaufen muss, ist er vollkommen von ihrem Preisdiktat abhängig. Und wenn die Preise steigen, muss er sich verschulden.« Die offizielle Statistik ist schwindelerregend: Seit 1995 haben 290 000 verschuldete Kleinbauern in Indien Selbstmord begangen. Dabei nutzen sie das Gift, das ihnen die Schulden eingebracht hat: Sie schlucken Pestizide in einer tödlichen Dosis.

Gift auf dem Acker

Pestizid ist ein Sammelbegriff für chemische Substanzen, die gegen tierische oder pflanzliche Schädlinge wirksam sind und verharmlosend »Pflanzenschutzmittel« genannt werden. Man unterscheidet hauptsächlich Fungizide gegen Pilze, Insektizide gegen Insekten, Herbizide gegen Unkräuter, Bakterizide gegen Bakterien und Rodentizide gegen Nagetiere. Solche Mittel werden in der Landwirtschaft großflächig und in großen Mengen in die Umwelt ausgebracht. Hierbei besteht immer die Gefahr, dass sich die toxischen Stoffe in den Produkten und im Boden anreichern, auf andere Flächen abdriften oder ins Grundwasser sickern. Dann gelangen sie über das Futter in den tierischen Organismus. Dort werden sie in den Fettdepots gesammelt und landen über Fleisch, Milch, Eier und andere tierische Nahrungsmittel schließlich am Ende der Nahrungskette: beim Menschen. Viele dieser Chemikalien kann der Mensch nicht ausscheiden und speichert sie selbst im Fettgewebe, wo sie sich summieren und Wechselwirkungen mit anderen Stoffen eingehen können. In Deutschland waren 2012 nach Angaben des zuständigen Bundesamtes für Verbraucherschutz und Lebensmittelsicherheit (BVL) 729 Präparate auf Grundlage von 261 Wirkstoffen zugelassen. In den zehn Jahren zwischen 2002 und 2012 stieg der Inlandsumsatz an Pestizidwirkstoffen um ein Drittel von 34 678 auf 45 527 Tonnen an. Im selben Zeitraum blieb die landwirtschaftlich genutzte Fläche aber annähernd gleich. Als Folgen des massiven Einsatzes verarmen die Ackerböden, finden Bestäuberinsekten in der zunehmend blütenlosen Agrarlandschaft keine Nahrung mehr, werden Bienen chronisch vergiftet und sterben Amphibien. Die größten Hersteller dieser Gifte sind die Agrar- und Chemiekonzerne Syngenta aus Basel, Bayer mit Sitz in Leverkusen, BASF in Ludwigshafen und Monsanto aus St. Louis. Diese vier kontrollieren allein 57 Prozent des Pestizidmarktes, der auf ein jährliches Umsatzvolumen von 44 Milliarden US-Dollar geschätzt wird. Marktführer Syngenta,

BAYER und BASF verbreiten jeweils mehr als 50 Wirkstoffe, die aufgrund internationaler Klassifizierung für den Menschen als hochgefährlich eingestuft werden.

Weniger Gift dank Gentechnik?

Gerne behaupten die Saatgut- und Pestizidkonzerne, dass ihr gentechnisch verändertes (GV) Saatgut zu erheblichen Einsparungen beim darauf abgestimmten Pestizideinsatz führen würde. Was zunächst logisch klingt, entpuppt sich beim genaueren Hinsehen aber als Schönrechnerei. Eine international bekannt gewordene Studie von Professor Charles M. Benbrook von der Washington State University aus dem Jahr 2012[39] belegt nämlich, dass der Anbau von gentechnisch veränderten Pflanzen in den USA in den letzten 16 Jahren zu mehr Pestizideinsatz geführt hat. Auch wenn in den ersten vier bis fünf Jahren weniger Gifte nötig waren, stieg der Spritzmittelverbrauch seit der Einführung von GV-Pflanzen im Zeitraum von 1996 bis 2011 um 239 Millionen Kilogramm. Anders als bei den Herbiziden verläuft es bei den Insektiziden: Hier sieht die Studie schon einen Vorteil bei genetisch manipulierten Pflanzen, da diese ein eigenes Gift (BT-Bacillus thuringiensis) zur Insektenabwehr produzieren. Durch den Anbau von GV-Mais und GV-Baumwolle, die das BT-Toxin enthalten, hat sich der Verbrauch von Insektiziden in den letzten 16 Jahren tatsächlich um 56 Millionen Kilogramm verringert. Zieht man die eingesparten Insektizide vom Verbrauch an Herbiziden ab, bleibt unter dem Strich aber nach wie vor ein Mehrverbrauch von 183 Millionen Kilogramm an Pestiziden. Das entspricht einem Anstieg um 7 Prozent in den USA seit Einführung von GV-Pflanzen. Gleichzeitig weist Benbrook darauf hin, dass bereits vermehrt auch Resistenzen gegenüber dem BT-Toxin zu beobachten sind wie beispielsweise beim Maiswurzelbohrer.

Weil Schädlinge ständig neue Resistenzen gegenüber den Spritzmitteln der Biotechindustrie entwickeln, müssen stetig neue Pestizide entwickelt oder mehrere gleichzeitig verwendet werden, was die Kosten für die Landwirte in die Höhe treibt. In einigen Regionen lohnt sich die Bewirtschaftung der Äcker kaum noch. Es sollen bereits 22 Unkrautarten immun sein. Benbrook berichtet, dass rund 20 bis 25 Millionen Hektar Anbaufläche von diesen Superunkräutern betroffen sind. In Europa sind dies zunehmend der Ackerfuchsschwanz, der Steife Lolch und der Windhalm. Resistenzen entwickeln sich vor allem gegen das weltweit am häufigsten eingesetzte Herbizid Glyphosat, Hauptwirkstoff der Marke RoundupReady (RR) von Monsanto. Verkauft wird es beispielsweise im Kombinationspack mit dem hiergegen robusten Gensoja der Firma. Auf den riesigen Anbauflächen in Argentinien wächst ausschließlich in dieser Hinsicht veränderte RR-Soja, in Brasilien sind es bereits rund 70 Prozent.

Die genetischen Basteleien und hierauf abgestimmte Chemiekeulen sollen Rekordernten bringen, den Landwirten die Gewinne mehren und helfen, den Welthunger zu besiegen. Doch dies ist ein Trugschluss: »Von den angeblichen Segnungen der pflanzlichen Revolution haben bislang nur die Multis profitiert. Sie erzielen ständig Absatz- und Gewinnrekorde. Die Millionen von Landwirten aber, die im guten Glauben an das Wundergetreide sich von den Lieferungen der Konzerne abhängig gemacht haben, warten vergeblich auf die versprochenen Kostenvorteile und Rekorderträge. Denn die Ernteergebnisse der genetisch veränderten Bohnen sind oft enttäuschend, die RR-Sojaernten fallen im Vergleich zu herkömmlichen Sojasorten sogar um 5 bis 10 Prozent geringer aus. Zugleich haben sich die Preise für GV-Saaten mehr als verdoppelt.«[40]

Neben den gesundheitlichen und wirtschaftlichen Risiken sind die Auswirkungen von Pestiziden auf die Umwelt groß: Sie dezimieren Bodenorganismen, die den Humus aufbauen, und verursachen damit auch die weltweite Bodenerosion. Ungebrauchte und nicht sachgerecht entsorgte Pestizide in Höhe von Hunderttausenden Tonnen verursachen ein katastrophales Müllproblem: Giftfässer werden in illegalen Mülldeponien vergraben, auf hoher See verklappt oder einfach im Wald abgeladen. Vom Regen auf den Feldern ausgewaschene Gifte landen in Flüssen und Seen und verseuchen das Wasser und die dortigen Lebewesen. Forscher des Helmholtz-Zentrums für Umweltforschung in Leipzig haben im Juni 2014 Daten von über 4000 europäischen Messstellen und zu 223 Chemikalien ausgewertet. Das Ergebnis: Viele Flüsse erfüllen die europäische Wasserrahmenrichtlinie nicht. Etwa die Hälfte aller Fließgewässer ist mit Chemikalienkonzentrationen belastet, die zu einer chronischen Toxizität gegenüber Organismen führen. Bei 14 Prozent der Gewässer in Europa sei mit akuten Problemen zu rechnen.[41]

Giftcocktail im Körper

Die PR-Agenturen der Pestizidindustrie wollen dem Verbraucher weismachen, ihre Pflanzenschutzmittel seien gesundheitlich völlig unbedenklich: Die toxischen Stoffe würden niedrig dosiert, nur in bestimmten Wachstumsphasen gespritzt und könnten später durch Abwaschen fast völlig entfernt werden. Die Gifte sollen angeblich nicht in das Korn oder die Frucht selbst eindringen und nur äußerlich in Restspuren nachweisbar sein. Außerdem würden die gesetzlichen Grenzwerte genauestens eingehalten: »Dank der strengen Bestimmungen ist trotz der heterogenen Grenzwerte in Europa bisher kein Fall bekannt, in dem Wirkstoffrückstände die Gesundheit von Verbrauchern gefährdet haben. Schon jetzt ist also die Ware in deutschen Geschäften sicher!«[42] Das zuständige Bundesministerium für Umwelt, Naturschutz und Reaktorsicherheit sieht das hingegen anders. Bereits Mitte 2004 stellte es fest, dass viele der in der Landwirtschaft eingesetzten Stoffe hochproblematisch sind und in Äpfeln, Birnen, Tomaten, Paprika oder Gurken immer wieder immense Rückstände gefunden werden. Verbraucher sollten stattdessen möglichst viele Lebensmittel aus kontrolliert biologischem Anbau kaufen.[43]

80 Prozent aller Pestizide werden im Ackerbau sowie auf Obst- und

Gemüsekulturen versprüht. Hierbei gelten selbstverständlich Grenzwerte, sogenannte Maximum Residue Levels (MRL). Aber bislang gibt es noch keine Summengrenzwerte für eine mehrfache Belastung mit Pestiziden. Die zuständigen Behörden beziehen sich lediglich auf die Wirkung einzelner Stoffe. Eine Kombination wird nicht untersucht. Dabei steht außer Frage, dass in einem Lebensmittel auch mehrere Gifte enthalten sind. Heute ist wissenschaftlich unumstritten, dass Rückstände von Pflanzenschutzmitteln und Kunstdünger, Konservierungsmitteln, Farbstoffen, Weichmachern und anderen Lebensmittelzusatzstoffen im menschlichen Körper in teils bekannter, teils noch unbekannter Weise miteinander reagieren und ihre schädlichen Effekte verstärken können. Es ist daher Augenwischerei, von unschädlichen Mengen toxischer Stoffe in Lebensmitteln zu sprechen. Isoliert betrachtet, mag ein Pestizid oder ein Konservierungsstoff nicht schädlich sein, in Wechselwirkung im menschlichen Körper können sie das sehr wohl.

Wie es um die Mehrfachvergiftung unserer Lebensmittel bestellt ist, belegen mehrere detaillierte Untersuchungen im Auftrag der Umweltschutzorganisation Greenpeace. Demnach ist die Konzentration von Wirkstoffen in vielen Gemüse- und Obstsorten in den letzten Jahren zwar leicht gesunken, allerdings ist die Anzahl der Substanzen stetig gestiegen. Um die 40 Prozent der pflanzlichen Lebensmittel in Deutschland seien mit mehr als nur einem Pestizidwirkstoff belastet. Tafeltrauben enthielten beispielsweise im Schnitt bis zu neun Pestizide, Erdbeeren sieben und Kopfsalat sechs.[44] Die Studien zeigen, dass sich die Wirkungen mehrerer gleichzeitig vorhandener Chemikalien verstärken können, und das bereits in geringeren Konzentrationen, als sie schon in der Umwelt oder im menschlichen Blut gefunden werden. Zudem kann sich die Wirkung von Pestiziden in Kombination mit anderen Stoffen erhöhen. Die Liste der hierbei identifizierten Stoffe ist lang: Schwermetalle, Weichmacher, PCBs, PAKs, APEOs, Nanopartikel, Pharmaka, Nährstoffe, Jod, Glutamat und auch Salzgehalt, UV-Licht,

Temperatur und andere Organismen. Greenpeace spricht von einem »multifaktoriellen Risiko für Mensch und Umwelt«. Die Wechselwirkungen der Gifte untereinander und ihre Abbauprodukte gefährden je nach Wirkungsweise jede elementare menschliche Körperfunktion. Besonders gefährlich für Verbraucher sind dabei die langsamen und zeitversetzten Wirkungen von Pestiziden: Sie können die Zellteilung stören, das Entstehen von Krebs begünstigen, das Erbgut verändern, das Immunsystem beeinträchtigen und Allergien auslösen. Probleme der menschlichen Fruchtbarkeit entstehen aus hormonell wirksamen und schwer abbaubaren Dauergiften, die mittlerweile überall in der Umwelt zu finden sind. Die EU listet allein über 50 Wirkstoffe auf, die sehr wahrscheinlich oder erwiesenermaßen das menschliche Hormonsystem beeinflussen. Das Pesticide Action Network International (PAN) – ein 1982 in Malaysia gegründetes Netzwerk von heute über 600 Nichtregierungsorganisationen und Einzelpersonen in über 60 Ländern – informiert regelmäßig über die negativen Folgen des Einsatzes von Pestiziden und setzt sich für umweltschonende und sozial gerechte Alternativen ein. Anfang 2013 hat PAN eine Studie zur endokrinen (hormonellen) Wirkung von Pestiziden veröffentlicht.[45] Dabei kam heraus, dass sowohl Beschäftigte in Gärtnereien als auch deren Kinder vermehrt unter Fruchtbarkeitsstörungen und Missbildungen der Geschlechtsorgane leiden. Weitere Recherchen belegen, dass sich jährlich mehrere Millionen Bauern und Landarbeiter ungewollt mit Pestiziden vergiften, davon etwa 40000 tödlich. Dies geschieht überwiegend in Entwicklungsländern, da sich die Anwender dort nicht schützen können, oftmals falsch dosieren und Präparate benutzen, die bei uns längst verboten sind. Jährlich nehmen sich übrigens 370000 Menschen mit diesen hochgefährlichen Giften das Leben. So gehören Pestizide mit einem weltweiten Anteil von 31 Prozent zur am häufigsten gewählten Suizidmethode.[46]

Strengere Zulassungsbestimmungen

Aus Sicht des Verbraucherschutzes hat sich seit 2008 viel zum Guten entwickelt. Dank der europäischen Chemikalienverordnung REACH (Registrierung, Autorisierung und Evaluierung von Chemikalien) müssen seit Juni 2008 Hersteller und Importeure, die pro Jahr mehr als eine Tonne einer Chemikalie produzieren oder einführen, diese bei der europäischen Chemikalienagentur ECHA (European Chemicals Agency) in Helsinki registrieren und Informationen über mögliche Gefahrenpotenziale liefern. Die Registrierung erfolgt in drei Phasen. Die erste endete im November 2010, die zweite lief bis November 2013 und die dritte wird Mitte 2018 abgeschlossen sein. Die Hersteller müssen dabei die Unbedenklichkeit ihrer Chemikalien nachweisen. Pestizide dürfen nur dann angewendet werden, wenn sie zugelassen sind.

Unangenehm für die Pestizidbranche ist auch die seit September 2008 im Europaparlament diskutierte EU-Verordnung zur Pestizidzulassung, die Mitte Juni 2011 in Kraft trat. Dieser zufolge werden einige der gebräuchlichsten Pflanzenschutzmittel bald verboten sein. Insbesondere diejenigen, die Krebs verursachen, das Erbgut verändern oder die Fortpflanzung gefährden können. Für aktuell noch zugelassene Wirkstoffe gelten die neuen Ausschlusskriterien allerdings teilweise bis 2017. Die Verordnung betrifft unter anderem zwei Verkaufsschlager von Bayer: die glufosinathaltigen Herbizide Basta und Liberty, die radikal alles »Unkraut« abtöten. Das fortpflanzungsschädigende Glufosinat gehört zu der Gruppe besonders gefährlicher Pestizide, die laut EU-Pestizidgesetzgebung sukzessive aus dem Verkehr gezogen werden müssen. Zur Umsetzung der Durchführungsverordnung verbot oder beschränkte das BVL für bestimmte Kulturen bereits jetzt die Anwendung von Basta zum November 2013. Von der Zulassung der Gifte sind weitere Geschäfte von Bayer abhängig, denn gleichzeitig hat die Firma nach dem Vorbild von Monsanto auf die Herbizide abgestimmte, gentechnisch veränderte Nutzpflanzen entwickelt, denen die Gifte nichts anhaben können. Doch da der Markt global ist, bleiben die Chemiemanager gelassen.

Auch die EU-Rahmenrichtlinie zur nachhaltigen Verwendung von Pestiziden trifft das Image der Branche in Europa empfindlich. Sie fordert unter anderem, die Abhängigkeit der Landwirtschaft von chemischen Pflanzenschutzmitteln zu verringern, Anbausysteme – wie den ökologischen Landbau –, die wenige Pestizide verwenden, zu fördern und die Risiken für Mensch und Umwelt zu mindern. Das Versprühen vom Flugzeug aus sei grundsätzlich zu verbieten und das Ausbringen in Natur- und Erholungsgebieten so weit wie möglich zu reduzieren oder zu untersagen.

Die strengeren Richtlinien und Zulassungsbeschränkungen schmecken der Agrarindustrie gar nicht. Bauernverbände und Pestizidlobby laufen gegen die Verordnungen Sturm und betreiben Panikmache. Klaus Welsch, Leiter des europäischen Pflanzenschutzgeschäftes von BASF, malte den Untergang der deutschen Landwirtschaft an die Wand, als er sagte: »Auf Druck der grünen Lobby wird hier die Landwirtschaft zugrunde gerichtet.«[47] Vehement warnen ihre Presseabteilungen im Internet vor einem »massiven Kahlschlag unter modernen Pflanzenschutzmitteln«, der »das Aus für viele in der Praxis bewährte Substanzen« bedeute, so eine Initiative für eine leistungsstarke und moderne deutsche Landwirtschaft unter dem Namen Die Pflanzenschützer des Industrieverbandes Agrar (IVA) aus Frankfurt.[48] Die Lobby macht dabei Stimmung gegen geltendes Recht: »Die EU-Verordnung 1107/2009 bedeutet für die deutschen Landwirte den Verlust zahlreicher bewährter Betriebsmittel zum Schutz ihrer Kulturpflanzen – mit erheblichen Negativeffekten für Ernteerträge, Einkommen sowie die Qualität der Lebensmittel.« Und – wie immer bei solchen PR-Strategien – wird der Bürger eingeschüchtert: »Verbraucher müssten sich gleichzeitig an eine geringere Qualität ihrer Lebensmittel sowie höhere Preise gewöhnen.«[49] Der konventionelle Anbau mit gezieltem Einsatz von Pflanzenschutz- und Düngemitteln erreiche eine fast dreimal so hohe Produktivität wie der ökologische Landbau, erziele im Durchschnitt 50 Prozent mehr Ernteertrag und verursache deutlich weniger Emissionen von Klimagasen. Daher müsse die Verordnung wieder geändert werden. PAN Europa lobte hingegen in einer Pressemitteilung die Neuregelung. Die Verordnung markiere den Beginn eines neuen revolutionären Ansatzes, da er zum ersten Mal Ausschlusskriterien im Pflanzenschutzrecht einführt. Zuvor hätte die EU-Kommission keine Pestizide gegen den Willen der Industrie verbieten können. PAN appellierte an die Kommission zu gewährleisten, dass der neue Ansatz nicht verwässert werde.

Trotz dieser positiven Entwicklung bestehen noch viele Unklarheiten und weiterer Handlungsbedarf. Viele Toxikologen halten die festgelegten EU-Grenzwerte für die Menge einer Substanz, die mit einer Mahlzeit oder innerhalb eines Tages aufgenommen werden kann, ohne ein gesundheitliches Risiko für den Konsumenten darzustellen, immer noch für zu hoch angesetzt. Doch selbst diese Limits werden in vielen Lebensmitteln oftmals überschritten. Dazu komme ein Nachweisproblem, berichtet Greenpeace: »Bei unseren Untersuchungen können selbst unsere sehr guten Labore gerade einmal 250 bis 300 Pestizide nachweisen. Das heißt, tatsächlich ist nur ein Viertel bis ein Drittel der Rückstände überhaupt sichtbar. Wenn man um dieses begrenzte analytische Fenster weiß, wird einem schnell klar, dass hier noch viel im Verborgenen liegt. Wir müssen deshalb davon ausgehen, dass wir die tatsächliche Belastung und damit auch die mögliche Gefahr nicht über-, sondern eher unterschätzen.«[50] Die gesundheitlichen Gefahren, die von allen Pestiziden ausgehen, sind somit auch der wichtigste Grund für den gestiegenen Biokonsum. Der Verbraucher will nicht länger schleichend vergiftet, krank und unfruchtbar gemacht werden.

3 Düngemittel: »In 40 Jahren ist Schluss«

Der Förderturm erinnert an eine Kohlenzeche. Doch das Schild »Kali + Salz« macht klar, dass hier etwas anderes gefördert wird als Kohle. Das Salzbergwerk Hattorf in Philippsthal liegt mitten im deutschen Kalirevier an der hessisch-thüringischen Grenze. Zunächst geht es in die Umkleide, neben Schutzkleidung und Helmen wird jedem ein Sauerstoffkit umgehängt. »Das ist Vorschrift«, erklärt uns Pressesprecher Michael Wudonig, »falls unter Tage die Luft knapp wird.«

Scheppernd schließt sich der Riegel vor dem vergitterten Aufzugkorb. Die Fahrt in 700 Meter Tiefe dauert keine 90 Sekunden, aber zum Glück wird der Fahrtwind immer wärmer. Oben herrschte Frost, in der Tiefe sind es angenehme 20 Grad. Wir steigen in einen bereitstehenden Bully. Michael Wudonig zeigt uns zunächst die hell erleuchtete unterirdische Autowerkstatt des Salzbergwerks. Hier wird der Fahrzeugpark gewartet, der nie das Tageslicht sieht. Beeindruckend sind vor allem die gigantischen Radlader: »Die müssen wir in Einzelteilen hier herunterschaffen, damit sie überhaupt durch den Schacht passen.«

Dann drückt er auf die Tube: »Wir müssen los, damit wir rechtzeitig ankommen.« Kilometerlang fährt der Bully auf einer Ebene, immer wieder zweigen dunkle Gänge nach rechts oder links ab, nur selten kommen Fahrzeuge entgegen. Dann geht es steil nach unten, »ein Stockwerk tiefer«, wie Wudonig das nennt. Die unterirdische Ausdehnung des Verbundwerkes Werra hat die Größe der Stadt München. »Die Abbaufront hat sich mit den Jahren immer weiter vom

Schacht entfernt.« Bald schon kommen uns immer mehr Fahrzeuge entgegen. Schließlich folgen wir einem Förderband, das Gesteinstrümmer abtransportiert.

Wir treffen auf Professor Andreas Gransee, der bei Kali + Salz (K+S) die Abteilung Entwicklung und Anwendungsberatung leitet. »Hier bauen wir Kalium ab, das ist einer der wichtigen Pflanzennährstoffe. In unseren Werken produzieren wir außerdem noch Magnesium- und Sulfatdünger, ohne diese Stoffe kann eine Pflanze nicht wachsen.«

Auch bei der Düngemittelherstellung gibt es eine zunehmende Konzentration, heute beherrschen die zehn größten Konzerne 55 Prozent des Weltmarkts. K+S ist einer von ihnen, der viertgrößte Düngemittelkonzern der Welt, weltweit 14 000 Mitarbeiter, ein DAX-Unternehmen, also eine der 30 größten Aktiengesellschaften Deutschlands.

»Das ist ein Bergwerk mit langer Geschichte«, doziert Professor Gransee. »Nachdem der deutsche Chemiker Justus von Liebig Mitte des 19. Jahrhunderts herausgefunden hatte, dass Pflanzen mit Mineralien gedüngt werden können, wurde hier 1856 das erste Bergwerk eröffnet, weitere folgten.« Einzig Phosphat fehlte, das gewann man aus Guano, Vogelmist, der in Seevogelkolonien abgebaut wurde. »Das hat zu einer wesentlichen Steigerung der landwirtschaftlichen Erträge geführt.« Bis zum Ersten Weltkrieg hielt Deutschland beim Kalidünger sogar ein weltweites Monopol, und auch danach, in der Zeit zwischen den Weltkriegen, lieferte Deutschland immerhin noch zwei Drittel des Weltbedarfs.

In dieser Zeit erfanden deutsche Chemiker und Ingenieure ein Verfahren, um den letzten noch fehlenden Grundnährstoff von Pflanzen, nämlich Stickstoff, künstlich herzustellen. Kurz vor dem Ersten Weltkrieg wurde das sogenannte Haber-Bosch-Verfahren von BASF zum Patent angemeldet. Damit kann man aus dem Luftstickstoff und Wasserstoff die nutzbare Stickstoffverbindung Ammoniak herstellen. Nun war die Grundlage für die industrielle Landwirtschaft geschaffen. Luftstickstoff ist unbegrenzt vorhanden, die Energie, um daraus Dünger herzustellen, allerdings nicht. Es ist vor allem die Düngerherstellung, die die industrielle Landwirtschaft so energieabhängig macht. Deshalb ist Peak Oil so bedeutsam, der Moment, in dem die globale Erdölförderung ihren höchsten Stand erreicht. Die Experten streiten sich, ob Peak Oil schon hinter uns liegt oder in den nächsten zehn Jahren erreicht wird. Fest steht jedenfalls, dass danach die Energiepreise stetig steigen werden. Und damit auch die Preise für Stickstoffdünger.

Doch während alle von Peak Oil reden, wird übersehen, dass wir uns in diesem Jahrhundert auch einem Peak Kali nähern. Im Bergwerk ist davon allerdings nicht viel zu spüren. Das Kalisalz wird nach wie vor mit Sprengladungen aus dem Berg gelöst. Danach kommen die Radlader, laden die tonnenschweren Trümmer auf ihre Schaufeln und kippen das Gestein zum Zerkleinern in einen Brecher. Im Bergwerk Werra werden jährlich 25 Millionen Tonnen abgebaut. Daraus stellt K+S etwa 4,7 Millionen Tonnen Kalidünger her.

Hier, im größten deutschen Kalibergwerk ist bald Schluss: Die Kalivorräte reichen ungefähr noch bis ca. 2060. »Es sei denn, man entwickelt andere technologische Verfahren, um auch schlechtere Lagerstätten aufzuarbeiten«, sagt Gransee. Weltweit reichen die Vorräte noch etwas länger, bis zum Ende des Jahrhunderts oder darüber hinaus. »Aber beim Phosphat wird es nicht so lange reichen, hier müssen wir uns bald Gedanken machen, wie wir in einigen Jahrzehnten durch Nährstoffrecycling oder andere Verfahren die Phosphatquellen besser ausnutzen.«

Die Salzbrocken werden in einem anderen Förderschacht nach oben transportiert, Förderbänder schleppen sie durch gespenstisch menschenleere Fabrikhallen, in runden Absetzbecken wird unter lauten Zischgeräuschen Wasserdampf auf die Salzkörner geleitet und anschließend die Flüssigkeit wieder abgesaugt. Die alten Schornsteine und Ziegelsteinmauern machen deutlich: Hier ist das industrielle Erbe aus der ersten Hälfte des 20. Jahrhunderts noch in Betrieb.

Professor Gransee führt uns zum »Lagerschuppen«, einer mehrere 100 Meter langen Halle. Er öffnet ein großes Tor, und wir betreten eine Märchenwelt, in der alles dick mit weißem Pulver belegt ist. Das

Kalipulver rieselt von der Decke herab und formt 20 Meter hohe Kegel. Laut Gransee ist Kunstdünger der Garant dafür, dass die Weltbevölkerung ernährt werden kann. Da nicht unbegrenzt Fläche zur Verfügung stehe, sei es der einzige Weg, die Produktivität je Flächeneinheit zu steigern. In den Entwicklungsländern gebe es durch richtige Düngung noch ein riesiges Potenzial. »Dann wird es uns auch gelingen, zehn Milliarden Menschen zu ernähren.« Die Ernährung der Pflanzen könne langfristig nur über den Input aus der Fabrik klappen, »weil der Boden von seinen natürlichen Gegebenheiten nicht in der Lage ist, die Nährstoffe über einen längeren Zeitraum zur Verfügung zu stellen«. Er schätzt, dass heute die Ernährung der Hälfte der Weltbevölkerung abhängig ist von der Mineraldüngerproduktion. Ihm ist noch ein anderer Punkt wichtig: »Die Nährstoffe steigern nicht nur den Ertrag, sondern dadurch können die Pflanzen die vorhandenen Ressourcen auch besser nutzen. Kalium ermöglicht es der Pflanze, sparsamer mit Wasser umzugehen. Ist Kalium in ausreichender Menge vorhanden, kann die Pflanze die Wasserverdunstung über die Blätter deutlich einschränken. Magnesium fördert das Wurzelwachstum, wodurch die Pflanzen das Wasser in einem weiteren Bereich nutzen können. Ich erreiche also eine Ertragssteigerung mit derselben Menge Wasser – oder vielleicht sogar mit weniger Wasser.«

Kriege ums Wasser?

Der wichtigste Stoff des Lebens ist Wasser. Eigentlich gibt es ihn auf unserem Planeten in Hülle und Fülle, in den Weltmeeren, Flüssen und Seen, in einem ewigen Kreislauf von Verdunstung und Niederschlag. Kein Tropfen geht dabei verloren. Dennoch ist die Verfügbarkeit von Süßwasser eines der großen Probleme der Welternährung. Fast 770 Millionen Menschen hatten 2011 keinen Zugang zu sicherem Trinkwasser und mussten täglich weite Strecken zurücklegen, um an das benötigte Nass für sich, ihre Tiere und die Bewässerung ihrer Felder zu gelangen. Nach Schätzungen der UN werden 2025 bereits 1,8 Milliarden Menschen in Ländern leben, in denen absoluter Wassermangel herrscht. Mitte dieses Jahrhunderts werden im schlimmsten Fall sieben Milliarden Menschen in 60 Ländern und im günstigsten Fall zwei Milliarden Menschen in 48 Ländern von Wasserknappheit betroffen sein. Der Weltagrarbericht warnt daher vor gewaltsamen Konflikten bis hin zu zwischenstaatlichen Kriegen ums Wasser. Neben dem Trinkwasser geht es dabei in erster Linie um die Bewässerung. Denn die Landwirtschaft verbraucht mit rund 70 Prozent mit Abstand am meisten Süßwasser, dreimal mehr als noch vor 50 Jahren. Bis 2050 soll der Bedarf noch einmal um 19 Prozent steigen. Eigentlich verfügbares Süßwasser kann darüber hinaus oftmals nicht mehr verwendet werden, da es durch die Ausscheidungen von Tieren verseucht und mit künstlichen Düngemitteln und Pestiziden vergiftet ist. Die Kosten der Aufbereitung überschreiten die Möglichkeiten vieler Entwicklungsländer, wenn überhaupt eine entsprechende Infrastruktur wie Abwasserkanäle und Klärwerke vorhanden ist.

40 Prozent aller Lebensmittel werden auf künstlich bewässerten Flächen angebaut. Dabei sind nur 39 Prozent der Niederschläge als Süßwasservorräte in Flüssen, Seen, im Grundwasser, Eis und Gletschern als sogenanntes blaues Wasser gebunden. Der größte Teil des Regens verdunstet als grünes Wasser gleich wieder oder wird von Pflanzen aufgenommen und anschließend abgegeben. Das Ziel einer künftigen Wasserbewirtschaftung müsste es nun sein, mehr grünes Wasser in den Böden, den Seen und Pflanzen zu halten und zu speichern. Dazu, so der Weltagrarbericht, sollte man landwirtschaftliche Flächen effizienter als heute bewässern und die »Wasserernte« von Niederschlägen intensivieren. Neben einfachen Methoden wie der Tröpfchenbewässerung und dem Bau von örtlichen Wasserspeichern sind der Aufbau der Humusschicht der Böden sowie der Erhalt und die Ausdehnung des Baumbestandes die wichtigsten Maßnahmen zur Stabilisierung des Wasserkreislaufes.[51]

Verbesserung der Wasserproduktivität
Ein integriertes Wassermanagement könnte für eine effektivere Nutzung von Süßwasser und eine höhere »Wasserproduktivität«[52] sorgen. Ein internationales Forschungsprojekt hat umfassende globale Datensätze ausgewertet und kommt zu vielversprechenden Ergebnissen.[53] Demnach lassen sich die Erträge bei Grundnahrungsmitteln in den Trockenregionen der Erde durch höhere Wasserproduktivität so weit steigern, dass 110 Millionen Menschen zusätzlich ernährt werden könnten. Außerdem ließe sich in bewässerten Kulturen der Wasserverbrauch ohne Ernteeinbußen so weit reduzieren, dass damit der Wasserbedarf von 1,4 Milliarden Menschen gedeckt würde. Notwendig sei hierfür unter anderem eine optimierte Nährstoffzugabe, der Anbau geeigneter Kulturen und Sorten, Terrassierung, Furchung, Regenwassernutzung, lokale Wasserspeicherung, gezielte Bewässerung und ein Bodenmanagement zur Reduzierung der Verdunstung.

Ortswechsel. Wir fahren in das Evonik-Chemiewerk in Wesseling am Rhein. Was hat eine Chemiefabrik, die unter anderem Erdöl zu Kunststoffen verarbeitet, mit Landwirtschaft zu tun? In einem Hangar werden über dicke Schläuche Tankwagen mit einer Flüssigkeit befüllt.

Der Abnehmer dieser Flüssigkeit heißt Georg Bollmer: »Das ist Ammoniumsulfat, ein Reststoff aus der Kunststoffherstellung. Das Chemiewerk kann ihn nicht mehr gebrauchen, aber die Landwirte. Denn dieses Gemisch aus Ammoniak und Schwefel ist ein klassischer Dünger. Und den vertreiben wir an die Landwirte.« Bollmer schaut zu seinem Tankwagen, auf dem auch sein Name steht: »In so einem Lkw fahren wir ungefähr 25 Tonnen, und je nachdem, welche Frucht wir haben, reicht die Ladung für 20 bis 30 Hektar Ackerfläche.«

Zunächst geht es in Bollmers Lager nach Lathen an der Ems. Der Inhalt des Lkws wird abgepumpt und in einen großen Betontank gefüllt. Wir steigen über eine schmale Treppe zum Dach des Tanks, etwa zehn Meter über dem Boden. Eine schmale Luke gibt den Blick auf die gelbliche Flüssigkeit frei. Ein ständig rotierender Metallarm sorgt dafür, dass sie ständig in Bewegung bleibt. »Die Industrie produziert für einen Markt, der ständig abnimmt«, erklärt Bollmer. »Wir in der Landwirtschaft leben ganz anders. Wir leben in Jahreszyklen. Gedüngt wird im Frühjahr. Also lagern wir die Stoffe aus der Industrie, bis sie im Frühjahr gebraucht werden.«

Georg Bollmer stammt selbst aus der Landwirtschaft. Er hat ein Start-up-Unternehmen gegründet, um die Reststoffe aus den Chemiewerken zu nutzen, die Bollmer AG. »Die Idee war einfach: Ammonium enthält viel Stickstoff, der ohne weitere Verarbeitung direkt als Pflanzendünger eingesetzt werden kann.« Der kantige Emsländer sucht gezielt nach Nebenprodukten aus der Industrie, um daraus Düngemittel zu produzieren: »Es gibt so viele Stoffe in der Industrie, die jetzt noch weggeworfen werden.« Seine Geschäftsidee basiert auf der Erkenntnis, dass die Rohstoffe in Zukunft knapper werden: »Wenn Stickstoffdünger chemisch hergestellt wird, dann verbraucht das kostbaren fossilen Brennstoff. Wir sollten noch viel mehr recyceln, denn Erdgas und Erdöl sind endlich.«

Für Bollmer sind Ökologie und Kapitalismus kein Gegensatz, denn die Marktpreise spiegeln die Knappheit wider: »Sollten wir eines Tages weniger Energie haben, wird Stickstoffdünger und damit unsere Ernährung weltweit teurer werden. Bei anderen wichtigen Düngern wie Kali sind die Lagerstätten endlich. Das sind Ablagerungen aus Urzeiten, die sind irgendwann verbraucht. Besonders dramatisch ist die Situation beim Phosphor. Phosphorminen gibt es nur an wenigen Stellen auf der Welt. Derzeit wird geschätzt, dass unsere Vorräte noch 50 bis 100 Jahre reichen. In der Landwirtschaft lässt sich Phosphor durch keinen anderen Stoff ersetzen. Die Pflanze braucht Phosphor, wenn sie Körner oder Fruchtstände ausbilden will.«

Als Landwirt weiß er: »Wenn von den Hauptnährstoffen Stickstoff, Kali, Phosphor, Magnesium und Kalzium auch nur einer fehlt, dann wächst die Pflanze nicht. Dann können Sie noch so viel von den anderen düngen.« Und als Recyclingunternehmer freut er sich auf neue Aufgaben: »Irgendwann werden wir die menschlichen Ausscheidungen recyceln müssen, darin ist viel Phosphor enthalten. Meiner Meinung nach bleibt uns langfristig kein anderer Weg. Wir sollten jetzt anfangen, alles, was es gibt, zu analysieren.«

Lebensmittel- und Rohölpreise

Anstieg der Preise für ein Barrel Rohöl Brent (in US-Dollar) und für Lebensmittel seit 1990 (Food Price Index in Punkten)

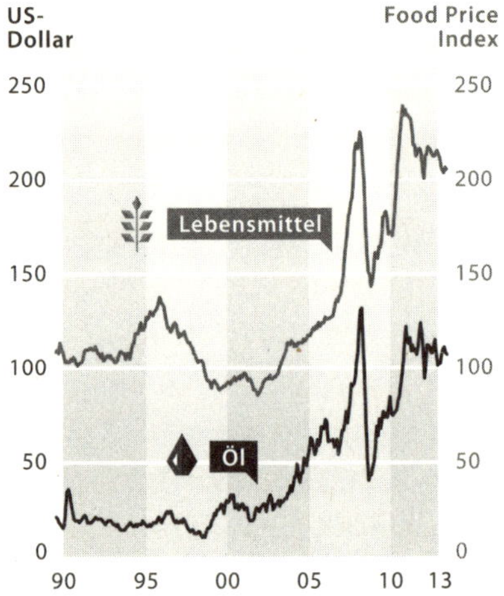

Wir begleiten einen Traktor bis an den Rand eines Ackers. Der speziell für dieses Düngeverfahren hergestellte Ausleger faltet sich mehrfach auf, mit seinen dornenbewehrten Armen sieht er jetzt aus wie eines der Technomonster aus *Transformers*. Die Arme ragen jeweils sechs Meter links und rechts hervor, damit kann der Traktor ein breites Ackerstück düngen. Nach ein paar Handgriffen geht es los – und der Fahrer legt seine Hände hinter den Kopf. »Der Traktor fährt mit GPS-Steuerung. Hier auf meinem Laptop kann ich sehen, ob alles korrekt ist. Der Computer kann die Spur sehr viel genauer einhalten als jeder Mensch.«

Derweil erklärt Bollmer, wie es funktioniert: »Wir haben ein Verfahren erfunden, das den Dünger unter der Erdoberfläche platziert, genau dort, wo ihn die Pflanzenwurzeln brauchen.« Er zeigt auf den Ausleger des Traktors. »Jedes Mal, wenn die einzelnen Stifte in den Boden eintauchen, sprüht aus einer Öffnung an der Spitze in ungefähr fünf Zentimetern Tiefe der Flüssigdünger seitlich raus.«

Bollmer ist kein Biobauer, aber es ärgert ihn, wie verschwenderisch die Landwirtschaft mit ihren Rohstoffen umgeht: »Gängigerweise wird der Dünger als festes Korn auf dem Acker oberflächlich ausgestreut. Dadurch entweichen Teile des Stickstoffs direkt in die Atmosphäre.« Die Landwirtschaft gilt als eine der Hauptquellen von Lachgasemissionen, einem äußerst potenten Klimagas, das 298-mal so stark wirkt wie CO_2. Mindestens ebenso gravierend ist allerdings auch, dass die Düngerkörner vom Regen ausgewaschen werden, so gelangt der Stickstoff ins Grundwasser, in die Bäche und schließlich in die Weltmeere. »Unsere Cultan-Methode ist fast verlustfrei. Unser Dünger verbindet sich gleich mit dem Boden, wir haben nahezu keine Verdunstung in die Atmosphäre und schonen die Gewässer. Und ich denke, wir können im Vergleich zu herkömmlichen Verfahren 10 Prozent Dünger einsparen, die wir gar nicht erst produzieren müssen.«

Ein weiterer Vorteil für den Landwirt: Eine Düngung ernährt die Pflanze über die gesamte Vegetationsperiode. »Sonst gibt es mindestens drei Düngezyklen, zur Saat, zum Vegetationsbeginn und noch eine Nachdüngung. Bei unserer Methode hingegen muss der Bauer nur einmal über den Acker fahren. Das spart nicht nur Arbeit, sondern auch Energie.«

Georg Bollmer ist kein Grüner, eher ein nachdenklicher Konservativer. Er glaubt nicht, dass man mit ökologischer Landwirtschaft die gleichen Erträge erwirtschaften kann wie mit Mineraldünger.

Er sieht aber auch die Grenzen des kapitalistischen Systems: »Noch sind die Preise so niedrig, dass es häufig billiger ist, etwas wegzuwerfen, als es zu recyceln. Der Landwirt steht unter dem Druck des Marktes, er muss günstig produzieren. Man kann es ihm nicht übel nehmen, dass er den Dünger nimmt, der im Tagebau in Afrika günstig abgebaut wird, und nicht den, den wir erst mahlen oder trocknen

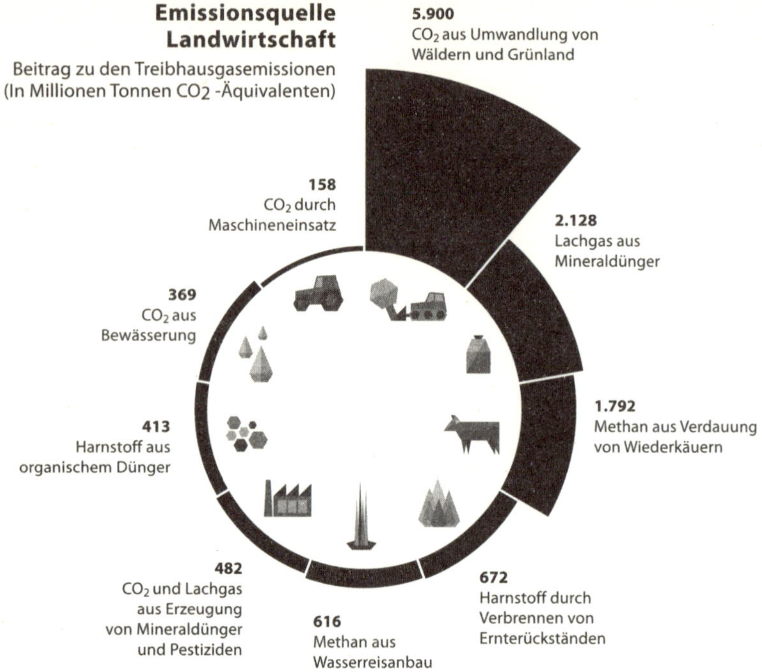

müssen. Aber irgendwann haben wir keinen Dünger und kein Erdöl mehr. Sie werden sagen, 50 bis 100 Jahre beim Phosphor, das ist doch eine lange Zeit. Ich lebe dann nicht mehr, und meine Kinder vielleicht auch nicht. Aber wir haben ja auch Verpflichtungen für unsere Nachkommen. Denn wenn wir keinen Dünger mehr haben, wird es zu drastischen Ertragseinbußen kommen. Dann können wir die Welt nicht mehr ernähren.«

Georg Bollmer winkt dem Traktorfahrer zu, der gerade die letzte Reihe gedüngt hat. Der faltet die dornenbewehrten Monsterarme wieder ein. Bollmer steigt zum Fahrer hoch und zeigt ihm, wie er zum nächsten Acker kommt. Mir geht die Frage nicht aus dem Kopf, ob wir nicht doch anders düngen können. Und besuche deshalb Felix zu Löwenstein, Autor des Buches *Food Crash: Wir werden uns ökologisch ernähren, oder gar nicht mehr*.

Peak Soil – arme Böden

Gutes Acker- und Weideland, eine der wichtigsten natürlichen Ressourcen der Menschheit, wird immer weniger: Mehr als ein Drittel der weltweiten Ackerflächen, über 400 Millionen Hektar, haben in den vergangenen 40 Jahren ihre Fruchtbarkeit verloren und mussten für die landwirtschaftliche Nutzung aufgegeben werden. Grund dafür ist der Prozess der sogenannten Bodendegradation durch Wasser- und Winderosion, Vernässung und Versalzung, chemischer, physikalischer und biologischer Degradation. Dieser Prozess kann natürliche Ursachen haben, ist aber in wachsendem Maße vom Menschen verursacht: Riesige Monokulturen, der Einsatz von Pestiziden und Kunstdünger, falsche Bewässerung oder auch intensive Bebauung oder übermäßige Ausbeutung bringen das biologische Gleichgewicht durcheinander und laugen Böden aus – bis hin zur Wüstenbildung. Vom Menschen bewirkte Bodendegradation zerstört jedes Jahr Flächen in der Größenordnung der Schweiz, insbesondere in Entwicklungsländern.

Droge Dünger

Die Erdkrume ist eine dünne und empfindliche Schicht organischer Materie von Kleinstlebewesen, Bakterien und Pilzen und das Produkt eines komplexen Prozesses der Umwandlung und Zersetzung. Damit sie nicht vom Wind verweht und ins Meer gespült wird, geben Wurzeln ihr Halt und Lüftung, und sie kann Wasser aufnehmen und speichern. Sie zu pflegen und zu schützen ist eine jahrtausendealte Aufgabe von Bauern, die sie selbst an den unzugänglichsten Stellen kultivierten. Doch heutzutage macht die industrialisierte Landwirtschaft den Boden zu einem Junky: Immer mehr Kunstdünger und Gifte machen ihn abhängig, fordern Höchstleistungen und lassen ihn nach kurzer Zeit ausgelaugt verkümmern. Synthetischer Mineraldünger ist die Hauptdroge. Dazugemischt wird aus Rohphosphaten gewonnenes Phosphor und Kalium. »Der dadurch ermöglichte Nährstoffschub (...) hat auf die damit bearbeiteten Böden die fatale Wirkung einer klassischen Droge: Die natürliche Fruchtbarkeit, insbesondere der Humusaufbau, wird behindert, die Böden ermüden rascher, versauern und brauchen entsprechend höhere Dosen von Mineraldünger. Landwirte werden andererseits dazu verführt bzw. wirtschaftlich gezwungen, auf aufwendigere, wissens- und arbeitsintensivere Formen des Erhalts der Bodenfruchtbarkeit zu verzichten. Die Spezialisierung auf wenige Pflanzen, der Verzicht auf Tierhaltung und die Monokulturen wären ohne industriellen Mineraldünger unmöglich.«[54]

Versalzt und ausgebeutet

Alle Stickstoffverbindungen werden im Boden durch Mikroorganismen zu Nitrat umgewandelt (Nitrifikation). Dieser natürliche Prozess ist nicht das Problem, aber die enormen Mengen: In der intensiven Landwirtschaft werden jährlich rund 120 Millionen Tonnen Stickstoff durch Düngemittel eingebracht, obwohl die für die globalen Ökosysteme verträgliche Grenze bei 35 Millionen Tonnen im Jahr liegt. Das Nitrat-Ion bindet sich nicht an Bodenpartikel und wird durch Regen und Überschwemmungen ins Grundwasser und in Seen und Flüsse gewaschen. Die Folge dieser Versalzung ist Sauerstoffmangel, weswegen rund um den Globus bereits etwa 400 Gewässer in Küstenregionen abgestorben sind.

Darüber hinaus erfordert die Herstellung von Kunstdünger große Mengen an Energie. Um ein Kilogramm Stickstoff aus der Luft zu binden, benötigt man den energetischen Gegenwert von einem Liter Diesel. Dies koppelt die industrialisierte Landwirtschaft und damit auch die Bodenfruchtbarkeit an die steigenden Energie-/Ölpreise. Aber nicht nur Öl wird künftig knapper, sondern auch die Phosphatvorkommen. Die Lagerstätten werden wohl in 100 bis 125 Jahren nichts mehr hergeben. Und sie werden umkämpft sein, denn es gibt sie auf der Erde nur in den USA, China und Marokko. Der Höhepunkt der Förderung könnte schon im Jahr 2030 überschritten sein. Spätestens dann gehören die Zeiten billiger Düngemittel der Vergangenheit an.

Biologische Düngung denkt im Kreislauf

Es geht auch ohne Drogenspritze. Im ökologischen Landbau sind chemisch-synthetische Stickstoffdünger sowie Chilesalpeter und Harnstoff grundsätzlich nicht erlaubt. Gleiches gilt für hochlösliche Phosphordünger, die durch Aufschluss mit Säuren aus Rohphosphaten hergestellt werden. Doch auch ein Ökobauer kommt nicht ohne Düngung aus. Dabei setzt er aber insbesondere auf bestimmte Pflanzen, die mithilfe von symbiotisch in den Wurzeln lebenden Knöllchenbakterien Stickstoff aus der Luft gewinnen und speichern: Leguminosen (Hülsenfrüchte) wie Erbse, Bohne und Lupine, die zusammen mit anderen Nutzarten oder im Fruchtwechsel gepflanzt werden. Ebenso sind in der ökologischen Landwirtschaft bestimmte mineralische Dünger üblich, um Nährstoffvorräte im Boden zu ergänzen. Erlaubt sind die Phosphorzufuhr durch schwer lösliche Phosphate, Gesteinsmehle, Kalke, Kaliumsulfat, verschiedene natürlich vorkommende Mineralien, Schwefel und Spurenelementdünger. Die Notwendigkeit mehrerer dieser Stoffe sollte allerdings durch Bodenanalysen und Nährstoffbilanzen vor den Ökokontrollstellen nachgewiesen werden. Entscheidend ist aber die grundsätzlich andere Herangehensweise: »Ziel der Düngung im ökologischen Landbau ist die Erhaltung der Bodenfruchtbarkeit durch die Förderung natürlicher biologischer, chemischer und physikalischer Prozesse. So können die Pflanzen durch Wurzelausscheidungen schwer lösliche Nährstoffe erschließen. Pflanzenreste dienen wiederum der Ernährung von Bodenorganismen, die ihrerseits Nährstoffe verfügbar machen. Die Förderung dieser Wechselwirkungen zwischen Boden und Pflanze sowie der Stoffwechselprozess des Bodens steht im Öko-Landbau im Mittelpunkt. Hierin liegt ein grundlegender Unterschied zur konventionellen Landwirtschaft, wo die unmittelbare Ernährung der Kulturpflanzen mit leicht löslichen Mineralstoffen vorrangiges Ziel der Düngung ist.«[55]

Den Boden ernähren, nicht die Pflanze

Freiherr Felix zu Löwenstein war nicht immer schon Biobauer. Als er das Hofgut Habitzheim in Südhessen vor 28 Jahren von seinem Vater übernahm, wirtschaftete der noch ganz konventionell: »Die Nachbarn hielten mich für einen Spinner. Auch mein Vater hatte erst das große Missverständnis, dass Umstellung auf Ökolandbau ein Zurück in die Vergangenheit bedeutet. Ich meine aber eine moderne, innovative Landwirtschaft, die durchaus intensiv wirtschaftet, jedoch im Einklang mit den Ressourcen, die zur Verfügung stehen.«

Löwenstein lädt mich ein, früh am nächsten Morgen einen Tag mit ihm auf dem Feld zu verbringen, damit ich die Grundzüge seiner »ökologischen Intensivierung« kennenlerne. Wir treffen uns an einem großen Lagerschuppen. Löwenstein ist im Gespräch mit einem Bauern im Blaumann: »Er macht für uns die Aussaat, hat auch die richtige Maschine dafür.« Der Bauer reißt einen der schweren Saatgutsäcke auf und füllt den feinkörnigen Inhalt in seinen Streuwagen.

»Wir haben einen Fünfjahreszyklus, der beginnt mit Kleegras, danach kommt Weizen, dann Kartoffeln oder Zuckerrüben, danach noch mal Getreide, Dinkel oder Roggen, dann Kräuterteepflanzen und dann wieder Kleegras.« Das Kleegras düngt den Boden auf natürliche Art und Weise: »Der Klee ist eine Pflanze, die an ihren Wurzeln mit Bakterien zusammenlebt, die Stickstoff aus der Luft im Boden binden. Das ist der wichtigste Nährstoff für die Folgefrüchte.« Diese Form der »Gründüngung« können nur Pflanzen aus der Familie der Leguminosen, zu Deutsch Hülsenfrüchte.

Löwenstein wirkt nicht wie ein Bauer. Im eleganten Hemd und Pullover und seiner stets gewählten Ausdrucksweise kommt der Aristokrat zum Vorschein. Dennoch steigt er behände auf den Traktor und findet sofort die richtigen Hebel. Morgennebel liegen noch über den Wiesen, als wir losfahren. Das wirtschaftliche Rückgrat seines Hofes ist die Kräuterzucht, vor allem Kamille, Pfefferminze und Dill.

Gerade wird Melisse geerntet. Ein zitronenartiger Duft schwebt über den grünen Wiesen. Die Maschine, die die Kräuter schneidet, sieht aus wie ein kleiner Mähdrescher: »Sie müssen möglichst frisch verarbeitet werden«, erklärt Löwenstein. »Ökolandbau heißt nicht Verzicht auf moderne Maschinen. Wohl aber Verzicht auf Pestizide und Herbizide. Wir müssen die störenden Pflanzen mechanisch entfernen. Ab dem Moment, wo die Melisse eine geschlossene grüne Decke bildet, kommt eigentlich kein Unkraut mehr durch.« Am Rand des Feldes haben es einige Eindringlinge doch geschafft. »Einen kleinen Moment mal« – schon ist er weg, zieht die Unkräuter mit der Hand heraus und wirft sie auf den Weg.

Seine Aufgabe heute ist aber eine andere, erklärt er mir: »Das ist ein Grubber, ein Gerät, das den Boden nur oberflächennah aufraut mit kleinen scharfen Tellerchen.« Der Ökobauer vermeidet das tiefe Pflügen, weil es die Bodenstruktur durcheinanderbringt und der Fruchtbarkeit schadet. »Auf der Fläche steht das Kleegras vom letzten Jahr, mit dem Grubber arbeiten wir diesen Gründünger jetzt in den Boden, damit hier später die nächste Saat ausgebracht werden kann.«

Er setzt den Traktor in Gang und tuckert langsam über den Acker. Dem Grubber folgt ein kleiner Trupp von Störchen. »Wenn man den Boden bearbeitet, dann kommen die Mäuse hoch«, erklärt zu Löwenstein. »Deshalb folgen die Störche meinem Traktor, die holen sich ihren Teil.«

»Im konventionellen Landbau dünge ich die Pflanze. Wir Ökobauern hingegen düngen den Boden. Wir erhöhen die Bodenfruchtbarkeit, der Boden muss aus sich heraus die Pflanze ernähren.« Felix zu Löwenstein betont, dass die Fruchtbarkeit aus dem Boden umsonst ist, während die Fruchtbarkeit aus dem Düngersack viel Geld kostet. »Und mit chemischen Mineraldüngern sind wir nur kurzfristig hochproduktiv und können billige Nahrungsmittel herstellen. Aber wir plündern Rohstoffe, die nur sehr begrenzt verfügbar sind, auf Kosten der nächsten Generationen.«

Wir sind am Ende des Feldes angekommen, der Traktor muss gewendet werden: »Einen Moment, hier ist es ein wenig feucht, das braucht meine volle Konzentration.« Dann fährt er fort: »In den letzten 150 Jahren, seit Beginn der Industrialisierung, hat der Humusgehalt der Böden stark abgenommen. Die sogenannte konventionelle Landwirtschaft ist zwar hochproduktiv, aber sehr wenig effizient, weil sie viel Input braucht. Stickstoffdünger zum Beispiel wird mit hohem Energieaufwand erzeugt. Und außerdem geht der größte Teil flöten. Konventionelle Bauern düngen im Schnitt 160 Kilogramm Stickstoff pro Hektar, aber 100 schaffen es gar nicht bis in die Pflanze. Die gehen als Stickoxid in die Atmosphäre, wo sie als Treibhausgas wirken, und als Nitrat ins Grundwasser und in die Bäche. Das lässt schließlich ganze Meere umkippen und vernichtet die Fischgründe.«

Intensivierung der Weltlandwirtschaft
Entwicklung von Intensivierungsindikatoren 1961 bis 2007
Idex (1961 = 100 %)

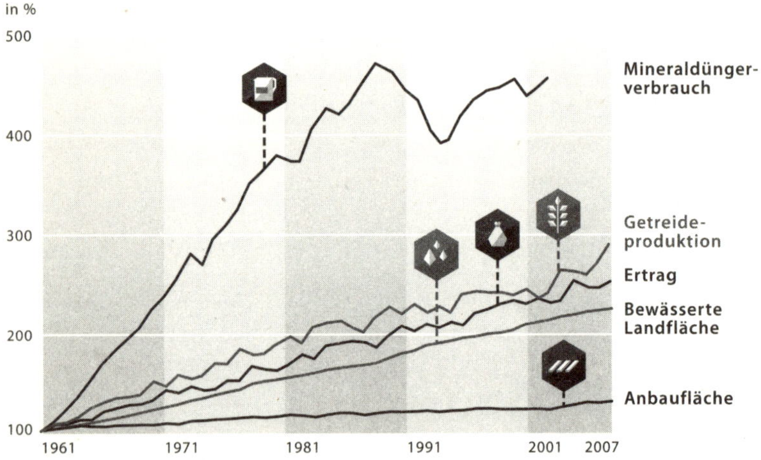

Jetzt sind wir wieder oben auf dem Hügel angekommen, wo der Acker an einem Feldweg endet. Felix zu Löwenstein steigt vom Traktor, bückt sich an den Rand der aufgebrochenen Reihe und nimmt einen Brocken Erde in die Hand: »Der Boden ist von ganz feinen Wurzeln durchlöchert, schön brüchig und lose. Das, was ich oberirdisch an Pflanzenmasse habe, habe ich unterirdisch an Wurzelmasse. Und die zersetzten Wurzeln geben dann wiederum den Nährstoff für die nächste Folgekultur.«

Er zerbröselt die Erde zwischen seinen Fingern: »Mein Ziel ist Humusaufbau. Als ich auf Ökolandbau umgestellt habe, stellte ich zwei Bedingungen an mich: Erstens muss es ökonomisch funktionieren, und zweitens darf ich keinen Humus abbauen. Alle drei Jahre untersuchen wir den Humusgehalt, erfreulicherweise hat er zugenommen.« In der aufgebrochenen Krume winden sich einige Regenwürmer. »Sie finden in ökologisch bewirtschafteten Böden deutlich mehr Regenwürmer, dadurch kann das Wasser besser eindringen. Sie können doppelt so viel Regenwasser aufnehmen wie konventionell bewirtschaftete Böden. Damit ist Ökolandbau auch eine Hochwasserschutzmaßnahme.«

Auf dem Feld nebenan steht eine große Schafherde hinter einem Elektrozaun, bestimmt 150 bis 200 Tiere: »Die weiden unser Kleegras.« Löwenstein winkt dem Schäfer zu. Gemächlich nähert sich Michael Sinn. Die beiden beraten, wo die Schafe als Nächstes hinsollen. Dann ruft Sinn laut und melodisch: »Komm, komm, komm, komm, komm.« Tatsächlich, der Lockruf funktioniert, die Schafherde kommt näher. »Das klappt nur, wenn ein paar Schafe in der Herde sind, die mich gut kennen, die ziehen die anderen mit«, erklärt der Schäfer.

Dann ruft er seine Hütehunde: »Maxi, Bello.« Die kleinen Hunde flitzen los, treiben die Schafe bellend durch eine Lücke im Zaun. Vor einer Bodenschwelle am Wegesrand stoppen die ersten Schafe kurz, dann setzen sie zum Sprung an, und all die anderen Schafe folgen. Löwenstein winkt dem Schäfer zum Abschied.

»Die Schafe fressen unser Kleegras. Es verwandelt sich quasi in Schaffleisch. Aber die Schafe hinterlassen mit ihrem Kot auch einen zusätzlichen wertvollen Dünger auf dem Boden. Deshalb gehören Tierhaltung und ökologischer Landbau zusammen.«

Dann zeigt er mir ein Feld mit einer Frucht, die ich hier nicht erwartet hätte: Soja. »Wir sind einer der ersten Betriebe, die das hier testen, aber das klappt gut im warmen Klima Südhessens.« Löwenstein öffnet die Hülsen, nimmt ein paar Sojabohnen heraus und bietet sie mir an. Schmecken ein wenig wie getrocknete Erbsen. »Heuer erwarte ich eine sehr gute Sojaernte. Diese Pflanzen sind von unten bis oben mit Schoten voll, das ist richtig erfreulich.« Der Anbau von Soja hat für ihn eine besondere Bedeutung: »Wir haben hier in Europa eine Eiweißlücke. Wir verbrauchen mehr Eiweiß für Tierfutter, als wir erzeugen, deswegen wird so irrsinnig viel importiert. Für uns Ökobetriebe ist das sehr teuer, deshalb müssen wir unser eigenes Eiweißfutter erzeugen.« Eiweißpflanzen gibt es doch auch einheimische? »Soja ist besonders wertvolles Eiweiß, weil es viele Aminosäuren enthält, die andere Hülsenfrüchte wie Bohnen und Erbsen nicht haben, und ist deswegen für die Fütterung von Schweinen und Hühnern von großer Bedeutung.« Die Bauern der Umgebung arbeiten meist konventionell. Der Nachbarbauer pflügt gerade seinen Acker. Hinter dem Traktor weht eine lange Staubfahne. Erosion durch Wind ist eine der Hauptursachen für den Verlust an Bodenfruchtbarkeit. Löwenstein sieht das Problem vor einem globalen Hintergrund: »Durch Erosion, Versalzung und andere Degradation verlieren wir weltweit jedes Jahr zehn Millionen Hektar auf Nimmerwiedersehen, das entspricht der Ackerfläche Deutschlands. Dazu kommen noch zweieinhalb Millionen Hektar, die zugebaut werden. Da macht es doch keinen Sinn, über Produktivitätssteigerung zu reden, während gleichzeitig die Produktionsgrundlage – also die Böden – verloren gehen.«

Für den Biobauern steht dadurch alles auf dem Spiel: »Wir müssen ja auch in Zukunft noch Landwirtschaft betreiben können und nicht nur in einem großen Produktivitätsfeuerwerk alle Ressourcen abfackeln und nichts mehr übrig lassen.«

Mittagspause, wir fahren zurück nach Gut Habitzheim. Ein klassischer Vierseitenhof, im 19. Jahrhundert gebaut, die Mauern aus heimischem Buntsandstein, dessen rötliche Farbe dem Ensemble eine freundliche Atmosphäre gibt. Besonders beeindruckend: der Gewölbestall, der einst für die Kühe des Hofgutes gebaut wurde. Wir setzen uns an einen großen Tisch vor dem Wohnhaus im Schatten einer großen Linde. Das Essen: Karotten mit Kartoffeln, fleischfrei. Ich hatte schon erwartet, dass ein Visionär, der sich Gedanken über die Welternährung macht, am Thema Fleisch nicht vorbeikommt.

»Ich esse ausgesprochen gerne Fleisch«, gibt Löwenstein zu. »Nur müssen wir uns über eines im Klaren sein: Es ist völlig ausgeschlossen, dass die gesamte Weltbevölkerung so viel Fleisch essen wird wie wir heute. Dafür bräuchten wir so viel Tierfutter, dass jedes Korn Getreide, das heute weltweit geerntet wird, im Futtertrog verschwinden würde. Es gibt überhaupt keine Form der Landwirtschaft, die das möglich machen kann.« Seine Schlussfolgerung: »Wir müssen unsere Ernährung ändern. Und natürlich wir im Westen als Allererste. Wir müssen wieder zurück zum Sonntagsbraten, also Fleisch einmal in der Woche, das ist auch gesünder.« Ich frage ihn, wie das durchgesetzt werden kann.

»Vermutlich nur, indem das Fleisch teurer wird.« Ist das nicht sozial ungerecht? Seine knappe Antwort: »Halb so viel Fleisch zum doppelten Preis kostet genauso viel.« Und nach kurzem Nachdenken: »Billiges Fleisch heute bedeutet, dass wir die Kosten auf künftige Generationen abwälzen.« Das Fleisch sei nur deshalb so billig, weil der Verbrauch von Allgemeingütern, vom Regenwald bis zu den Meeren, nicht vom Produzenten bezahlt wird. »Es ist natürlich verführerisch, wenn wir im Supermarkt ein Hähnchen für 2,99 Euro angeboten bekommen. Solange wir es nicht schaffen, die wirklichen Kosten in die Preise hineinzubringen, werden wir es auch nicht schaffen, die Konsumgewohnheiten der Menschen zu ändern.«

Ich frage, ob es stimmt, dass ökologische Landwirtschaft weniger Erträge pro Hektar bringt als die konventionelle. Löwenstein nickt: »Aber das wäre ja nur dann ein Nachteil, wenn es insgesamt zu wenig Nahrung gäbe. Das Gegenteil ist der Fall. Nach den Zahlen der FAO erzeugen wir heute etwa 5 000 Kalorien pro Kopf der Weltbevölkerung. Brauchen tun wir eigentlich nur 2 000. Das Problem ist der Zugang zur Nahrung oder genauer: Zugang zu Einkommen, um sich Lebensmittel kaufen zu können. Das ist die Hungerursache Nummer eins in der Welt – und nicht dass es zu wenig gäbe. Löwenstein verweist auf meinen Film *Taste the Waste:* »Wenn wir in den

Industrienationen die Hälfte der Lebensmittel wegschmeißen und wenn in den Entwicklungsländern die Hälfte der Lebensmittel verdirbt, weil es keine vernünftige Infrastruktur für Lagerung, Transport und Verarbeitung gibt, dann sind das die Reserven, die wir nutzen sollten, statt immer mehr zu produzieren mit Methoden, die Boden und Klima zerstören.«

In den 1980er-Jahren hat Felix zu Löwenstein mit seiner Frau Elisabeth als Entwicklungshelfer in Haiti gearbeitet. Im Auftrag von Misereor sollte er mit Kleinbauern ein Bewässerungssystem aufbauen: »Ich habe dort miterleben müssen, wie durch Erosion die Böden auf Nimmerwiedersehen verloren gehen können. In Haiti ist mir ganz drastisch klar geworden, dass wir Menschen durchaus in der Lage sind, unsere Lebensgrundlagen zu vernichten, und dass die Hoffnung, unsere technische Kreativität würde uns irgendwie wieder rauszureißen, allzu naiv ist.«

Löwenstein will nicht das europäische Modell des zertifizierten Biolandbaus in die Dritte Welt übertragen, aber seine Erfahrungen machten ihm klar, dass die Kleinbauern in den Tropen nur Nachteile haben, wenn sie auf Chemie setzen: »Die ökologische Intensivierung ist auch und gerade in den Ländern des Südens das Modell, denn in den Tropen haben die Bauern, die mit Kompost düngen, sogar höhere Erträge als diejenigen, die mit Mineraldünger arbeiten.«

Die größte Gefahr für die Bauern ist die Verschuldungsfalle: »Alle Bauern brauchen Geld für Dünger und Pflanzenschutzmittel, aber auch für Schulbesuche oder Krankenhausaufenthalt. Und weil sie keines haben, müssen sie es sich pumpen. Der örtliche Wucherer verleiht es ihnen für 20 Prozent Zinsen, und zwar im Monat. Das führt dazu, dass sie die Ernte beim Wucherer abliefern müssen und gar nicht selber verwenden können. Ein Teufelskreislauf: Dann müssen sie sich Geld leihen, um Nahrungsmittel einzukaufen. Damit ist der Kleinbauer irgendwo auf der Welt plötzlich abhängig von einer Preisentwicklung, die an den Chicagoer Getreidebörsen gemacht wird.«

Löwensteins Gegenmodell heißt Ernährungssouveränität: »Der Kleinbauer sollte seine Nahrung produzieren, ohne Dünger einkaufen zu müssen. Das stabilisiert sein ökonomisches System.« Damit ist keine Subsistenzwirtschaft gemeint, denn über den eigenen Grundbedarf hinaus kann der Bauer durchaus für den Markt produzieren.

Mit seinen 59 Jahren will Felix zu Löwenstein bald in den Ruhestand gehen. Bereits heute übernimmt ein Hofverwalter das Gros der Arbeit. »Im nächsten Jahr werde ich den Betrieb an meine Tochter übergeben, die ihn mit ihrem Mann bewirtschaften wird. Ich werde dann nur noch hin und wieder einspringen. Das gibt mir Zeit, mich für ein System zu engagieren, das Landwirtschaft und Ernährung stabiler und die Zukunft sicherer macht.« Sein Job als Vorsitzender des BÖLW (Bund Ökologische Lebensmittelwirtschaft) führt ihn schon heute auf die Podien der Republik.

»Die konventionelle Landwirtschaft hat sich daran gewöhnt, die Nährstoffe von irgendwoher zu importieren, aus dem Bergbau oder der Industrie. Das ist langfristig nicht haltbar.« Der oberste Biobauer hält das für die Jahrhundertaufgabe: »Wir brauchen ein Kreislaufsystem, das die Nährstoffe auf Dauer im Boden verfügbar hält. Die Menschheit muss diese riesige Aufgabe lösen, sonst werden wir es als Erstes beim Phosphat merken: Wenn innerhalb der nächsten 100 Jahre die Phosphatvorräte zur Neige gehen, ist auch die konventionelle Landwirtschaft am Ende. Phosphat ist ein Nährstoff, der durch nichts ersetzbar ist. Und wir spülen ihn in die Weltmeere, wo man ihn auch nicht mehr zurückholen kann, weil er dermaßen verdünnt wird. Das ist der Grund für meine drastische Aussage, dass wir uns entweder ökologisch ernähren werden oder gar nicht mehr.«

Terra Preta – das Geschenk der Inka

Ein Schlüssel zu einem verantwortungsvollen Umgang mit unseren Böden ist eine vor zwei Jahrzehnten wiederentdeckte fruchtbare Erde mit Namen Terra Preta – schwarze Erde. Dabei handelt es sich um eine humusreiche Mischung aus Pflanzenkohle, Kompost, Dung und

Tonscherben. Die schwarze Erde geht auf die Terra Preta do Indio zurück, Böden im Amazonasgebiet, die vor 7000 bis 500 Jahren entstanden sind und zunächst an einigen Stellen nahe der Mündung des Rio Negro in Brasilien entdeckt wurden. Professor Bruno Glaser, der an den Universitäten Halle und Bayreuth forscht, konnte nachweisen, dass dieser fruchtbare Boden – auf einer gesamten Fläche so groß wie Frankreich – künstlich von Menschenhand geschaffen wurde, sich bis heute gehalten hat und sich stetig regeneriert. Denn ansonsten ist das Erdreich im Amazonasgebiet ausgewaschen, bietet wenig Pflanzennährstoffe und neigt zu Erosion. Die Terra Preta de Indio hingegen bindet Nährstoffe und Feuchtigkeit, die sie bei Bedarf wie ein Schwamm an die Pflanzen abgibt. Bei Überflutungen lässt sie das Wasser passieren, ohne dass sie ausgewaschen oder weggeschwemmt wird. Sie bindet mehr Phosphat, Stickstoff, Kalzium und Schwefel als die benachbarten Böden. Vor allem aber ist sie in der Lage, Kohlenstoff einzulagern: auf einer Fläche von einem Hektar und einem Meter Tiefe etwa 250 Tonnen. Die Fundorte in Amazonien enthielten auch Lebensmittelabfälle, verkohlte Pflanzenreste, Knochen und menschliche und tierische Exkremente. Sie ähneln in ihrer Zusammensetzung den Terrassengärten der Inkas, die hoch in den Anden Mais, Kartoffeln, Gemüse und andines Getreide anbauten. Aus der Zeit der spanischen Eroberer um 1542 überlieferte der Befehlshaber Francisco de Orellana Berichte von einer reichen städtischen Hochkultur im Amazonasgebiet mit einer weitaus höheren Bevölkerungszahl als heutzutage. Forscher vermuten, dass der Reichtum dieser Großstädte auf die fruchtbare Landschaft und das Wissen um die Terra Preta zurückzuführen ist, das mit der Zeit verloren ging.

Präkolumbianische Trockenklos

Die Forschung, allen voran Haiko Pieplow, Agraringenieur und Referent am BMU, geht davon aus, dass damals eine hochproduktive Agrarwirtschaft mittels Waldgärten eng an ein hoch entwickeltes

Sanitärsystem der Städte gekoppelt war. Vermutlich kamen dabei anaerobe Trockentrenntoiletten zum Einsatz, die in gut verschlossenen Tongefäßen Urin und Kot getrennt sammelten. Der Urin wurde als Mineralstoffdünger eingesetzt, die Tonfässer mit Fäkalien wurden mit Holzkohlestaub bedeckt, um Geruch, Methanbildung und Insektenplagen zu unterbinden. Die Holzkohle wiederum war durch die Mikroben in der Lage, Nährstoffe einzulagern. In größeren Gefäßen wurde das Gemisch zusammen mit weiteren Abfällen anaerob fermentiert, beispielsweise durch Milchsäure, um es zu konservieren. Mittels Impfung mit Bodenlebewesen aus bereits vorhandener Terra Preta wurde dann der Bodenbildungsprozess begonnen.

Das Problem bei der Herstellung einer modernen schwarzen Erde – der sogenannten Terra Preta Nova – ist, dass die Pflanzenkohle nicht in großem Maßstab produziert werden kann. Da sich ein weiteres Abholzen der Wälder zu diesem Zweck verbietet und kaum Landflächen für die Erzeugung der benötigten Biomasse zur Verfügung steht, werden in kleinerem Rahmen Ernteabfälle verbrannt. Aber auch nährstoffreiche Abfälle wie Klärschlamm und Biomüll sind geeignet. Die Herstellung von Pflanzenkohle erfolgt unter Luftabschluss bei Temperaturen von 350 bis 1000 Grad Celsius. Diesen Vorgang nennt man Pyrolyse, bei dem vor allem Wasser abgespalten wird. Es entstehen Pflanzenkohle, Synthesegas und Wärme. Die Mineralstoffe aus der Biomasse sind in der Pflanzenkohle gebunden. Moderne Anlagen verbrennen die Synthesegase sehr schadstoffarm und nutzen die entstehende Wärme wiederum zum Heizen oder für eine Kraft-Wärme-Kopplung. Terra Preta Nova entsteht, indem die Pflanzenkohle zusammen mit der Biomasse, effektiven Mikroorganismen, Bodenlebewesen und mineralischen Zusätzen unter Luftabschluss fermentiert.

Terra Preta für alle?

Im Wendland gibt es einen großen Feldversuch auf dem Land von Fried Graf von Bernstorff unter der Leitung der Diplomgeografin Katja

Wiedner von der Universität Halle, dessen Ergebnisse auch Professor Glaser verfolgt. Im Wendland ist der Boden sandig und nährstoffarm. Die verschiedenen Versuche mit Erdmischungen sollen nach drei Jahren zeigen, ob dieses Land auch ohne zusätzlichen Dünger gute Erträge bringt. Am Ende hängt der Erfolg der Versuchsreihe wohl davon ab, wie wirtschaftlich der Einsatz der Terra Preta Nova ist und wie viel die Tonne Biokohle kostet. Die Erfolge beim Klimaschutz und beim Ernteertrag stehen aber jetzt schon fest. Haiko Pieplow glaubt, dass die Wiederentdeckung der Terra Preta eine Chance bildet, regionale Stoffkreisläufe zu schließen und dabei die Energieeffizienz zu steigern. Und das weltweit. Die Technologie in Form von Trenntoiletten, die Separierung der Stoffwechselprodukte in der Tierhaltung und zur Herstellung von Biokohle ist vorhanden. In Deutschland wird die Schwarzerde bereits kommerziell für Balkon und Garten angeboten.

Der japanische Professor Teruo Higa entdeckte in den 1980er-Jahren eine weitere wirkungsvolle, natürliche Methode zur Bodenverbesserung: Bodenaufbauende Bakterienstämme und Hefen, die auch in Bier, Brot und Milchprodukten zu finden sind und die er Effektive Mikroorganismen (EM) nannte, sollen die Bodenflora und -fauna dermaßen beleben, dass deutlich höhere Erträge zu erwirtschaften sind. Darüber hinaus sollen sie auch noch die Abwässer klären. Wissenschaftlich anerkannt ist das noch nicht, doch viele praktische Erfahrungen belegen den Erfolg.

Terra Preta und Effektive Mikroorganismen, aber auch Humuswirtschaft und ökologischer Landbau beweisen, dass selbst geschundene Böden wieder auf natürliche Art und Weise belebt werden können. »All diese Methoden und Werkzeuge sind vorhanden. Doch offenbar fehlt der politische Wille, sie weiter zu erforschen und für den großflächigen Einsatz fit zu machen«,[56] stellt der Agrarwissenschaftler und Journalist Wilfried Bommert in seinem Buch *Bodenrausch* ernüchtert fest.

4 Soja aus dem Süden für die Tierställe des Nordens

2012 wurden auf der Welt 2,2 Milliarden Tonnen Getreide geerntet. Davon wurden nur 47 Prozent direkt für die menschliche Ernährung verwendet, 34 Prozent gingen ins Tierfutter, der Rest wurde zu Treibstoff oder Industrieprodukten verarbeitet. Zum Anbau der Futtermittel, die die EU importiert, werden 17,5 Millionen Hektar benötigt – das ist die landwirtschaftliche Nutzfläche ganz Deutschlands.

Keine Recherche hat mich mehr schockiert als die Sojastory. Aber zunächst die Fakten: Die Sojaproduktion ist ein weltweiter Megatrend, in den vergangenen 50 Jahren verzehnfachte sie sich von 27 Millionen Tonnen auf 269 Millionen Tonnen. Die Sojafelder bedecken eine Million Quadratkilometer – das entspricht der Fläche von Frankreich, Deutschland, Belgien und den Niederlanden zusammengenommen. Der Sojaboom geht nicht etwa darauf zurück, dass immer mehr Menschen zu vegetarischen Lebensmitteln greifen. Nein, eher das Gegenteil, denn nur 6 Prozent der globalen Sojaernte werden direkt als Lebensmittel verzehrt. Die meiste Soja wird an Tiere verfüttert. Der Boom ist eine direkte Folge des steigenden Hungers auf Fleisch und tierische Lebensmittel. Parallel stieg seit den 1960er-Jahren die Produktion von Schweinefleisch um 294 Prozent, von Eiern um 353 Prozent und von Geflügel um 711 Prozent. Ohne den Import von Sojafutter wäre die Massentierhaltung in Deutschland undenkbar, die Fläche hierzulande würde gar nicht ausreichen für so viele Tiere. Und obwohl gentechnisch veränderte Soja in Europa verboten ist, wird sie doch importiert und verfüttert, denn sie dominiert auf den beiden größten Exportmärkten USA und Lateinamerika. Besonders desaströs aber ist, dass in Brasilien für die Sojafelder im großen Stil Regenwald und Savanne gerodet werden. So viel, dass die brasilianische Regierung inzwischen die Notbremse gezogen hat und weitere Waldzerstörung unter Strafe stellt.

Insekten statt Fischmehl und Soja

Wirklich zukunftsträchtig ist die Verarbeitung von Insekten zu Tierfutter. Bislang werden Insekten nur in geringen Mengen für Zoos oder Tierhandlungen produziert. Eine Züchtung im industriellen Maßstab steht kurz vor der Marktreife. Zu verlockend sind denn auch die sich bietenden Vorteile gegenüber der Verarbeitung von Soja oder Fischmehl zu Mastfutter. Im getrockneten Zustand enthalten Insekten zwischen 30 und 70 Prozent konzentriertes Eiweiß, ähnlich wie Fischmehl und Soja, aber mit deutlich weniger Fettgehalt. Der Vorteil gegenüber der Produktion von anderen tierischen und auch pflanzlichen Eiweißen ist, dass Insektenlarven geringere Futteransprüche haben und erheblich weniger Ressourcen verschlingen. Insekten sind anspruchslos, leben überall und sind beste Resteverwerter, da sie sich von Bioabfällen und Stallmist ernähren.

Für die Massenproduktion von Insektenmehl sind wegen ihrer kurzen Lebenszyklen und Masse am besten die schwarze Soldatenfliege, die Stubenfliege und gelbe Mehlwürmer geeignet. Laut dem niederländischen Insektenkundler Arnold van Huis von der Universität Wageningen gibt es kaum gesundheitliche Bedenken wegen Krankheitserregern, da Insekten andere und weniger krank machende Keime enthalten als Säugetiere. Das Endprodukt hat einen ähnlichen Markt wie Fischmehl: Es findet Verwendung als natürliches Nahrungsmittel von Fischen in Aquakulturen wie auch bei Geflügel und im Haustierfutter für Katzen und Hunde. In Entwicklungsländern wird schon lange Insektenprotein als Futtermittelquelle in der Geflügelzucht

verwendet. Studien zeigten, dass Seidenwurmpuppen, Grashüpfer und Grillen Fischmehl als Futter für Hühnchen komplett ersetzen können. Andere Wissenschaftler forschten im Kongo, um Ersatz für das dort unerschwingliche Fleischmehl zu finden: 20 Prozent der Futtermittel in Geflügelfarmen konnten dabei durch Termiten und Kakerlaken ersetzt werden. In Europa bestehen allerdings rechtliche Schranken. Denn seit dem BSE-Skandal in den 1990er-Jahren sind in der EU nach wie vor tierische Produkte als Futtermittelzusatz verboten und damit auch die Verfütterung von Insekten. Aber die Gesetzeslage ist widersprüchlich: Seit Juli 2009 sind wieder tierische Fette zur Verfütterung an Nichtwiederkäuer, also Schweine und Geflügel, zugelassen. Auch wird derzeit geprüft, ob es für Insekten eine Ausnahme geben soll.
Die EU-Kommission fördert zurzeit ein eigenes Projekt namens Proteinsect, um die Unbedenklichkeit von Insekten als Futtermittel zu überprüfen. Mit einer Entscheidung ist aber wohl erst ab Ende 2014 zu rechnen.
Seit der Veröffentlichung des Reports der FAO im Mai 2013 beschäftigen sich auch verschiedene Forschungsprojekte an der niederländischen Universität Wageningen, in Turin, an der Hochschule Bremerhaven und der TU München mit dem Thema. Sie prüfen Innovationen in Mechanisierung, Automatisierung, Verarbeitung und Logistik, um Produktionskosten zu senken und Insekten konkurrenzfähig zu machen. Sie entwickeln Maßnahmen, um die Lagerfähigkeit von Insektenmehl und die Lebensmittelsicherheit zu erhöhen. Denn auch Insekten müssen mit sauberem und unbedenklichem Futter gemästet werden, egal ob ihr Protein für ein Schwein oder einen Menschen bestimmt ist. Sicher kann man davon ausgehen, dass innerhalb des nächsten Jahrzehnts die Verarbeitung von Insekten im industriellen Maßstab als Futtermittelrohstoff in der Aquakultur und als Geflügelfutter weltweit verbreitet ist.

Der Herr der Fliegen

Der Brite David Drew ist der geistige Kopf hinter einer innovativen Unternehmensidee, in deren Zentrum Fliegen der Spezies Musca domestica, der gemeinen Stubenfliege, stehen. Gemeinsam mit seinem Bruder Jason will er die erste Madenfabrik der Welt eröffnen: »Unsere Firma Agri Protein Technologies züchtet Fliegenlarven und verarbeitet sie zu Eiweißpulver für Fische und Hühner. Damit wollen wir den weltweit stark steigenden Bedarf an proteinhaltigen Futtermitteln bedienen«, erklärt der quirlige Mittvierziger.

Die Fliegen werden in einer Reihe von kleiderschrankgroßen Holzkäfigen auf einem agrarwissenschaftlichen Forschungsgelände der Universität Stellenbosch in Südafrika gezüchtet. Eine Stubenfliege lebt nur 14 Tage, legt aber in dieser Zeit bis zu 500 Eier. Aus den Eiern entwickeln sich die Larven, die im nächsten Gebäude unter Rotlichtlampen gemästet werden. In nur 60 Stunden fressen sie sich dick und rund. Milliarden davon werden hier jede Woche zu zehn Tonnen Proteinpulver verarbeitet. »Der Clou an der ganze Sache ist«, erklärt der Unternehmer, »dass die Larven im Prinzip jeglichen organischen Abfall in absolut reines Protein umwandeln. Das perfekte Nährstoffrecycling!« Eine der Herausforderungen für das Unternehmen besteht darin, die von den Fliegenlarven benötigte Futtermenge zu reduzieren, sie liegt noch zu hoch. Ernsthaft besorgt ihn das jedoch nicht, weil die Maden von dem ernährt werden, was andernorts zu Entsorgungsproblemen führt. »Die Maden fressen am liebsten Schlachtabfälle, vorzugsweise Blut. Die meisten Großschlachtereien sind uns dankbar, wenn wir ihr Abfallproblem lösen und ihnen gleich noch ein nachhaltiges Geschäftsmodell mitliefern können.« So sollen denn auch die zukünftig in Lizenz erstellten Produktionsanlagen in unmittelbarer Nähe zu Schlachthöfen errichtet werden, um die Transportwege zu minimieren. »Im Idealfall könnten Hühnerzüchter, die ja meist selbst schlachten, gleich das Futter für ihre nächste Aufzucht erzeugen. Ein perfekter, geschlossener Kreislauf.«

Wenn die Larven voll entwickelt sind, trocknet man sie in speziellen Regalen. Anschließend werden sie in einer Mühle zu einem feinen Pulver gemahlen, in Halbzentnersäcke gefüllt und auf einen Transporter verladen. Noch geschieht das von Hand, aber wenn die erste Madenfabrik in Südafrika startet, soll alles automatisiert sein. Die Produktionsanlagen könnten mit ihrem recht geringen Technikaufwand und Platzbedarf überall auf der Welt relativ problemlos errichtet werden. Weitere sind bereits in Deutschland und Großbritannien geplant. Bereits 2013 sollte diese Vision Realität werden, doch nun wurde der Start auf 2014 verschoben. »Das größte Problem besteht nicht in der technischen Seite der Produktion, sondern in den weltweit sehr unterschiedlichen rechtlichen Rahmenbedingungen für Futtermittel«, erklärt Drew.

Währenddessen wächst der weltweite Fleischhunger vor allem in Schwellenländern wie China. Bislang konnten sich dort nur wenige Menschen Fleisch leisten. Aber steigende Einkommen sorgen jetzt für zunehmenden Fleischkonsum. Doch wo soll das Tierfutter in Zukunft herkommen, wenn die Flächen in Lateinamerika schon weitgehend ausgereizt sind? Internationale Investoren haben deshalb Afrika im Visier.

Werden bald riesige Sojamonokulturen den afrikanischen Kontinent bedecken?

Die Suche nach auskunftsfreudigen Investoren für meine Recherche gestaltet sich schwieriger als erwartet. Anfragen werden gar nicht erst beantwortet oder abgeblockt, bereits vereinbarte Reisen wieder abgesagt. Auf einen Namen aber stoße ich immer wieder: AgDevCo (Agricultural Development Company). Es ist ein ähnliches Konstrukt wie der deutsche AATIF (Africa Agriculture and Trade Investment Fund), der Gelder der britischen Entwicklungshilfe und privater Investoren kombiniert. Damit ich nicht wieder in die gleiche Falle tappe, biete ich dem Fondsmanager Chris Isaac ein persönliches Gespräch

Nutzung der weltweiten Getreideernte

2012 ca. 2,3 Milliarden Tonnen

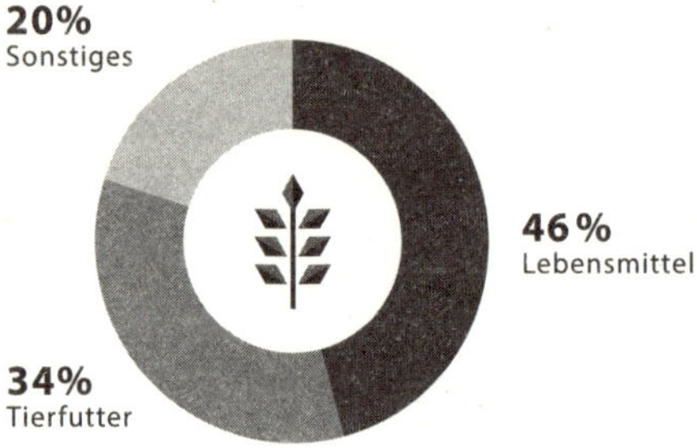

an und fliege nach London. Sympathischerweise residiert AgDevCo nicht im Bankenviertel, sondern in einem unscheinbaren Bürogebäude. Chris Isaac empfängt mich am Eingang eines schlichten Großraumbüros, ohne Krawatte, und er wirkt auch sonst nicht wie ein typischer Banker, obwohl er Millionen verwaltet. Schnell wird aber klar, dass auch er extrem vorsichtig ist: »Sie müssen verstehen, wir verwalten auch öffentliche Gelder, schlechte Presse kann da großen Schaden anrichten.« Besonders empfindlich reagiert er auf Vorwürfe, dass das Investment in Afrika »Landgrabbing« sei und armen Kleinbauern Land wegnimmt. Gleichzeitig jedoch scheint der Fondsmanager besonders darauf zu achten, dass bei seinen Projekten eben kein Landgrabbing vorkommt. Am Beispiel Mosambik erklärt er mir, wie AgDevCo auf zwei Ebenen agiert: zum einen in Projekte mit Kleinbauern investiert, zum anderen aber auch in große Farmen. In beiden Fällen geht es darum, den Marktzugang zu verbessern, bei den Kleinbauern durch eine Weiterverarbeitung ihrer Produkte. Zum Beispiel wird demnächst eine Maismühle eröffnet. Chris Isaac will aus diesem Anlass nach Mosambik reisen, und ich frage ihn, ob wir mitkommen können. Er bittet mich um Bedenkzeit. Und schildert mir seine Vision vom ungenutzten Potenzial Afrikas: »Im Moment importiert Afrika immer mehr Lebensmittel, um seine schnell wachsende Bevölkerung zu ernähren. Diesen Bedarf könnte Afrikas Landwirtschaft decken, und darüber hinaus sogar in den Rest der Welt exportieren.« Die weltweite Herausforderung sei immens: »Die Menschen müssen in den nächsten 40 Jahren ebenso viele Lebensmittel produzieren, wie in den letzten 8 000 Jahren insgesamt.« Schwerpunkt des Wachstums ist Afrika, wo sich die Bevölkerung bis zum Jahr 2050 verdoppeln wird. »Wir brauchen Investitionen in kleine, aber auch große Farmen.« Die Regierung von Mosambik setzt dabei auf eine Megaentwicklung nach brasilianischem Vorbild und nennt das Pro Savannah. Gemeinsam mit den Regierungen von Brasilien und Japan sollen entlang von Entwicklungsachsen kommerzielle Farmer angelockt werden: »Mit einem Korridor schaffen sie das Rückgrat an Infrastruktur: einen Hafen, eine Straße, Stromleitungen. Das wird aber auch den ansässigen Kleinbauern nutzen, weil sie dann besseren Zugang zu Saatgut, Dünger und Agrochemikalien haben und vor allem ihre Produkte leichter auf die Märkte transportieren können.« Einige dieser Großfarmen sind bereits da, und in eine hat auch AgDevCo investiert. Ihr Name: Rei do Agro, König der Landwirtschaft. »10 000 Hektar, vor allem Soja.« Topp, da würde ich gerne hinfahren, sage ich.

Und tatsächlich, eine Woche später kommt das Okay von Chris Isaac. Chris verdeutlicht mir, warum er es für richtig hält, dass öffentliche Entwicklungsgelder in eine große, kommerzielle Farm wie Rei do Agro fließen: »Ganz klar, es gibt Großfarmen, die sich wenig um die Menschen kümmern, die dort leben, die sich einfach das Land nehmen, das ihnen die Regierung zugewiesen hat, ohne mit den lokalen Gemeinschaften zu reden. Investitionen dieser Art sind bereits gescheitert und werden noch scheitern.«

Chris Isaac und ich treffen uns in Maputo, der Hauptstadt von Mosambik. »In den Supermärkten von Maputo gibt es nur Importreis aus Thailand. Dabei hat Mosambik die besten klimatischen Bedingungen für den Reisanbau.« Und warum wird es nicht gemacht? »Dazu müssten private Farmer zunächst in Bewässerungsanlagen investieren – kostspielig und mit unsicheren Renditen, die erst langfristig fließen. Diese Art von Investition macht der private Sektor ungern.

Deshalb suchen wir als AgDevCo langfristiges Kapital, um diese erste Infrastruktur zu bezahlen.«

Und warum Soja – für die Ernährung der Hungernden ist Soja doch eher uninteressant? »Soja ist wichtig für die Viehzucht, vor allem die Hühnermast. Auch in Mosambik gibt es eine wachsende Mittelschicht, die mehr Fleisch essen will. Die Hühnerfarmen importieren einen großen Teil des Tierfutters, was es unsinnig teuer macht. Heute produziert Mosambik rund 40 000 Tonnen Soja. In wenigen Jahren schon wird der Bedarf 100 000 Tonnen übersteigen. Und es gibt genug Platz dafür. Das Land ist so groß, unsere Farmen sind nicht mehr als ein Fleck auf der Landkarte.«

Ich frage, ob AgDevCo eine Entwicklungshilfeorganisation oder ein Kapitalinvestor ist. Chris Isaac lächelt: »Wir sind eine Mischung. Wir machen keine Geschenke, sondern wollen unser Investment wieder zurückhaben, sodass wir das Geld ein zweites und ein drittes Mal investieren können. Das ist die effizienteste Art, Hilfsgelder zu nutzen.« Weil die Regenzeit in diesem Jahr so heftig ist, dass die Landebahn in der Nähe der Sojafarm unbenutzbar ist, beschließen wir, auf dem Landweg anzureisen.

Wir fliegen in den Norden von Mosambik weiter. In Nampula treffen wir unseren Fahrer Belchion Lucas und den Investor persönlich: Jes Tarp, ein drahtiger Amerikaner mit festem Händedruck, der seinen Mitmenschen viel Aufmerksamkeit entgegenbringt. Das liegt vielleicht daran, dass seine berufliche Karriere als Pfarrer der presbyterianischen Kirche begann, später wurde er Universitätsdozent für Philosophie. Heute lebt er im US-Bundesstaat Wisconsin, »in der Nähe des Flughafens Chicago, damit ich schnell überall hinfliegen kann«.

Die Fahrt zur Farm dauert sechs Stunden – zunächst auf geteerten Straßen, aber kurz hinter Gurué bricht dann das Asphaltband abrupt ab, und der Verkehr holpert auf einer schlammigen Piste weiter. Von Schlaglöchern kann man hier nicht mehr reden, es sind ganze Seenlandschaften, durch die Belchion uns vorsichtig steuert. Ein Lkw-Konvoi mit nagelneuen Landmaschinen kommt uns entgegen, auf dem noch glänzenden Lack die Aufschrift »Deutz«. Die Mähdrescher sind für eine Nachbarfarm, hören wir, und bald schon fahren wir daran vorbei. »Hoyo Hoyo« steht auf großen Schildern, in der lokalen Sprache bedeutet das »Willkommen«, und so heißt auch die Farm. Rei do Agro liegt noch 25 Kilometer tiefer im Busch. Die Straße wird schmaler, stellenweise haben Regenfälle sie weggeschwemmt. An einer Stelle wird es so eng, dass unser Auto gerade noch durchpasst. »Mal sehen, ob es auf dem Rückweg auch noch reicht«, witzelt Jes Tarp und wird dann ernst: »Das ist die größte Herausforderung für uns: Hier müssen zur Erntezeit 20-Tonner durch, sonst kriegen wir unsere Ernte nicht verkauft.«

Den Beginn des Farmgeländes markiert eine Umzäunung mit fünf Holzhäusern: »für unsere Angestellten und ihre Familien«. Dann kommen Sojafelder, links und rechts der Straße endloses Grün. Wir fahren weitere 20 Minuten, bis wir auf der Farm ankommen. Zwei Schiffscontainer, die als Werkstätten genutzt werden, dahinter eine große Halle, bei der noch die Hälfte des Daches fehlt. Und ein riesiger Fuhrpark mit Traktoren und anderen Landmaschinen. Obwohl es schon spät ist, lässt sich Jes Tarp von seinem Farmmanager einen Lagebericht geben. Edward Muswerakuenda ist auch kein Einheimischer, der diplomierte Agraringenieur kommt aus dem benachbarten Simbabwe. »Leider gibt es hier in Mosambik kein Personal, das weiß, wie man Farmen in dieser Größenordnung betreibt.« Und es war sicher auch kein Nachteil, dass in Edwards Heimat, der ehemaligen Kronkolonie Rhodesien, englisch gesprochen wird.

Edward erzählt, dass er damit rechnet, in sechs Wochen mit der Ernte zu beginnen: »Der Regen hat schon zur Pflanzzeit Verzögerungen erzwungen. Jetzt hat es acht Wochen fast ohne Pause geregnet, deshalb können wir mit den Maschinen nicht mehr auf den Acker.« Jes Tarp fragt nach den Wetterdaten: »950 Millimeter in zwei Monaten, das ist rekordverdächtig.« Aber den Sojapflanzen hat das Wetter gefallen: »Mein Gott, wie die wachsen, wunderschön.«

In der Sonne glänzt das Metall zweier runder Silos. Hier wird die Ernte gelagert. »Hier sind noch rund 600 Tonnen Soja drin. Alles verkauft, der Käufer wird es abholen, wenn die Straßen wieder trocken sind.« Eine schmale Leiter führt auf das Dach in vielleicht zehn Metern Höhe. Edward zieht es vor, unten zu bleiben. Der 60-jährige Unternehmer kommentiert das übermütig: »Wie ist das Leben dort unten?« Er öffnet eine kleine Luke, ein Sonnenstrahl fällt auf die Sojakörner, die den Speicher füllen. »Fast wie der Geldspeicher von Onkel Dagobert«, witzele ich. Jes Tarp grinst: »Ja, hier befinden sich unsere Werte. Jeder Silo fasst 1250 Tonnen, und die werden zur Erntezeit randvoll sein. Aber wir werden expandieren und brauchen deshalb bald noch größere, mit einer Kapazität von mindestens 5000, wahrscheinlich 10000 Tonnen.«

Um uns herum steht dichter Wald, die Baumwipfel sind noch höher als die Silos. Jes Tarp sieht meinen Blick: »Als wir hierherkamen, sah es überall so aus.« Wie rodet man so einen Wald? Mit Feuer? »Nein, den kann man nicht einfach abbrennen. Wir müssen die Baumwurzeln aus dem Boden holen, das geht nur mit Bulldozern, die ziehen alle Baumstrünke raus. Wir brauchen eine plane Ebene. Unsere Hightechpflanzmaschine darf nicht auf irgendwelche Trümmer stoßen, das würde sie beschädigen.«

Er begleitet uns zu den beiden schlichten Gästehäusern. »Wenn ihr heute Nacht Schreie hört, das sind die Felsenkaninchen. Morgen begleite ich euch auf den Gipfel dort, dann könnt ihr sie vielleicht sogar sehen.« Elefanten, Löwen, Leoparden oder andere gefährliche Tiere? »Gibt es hier nicht mehr, alles abgeknallt in den 20 Jahren Bürgerkrieg, noch nicht einmal kleine Gazellen oder so, hier gibt es einfach gar kein Wild mehr.«

Am nächsten Morgen steht eine Rundfahrt über die Ländereien an. »Ich bin hier nach Mosambik gekommen«, erklärt Jes Tarp, »weil ich eine Anfrage von drei großen Hühnermästereien bekam. Die sind heute unsere größten Kunden.« Mit seiner Aslan Group betreibt er bereits große Sojafarmen in der Ukraine. »Als ich 2002 dort begann, war das auch Pionierarbeit. Jetzt expandieren wir nach Afrika. Zurzeit versuche ich, Farmen in Tansania und Uganda aufzubauen.« Lohnt sich das? »Durchaus. Wir rechnen mit einer Rendite von 15 bis 20 Prozent jährlich. Aber dazu muss man einige Jahre warten können.

Es ist schwierig, in Afrika Geschäfte zu machen, doch wenn keiner den ersten Schritt macht, wird es nie geschehen«, erklärt Jes Tarp. »Ich bin stolz darauf, dass wir hier die Pioniere sein können. Es gibt nicht viele Unternehmen, die das wagen.« Er kommt ins Schwärmen: »Ich kann es gar nicht glauben, noch vor zwei Jahren sah das alles so aus«, und zeigt auf den dichten Wald auf der anderen Wegseite. »Und nun das. Wunderbar, die Frucht unserer Arbeit, die ganze Mühe hat sich wirklich gelohnt.«

Jes geht ein paar Schritte in das Feld hinein und winkt uns, ebenfalls näher zu kommen: »Diese weißen Knötchen, das sind Stickstoffbakterien. Wenn wir die Sojasaat pflanzen, dann impfen wir den Boden mit diesen Bakterien. Sie leben mit den Sojawurzeln in Symbiose. Die Bakterien holen sich Stickstoff aus der Luft, und der nährt die Pflanze.« Jes zeigt begeistert auf die Wurzeln: »Schaut auf die Zahl der Knötchen, das ist doch enorm. Eine sehr gesunde Pflanze.«

Nebelfetzen liegen noch in den Tälern, aber die Sonne wird sie bald wegbrennen. Wir fahren vorbei an endlosen Flächen mit kniehohen Sojapflanzen. Durch ein Feld fährt ein Traktor, aus seinen langen Auslegern sprüht eine Flüssigkeit. Herbizide? »Wenn man eine solche Fläche bearbeiten muss, geht die Unkrautbekämpfung nicht mehr von Hand«, antwortet Jes Tarp. »Wir müssen die Felder mindestens zweimal spritzen, damit wir die Unkräuter unter Kontrolle halten können.« Wir biegen ab auf einen kleineren Weg, auf dem wir immer wieder kleine Gruppen von Landarbeitern überholen, die barfuß und mit geschulterter Hacke zur Arbeit wandern. Edward erklärt: »Wir kommen jetzt in eine Zone, in der es der viele Regen unmöglich gemacht hat, dass wir mit schweren Maschinen auf das Feld fahren – jetzt könnt ihr sehen, was passiert, wenn wir nicht spritzen können.« Wir steigen aus dem Auto und gehen weiter, gemeinsam mit den rund 150 Landarbeitern. In der Tat: Das Unkraut ist an einigen Stellen schon deutlich größer als die Sojapflanzen. Ein Vorarbeiter schickt die Hilfskräfte in die Reihen, wo sie mit ihren Hacken die Arbeit beginnen. Jes Tarp kommt hinzu. Er ringt sichtlich um Fassung, wohl wissend, dass die Kamera läuft. »Seid ihr wahnsinnig geworden? Großer

Gott! Das ist ja krank! Ihr zerstört alles mit den Hacken. Die Sojapflanzen sind zu groß, als dass man hier noch mit der Hacke rein darf. Damit macht ihr alles kaputt!« Er geht in eine Reihe und reißt das Unkraut mit der Hand aus dem Boden. »So muss man das machen.«

Als er nach etwa zehn Minuten feststellt, dass immer noch viele mit der Hacke arbeiten, geht er den Vorarbeiter an. »Das nenne ich schlampige Arbeit. Ich erkläre dir jetzt, was wir machen müssen. Du darfst keine Angst vor dreckigen Händen haben. Ich habe den Dreck inzwischen überall auf den Armen«, bedeutet er ihm und hält seine Hände hoch. »Wir sind Bauern, wir haben Dreck an den Händen.« Der Vorarbeiter lächelt verlegen. In seinem sauberen Hemd und mit der Kladde im Arm hatte er heute offensichtlich nicht vor, selbst mit anzupacken. Der Chef macht es ihm vor: »So, Pflanze für Pflanze musst du herausreißen. Es ist deine Verantwortung, nur wenn du es den Leuten zeigst, werden sie es kapieren. Nur so können wir die Ernte retten.« Viele der Arbeiter sind bereits so weit entfernt, dass sie nicht gehört haben, worum es sich dreht. »Ich werde nicht gehen, bevor ich sehe, dass alle den Job richtig machen«, droht der Chef. Etwas widerwillig folgt der Vorarbeiter seinem Vorbild.

»Das ist ein gutes Beispiel dafür, dass die Arbeitskultur hier noch weit davon entfernt ist, dass Aufgaben wirklich ausgeführt werden«, seufzt Jes Tarp atemlos.

Ich frage ihn, was die Arbeiter verdienen. »Umgerechnet zwei Euro am Tag.« Das klingt nicht viel, aber Mosambik ist eines der ärmsten Länder der Welt, für die meisten ist es der erste Job, den sie jemals hatten. Und dennoch stellt sich mir bei dieser Szene unweigerlich die Frage, wodurch sich diese Farm eigentlich von den alten kolonialen Plantagen unterscheidet. Eigentlich durch nichts: ein weißer Landherr, viele schwarze Arbeiter. Ein bisschen Geld bleibt im Land, doch der meiste Gewinn geht ins Ausland.

Bald schon soll ein Teil der Sojabohnen ins Ausland gehen: »In naher Zukunft schon werden wir auch für den Export produzieren, großen Bedarf gibt es zum Beispiel in China«, sagt Jes Tarp. »Dazu brauchen wir die Eisenbahn. Wir sind hier nur 70 Kilometer von der alten Bahnlinie entfernt, die den Norden von Mosambik durchquert.« Sie wird derzeit renoviert, weil im Hinterland die größten Kohlevorkommen Afrikas entdeckt wurden. In wenigen Jahren schon, hofft der Unternehmer, kann die Soja zum Hafen Nacala gebracht und von dort in alle Welt verschifft werden.

Jes Tarp lädt uns ein, auf den Hügel über seiner Farm zu steigen. Erst kämpfen wir uns durch dichte Vegetation, doch bald erreichen wir hohe Granitfelsen, von Felsspalten durchzogen, durch die wir hinaufklettern können. Das Gesicht von Jes ist rot, als wir oben ankommen: »Willkommen auf Mount Aslan.« Eine atemberaubende Aussicht eröffnet sich, ein weites Tal, umgeben von steilen Granitwänden. Und wo endet das Farmgelände? »Das kann man nicht sehen von hier. Das Land auf der rechten Seite des Weges gehört auch uns, wir haben es nur noch nicht gerodet. Da gibt es noch viel zu tun für unsere Bulldozer.« Ist das alles menschenleer? »Kein Dorf, aber im Wald leben einige Familien, einige schon länger, andere kamen nach uns. Eigentlich haben sie kein Recht, dort zu sein. Wir haben mit ihnen vereinbart, dass sie in dem Moment, in dem wir den Wald zu roden beginnen, umgesiedelt werden.«

Jes Tarp weist auf ein kleines Tal: »Sehen Sie diese Felsen? Dort möchte ich einen Damm bauen, wir haben hier einen Fluss, der nur saisonal Wasser führt. Mit dem Stausee können wir dafür sorgen, dass wir über das ganze Jahr Wasser haben.« Die Bewässerung würde eine zweite Ernte erlauben, während der Trockenzeit. Er plant eine große Pivotanlage, kreisförmige Bewässerung auf riesigen Rädern. »Das erst wird unser Unternehmen profitabel machen.«

Wurde er jemals als Landgrabber, als Landräuber, bezeichnet, frage ich ihn. »Nein, zum Glück noch nicht. Aber es macht mich schon betroffen, dass Investoren, speziell in Afrika, oft automatisch Landgrabbing vorgeworfen wird. Die Mehrheit von ihnen, davon bin ich überzeugt, ist es nicht.« Aber nehmen sie hier nicht Land, das auch von lokalen Bauern bebaut werden könnte? »Ja, doch es wurde nicht genutzt. Das ist jungfräuliches Land.« Ich hake noch mal nach: Wenn ein reicher Amerikaner kommt und investiert, nimmt er sich da nicht das Land, das anderen gehört? »Nein, das ist Investment, Landentwicklung nach Regeln, die die Regierung aufstellt. Das ist kein Landgrabbing.«

Wer sind die Kleinbauern?

Unter moderner Landwirtschaft stellt man sich riesige Getreidefelder vor, die sich bis zum Horizont erstrecken und zu deren Bestellung eine ganze Phalanx von Maschinen nötig ist. Solche flächenintensiven Großbetriebe beispielsweise in den USA oder Brasilien sind weltweit gesehen jedoch eine Minderheit und tragen nur 30 Prozent zur globalen Nahrungsmittelerzeugung bei. Den größten Teil produzieren hingegen kleinbäuerliche Betriebe auf Flächen unterhalb von zwei Hektar: 450 Millionen Familienbetriebe mit mehr als zwei Milliarden Angehörigen, hauptsächlich in Asien und Afrika. Zusammen bewirtschaften sie 85 Prozent aller Bauernhöfe in der Welt. Doch dabei muss man differenzieren: Kleinbauer ist nicht gleich Kleinbauer. Der Begriff umfasst mehr als die reine Subsistenzwirtschaft, also Familien, die ausschließlich für die Selbstversorgung arbeiten. Viele kleine Betriebe arbeiten in Kooperativen zusammen, beispielsweise international für den fairen Handel, und erzeugen hochwertige ökologische Agrarprodukte wie Kaffee und Kakao. Andere können auf lokalen Märkten einen ausreichenden Gewinn für ihr Obst und Gemüse erzielen. Wieder andere ernten hingegen sogar zu wenig, um sich und ihre Familie zu ernähren. Die Organisation für wirtschaftliche Entwicklung und Zusammenarbeit (OECD) veröffentlichte 2006 eine Studie, in der sie fünf verschiedene bäuerliche Betriebs- und Haushaltstypen unterschied: von kommerziellen Großbetrieben bis hin zur Subsistenzwirtschaft. Jede Gruppe bedürfe spezifischer Förderung bis hin zu einer Art von Sozialhilfe für die Ärmsten.

Gerade wegen der enormen Bedeutung der kleinbäuerlichen Landwirtschaft für die Welternährung hat die FAO erwirkt, dass das Jahr 2014

zum internationalen UN-Jahr der familienbetriebenen Landwirtschaft ausgerufen wurde. Die Angabe der FAO, Kleinbauern würden 70 Prozent der weltweiten Nutzflächen beackern, ist jedoch sehr zu hinterfragen. Wahr zu sein scheint, dass familienbetriebene Kleinbetriebe zwar den Großteil der Nahrung produzieren, sich inzwischen aber mit weniger als einem Viertel der Anbauflächen begnügen müssen. Inzwischen werden immer mehr Flächen von großen Agrarfirmen und Landinvestoren geraubt. Der größte Flächenanteil dient dabei der Produktion von Tierfutter, Agrarsprit, Biogas, Textilien und Kosmetika.
Richtig ist auch, dass die Hälfte aller Hungernden Kleinbauern sind oder waren. Selbst wenn bis 2050 der größte Teil der Menschheit in Städten wohnen wird, wird immer noch die Hälfte der Armen in ländlichen Gebieten leben.

Verteilung der Bauernhöfe weltweit im Vergleich zur durchschnittlichen Hofgröße

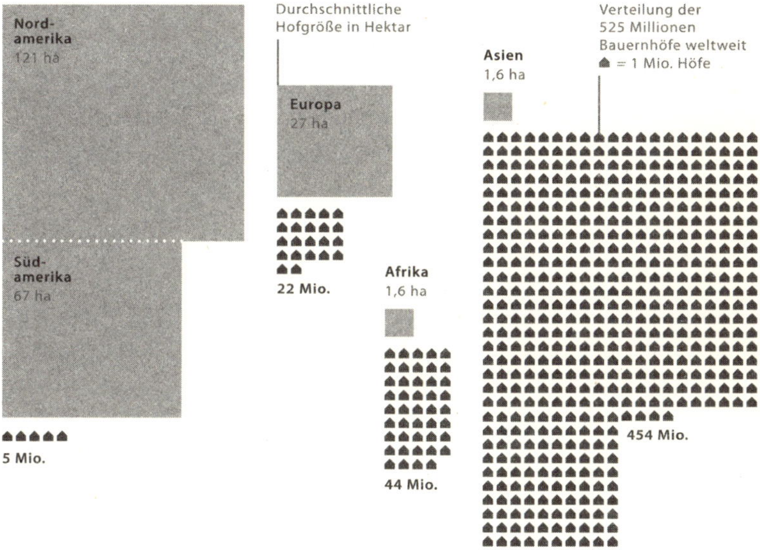

In ganz Afrika gibt es kein Kataster, in dem die Landnutzung durch die Kleinbauern verzeichnet wäre. Auf den großen Flächen, die Regierungen an ausländische Investoren vergeben (das heißt in der Regel jahrzehntelang verpachten), leben häufig Kleinbauern. Was soll mit ihnen geschehen? »Die mosambikanischen Gesetze verlangen, dass wir die Gemeinschaft, also die dort lebenden Bauern, konsultieren müssen. Das haben wir gemacht. Im Gesetz sind auch Entschädigungen festgelegt für jeden Obstbaum, den sie aufgeben.«

Die FAO sagt, Afrika müsse bis 2050 seine Agrarproduktion verdoppeln. Ist das möglich? »Schauen Sie sich doch um, wie groß dieses Tal ist, mindestens 100 000 Hektar, und nur ein kleiner Teil wird bebaut. Also Platz gibt es hier genug.« Gibt man das Land nicht besser Kleinbauern? Jes Tarp holt tief Luft: »Unser Entwicklungsmodell geht davon aus, dass im Zentrum eine große, kommerzielle Farm benötigt wird, die als Entwicklungspol dient, der den Kleinbauern der Gegend hilft. Das sind intelligente Leute. Dass sie arm sind, bedeutet nicht, dass sie dumm sind. Und einige von den Kleinbauern erzielen sogar höhere Hektarerträge als wir.« Seine Farm bringt ihnen die moderne Landwirtschaft, sagt er: »Wir ermöglichen ihnen Zugang zu Maschinen, zunächst leihen wir ihnen unsere, ob es nun ums Pflügen, Säen oder Ernten geht. Und am Ende geben wir ihnen die Sicherheit, dass sie die Ernte verkaufen können.« Er gibt unumwunden zu, dass er den Vertragsbauern die Ernte abnimmt, weil es sich für ihn lohnt: Sein Silo erlaubt es ihm, die Soja zu einem späteren Zeitpunkt zu verkaufen – wenn die Preise in aller Regel höher sind: »Die Differenz ist mein Gewinn.«

Jes Tarp hat für die Zusammenarbeit mit seinen Vertragsbauern einen *extension worker* eingestellt, Antonio. Wir treffen ihn an einer Wegkreuzung, er humpelt uns entgegen. »Ein Motorradunfall, seither kann ich nicht mehr auf dem Feld arbeiten.« Antonio sucht die Vertragsbauern aus, 20 bis 30 sind es derzeit, nur die besten schaffen es ins Programm. Er fährt uns mit seinem Moped voraus. Nach einigen Kilometern hält er am Wegrand, begrüßt einen älteren Mann und stellt ihn uns vor. Jes Tarp und der Bauer treffen sich heute zum ersten Mal. Die Unterschiede sind sofort sichtbar: der Großfarmer in seinem schicken Geländewagen, der Kleinbauer mit seinem rostigen Fahrrad.

»Sie sind seit zwei Jahren dabei, was hat sich denn für Sie verändert?«, will Tarp wissen. Der Bauer erzählt, dass er heute seine Grundnahrungsmittel nicht mehr einkaufen muss und so viel Mais und Reis erntet, dass er sogar einen Teil der Ernte verkaufen kann. »Und was bedeutet das für Ihr Leben?«

Der Bauer zählt auf: »Ich habe mein Haus renoviert, ein Motorrad gekauft, Fahrräder für die Kinder und drei Radios, auch einen Fernseher.«

Jes Tarp ist zufrieden. Der Bauer sagt, dass das Wichtigste für ihn das Qualitätssaatgut war. In seinem Fall handelt es sich um Hybridsaatgut, allerdings nicht um gentechnisch verändertes. Der Farmer bekam aber auch Maschinenunterstützung: »Wenn wir einen Traktor ausleihen, dann machen wir das im Moment nur mit einem unserer Fahrer, aber wenn der Bauer eines Tages so weit ist, können wir ihm beibringen, den Traktor selbst zu fahren.« Der Unternehmer glaubt, dass sein Beispiel die anderen im Dorf davon überzeugen wird, dass sich harte Arbeit lohnt: »Auch sie werden versuchen, der Armut zu entkommen und ihre Landwirtschaft zu vergrößern.«

Ich frage: »Sie hören sich ja fast nach einer Hilfsorganisation an. Aber mal ganz ehrlich: Sie sind doch hier, um Geschäfte zu machen?« Jes Tarp lächelt. »Ich habe viele gute Freunde in den Hilfsorganisationen. Ich respektiere ihre Ziele, denke allerdings, ihr Entwicklungsmodell ist am Ende nicht nachhaltig.« Warum? »Weil unterm Strich alles vom Geld angetrieben wird. Wenn wir nicht profitabel sind, können wir im nächsten Jahr die Farm dichtmachen. Würde es etwas ändern, wenn wir Geld von einer wohltätigen Organisation bekommen? Okay, dann könnten wir zunächst weitermachen. Aber jedes Hilfsprogramm hat ein Ende, und wenn dieses Geld eines Tages ausbleibt, dann müssen wir aufhören. Dann haben wir nur ein nicht profitables Modell für ein paar weitere Jahre am Leben gehalten.« Jes Tarp geht noch weiter: »Deshalb glaube ich, dass nur die profitorientierte Wirtschaft Afrika aus der Misere holen kann. Ja, wir sind hier, um Geld zu verdienen, aber wenn das nicht so wäre, könnten wir nicht mit den Vertragsbauern arbeiten. Weil wir profitieren, wird auch die Gemeinschaft um uns herum profitieren.«

Die kleine Lektion in Marktwirtschaft ist beendet. Wir fahren weiter zum nächsten Feld, diesmal erwarten uns gleich fünf Bauern, darunter zwei Frauen. Sie sprechen portugiesisch: »Wir sind sehr zufrieden mit der Zusammenarbeit mit Rei do Agro, vor allem das Saatgut und die Pflanzmaschine haben uns geholfen. Doch wir bräuchten noch mehr Hilfe. Wenn Rei do Agro größere Kapazitäten hätte, um alle unsere Felder zu pflügen, wäre das noch besser, weil es sich kaum lohnt, das viele Unkraut zu hacken.«

Die Bauern pflanzen nicht nur Soja an, die sie an Rei do Agro verkaufen, sondern auch Sonnenblumen, Erdnüsse und Bohnen. »Das Problem ist, dass wir keine Händler hier haben, die uns das abkaufen, sonst könnten wir mehr davon anbauen.« Mit den Sojaeinkünften wollen die Bauern eine Ölmühle kaufen, um Speiseöl aus den Sonnenblumen oder Erdnüssen herzustellen. Antonio erzählt, dass noch mehr Bauern aus dem Dorf gerne in das Vertragsbauernprogramm aufgenommen werden möchten. »Wir haben allerdings Aufnahmestopp im Moment, wollen erst einmal unsere 20 voranbringen.« Jes Tarp ist begeistert: »Ein Subsistenzbauer auf ein oder zwei Hektar Land, das ist ein Modell für dauerhafte Armut. Sehen Sie, die Bauern streben doch danach, ihr karges Leben zu verbessern. Das können sie nur, wenn sie wachsen und selbst zu kleinen Agrarunternehmern werden.« Seine Vision: »Ich möchte die Menschen aus der Armut in die Mittelklasse bewegen, aber nicht mit milden Gaben, sondern durch Business. Nur so lernen sie, dass Produktion auch etwas kostet, und wer gewillt ist, diese Mühe auf sich zu nehmen, wird belohnt werden.«

»Unsere größte Erfolgsgeschichte ist ein Bauer, der mit drei Hektar Land gestartet ist, dieses Jahr bepflanzte er 34 Hektar. Er kommt damit langsam in eine Größenordnung, wo er für die Banken kreditwürdig wird. Das ist nämlich das größte Problem für die Kleinbauern – kein Zugang zu Krediten.« Wir wollen uns das genauer anschauen und einige Vertragsbauern zu Hause besuchen. Jes Tarp verabschiedet sich, er hat noch einen Termin beim Provinzgouverneur.

Seine Vision wirkt im Dorf Ruace, in dem die Bauern wohnen, ziemlich weither geholt. Die nächste Bank ist über 50 Kilometer entfernt. Geteerte Straßen, Bürgersteige oder Straßenlaternen gibt es hier nicht. Jetzt, in der Regenzeit, sind einige Wege so matschig, dass man mit dem Auto nicht mehr durchkommt. Viele Häuser sind strohgedeckt, einige können sich schon Wellblech leisten. Zwischen den Häusern und Wegen pflanzen die Menschen auf jedem freien Fleckchen Mais an. Immerhin gibt es einen Kiosk, der gekühlte Getränke verkauft.

Florinda Biriate wohnt mit ihren fünf Kindern in einem kleinen Haus, das aus einem einzigen Raum besteht, die Kochstelle ist draußen in einem überdachten Pavillon, so kann der Rauch nach allen Seiten abziehen. Gerade ist sie dabei, den traditionellen Maisbrei zu stampfen.

»Mein Mann ist leider im letzten Jahr gestorben. Wir hatten einen Kühlschrank und eine Tiefkühlbox. Nach seinem Tod bestanden die Verwandten meines Mannes darauf, dass ich die Box hergebe.« Sie freut sich, dass sie zu den wenigen Glücklichen gehört, die am Vertragsbauernprogramm von Jes Tarps Rei do Agro teilnehmen dürfen. Mit vier Hektar Land gehört sie noch zu den Kleinen.

Florinda hatte früher deutlich mehr und noch dazu in der fruchtbaren Ebene direkt neben ihrem Dorf. »Sieben Hektar haben ich und mein Mann bewirtschaftet, doch die wurden mir von Hoyo Hoyo weggenommen.« Auf dem Weg ins Dorf sind uns die Wirtschaftsgebäude des Großfarmers aufgefallen, an dessen Gelände wir auch schon auf dem Weg zu Rei do Agro vorbeigefahren sind. Ein Großbetrieb nimmt sie unter Vertrag, ein anderer schnappt sich ihr Land? Wie kann das gehen? Sie will nicht darüber reden. »Das ist sinnlos, ich arbeite lieber, damit meine Kinder auf einer Matratze schlafen können.« Schließlich schickt sie uns zu einer Nachbarin: »Die kann frei reden.«

Auch Katerina Alberto lebt allein mit ihren Kindern. Anders als Florinda nimmt sie kein Blatt vor den Mund: »Ich habe keine Angst, wir können gerne zu den Feldern gehen, die sie mir geraubt haben.« Mit einem etwas mulmigen Gefühl fahren wir hin, es ist uns klar, dass wir jederzeit erwischt werden können. Soja, so weit das Auge reicht, erst nach etwa fünf Kilometern zeigt Katerina aus dem Fenster und lässt uns halten: »Hier haben wir Mais für den Eigengebrauch angebaut, aber auch Soja zum Verkaufen. 2009 kam Hoyo Hoyo her und gab vor, uns mit einem Projekt helfen zu wollen. Sie sagten, sie wollen uns Samen und Kredite geben. Und haben versprochen, eine Schule und ein Krankenhaus zu bauen, die Straße nach Lioma zu asphaltieren und auch Brunnen zu bohren, damit wir sauberes Trinkwasser bekommen.«

Katerina ist sichtlich erregt, ihre Nasenflügel beben, als sie weitererzählt: »Wir akzeptierten erst ihre Vorschläge, aber dann machten sie nichts von dem, was sie versprochen hatten: keine Schule, kein Krankenhaus, keine Straße, kein Brunnen. Derweil besetzten sie immer mehr von unseren Feldern. Den Besitzern boten sie 1 500 Meticais pro Hektar als Entschädigung. Mit so wenig Geld kann man noch nicht einmal über das Jahr kommen. Logisch, dass die meisten das Geld nicht annahmen, sie wollten lieber ihre Felder behalten.«

Ich sehe, dass Katerina jetzt eine Träne über die Wange rinnt. »Wir haben uns bei der Provinzregierung beschwert. Aber nichts ist passiert. Wir kleinen Bauern sind hilflos gegen so ein großes Unternehmen. Die ganze Gemeinde trauert.« Inzwischen nähert sich ein Auto, zwei junge Männer steigen aus, offenbar Mitarbeiter von Hoyo Hoyo. Sie wollen wissen, was wir hier machen und ob wir die Genehmigung der Geschäftsführung haben. Wir erzählen, dass wir eine Bäuerin zu ihrem ehemaligen Feld begleitet haben. Höflich, aber bestimmt bitten die Männer uns, das Gelände zu verlassen.

Beim Hinausfahren sehen wir einen Traktor, der großflächig Pestizide versprüht. Katerina erzählt: »Die Felder hier, das ist Gensoja. Obwohl Genpflanzen in Mosambik verboten sind. Doch diese Firma steht offenbar über dem Gesetz.« Man sieht es den Sojapflanzen nicht an, aber sie weiß es von den Arbeitern der Großfarm, und man sieht es an der Art der Pestizide, die hier versprüht werden: Glyphosat,

Handelsname Roundup-Ready, ebenso wie das Gensaatgut von Monsanto. Für die Farmer ganz praktisch, denn nun müssen sie nicht mehr mühsam Unkraut jäten, sondern können es einfach totspritzen. Eine eindeutige Arbeitserleichterung, allerdings einen Mehrertrag bringen die Genpflanzen nicht.

Hoyo Hoyo operiert im sogenannten Nacala-Korridor, den die Regierung für die Entwicklung neuer Großfarmen vorgesehen hat. Gemeinsam mit der brasilianischen und japanischen Regierung hat sie das Programm Pro Savannah verkündet, das den »Erfolg« der brasilianischen Sojafarmer in Afrika kopieren soll. Das klingt für mich brandgefährlich. Afrika ist nicht Brasilien, hier leben viel mehr Menschen auf dem Land, die dadurch vertrieben würden.

Das Landgrabbing gehört für mich zum dunkelsten Kapitel der Agrarindustrie. Aber auch dann, wenn Großfarmer wie Jes Tarp die Kleinbauern einigermaßen anständig entschädigen, kann das Modell »Futtermittel für den Weltmarkt« nur wenigen mittelgroßen Bauern helfen. In Mosambik leben jedoch 80 Prozent der Menschen von der Landwirtschaft – die meisten werden in die Slums der Städte abwandern müssen, wenn sich hier in Zukunft die Großfarmen breitmachen.

Eine Massenabwanderung in die Städte gab es auch bei uns im 19. Jahrhundert. Aber ich denke nicht, dass Mosambik den gleichen Entwicklungsweg gehen kann wie Europa, denn das Land hat so gut wie keine Fabriken, die die Landarbeitermassen beschäftigen könnten, und vor allem keine Vierte Welt, deren Rohstoffe es ausbeuten könnte. Wenn die Großfarmen also eine Landflucht auslösen, dann wird diese zu einer massenhaften Verelendung führen.

Und es ist unser Fleischhunger, der diese Katastrophe mit auslöst. Die Massentierhaltung in Norddeutschland wäre gar nicht möglich ohne den gigantischen Sojaimport aus Lateinamerika und bald Afrika. Die Entwicklung ist fatal: Der Anbau von Futtermitteln besetzt bereits drei Viertel der weltweiten Ackerflächen. Tendenz steigend. Kann Tierfutter nicht anders produziert werden?

Landwirtschaftsfläche weltweit

in Mio. Hektar

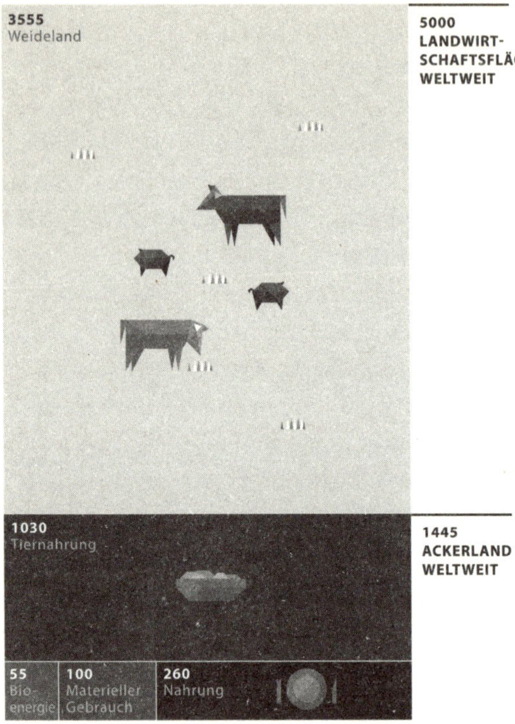

Ohne Land kein Leben

Im Jahr 2007 platzte die Immobilienblase in den USA, und die anschließende Krise bescherte der Weltwirtschaft vier Billionen US-Dollar Wertpapierverluste. Einige Monate später kam es im Jahr 2008 zur Hungerkrise: Der UN-Lebensmittelindex stieg innerhalb von neun Monaten um 45 Prozent, der Weizenpreis innerhalb eines Jahres um 108 Prozent. Während dieser Zeit suchte frei gewordenes Kapital neue Investitionsgründe. Und fand es – neben der Spekulation auf steigende Rohstoffpreise – im Grund und Boden von Entwicklungsländern. Die Idee dahinter ist einfach und vielversprechend: Das noch fruchtbare Ackerland auf der Welt ist begrenzt, zur Ernährung der Menschheit künftig heiß begehrt und in vielen Ländern bislang zu einem Spottpreis von korrupten Potentaten zu bekommen. Diese großflächigen Landnahmen durch ausländische Investoren werden als »Landgrabbing« bezeichnet. Der US-amerikanische Investmentguru George Soros soll diesen Gedanken 2009 in einem viel zitierten Satz zusammengefasst haben: »Ich bin davon überzeugt, dass landwirtschaftliche Flächen eine der besten Investitionen unserer Epoche sein werden.« Afrika steht auf der Ausverkaufsliste weit oben: Für umgerechnet 90 Cent pro Jahr kann man beispielsweise einen Hektar fruchtbaren Landes in der westäthiopischen Region Gambela pachten. Da greifen Investoren gerne zu – aber nicht, um Nahrungsmittel für die zu einem großen Teil hungernde Bevölkerung des ostafrikanischen Landes zu produzieren, sondern Mais, Zuckerrohr und Palmöl für den Weltmarkt. Von den Unternehmen und den beteiligten Regierungen wird gerne ins Feld geführt, dass durch diese externen Investitionen die Infrastruktur bislang nicht erschlossener Gebiete ausgebaut und Arbeitsplätze auf dem Land geschaffen würden. Das mag in dem einen oder anderen Fall so sein, aber grundsätzlich bedrohen die Landnahmen die lokale Ernährungssicherung und -souveränität und behindern damit eine dringend notwendige ländliche Entwicklung.

Landraub für Treibstoff und Gummi

»Der Anstieg der Preise für Agrarrohstoffe und die steigende Nachfrage nach ›Biokraftstoffen‹ läuteten in den Jahren 2007 bis 2009 eine neue Goldgräberstimmung im bis dahin wenig beachteten Agrarsektor ein«, schreibt der Blogger Jens Berger in einer Reportagereihe über Landgrabbing in Sierra Leone.[57] Er berichtet von der Firma Addax Bioenergy, eine auf den britischen Jungferninseln registrierte Tochter des Schweizer Konzerns Addax & Oryx. Sie pachtete von der Regierung

44 000 Hektar Land, das bis dahin von Kleinbauern in dörflichen Gemeinschaften bewirtschaftet wurde. Wo diese vorher für den Eigenbedarf und die lokalen Märkte Reis, Maniok, Bananen, Erdnüsse und verschiedene Gemüsearten anbauten, stehen nun großflächige Zuckerrohrplantagen zur Gewinnung von Agrartreibstoffen. Zigtausende Menschen wurden dafür vom Land vertrieben und erhalten nun pro Familie eine Pacht von 8,90 US-Dollar – nicht pro Tag, sondern pro Jahr – und einige Tagelöhnerjobs bei der Ernte.

Eine ganz ähnliche Situation findet man in Ratanakiri vor, einer hügeligen, bewaldeten Provinz im Nordosten von Kambodscha, nahe der Grenze zu Vietnam. Der dort einst dichte Tropenwald hat zwar die amerikanischen Streubomben im Vietnamkrieg überlebt, aber nun gibt es ihn zu großen Teilen nicht mehr. Seit ein paar Jahren pflegen Kautschukfirmen aus Kambodscha, Vietnam und China ihre korrupten Beziehungen zur autoritären Regierungspartei und nutzen nicht geklärte Landrechtsfragen aus, pachten im großen Stil das fruchtbare Land, roden den Wald und pflanzen Kautschukbäume. Wo vor kurzer Zeit noch ein artenreicher Urwald stand, mystisches Refugium für die animistische Religion der Dorfbewohner, ziehen sich heute von Sicherheitskräften bewachte Monokulturen bis hin zum Horizont.

Der seit Jahrzehnten autokratisch regierende kambodschanische Premierminister Hun Sen baut seine Macht auf einem System der Vetternwirtschaft und Bereicherung auf. Politisch eng vernetzten Wirtschaftseliten, Militärs und ausländischen Firmen verschafft er über die Vergabe von Konzessionen Zugang zu Landflächen in urbanen und ländlichen Gebieten. Besonders in den letzten vier bis fünf Jahren hat sich dieser Ausverkauf des Landes stark beschleunigt und macht auch nicht vor ausgewiesenen Schutzgebieten halt. Die Bulldozer haben sich teilweise bis in die Dörfer der indigenen Bevölkerung vorgearbeitet und zerstören heiliges Land und Friedhöfe. Da die Gebiete zu einem großen Teil nicht vermessen und die Besitzverhältnisse ungeklärt sind, haben die Landräuber leichtes Spiel: Sie nutzen die juristische Unwissenheit der Bevölkerung aus, ergaunern sich zu Spottpreisen die Konzessionen oder bekommen sie gar »geschenkt«. Ende 2012 waren bereits 2,6 Millionen Hektar Land an private Investoren für agroindustrielle Plantagenwirtschaft verpachtet, 1,4 Millionen für den Anbau von Zuckerrohr und Pfeffer und 1,2 Millionen für die Kautschukgewinnung. Damit stehen inzwischen deutlich mehr als die Hälfte des landwirtschaftlich nutzbaren Landes in Kambodscha unter Kontrolle von Privatfirmen insbesondere aus Vietnam, China und Kuwait. Die größten der insgesamt 36 Unternehmen heißen beispielsweise Vietnam Rubber Group und Hoang Anh Gia Lai, die unter anderem über Aktienbeteiligungen der Deutschen Bank finanziert werden, wie eine Studie der Umweltorganisation Global Witness belegt. In den städtischen Regionen in und um die prosperierende Hauptstadt Phnom Penh schießen gleichzeitig die Bodenpreise in die Höhe. Gewinnträchtige Areale werden als »Entwicklungszonen« ausgewiesen und Feuchtgebiete trockengelegt und planiert, um Platz zu schaffen für neue Shoppingmalls und Satellitenstädte. Die Menschen, die bisher dort lebten, werden mit Gewalt vertrieben und in Vororte zwangsumgesiedelt. Aktuell sind etwa 150 000 Menschen davon bedroht.

Das Gift der Korruption

Die Datensammlungen und Auswertungen des unabhängigen Projektes Land Matrix, einem Bündnis internationaler Forschungsinstitute sowie Entwicklungs- und Menschenrechtsorganisationen, belegen seit Aufzeichnungsbeginn im Jahr 2000 fast 1 200 abgeschlossene und in der Abwicklung befindliche transnationale Landdeals mit insgesamt mehr als 50 Millionen Hektar Fläche. Dazu kommen noch einmal knapp 500 beobachtete nationale Deals.[58] Die meisten Aufkäufe oder langfristigen Pachtungen erfolgten in den Ländern Papua-Neuguinea, Südsudan, Indonesien, Kongo, Mosambik und Liberia. Öffentlich in Erscheinung treten dabei meist nur Zweckgesellschaften mit nichtssagenden Namen oder Private-Equity-Fonds. Angegeben werden in

der Regel nur die Sitze der Unternehmen, nicht aber die tatsächlichen Investoren und die Anteilseigner. Die USA nimmt bei den Herkunftsländern den ersten Platz ein. Es folgen Großbritannien, einige arabische Ölstaaten und asiatische Schwellenländer wie Malaysia und Singapur. Auch China und Indien sind in der Top-10-Liste zu finden. Doch nicht alle Landdeals klappen wie geplant: »So versuchte beispielsweise der südkoreanische Mischkonzern Daewoo vor vier Jahren auf einen Schlag die Hälfte der landwirtschaftlich nutzbaren Fläche Madagaskars für 99 Jahre zu einem lächerlich geringen Preis zu pachten, um dort Mais und Palmöl für den Export nach Südkorea anzubauen. Um dieses Ziel zu erreichen, schmierte Daewoo die lokalen Behörden bis hoch zum Präsidenten. Als Details zum Daewoo-Deal durchsickerten, ging das Volk auf die Straße und stürzte die Regierung«, berichtet Jens Berger. Es sei kein Zufall, dass die Länder mit den größten Landgrabbing-Aktivitäten auf dem Korruptionsindex von Transparency International auf den hintersten Plätzen rangieren. Berger weist auch auf die dramatischen sozialen Folgen der Vertreibungen hin: Dorfgemeinschaften und ihre tradierten kulturellen Muster würden zerschlagen und Familienstrukturen zerrissen. So steige beispielsweise in den betroffenen Regionen in Sierra Leone nicht nur die Zahl der Schwangerschaften bei jungen Frauen rapide an, sondern auch die AIDS-Rate und der Drogenmissbrauch.
Landgrabbing zerstört so auch die über viele Jahre aufgebaute Hilfstätigkeit deutscher Entwicklungshilfeorganisationen in den Ländern. »Welchen Sinn macht unsere erfolgreiche Projektarbeit noch, wenn kein Raum mehr dafür gelassen wird«, fragt sich beispielsweise Christina Warning, Regionaldirektorin der Welthungerhilfe für Kambodscha und Laos. Doch so schnell geben sie und ihr Team nicht auf. Sie wissen, dass Landgrabbing nur wirkungsvoll ein Riegel vorgeschoben werden kann, wenn die Zivilgesellschaft vor Ort gestärkt wird. Daher schult die Welthungerhilfe in Kambodscha nun zusammen mit den lokalen Organisationen CEDAC (Centre d'Étude et de Développement

Agricole Cambodgien) und Highlander Association sowie der Menschenrechtsorganisation LICADHO die Dorfbewohner in Rechtsfragen. Sie vermessen und markieren das Land der indigenen Bevölkerung und kämpfen juristisch um die Anerkennung und den Schutz des Projektgebietes als Gemeinschaftsland.

Deutsches Geld gegen Landbevölkerung

Auch deutsche Firmen mischen bei der globalen Jagd nach Land direkt und indirekt über Finanzbeteiligungen mit. Und die Bundesregierung schaut tatenlos zu, obwohl sie das Problem sehr wohl kennt und darum weiß, dass ein gesicherter Zugang der Landbevölkerung zu Grund und Boden und anderen natürlichen Ressourcen wie Wasser der Schlüssel zur Überwindung von Armut und Hunger in armen Ländern ist. Dies zeigt auch die zögerliche Haltung bei der Umsetzung internationaler Empfehlungen: Bereits Mitte Mai 2012 hatte der Ausschuss für Welternährungssicherung (CFS) der FAO einstimmig die Freiwilligen Leitlinien für die verantwortungsvolle Verwaltung von Boden- und Landnutzungsrechten, Fischgründen und Wäldern beschlossen. Der Verabschiedung gingen dreijährige Verhandlungen voraus, an denen neben Regierungen auch Repräsentanten der Wissenschaft, des Privatsektors und der Zivilgesellschaft beteiligt waren. Diese Leitlinien sind bislang das erste weltweite, völkerrechtliche Instrument, das den gerechten und nachhaltigen Zugang und Umgang mit natürlichen Ressourcen regeln soll. Sie enthalten insbesondere Empfehlungen, um lokale Gemeinschaften vor Landgrabbing zu schützen. Doch über ein Jahr rührten sich die zuständigen deutschen Behörden nicht. Im Mai 2013 mahnten das entwicklungspolitische INKOTA-Netzwerk und die Menschenrechtsorganisation FIAN die Umsetzung der Leitlinien an und forderten, dass auch deutsche Unternehmen endlich an die Einhaltung gebunden werden müssten. Das Ministerium für wirtschaftliche Zusammenarbeit und Entwicklung (BMZ) stellt sich hingegen vor die deutschen Firmen und maßregelt und diskreditiert die Menschenrechtsorganisationen. So beispielsweise in Uganda: In der Region Mubende wurden im August 2001 vier Dorfgemeinschaften gewaltsam vom Militär von ihrem Land vertrieben. Sie mussten einer Kaffeeplantage Platz machen, die der Kaweri Coffee Plantation Ltd, einem Tochterunternehmen der Neumann Kaffee Gruppe, gehört. Die Menschen verloren ihr Hab und Gut, wurden verletzt oder starben sogar. Mit der Hilfe von FIAN hatten die Vertriebenen 2009 beim Bundesministerium für Wirtschaft und Technologie eine Beschwerde gegen die Neumann-Gruppe wegen Verletzung der OECD-Richtlinien für multinationale Unternehmen eingereicht. In seiner abschließenden Stellungnahme hatte das Ministerium aber dem Unternehmen Recht gegeben und FIAN sogar aufgefordert, jede Öffentlichkeitsarbeit zu dem Fall zu unterlassen. Anfang 2013 schloss sich der ehemalige freidemokratische Bundesentwicklungsminister Dirk Niebel dieser Meinung an. Er verlangte in einem Brief an FIAN, die Unterstützung für die Vertriebenen der Plantage umgehend einzustellen. Nach eingehender Prüfung des Sachverhalts sei er zu der Einschätzung gelangt, dass die fortwährende Kampagne, die FIAN gegen die »angesehene Neumann Kaffee Gruppe« führe, »unangemessen und unberechtigt« sei. Die Öffentlichkeitsarbeit von FIAN zum Thema würde darüber hinaus der ugandischen Kaffeewirtschaft schaden. Dies sah die Justiz vor Ort allerdings ganz anders. Ende März 2013 sprach das Hohe Gericht in Kampala den rund 2000 Vertriebenen Entschädigungen in Höhe von insgesamt rund elf Millionen Euro zu. In seinem Urteil rügte der Richter den deutschen Investor für die Verletzung seiner menschenrechtlichen Sorgfaltspflicht. Das Gericht folgte mit diesem Urteil fast allen Forderungen der Vertriebenen. Ihr Land zurückbekommen haben sie allerdings nicht.

Neben solch staatlicher Rückendeckung fördert Deutschland das Landgrabbing sogar über Kredite. Laut einer Studie von FIAN finanziert die deutsche Entwicklungszusammenarbeit die beiden größten Agrobusinessunternehmen in Sambia.[59] Beide haben sich in den letzten Jahren riesige Agrarflächen angeeignet. So habe die Deutsche

Investitions- und Entwicklungsgesellschaft (DEG) dem größten Agrarkonzern in Sambia, Zambeef, einen Kredit über 25 Millionen US-Dollar genehmigt, damit dieser weiter expandieren kann. Zambeef hält aktuell über 100 000 Hektar Ackerland. Das BMZ selbst habe über einen in Luxemburg aufgelegten Fonds einen Finanzinvestor aus Mauritius mit über sieben Millionen Euro finanziell gefördert, der daraufhin seinen Landbesitz in Sambia auf über 16 000 Hektar ausgeweitet hat. Dabei besitzt das ärmste Viertel der Haushalte dort durchschnittlich nur 0,6 Hektar Land –, kaum genug, um eine Familie zu ernähren. Die rasante Expansion der Agrarindustrie verschärfe Landkonflikte insbesondere in Gebieten mit fruchtbaren Böden, gutem Zugang zu Wasser und funktionierender Verkehrsanbindung, so FIAN. »Die Förderpolitik des BMZ ist politisch und menschenrechtlich falsch«, urteilt Roman Herre, Autor der Studie und Agrarreferent der Organisation.

Auch private Investoren aus Deutschland spielen in Sambia eine bedeutende Rolle. Die Berliner Firma Amatheon Agri, hinter der der Finanzinvestor Sapinda steht, hat über 30 000 Hektar Ackerland aufgekauft. Zudem hat vor einigen Monaten der zweitgrößte Zuckerkonzern Europas, Nordzucker, angekündigt, in das Zuckerrohrgeschäft in Sambia einzusteigen. Um eine dort geplante Fabrik mit ausreichend Zuckerrohr zu beliefern, werden riesige Flächen benötigt. Zur Erinnerung: Sechs Millionen Menschen in Sambia leiden an Hunger. 1,6 Millionen mehr als noch im Jahr 2000.

Wiesen statt Maiswüsten

Bernd Schmitz stellt seinen lärmenden Traktor ab und kommt mir auf der Wiese entgegen. Einen »Querkopf« nennt er sich selbst, aber eigentlich tut er nichts anderes als sein Vater und Großvater: »Ich mähe gerade das Winterfutter für meine Kühe. Die bekommen Gras, wie es sich gehört, und kein Mais und keine Soja. Ich finde es pervers, wenn Hochleistungskühe, die 10 000 Liter Milch im Jahr geben, Kraftfutter brauchen, das wir von weit herholen müssen. Die Natur hat die Wiederkäuer mit der Gabe versehen, das zu verwerten, was der Mensch nicht essen kann, nämlich Gras.«

Biobetriebe, erklärt der Bauer, legen Wert darauf, dass sie die Futtergrundlage für ihr Vieh selbst erzeugen. »Das gibt zwar etwas weniger Milch, aber dafür umso bessere. Omega-3-Fettsäuren zum Beispiel, die findet man nur in der Milch von Kühen, die Weidegras fressen.« Er schüttelt den Kopf: »Die konventionellen Bauern sind hingegen zunehmend darauf angewiesen, auf dem Acker Mais anzubauen, das sehe ich auch bei vielen Nachbarn hier.« Oder Kraftfutter zu kaufen, das aus importierter Soja besteht.

Bernd Schmitz ist im Vorstand der Arbeitsgemeinschaft bäuerliche Landwirtschaft, die sich anders als der große Bauernverband gegen die Industrialisierung der Landwirtschaft stemmt. Er sieht die Landwirtschaft an einem Scheideweg: »Einige sagen, die Betriebe müssen größer werden, die kleinen müssen aufhören. Ich glaube hingegen, dass eine reine Fixierung auf Wachstum und Spezialisierung ungesund wäre für unseren Hof.« Den Trend, nur auf ein Produkt zu setzen, in seinem Fall nur auf Milch, hält er für ein hohes betriebswirtschaftliches Risiko: »Alles auf eine Karte setzen ist gefährlich. Da hängt man von einem Milchpreis ab, der heute irgendwo auf dem Weltmarkt festgelegt wird, der schwankt und immer weiter runtergeht.«

Auch die Preise für Futtermittel werden dann vom Weltmarkt bestimmt: »Da baue ich doch lieber meine Futtermittel selber an. So habe ich kurze Wege und brauche nicht viel Energie, die auch immer teurer wird. Und ich kann die Qualität bestimmen. Was hatten wir nicht schon alles im Futter, wenn irgendwelche Panscher irgendeinen Mist reingekippt haben. Am Ende mussten die Bauern die Suppe auslöffeln, weil sie ihre Ware nicht verkaufen konnten.«

»Bei uns hier in der Ecke halten die meisten konventionellen Bauern ihre Kühe auch immer noch auf der Weide. Einen besseren Preis bekommen sie aber nicht, ganz im Gegenteil, wir kleinen Bauern werden auch noch bestraft, wir bekommen einen Abzug, weil die Molkerei bei der Abholung mit dem Tankwagen einen höheren Aufwand hat. Dabei ist die ökologische Leistung der kleinen Betriebe doch eigentlich viel höher als die der großen: Wer viele kleine Flächen hat, hat viele Weg- oder Feldränder, wo Käfer und andere Tiere leben. Aber der Molkerei ist das egal, die kippen die gute Heumilch am Ende sowieso mit der Stallmilch zusammen.«

Bernd Schmitz ärgert sich, dass alle vom Klimawandel reden, aber kaum einer über den Beitrag der Landwirtschaft, die für mehr als ein Drittel aller Klimaemissionen verantwortlich ist.

»Immer heißt es nur, die Tierhaltung trägt überproportional zur Klimaerwärmung bei, vor allem die Rinder, die so viel pupsen. Dass es bei der Rinderhaltung allerdings große Unterschiede gibt, wird nicht gesagt. Im Grünland hat man eine riesige Wurzelmasse, die ganz viel CO_2 speichert. Die Kühe fressen das Gras, aber darunter im Wurzelwerk des Grases wird der Klimaerwärmung entgegengewirkt.« Im Gegensatz dazu sind die intensive Milchviehhaltung in Ställen und die Fütterung mit Kraftfutter sehr energieintensiv. Der Maisanbau, so erklärt mir Bernd Schmitz, habe eine wesentlich schlechtere CO_2-Bilanz, reduziere den Humus auf dem Acker und benötige Kunstdünger und Herbizide. Abgesehen davon ist die Stallhaltung nicht artgerecht.

Die Sonne steigt höher, Bernd Schmitz lädt uns ein, im Schatten seiner Veranda Platz zu nehmen. Sein Bauernhof überschaut das Dörfchen Hanftal im Westerwald, das sich mit seinen idyllischen Fachwerkhäusern an einen Hügel schmiegt. »Meine Familie wirtschaftet hier seit fünf Generationen. Jetzt müssen wir schauen, wie wir in dieser wilden Zeit weiterkommen. Ich mache das jetzt seit über 20 Jahren. Mein Ideal ist, dass wir unseren Hof als Familie bewirtschaften können, wo auch die Kinder Teil des Ganzen sind. Sie gehen natürlich zur Schule, aber danach sind sie freudig dabei. Wir pflanzen zum Beispiel immer ein paar Kartoffeln für uns selber, da helfen auch die Kinder mit. Doch dieses Jahr sind sie uns ausgegangen, weil es lange so kalt war. Da hat es mich richtig stolz gemacht, als meine mittlere Tochter Luisa, sie ist acht Jahre, gesagt hat: ›Papa, bin ich froh, wenn wir wieder unsere eigenen Kartoffeln haben.‹ Ich weiß nicht, ob ihr das nachempfinden könnt, da geht es nicht nur ums Sattwerden.« Bernd Schmitz denkt, 50 Milchkühe sind für seinen Familienbetrieb die ideale Größe, »vor allem auch, weil wir mit unseren hofnahen Flächen nur 50 Kühe mit Weidegang im Sommer satt kriegen.« Aber noch wichtiger für ihn ist: »Wir möchten unsere Jungtiere selbst aufziehen. Also mit den Kälbern und ein paar Schafen haben wir schon 100 Tiere. Mehr geht nicht. So können wir noch alle Tiere individuell betreuen. Meine Kinder geben allen Kühen einen Namen.«

Die Sonne steht schon tief am Horizont, als die älteste Tochter Hannah, zehn Jahre, die Kuhherde von der Weide in Richtung Kuhstall treibt. Erstaunlich, wie die Kühe dem kleinen Mädchen gehorchen, aber auch erstaunlich, wie energisch sie sein kann, wenn mal eine nicht dorthin geht, wo sie soll. Unten am Stall steht ihre Schwester Paula, vier Jahre, Wache, und tatsächlich, ein Kalb schlüpft unter dem Elektrodraht hindurch. Mit ausgebreiteten Armen hindert die kleine Paula das Kalb am Weitergehen, bis ihre große Schwester kommt und es zurück zur Herde treibt. Die trabt gerade langsam in den Stall, wo das Futter wartet.

Kurz darauf kommt auch schon der Vater. Stolz zeigt er uns seinen modernen Melkstand: »Hier treiben wir die Kühe rein, die Metallgestelle halten sie fest, so kann ich zehn auf einmal melken. Abends, wenn die Euter drücken, kommen die Kühe fast von allein in den Melkstand, sie sind diese tägliche Routine gewohnt. Hin und wieder hilft Paula nach.

Es dauert weniger als eine Stunde, und die Kühe sind gemolken. Bernd Schmitz geht mit uns in den Nebenraum, wo die Milch in einem großen Kühltank gelagert wird. Er bietet uns Gläser an und schenkt Milch aus. »Morgen früh wird die Milch abgeholt. Das Problem bei den Molkereien ist die Konzentration, es gibt immer weniger, und du bist als Bauer vollkommen abhängig von den wenigen. Wenn die den Preis senken, dann kannst du nicht einfach zu einer anderen wechseln. Wir haben deshalb eine bauerneigene Molkerei gegründet, die Upländer Bauernmolkerei. Wir sind bisher rund 150 Biobauern, die sich da zusammengetan haben, es ist die einzige unabhängige Molkerei im ganzen Land.«

Die Upländer Molkerei kenne ich nicht, aber die blauen Packungen mit der »fairen Milch« habe ich schon gesehen im Supermarkt. »Das heißt, dass mit dem Preis auch die Kosten, die der Bauer hat, weitergegeben werden an die Verbraucher. Unterm Strich sind das vielleicht zehn Cent pro Milchpackung, aber dafür hat er auch eine bessere Milch.«

Bernd Schmitz fühlt sich mit seinem kleinen Betrieb eingekeilt zwischen einer vorgelagerten Industrie, die Maschinen, Dünger, Futtermittel liefert, und einer nachgelagerten, die seine Erzeugnisse weiterverarbeitet und vermarktet. In beiden Bereichen hat eine Konzentrationswelle die Zahl der Unternehmen auf wenige ganz große Player verringert, die lieber mit großen Landwirten Geschäfte machen, weil sie mit diesen auch mehr verdienen.

»Die Milchbauern versuchen deshalb, immer preiswerter den Industrierohstoff Milch herzustellen, der aber heute weltweit standardisiert handelbar sein muss. Es gibt keine regionale Identität mehr bei der Milch.«

Bernd Schmitz hält dagegen: Aus seiner Milch stellt er den Hanftaler her, einen runden Käse, benannt nach seinem Dorf.

Als wir am nächsten Morgen ankommen, ist der Bauer schon längst auf dem Trecker. Am Rande des Hofes hat er eine flache Grube ausgehoben und auf der Hangseite mit einer Mauer begrenzt. »Heute machen wir Silage, damit wir genug Winterfutter haben für unsere Kühe.« Zur Hilfe hat er auch die Nachbarbauern und ihre Gerätschaften angefordert. Sie holen das Gras, das er gestern auf der Weide geschnitten hat. Alle zehn Minuten kommt ein anderer Traktor, leert den Inhalt seines Hängers in die Grube. Dann kommt Bernd Schmitz, der mit seinem Traktor das Gras platt fährt: »Das muss verdichtet werden, damit die Luft rausgeht. Über die Sommermonate wird das dann durch Milchsäurevergärung konserviert. Wenn man so will: Wir machen Sauerkraut für Kühe. Das ist die Grundlage für beste Milch.«

Bernd Schmitz ist stolz darauf, dass er das Futter für seine Kühe selbst erzeugt. Der inzwischen übliche Import von Futtermitteln bedroht auch die Ernährungssicherheit, meint er: »Wenn wir heute Soja aus Lateinamerika kaufen, dann sollten wir bedenken, die wächst auf Feldern, auf denen auch Nahrungsmittel für die Menschen vor Ort wachsen könnten.«

Wenn jeder Landwirt so wirtschaften würde wie er, hätten wir dann genug, um die Welt zu ernähren, will ich wissen. Brauchen wir nicht die Massen der industriellen Landwirtschaft? Bernd Schmitz schüttelt mit dem Kopf: »Wenn die sagen: ›Wir müssen Vollgas geben, um die Welt zu ernähren‹, dann denken sie nicht daran, dass all das, was sie mit ihren tollen modernen Methoden in Fabriken fern von den Verbrauchern erzeugen, viel zu teuer ist. Was wir hier produzieren, können sich nur die Menschen in den reichen Ländern leisten. Die, die auf anderen Kontinenten hungern, haben kein Geld für Lebensmittel aus industrieller Produktion.« Sein Fazit: »Die Welt ernähren geht nur vor Ort, indem wir den Leuten dort die Ressourcen lassen, um ihre Nahrung selbst zu erzeugen.«

Tank oder Teller?

Spätestens seit der Welthungerkrise 2007 ist die Begeisterung für den angeblich ressourcen- und klimaschonenden Biosprit verpufft. Wollte man sich damit in guter Absicht unabhängig von fossilen Energieträgern machen, gelten heute zumindest die Agrartreibstoffe der »ersten Generation« wegen der negativen Auswirkungen auf die Lebensmittelpreise und der Konkurrenz um Land und Wasser als Irrweg. Selbst positive Auswirkungen auf das Klima sind höchst umstritten.

Gemeint ist mit Biosprit die Herstellung von Diesel aus ölhaltigen Samen von Raps oder Ölpalme sowie von Ethanol durch die Vergärung von stärke- und zuckerhaltigen Pflanzen wie Mais, Weizen, Maniok und Zuckerrohr. Weltweit werden zwar erst 6 bis 7 Prozent der Getreideernte zu Agrarsprit verarbeitet, aber in den USA sind es schon fast ein Drittel, mit weiter steigender Tendenz. Denn die Verarbeitung und der Vertrieb versprechen enorme Gewinne, deutlich mehr, als wenn man die Pflanzen als Nahrungsmittel oder Tierfutter verwendet. Vor allem deswegen sind die Preise für viele Grundnahrungsmittel in den letzten Jahren explodiert. Die Produktion von Agrarsprit konkurriert mit dem Lebensmittelanbau um begrenzte Anbauflächen und Wasser und fördert industrielle Monokulturen mit ihren negativen Folgen für die ländliche Struktur und Beschäftigung sowie die Umwelt. Zu dieser Einschätzung kam der Weltagrarbericht bereits im Jahr 2008. Fakt ist: Der Anbau von Energiepflanzen verdrängt weltweit den Nahrungsmittelanbau und verschlingt gigantische Mengen Wasser. Die international tätige Hilfsorganisation Oxfam belegte in der Studie *Eine weitere unbequeme Wahrheit* Ende Juni 2008, dass die Agrarspritpolitik der Industrieländer zu gut 30 Prozent am damaligen weltweiten Anstieg der Nahrungsmittelpreise beteiligt gewesen sei und dadurch mindestens 30 Millionen Menschen in die Armut getrieben habe. Ausgerechnet die Weltbank ging sogar deutlich weiter: Ihr Chefökonom Don Mitchell hatte die Lebensmittelpreise über einen längeren Zeitraum verfolgt und kam zu dem Ergebnis, dass der Anteil des Anbaus der Agrarspritpflanzen an den hohen Nahrungsmittelpreisen mittelbar oder unmittelbar sogar 70 bis 75 Prozent betrage. Auf einen schwächeren Dollar, Spekulationen und höhere Energie-, Dünger- und Transportkosten entfalle nur ein Viertel. Er widersprach damit auch allen Behauptungen, die Ursache für die Krise sei auf die wachsende Nachfrage – insbesondere nach Fleisch – in Indien und China zurückzuführen. Mit dieser Meinung steht er nicht allein. »Mehr Mais im Tank bedeutet mehr Hungernde in Entwicklungsländern«, hatte schon Stefan Tangermann, OECD-Direktor für Handel und Landwirtschaft ein Jahr vorher festgestellt. Auch der langjährige Nestlé-Chef Peter Brabeck-Letmathe kam 2011 in einem Interview mit der *Frankfurter Rundschau* zu dieser späten

Erkenntnis: »Wir haben durch die Biotreibstoffe Hunderte von Millionen Menschen wieder in die extreme Armut geschickt.« Es sei ein »Unding, dass heute über die Hälfte des amerikanischen Mais und ein Fünftel des ganzen Zuckeranbaus in Biotreibstoffe umgesetzt wird, während es gleichzeitig nicht genügend Lebensmittel gibt, um die Menschheit zu ernähren«, sagte der Topmanager. Schuld war für ihn allerdings nicht die Agrarindustrie, sondern die Politik: »Das Verrückte ist doch, dass die Politik diese blödsinnige Nachfrage nach Biotreibstoffen und damit die Verknappung des Nahrungsmittelangebots selbst kreiert hat.«[60] Er meinte damit staatliche Subventionen und den gesetzlichen Zwang zur Beimischung in Benzin und Diesel. Hierin sah er einen Grund für die immensen Preissteigerungen und Unruhen in den Entwicklungsländern. Nur ein Beispiel: Im Frühjahr 2007 gingen in Mexiko-Stadt über 100000 Menschen auf die Straße, weil sich der Preis für ein Kilo Tortilla aus Maismehl innerhalb weniger Wochen nahezu verdoppelt hatte. Die marktwirtschaftlichen Zusammenhänge liegen auf der Hand: Steigt in den USA die Nachfrage nach Mais zur Ethanolproduktion, steigt auch sein Preis und Wert. Das hat weiterhin zur Folge, dass mehr Mais auf Kosten von Weizen und Soja angebaut wird. Das geringere Angebot führt dann zu einem steigenden Preis auch dieser Nahrungsmittel auf dem Weltmarkt, und noch mehr Menschen müssen hungern. Der brasilianische Befreiungstheologe Frei Bett bezeichnete Agrartreibstoffe angesichts dieser Entwicklungen sogar als »Todessprit«.

Klimaeffekt gleich null

Die Verbrennung von Agrarsprit setzt zwar nur so viel CO_2 frei, wie zuvor von den Pflanzen aufgenommen wurde – also eigentlich ein Nullsummenspiel. Aber der Energieaufwand für deren Anbau und Aufbereitung ist enorm hoch. Hierfür brennen Regenwälder und werden urzeitliche Moore trockengelegt. Das reduziert den positiven Effekt im Vergleich zu Erdöl und kann ihn sogar ins Negative kippen.

Hinzu kommt noch ein unglaublicher Flächenverbrauch: Um auch nur 20 Prozent des weltweiten Ölbedarfs zu decken, rechnet der Weltagrarbericht vor, würden zwei Drittel der globalen Ackerfläche benötigt. Der Plantagenanbau von Ölpalmen beispielsweise in Indonesien wirkt wie eine CO_2-Bombe: Für jede neue Tonne Palmöl wird zehnmal so viel Treibhausgas freigesetzt, wie an Rohöl eingespart werden kann. Es braucht im schlimmsten Fall 423 Jahre, bis durch den Einsatz von Palmöl die durch die vorherige Urwald- und Bodenzerstörung verursachten Emissionen wieder kompensiert werden. Eine ökologisch und sozial nachhaltige Produktion in großen Monokulturen ist praktisch nicht möglich, und jedes neue Palmölkraftwerk in Deutschland weckt Begehrlichkeiten bei der Palmölmafia in Südostasien.

Faule Kompromisse

Den Agrarspritwahnsinn illustriert das Beispiel USA: Deren jährliche Ethanolproduktion von rund 20 Milliarden Litern entspricht ungefähr der Menge an Treibstoff, die US-Bürger pro Jahr verpulvern, während sie im Verkehrsstau stehen. Doch anstatt eine intelligente und energiearme Verkehrspolitik zu befördern, hat die US-Regierung Ende 2007 einen Masterplan verabschiedet, nach dem das Land bis zum Jahr 2022 rund 136 Milliarden Liter Agrarsprit jährlich produzieren soll. Der Erdölverbrauch soll bis 2017 zu 20 Prozent durch Alkohol und andere alternative Treibstoffe ersetzt werden. Die EU verfolgte ähnliche Ziele und wollte den Agrarspritanteil bis 2020 auf 10 Prozent steigern. Die Bundesregierung plante sogar, auf bis zu 20 Prozent zu gehen. Dann kam jedoch der Ethanolreinfall: Die generell auf 10 Prozent erhöhte Beimischung von »Bio«-Ethanol zu Superbenzin (E 10 genannt) musste wieder gestoppt werden, da rund 3,2 Millionen deutsche Pkw-Motoren und Dichtungen den aggressiven Stoff nicht vertrugen.

Bereits 2011 richteten unter anderem Weltbank, IWF, OECD und FAO einen Appell an die G-20-Staaten, namentlich die USA und die EU, alle Gesetze zu streichen, die die Produktion oder Verwendung von Biokraftstoff subventionieren oder vorschreiben. Stattdessen sollten sie andere Alternativen zur Emissionsminderung forcieren und sich auf Energieeffizienz konzentrieren, auch in der Landwirtschaft selbst. Seitdem wird in der EU heftig darüber debattiert, das ursprüngliche 10-Prozent-Ziel wieder zu senken. Im Ergebnis kam dabei ein unrühmliches Geschacher auf Kosten der Hungernden in der Welt heraus: Die EU-Kommission hatte zunächst im Oktober 2012 eine Begrenzung auf 5 Prozent vorgeschlagen, das Parlament stimmte dann im September 2013 für eine Quote von 6 Prozent und im Juni 2014 einigte sich der Ministerrat auf eine Obergrenze von 7 Prozent im Jahr 2020.

Tank gegen Teller

Mit dem Getreide, das nötig ist, um den 100-Liter-Tank eines Geländewagens einmal mit Ethanol zu füllen, könnte man theoretisch eine erwachsene Person ein Jahr lang ernähren: Zur Destillation braucht man rund 259 Kilogramm Weizen, aus dem sich 460 Brote zu je einem Kilo backen lassen. Weitergesponnen bedeutet das auch: Um allein den Treibstoffbedarf der Industrieländer mit Pflanzen von Äckern und Plantagen zu decken, bräuchten wir eine Anbaufläche von etwa 600 Millionen Hektar, 90-mal die Biospritfläche von Brasilien. Dabei verfügen wir insgesamt nur noch über rund 1,3 Milliarden Hektar fruchtbares Ackerland auf der Welt. »Das heißt«, so Fachjournalist Wilfried Bommert, »um die Fahrzeugflotte der Industrieländer vom Acker zu versorgen, müsste die Hälfte der Weltackerfläche geopfert werden.« Sein Fazit: »Die heute verbreiteten Biotreibstoffe stehen immer in Konkurrenz zu Nahrungspflanzen. Zwischen Tank und Teller kann es auf dem Planeten mit begrenzter Anbaufläche keine friedliche Koexistenz geben.«[61]

5 Fleisch für die Welt

Deutschlands größter Hühnerzüchter Peter Wesjohann ist schwer zu erreichen. Er ist Chef der PHW-Gruppe, die unter anderem die Wiesenhof-Hühnchen produziert. In langen Mails erkläre ich der Pressestelle unser Film- und Buchprojekt. Doch zunächst muss ich wohl eine Schleuse passieren in Person des Öffentlichkeitsberaters Frank Schroedter. Ich treffe ihn in einem Hotel in München. Nach einem ausführlichen Gespräch macht er mir dennoch nicht viel Hoffnung: Er werde sich bemühen, aber die Presse sei in letzter Zeit einfach zu negativ gewesen. Die Liste der Wesjohann-Skandale ist lang: Antibiotika im Hühnerfleisch, Amputieren von Schnäbeln, Zehen und Hühnerkämmen ohne Betäubung, 800 000 Hühner, die vernichtet werden mussten, nachdem der Standort Möckern in Sachsen-Anhalt aus Hygienegründen von Amts wegen stillgelegt wurde.

Doch wider Erwarten bekomme ich ein paar Wochen später tatsächlich einen Gesprächstermin. Peter Wesjohann sei allerdings nur bereit, mich zu einem persönlichen Gespräch zu empfangen, ohne Aufnahmegerät und Kamera. Nun gut, vielleicht ist das ja der erste Schritt, denke ich, und buche ein Bahnticket in das niedersächsische Dörfchen Rechterfeld bei Visbek, von wo er sein Hühnchenimperium steuert.

Die PHW-Gruppe ist Marktführer in Deutschland, sie produziert 24 Prozent aller Hühner hierzulande, pro Woche sind das 4,5 Millionen. Von außen ist die Zentrale eher unscheinbar, in die großen Hallen kann man nicht hineinschauen, sie sind mit weißen Platten verkleidet. Peter Wesjohann ist jung für einen Vorstandsvorsitzenden, der 44-Jährige hat den Posten erst vor Kurzem von seinem Vater übernommen. Er will es anders machen als sein Vater, spricht von Transparenz in der Kommunikation.

Der Vater Paul-Heinz Wesjohann hatte das Unternehmen in der Nachkriegszeit aufgebaut. Bereits sein Vater Paul, der einen kleinen Landhandel hatte, experimentierte mit Methoden der Hühnerhaltung. Als Paul-Heinz das Modell mit den Vertragsbauern erfand, wuchs die Unternehmung und überholte in wenigen Jahren alle Konkurrenten. Das System Wiesenhof besteht darin, dass Wesjohann den Bauern alles liefert, was sie brauchen: Küken, Futter, sogar die Impfstoffe stammen von einer Tochterfirma Lohmann Animal Health. Dafür garantiert Wesjohann, dass er ihnen die Hühnchen abkauft. Für die Bauern bedeutet das Sicherheit, aber auch eine starke Abhängigkeit.

Ich frage Peter Wesjohann, welche Vorteile sein geschlossenes System habe: »Gesündere Tiere. Die Elterntiere stammen aus unseren Brütereien, in denen strikte Hygiene herrscht. Wenn die Mitarbeiter die Produktion betreten, müssen sie vorher duschen.« So hohe Standards gebe es in den Ökobetrieben nicht. Die Vertragsbauern müssen sich sogar verpflichten, das Futter von Wesjohann zu nehmen: »Das ist auch eine Qualitätskontrolle.« Und ein gutes Geschäft: Das Futter macht knapp 70 Prozent des Hähnchenpreises aus, Tendenz steigend.

»Leider werden wir in Zukunft nicht mehr garantieren können, dass die Wiesenhof-Hähnchen nur mit gentechnikfreier Soja gefüttert wurden. Das ist immer schwieriger zu finden.« Aber in Brasilien wird doch auch heute noch viel gentechnikfreie Soja angeboten? »Ja, schon, allerdings mit einem Preisaufschlag, und der Verbraucher hierzulande ist nicht bereit, den zu zahlen.«

Ich frage ihn, ob wir in Zeiten des Klimawandels überhaupt noch so viel Fleisch essen sollten. Peter Wesjohann kontert mit einer sehr eigenwilligen Einschätzung der Problematik: »Selbst wenn wir alle zu Vegetarier würden – es würde nicht viel bringen, weil der Hauptanteil der CO_2-Emissionen in der Landwirtschaft aus dem Getreideanbau stammt.« Aber wenn wir sehen, wie Ressourcen auf unserem Planeten immer knapper werden, sollten da die Hühnchen nicht besser ökologisch erzeugt werden? Peter Wesjohann widerspricht: »Die Ökohühnchen sind viel schlechtere Futterverwerter. Bei ihnen muss man zwei Kilo Futter einsetzen, um ein Kilo Fleisch zu bekommen. Bei unseren optimierten Rassen schaffen wir das schon mit 1,6 Kilo Futter. Das ist Ressourceneffizienz. Unter dem Strich haben die Ökohühner und die freilaufenden eine schlechtere Ökobilanz, weil sie mehr Futter brauchen. Deswegen hat unser Fleisch einen besseren CO_2-Fußabdruck.«

PHW erzeugt selbst auch Biohühner, wöchentlich etwa 10000. Aber wirklich überzeugt ist Wesjohann davon nicht: »Sehen Sie, die EU-Verordnung schreibt bei Biohühnern vier Quadratmeter Auslauffläche vor. Gehen Sie mal in die Ställe, die Hühner nutzen das nicht, die wollen gar nicht so weit raus.« Ich wende ein, dass das sicher auch mit der Gestaltung des Außenbereichs zu tun hat, weil Hühner von Natur aus Schutz gegen Raubvögel suchen und sich lieber unter Büschen oder Bäumen aufhalten. Eigentlich hätte ich noch fragen können, warum die modernen Hühnerrassen so degeneriert sind, dass sie gar kein Tageslicht mehr vertragen.

Für die Genetik ist jedoch eine andere Firma zuständig, nämlich die EW-Gruppe seines Onkels. In den 1990er-Jahren teilten die beiden Wesjohann-Brüder Paul-Heinz und Erich das Familienunternehmen. Erich übernahm die Eierproduktion ebenso wie die Kükenzucht. Seine Tochterfirmen Lohmann Tierzucht und das Partnerunternehmen Aviagene sind heute Nummer eins auf dem Weltmarkt. Auf die Lohmann-Hühner geht ein Drittel der weltweiten Eierproduktion zurück. Ein hochinteressantes Imperium. Aber drehen lassen will uns Wesjohann nicht, wenige Wochen nach unserem Gespräch kommt die Absage. Bei weiteren Recherchen stoßen wir ausgerechnet in Indien auf ein Fleischimperium, das dem der Wesjohanns so unglaublich ähnelt, dass ich stutzig werde: Suguna Foods gehört ebenfalls zwei Brüdern, B. und G.B. Soundararajan. Suguna ist ebenfalls Marktführer bei Eiern und Hühnerfleisch, die Firma entstand ebenfalls aus dem Landhandel des Vaters – und sie haben das System mit den Vertragsbauern erfolgreich kopiert. Ich bin fasziniert und versuche Kontakt aufzunehmen. Und tatsächlich, nach ein paar vorbereitenden Mails bekomme ich einen Telefontermin mit einem der beiden Chefs persönlich. Ich spreche ihn auf die frappierenden Ähnlichkeiten zum deutschen Wesjohann-Konzern an. Er bestätigt, dass er die deutschen Brüder kennt und »die Genetik« bei der Wesjohann-Firma Lohmann Tierzucht kauft: »Das heißt die Großelterntiere. Kommen Sie nach Indien, wir zeigen Ihnen, wie das funktioniert.«

Das Wachstum der Firma ist atemberaubend: 1998 machte Suguna noch einen Umsatz von 29 Millionen Euro, 2010 waren es bereits 570 Millionen – das heißt eine Verzwanzigfachung in nur zwölf Jahren! Mit 7,5 Millionen Hähnchen pro Woche produziert die Firma fast doppelt so viele wie ihr deutsches Vorbild. Gut, Indien ist ja mit 1,2 Milliarden Einwohnern auch mehr als zehnmal so groß wie Deutschland. Aber Moment mal, war Indien nicht das Land mit den meisten Vegetariern auf der Welt? Knapp die Hälfte der Hindus lebt fleischlos, bei der Gesamtbevölkerung geht die Statistik von 30 bis 40 Prozent aus. Trend: sinkend. Die Jüngeren, die es sich leisten können, essen mehr Fleisch. Derselbe Trend wie in China und anderen Schwellenländern. Was wird das für die Welternährung bedeuten, wenn bald sogar in Indien mehr Fleisch gegessen wird?

Vegetarier aller Länder vereinigt euch!

Könnte womöglich der Vegetarismus die Menschheit retten und die Welt vom Hungerproblem befreien? Folgt man dem Eigenverständnis dieser auch in Bünden und Gesellschaften organisierten weltweiten Bewegung, scheint der Gedanke gar nicht abwegig zu sein. Selbst nüchterne Effizienzberechnungen des im Vergleich mit Omnivoren – den »Allesfressern« – deutlich niedrigeren Energie- und auch Flächenverbrauchs, legen diesen Schluss nahe: Es ist höchstwahrscheinlich so, dass die aktuell landwirtschaftlich nutzbare Fläche der Erde bei ausschließlich vegetarischer Ernährung zur Versorgung von zehn Milliarden Menschen ausreicht. Voraussetzung hierfür ist übrigens nicht die Aufgabe aller Tierhaltung, allerdings die Abschaffung der industriellen Viehproduktion und des Anbaus von Futterpflanzen. Denn auch Vegetarier mögen die Produkte von lebenden Tieren, die sich von Gras ernähren und Körner picken, zumindest einige von ihnen. Vegetarier sind nicht gleich Vegetarier: Es gibt Lacto-Vegetarier, Ovo-Vegetarier, Ovo-Lacto-Vegetarier und Veganer. Allen gemein ist, dass sie kein Fleisch und keinen Fisch und daraus verarbeitete Produkte verzehren. Im Allgemeinen schließt der Vegetarismus auch Stoffe aus, die aus geschlachteten Tieren hergestellt werden wie etwa Gelatine und Schmalz. Aber dann fangen auch schon die Unterschiede an: Die ovo-lacto-vegetarische Kost bezieht zusätzlich Eier und Milchprodukte ein, die lacto-vegetarische nur Milchprodukte. Die Ovo-Vegetarier essen Eier, jedoch nur, wenn sie nicht befruchtet sind und so bei ihrem Verzehr kein Lebewesen getötet wird. Der klassische Vegetarismus, von Pythagoras rund 500 Jahre vor Christus begründet, bedeutete hingegen, auch keine Eier und keine Milch zu verzehren. Dies gilt ebenfalls für die meisten vegetarisch lebenden Inder des hinduistischen Glaubens und die Veganer, die außerdem auf Honig verzichten sowie die Verwendung von Leder, Wolle und Seide ablehnen. Das Wort »vegan« wurde von dem Engländer Donald Watson in die Welt gebracht, der 1944 die Vegan Society gründete. Es sind vorwiegend ethische Überlegungen, die den Veganismus prägen. Denn hinter der vegetarischen Bewegung steht weniger die Frage einer gesunden Ernährung als vielmehr das philosophische Verhältnis des Menschen zum Tier, die Anerkennung der (göttlichen) Schöpfung und das Tötungsverbot. Der englische Philosoph Jeremy Bentham (1748–1832) war einer der ersten Befürworter von Tierrechten. Da sie wie Menschen Schmerz empfinden, sei die Frage nicht: »Können sie denken?« oder »Können sie sprechen?«, sondern: »Können sie leiden?«

Als Begründer der vegetarischen Bewegung in Deutschland gilt Gustav Struve (1805–1870). 1868 gründete er in Stuttgart den ersten vegetarischen Verein, der noch heute besteht. Ein veganer Vordenker war auch Carl Anders Skriver (1903–1983). Er forderte eine ethische Erneuerung des Christentums, wobei das Verhältnis zu Tieren grundsätzlich bereinigt werden solle. Dazu gehöre neben der veganen Ernährungsweise auch die Ablehnung von Jagd, Pelzzucht und der Vivisektion, operativen Eingriffen am lebenden Tier. Die wohl bekanntesten Vertreter der Frankfurter Schule, Adorno und Horkheimer, haben sich ebenfalls mit der Tierrechtsproblematik beschäftigt. So soll Adorno einmal gesagt haben, dass Auschwitz da anfange, wo einer im Schlachthof steht und sagt: Es sind ja nur Tiere! 1975 veröffentlichte Peter Singer das Buch *Animal Liberation* (Die Befreiung der Tiere), das als Bibel der ethischen Tierrechtsbewegung angesehen werden kann. Darin schreibt er, dass es keine moralische Rechtfertigung gibt, das Leid eines Wesens, gleich welcher Natur, nicht in Betracht zu ziehen. »Nicht menschliche Tiere« von diesem Gleichheitsprinzip auszuschließen sei so willkürlich, wie Menschen anderer Kultur, Religion, Hautfarbe oder Geschlecht auszunehmen.

Konzept zur Welternährung?

Die vegetarische Ernährungsweise nimmt in Deutschland merkbar zu. Der Trend hat sich seit dem 26.11.2000 – dem Tag des ersten bekannt gewordenen BSE-Falls in der Bundesrepublik – deutlich verstärkt. Eine Erhebung des Instituts FORSA aus dem Jahr 2006 ergab die Zahl von rund 8 Prozent Vegetariern, über sechs Millionen Menschen. Heute werden es wohl knapp 10 Prozent sein, genaue Zahlen gibt es aber nicht. Sicher scheint hingegen, dass es viermal so viele Frauen wie Männer sind. Nach Angaben des Robert-Koch-Institutes leben sogar 16 Prozent der 18- bis 24-jährigen Frauen ausschließlich oder teilweise vegetarisch. Mittlerweile findet man auch immer mehr vegetarische Angebote in Supermärkten, Restaurants, Mensen und Kantinen. Trendsetter sind hauptsächlich junge Menschen mit einem höheren Bildungsstand. Glaubt man einer Pressemitteilung der britischen Vegetarian Society, werden im Königreich im Durchschnitt jede Woche 5000 Menschen neu zu Vegetariern. Statistisch hochgerechnet würden demnach bereits bis zum Jahr 2030 die meisten Menschen in diesem Mutterland des Rinderwahnsinns kein Fleisch mehr essen. Eine kaum realistische Vision, die aber die Frage nahelegt, ob Vegetarier und Veganer ein schlüssiges Konzept zur Welternährung haben.

Rüdiger Bock, zweiter Vorsitzender des Bundes für Vegane Lebensweise e.V. antwortete im Interview zum Buch darauf: »Ein wirklich durchgearbeitetes Konzept gibt es in dem Sinne nicht. Eine detaillierte Planung wäre wohl auch bei derzeit nicht mehr als einem Prozent vegan lebender Menschen verfrüht beziehungsweise zwecklos, da dies ohnehin nicht durchgesetzt werden würde.« Für seriös hingegen hält er die Aussage, dass »eine Ernährung auf veganer Basis eine effektivere Landnutzung als bisher ermöglichen würde«, mahnt aber genauere Forschungen dazu an. Aus veganer Sicht sei jede Nutztierhaltung abzulehnen, auch die glückliche Almkuh. Die Frage, ob man sich als Veganer überhaupt für bessere Haltungsbedingungen einsetzen solle oder ausschließlich für die generelle Abschaffung von Nutztieren, sei umstritten, sagt Bock. Einmal angenommen, alle Menschen würden weltweit ihre Konsumgewohnheiten ändern und kein Fleisch mehr essen. Was sollte dann nach Ansicht der Veganer mit den vielen Tieren passieren? Bock hat darauf eine pragmatische Antwort parat: »Diese Frage ist rein theoretischer Natur und damit nicht wirklich interessant. Sollte sich die Nachfrage nach ›Nutztierprodukten‹ vermindern, wird der Markt dem einfach durch geringere Produktion begegnen. Aber im persönlichen Gespräch pflege ich auf diese Frage zu antworten, dass wir ja einen Kompromiss eingehen könnten – alle vorhandenen ›Nutztiere‹ dürfen noch geschlachtet und aufgegessen werden, jedoch keine Nachzüchtungen mehr erfolgen. Es würde wohl nur wenige Tage dauern, bis es keine mehr gäbe.«

Wir fliegen nach Bangalore, dem Silicon Valley in Südindien. Hochhäuser, Einkaufszentren, dichter Autoverkehr – der indische Süden ist sichtbar weiter entwickelt als der Nordosten, wie wir ihn in Orissa gesehen haben. Viele Menschen in Bangalore haben genug Geld, um sich Fleisch zu leisten: Für 8,5 Millionen Einwohner gibt es immerhin schon zwei Dutzend McDonald's-Filialen. Zum Glück ist das kulinarische Angebot ansonsten noch nicht vollkommen verwestlicht, mich freut die üppige Auswahl fleischloser Gerichte. »Indien ist ein Paradies für Vegetarier«, meint unser Tonmann Ralf sogar.

Wir fahren zur Brüterei von Suguna nahe des Ortes Palamaner. Der Komplex ist von einer hohen Mauer umgeben, rundherum liegen Felder. Bereits an der Pforte beginnen die Hygienemaßnahmen. Wir müssen mit unseren Schuhen durch eine Desinfektionsbrühe. Drinnen duschen, dann umziehen, jeder bekommt eine dünne Baumwolljacke, mehr ist nicht nötig, denn in der Brüterei ist es brütend warm, über 30 Grad.

Der Direktor des Standorts, John Percy Fernando, lenkt uns zunächst in eine Halle: »Hier kommen die Eier aus unserer Elternfarm an. Dort empfangen wir keine Besucher, aus Hygienegründen, aber es sieht nicht anders aus als hier.« Ich schaue mich um. Eier stapeln sich in großen Eierkartons fast wie im Großhandel. Doch das hier sind keine Eier zum Essen. Arbeiter stapeln sie auf ein Fließband, das die Eier schließlich auf ein System von kleinen Rädchen schiebt, mit dem sie um die eigene Achse gedreht werden. So können die beiden Kontrolleure von allen Seiten überprüfen, ob die Eier intakt sind. Schließlich werden die Eier von Saugnäpfen emporgehoben und auf großen Metallblechen mit Vertiefungen platziert. »Diese Technologie gab es vor 20 Jahren noch nicht. Damals mussten wir alles manuell machen. Heute geschieht alles automatisiert, das senkt die Infektionsgefahr für die Hühner.«

Der Direktor der Brüterei führt uns weiter: »Das hier ist der Inkubator. Hier brüten wir in einem Durchgang 115 200 Eier aus, das dauert 18 Tage. Mit den gleichen Bedingungen, als ob eine Henne die Eier ausbrüten würde. 53 Prozent Luftfeuchtigkeit, 37,6 Grad, etwas

Sauerstoff noch und die Eier werden jede Stunde automatisch umgedreht.« Er öffnet eine dicke Tür. »Danach kommen die Eier in diese luftigen Plastikkisten, wo sie schlüpfen.« Er weist seine Arbeiter an, die oberste Kiste herunterzuheben.

Einige Eier sind noch verschlossen, andere haben kleine Löcher, und einige Küken sind schon geschlüpft, das Gefieder noch ganz feucht und verklebt: »Schauen Sie, dieses Küken ist gerade aus dem Ei rausgekommen. Es wird noch zehn bis vierzehn Stunden dauern, bis seine Federn getrocknet sind. Morgen früh werden wir es hier rausholen und impfen. Dann wird es abgeholt, der Prozess ist genau getaktet, morgen Abend wird es bereits in der Hühnerfarm sein.«

John Fernando geleitet uns in den nächsten Raum. Aufgeregtes Piepen kündigt die kleinen Küken schon von Weitem an. Arbeiterinnen schieben die Kisten an ein Fließband, andere nehmen die gelben, plüschigen Küken und werfen sie nicht gerade sacht auf eine breite Rutsche, die eng zuläuft. Eng gedrängt plumpsen sie auf das Fließband und werden von ihm durch ein kleines Loch in der Wand in den nächsten Raum transportiert.

Dort der nächste Schock für die Neugeborenen: Am Ende des Fließbandes fallen sie etwa einen halben Meter hinunter auf ein weiteres Band. Nach einer kurzen Schrecksekunde richten sich die federleichten Tierchen auf und harren ihrem Schicksal. Das kommt gleich in Form von Arbeiterinnenhänden, hier wird aussortiert: Sichtbar geschädigte Küken werden in einen großen Trichter geworfen, Endstation. Der Chef mag es nicht so gerne, dass wir das filmen, er bedeutet den Arbeiterinnen, den Korb mit den leidenden Küken wegzuräumen. Die anderen kommen wieder in Plastikkisten. Der ganze Raum ist von tausendfachem Piepen erfüllt. Die Kisten werden gestapelt, und schon geht's zum nächsten Schritt: Mit einer Mehrfachspritze, auf der ein großer Vorratsbehälter sitzt, piksen die Arbeiterinnen die Küken und drücken kurz ab, ein routinierter Vorgang, den sie alle paar Sekunden wiederholen: »Wir impfen sie hier und geben auch ein Antibiotikum«, erklärt John Fernando. »Das immunisiert sie für den ganzen Lebenszyklus, der insgesamt rund 35 bis 40 Tage dauert.«

Ein Lkw kommt, fährt an die Rampe. Die Kistenstapel werden auf die Ladefläche geschoben. Der Chef der Brüterei ist sichtlich stolz: »Noch vor 20 oder 30 Jahren war der Fleischkonsum hier sehr niedrig, kaum ein Mensch hat Hühnchen gegessen. Jetzt steigt er und wird weiter steigen. Wir bieten den Menschen gesundes, proteinreiches Essen.« Wir fragen, wo die aussortierten Küken hinkommen. »Die landen auf einer Müllkippe unterhalb der Fabrik.« Drehen dürfen wir dort nicht.

Wir reisen dem Lkw nach in eine der Hühnerfarmen. Man will uns zunächst die modernste Suguna-Farm zeigen, und die ist in der Nähe von Madurai im südlichsten indischen Bundesstaat Tamil Nadu. Madurai ist berühmt als alte Tempelstadt, mittendrin ein gigantischer Tempelkomplex aus dem 12. Jahrhundert. Doch Hindutempel gibt es auch in den Slums am Stadtrand. Dort, zwischen Hütten mit Wellblechdächern, holen Frauen mit Plastikkrügen das Wasser an öffentlichen Brunnen. Das Abwasser rinnt durch die engen Gassen. Gekocht wird vor der Tür. Diese Menschen werden sich wohl kein Fleisch leisten können? Unsere Übersetzerin Sangeetha weist mich auf einen kleinen Kiosk hin: »Fleisch nicht, aber hier gibt es Eier.« Und tatsächlich, direkt auf der Theke stapeln sich mehrere Eierkartons. Der Inhaber des Kiosks erzählt, dass die Leute heute mehr Eier essen als früher: »Ich bin hier seit 15 Jahren, und am Anfang verkaufte ich vielleicht ein oder zwei dieser Eierkartons am Tag, jeder enthält rund 30 Eier. Heute bestelle ich vier, und das reicht oft nicht.« Sangeetha erklärt uns, dass die Eier von der Regierung subventioniert werden, dadurch soll vor allem die Proteinversorgung der Kinder verbessert werden.

Am nächsten Morgen werden wir von einem Suguna-Mitarbeiter abgeholt. Er bringt uns zur Farm, eine halbe Stunde außerhalb gelegen. Die flache Wanne mit der Desinfektionsflüssigkeit ist hier mit einer kleinen Sprühanlage kombiniert, die offenbar die Kleider von außen desinfizieren soll. Die Anlage besteht aus fünf langen Hallen, die nicht wie Ställe aussehen, es ist auch kein Hühnergegacker zu hören. Farmdirektor N. Karthikeyan öffnet die Türen. Im Inneren sind die Hühner durchaus zu hören, fast übertönt vom Brummen

Chicago Board of Trade: die wichtigste Agrarbörse der Welt.

»Wir können nicht auf Gentechnik verzichten.« Professor Johan Botterman von BayerCropScience.

Von den Bauern für die Bauern: Saatgutbank von Kusum Mishra in Orissa, Indien.

»Das hier ist nicht Las Vegas«: Börsenhändler Scott Shellady.

Jim Rogers, der große Guru unter den Nahrungsmittelspekulanten.

Das Allerheiligste: die Schaltstelle des Welt-Agrarhandels in der CBOT in Chicago.

FANTB2
FANTB3
FANTB4

Hühner schlachten am Fließband: eine Suguna-Fabrik in Südindien.

B. Soundararajan, Chef von Suguna Foods, dem indischen Marktführer bei Eiern und Hühnerfleisch.

Die Hühnerställe von Suguna Foods sind dem Modell der Wesjohann-Brüder nachempfunden.

Nahrung der Zukunft? Gebrühte Tarantel aus Kambodscha.

»Rinder sind nicht so rentabel wie Insekten.« Grillenfarmer Vitoon Kaewmontri aus Thailand konnte sich ein Haus bauen und seine Kinder wieder zur Schule schicken.

Frittierte Bambusmaden, in Thailand scherzhaft als »Schnellzug« bezeichnet, mit Krapao (auch *Holy Basil* genannt).

Die Sojafarm Rei do Agro in Mosambik: Boss Jes Tarp mit seinem Vorarbeiter Edward Muswerakuenda.

Landarbeiter in den Sojafeldern von Rei do Agro.

Fanny Nanjiwa, Gemüsebäuerin aus Malawi, auf dem Weg zum Markt.

Sind die Investoren aus dem Ausland Fluch oder Segen für die Kleinbauern in Mosambik?

»Erde ist ein nicht kontrollierbares Medium.«: Professor Haruhiko Murase bewacht den Reisanbau unter LED-Licht. Osaka, Japan.

Pflanzenfabrikdirektor Shinji Inada von Spread Inc. präsentiert den Gemüseanbau von morgen. Kyoto, Japan.

»Das Futter für meine Kühe kommt von meiner Weide.«: Milchbauer Bernd Schmitz auf seinem Hof in Hennef.

Karl Schweisfurth, Biobauer aus Glonn bei München. Die Herrmannsdorfer Landwerkstätten erproben eine ökologische Intensivierung, bei der Hühner, Schweine und Rinder auf derselben Weide gehalten werden.

Laut Andreas Gransee, Forschungsleiter der Kali und Salz AG, ist Kunstdünger der Garant für die Welternährung der Zukunft.

Die Kalivorräte reichen in Deutschland noch bis etwa 2060. Und dann?

»Wir werden uns ökologisch ernähren oder gar nicht.« Humusreiche Erde in der Hand von Biobauer Felix zu Löwenstein.

Will Allen, Pionier der Stadtgärten, vor seiner Aquaponik-Anlage. Milwaukee, USA.

riesiger Ventilatoren: »Die Klimaanlage sorgt für immer gleichbleibende Temperaturen, am Anfang 33 Grad, wenn die Küken älter werden 31 Grad, später noch etwas weniger.« Ist das nicht teuer? »Ja, aber es ist gut für die Gesundheit der Tiere. Weil hier nur gefilterte Luft reingelassen wird, halten wir uns die ganzen Krankheiten fern. Auch steigt die Produktivität, die Hühner wachsen besser als in den offenen Farmen, weil sie sich hier nicht so viel bewegen können und in einer stressfreien Umgebung leben.«

Ein Arbeiter geht durch die Reihen und sammelt tote Hühner ein, die auf dem Boden liegen. N. Karthikeyan sieht unsere Blicke und erklärt: »Die Überlebensrate liegt bei 93 Prozent. Also, wir verlieren natürlich einige Hühner, aber das ist vergleichsweise wenig. Wir ziehen in unseren sechs Schuppen etwa 120 000 Hühner auf.«

Der Direktor ist sichtlich stolz auf seine Anlage: »Farmen dieser Art sind eine Neuigkeit in Indien. Diese wurde 2009 gegründet. Wir haben noch eine vergleichbare bei Hyderabad, auch mit 120 000 Hühnern, und wollen weitere bauen, über das ganze Land verteilt.« Die Inder essen mehr Fleisch? »Letztes Jahr hatten wir 10 Prozent Wachstum. Früher haben sich die Menschen ein Hähnchen nur als Festtagsessen leisten können oder höchstens einmal in der Woche. Aber jetzt können sie es regelmäßig oder sogar jeden Tag essen. Das ist doch wunderbar.«

Unsere nächste Station ist ein Vertragsbauer ganz in der Nähe. So werden nach wie vor die meisten Suguna-Hühner aufgezogen. Hier gibt es keine Klimaanlagen, die Ställe sind kleiner und zu den Seiten offen, nur durch ein Drahtgitter gesichert. Die Luft ist voller Mücken und anderer Insekten. Auch hier leben die Hühner eng gedrängt, die Arbeiter füllen gerade die Futterbehälter. Das weiße Gefieder ist an den Seiten schmutzig braun. Die Stalltür steht sperrangelweit offen. Dennoch will keines der Hühner nach draußen gehen. Sie stehen kurz vor der Schlachtreife und sind ganz offenbar nicht mehr gut zu Fuß – wenige Schritte und schon setzen sie sich wieder.

Im Gebüsch rund um die Farm picken ein paar Hühner, die ganz anders aussehen: buntes Gefieder und vor allem viel schlanker. Ich frage die Arbeiter, was das für Hühner sind. »Die sind für uns. Die aus dem Stall werden verkauft, während wir die Country Chicken essen.« Übersetzerin Sangeetha meint, dass jede indische Hausfrau weiß, dass die Hinterhofhühner besser schmecken: »Das Fleisch ist viel fester, deshalb sind sie auch etwas teurer.«

Am nächsten Tag besuchen wir den Suguna-Schlachthof in Udalmapret. Dazu müssen wir drei Stunden fahren, ich bin wieder erstaunt über den guten Zustand der Straßen, kein Vergleich zu Nordindien. Entlang der Landstraße wird sogar ein Fußgänger- und Fahrradweg gebaut. Vor der Rampe warten noch ein paar Lkws, aber die meisten werden hier während der Nacht entladen, der Sonnenhitze wegen. Es ist der Schlachthof für alle Farmen im Bundesstaat Tamil Nadu, ein ausgedehnter Komplex mit mehreren Fabrikhallen, der vor 20 Jahren gebaut und kontinuierlich vergrößert wurde.

Am Empfang begrüßt uns der Chef B. Soundararajan persönlich: »Wir haben 1986 als Landhandel begonnen. Damals haben wir gesehen, wie die Bauern darunter litten, dass sie in einem Jahr Geld verdient haben und es im nächsten Jahr verloren. Um ihnen aus diesem Unglück herauszuhelfen, haben wir die Vertragslandwirtschaft begonnen, zunächst mit drei Bauern.« Es war wohl genau der richtige Moment, denn gleichzeitig startete die Regierung ein Entwicklungsprogramm, um die Eier- und Hühnerproduktion anzukurbeln. »So expandierten wir in ganz Indien. Heute haben wir 18 000 Bauern unter Vertrag.«

Ich erzähle ihm, dass in Deutschland auch zwei Brüder mit diesem System groß geworden sind, und frage ihn, ob er die Wesjohann-Brüder persönlich kennt. »Ja, natürlich, ich war drei- oder viermal in Cuxhaven, um sie zu treffen, und Erich Wesjohann hat uns in Indien mit seiner Familie besucht. Wir haben viel von ihnen gelernt. Sie waren auch schon hier in Indien, weil wir mit ihrer Tochterfirma Lohmann ein gemeinsames Unternehmen gestartet haben, das Impfstoffe für die Masthühner produziert.«

Das System mit den Großelterntieren, die aus England oder Deutschland importiert werden, klingt kompliziert: »Um sie aufzuziehen, haben wir eine einzige Farm in der Nähe von Hyderabad, da lassen wir niemanden rein, das ist das Herz unserer Unternehmung, da darf nichts schiefgehen. Aus den Eiern, die sie legen, schlüpft dann die sogenannte Elterngeneration. Diese ziehen wir in 300 verschiedenen Farmen auf. Ihre Eier wiederum kommen in die Brütereien und die Küken werden schließlich an unsere 18 000 Farmer in ganz Indien verteilt.«

Auch bei Suguna ist das System nahezu geschlossen: »Die Farmer bekommen von uns auch das Hühnerfutter. Wir haben eine zentrale Futtermühle und 30 lokale Anlagen, in denen wir rund 1,8 Millionen Tonnen im Jahr produzieren. Sind die Hühnchen dann nach 35 bis 40 Tagen schlachtreif, nehmen wir sie den Farmern ab. Und bringen sie hierher.«

Wir beginnen unseren Rundgang an der Rampe. Das Gegacker zeigt schon von Weitem an, dass hier die Hühner entladen werden. Aber dafür, was hier passiert, sind die Hühner eigentlich erstaunlich ruhig: In Kopfhöhe läuft eine Kette mit v-förmigen Haken vorbei, an denen die Hühner kopfüber an den Beinen aufgehängt werden. An der Kette hängend schweben die Hühner durch einen Spalt ins Innere der Fabrik, wo es direkt zur Sache geht: Vier Arbeiter schneiden den Tieren die Kehle durch. Was für eine Akkordarbeit, alle paar Sekunden ein Schnitt, die Hühner zucken nur kurz, dann bluten sie aus, das Fließband läuft weiter.

Es ist eine hochmoderne Anlage aus Holland, alles automatisiert, erst werden die Federn entfernt, dann die Innereien, dann die Köpfe. Nur wenige Arbeiter werden hier noch zur Kontrolle gebraucht. Die Fließbänder mit den nach wie vor an den Füßen aufgehängten Hühnern laufen schließlich in das Herzstück der Fabrik, in die Zerlegungshalle. Hier arbeiten Wanderarbeiter aus Nordostindien, erklärt uns ein Vorarbeiter, weil diese die kühlen 15 Grad in der Halle besser aushalten als die Tamilen aus dem Süden Indiens. Die Schichten sind immerhin bis zu 14 Stunden lang.

Die meisten von ihnen sind Frauen, die jeweils bestimmte Einzelaufgaben übernehmen: verbliebene Innereien entfernen, Flügel abschneiden, Brust abtrennen. Während der zwei Stunden, in denen wir drehen, wird die Akkordarbeit nicht für eine Pause unterbrochen. Eine Arbeiterin erzählt der Übersetzerin, dass sie heute das Fließband langsamer gestellt haben, weil das Kamerateam kommt. Und dass sie deshalb wohl länger arbeiten müssen, weil das Tagespensum dennoch gleich groß bleibt. Ich frage den Chef, wie er die Zukunft sieht. »Wir wachsen jedes Jahr um rund 20 Prozent. In Indien sind wir der größte Hühnerproduzent, seit zehn Jahren schon sind wir hier die Nummer eins. Aber wir exportieren auch immer mehr, vor allem in die arabischen Golfstaaten, Eier ebenso wie Fleisch, das wir dort unter dem Markennamen Sugie verkaufen.« B. Soundararajan ist überzeugt, dass Indien noch einen großen Nachholbedarf hat: »Der Pro-Kopf-Konsum ist immer noch sehr niedrig. Der durchschnittliche Amerikaner isst 65 Kilo Fleisch im Jahr. Weltweit liegt der Durchschnitt bei 12 Kilo pro Person. In Indien hingegen sind es erst vier bis viereinhalb Kilo. Wir haben noch einiges aufzuholen. Wenn wir nur bis zum globalen Mittelwert wachsen, dann würde sich unser Fleischkonsum verdreifachen.«

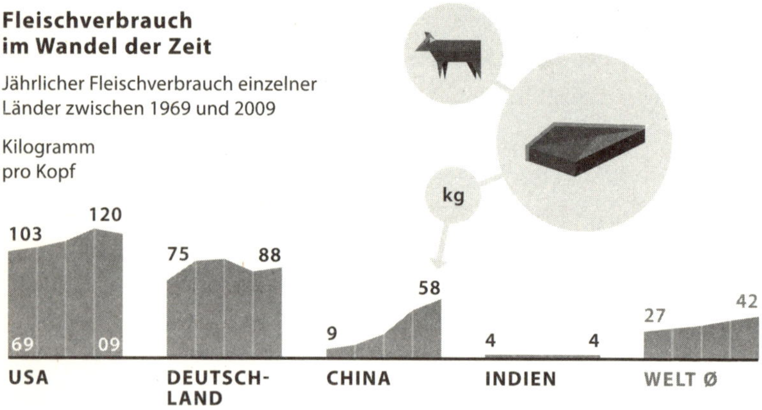

Warum essen die Inder traditionell so wenig Fleisch? »In unserer Küche spielte es einfach eine untergeordnete Rolle. Wir waren gewöhnt daran, eher Getreide zu essen als Fleisch. Aber jetzt, wo immer mehr Menschen in die Städte ziehen, steigt auch der Fleischkonsum.« B. Soundararajan lächelt: »Wenn ich mich an die Zeit vor 25 Jahren erinnere, als wir angefangen haben – damals war es noch ein Problem, auch nur 10 oder 20 Hühnchen loszuwerden. Heute verkaufen wir fast eine Million Hühner am Tag, und der Bedarf steigt. Ich hoffe, dass das Wachstum auch in den nächsten 25 Jahren so weitergeht.« Wird es global genug Ressourcen geben für diesen Fleischhunger? Soundararajan meint, dass sie ja notfalls Futtermittel importieren können aus Ländern, in denen es noch freie Ackerflächen gibt. Doch er weiß auch, dass hier genau der wunde Punkt sein könnte, denn 80 Prozent vom Hühnchenpreis sind Futterkosten.

Zum Abschluss unserer Tour werden wir zum Essen geladen. Es gibt, natürlich, Hühnchen. Nach der Tour durch den Schlachthof ist uns nicht wirklich nach Fleisch, aber ich traue mich nicht, jetzt die Einladung abzulehnen.

Sangeetha, unsere Übersetzerin, erzählt uns, dass bisher die meisten Inder es vorziehen, ganze Tiere zu kaufen und sie zu Hause zu zerlegen: »Was hier in der Fabrik hergestellt wird, also verpackte Hühnchenteile wie Brust oder Schenkel, ist für Indien noch sehr ungewöhnlich.« Konzernchef B. Soundararajan stimmt zu, meint jedoch, dass sich das bald ändern wird: »In Indien werden heute noch 96 Prozent aller Hühner in kleinen Straßenshops verkauft, wo die lebenden Vögel direkt im Laden geschlachtet werden. Da ist unsere moderne Fabrik deutlich hygienischer.«

Und tatsächlich, noch auf dem Rückweg haben wir Gelegenheit, in solch einen Laden reinzuschauen. Handbemalte Holzwände mit übergroßen Hühnern und dem Schriftzug »Suguna« zeigen an, wo die Hühner herstammen. Vor der Bretterbude steht ein Käfig, an einer Theke direkt an der Straße warten mehrere Kunden. Einer ordert drei Hühner. Ein Mitarbeiter schnappt sie an den Beinen und trägt sie kopfüber in einen kleinen Raum direkt hinter der Theke.

Dort geht es schnell: Er nimmt ein Messer, schneidet dem ersten Huhn die Kehle auf und wirft es in eine große Plastiktonne. Dort flattert und rennt das Huhn noch eine ganze Weile im Todeskampf, während der Schlachter schon das zweite und dritte tötet und dazuwirft. Dann nimmt er das erste Huhn, brüht es kurz in einem Topf mit heißem Wasser und wirft es schließlich in eine laut rumpelnde Maschine, in der es gerupft wird. Das Ganze dauert keine fünf Minuten. Dann bringt der Schlachter die Hühnchen an die Verkaufstheke.

70 Rupien kostet ein Huhn, 90, wenn die Federn entfernt werden – das ist umgerechnet gerade mal ein Euro! Ich komme ins Nachdenken. Wenn die Inder in Zukunft mehr Fleisch essen werden, dann heißt das doch automatisch, dass mehr Getreide als Futtermittel nachgefragt wird, was die Preise auf den Weltmärkten weiter in die Höhe treibt und es für die Ärmsten der Armen noch unerschwinglicher macht. Aber mit welchem Recht sollten wir den Indern das Fleischessen versagen, wo wir Deutschen doch das 15-Fache vertilgen?

Die Hühner des Todes

Deutsche Konsumenten lieben mageres weißes Hähnchenfleisch, besonders das Brustfilet. Es macht fast zwei Drittel des Konsums an Hühnerfleisch aus und bringt mit fünf bis neun Euro pro Kilo den höchsten Gewinn. Hieraus lassen sich bereits die Produktionskosten des gesamten Huhns decken. Falls der Rest des Tieres sich nicht billig verkaufen lässt, droht ihm hingegen der Müllcontainer, was Entsorgungskosten nach sich zieht. So verkaufen deutsche Hähnchenmäster diese Teile lieber tiefgekühlt nach Russland, in den Nahen Osten und zu Schleuderpreisen auch nach Afrika. Dabei treffen sie auf Mitbewerber aus den USA und Brasilien, die noch billiger anbieten. Daher gab die EU jahrelang Exporterstattungen von rund 30 Cent pro Kilo dazu, damit es sich rechnete. Von 2011 bis 2012 hat Deutschland seine Geflügelfleischexporte nach Afrika von 19000 Tonnen auf 43000 Tonnen mehr als verdoppelt und lieferte teilweise für 70 Cent pro Kilo an Großhändler in Ghana und anderen afrikanischen Staaten.

Infolge dieser Subventionspolitik treten europäische Geflügelteile mit Dumpingpreisen in Konkurrenz zu heimischen Produkten und bringen afrikanische Kleinbauern und Züchter um eine ihrer wichtigsten Einkommensquellen. Da eine geschlossene Kühlkette vom Schiff bis zu den heißen und staubigen Märkten nicht gewährleistet ist, sind die Geflügelteile oftmals verdorben, und ihr Verzehr kann zu Darminfektionen führen.

Das Trauerspiel Ghana

Ein gut untersuchtes Beispiel für die Zerstörung einer heimischen Geflügelproduktion in Entwicklungsländern ist das Land Ghana. Die deutschen Nichtregierungsorganisationen Germanwatch, der EED (Evangelische Entwicklungsdienst) und FIAN haben diesen Skandal genauer untersucht und erschreckende Daten und Zusammenhänge veröffentlicht.[62] Noch in den 1990er-Jahren versorgten heimische Landwirte fast den gesamten dortigen Markt mit Hühnerfleisch. Doch von 2001 bis 2003 setzte eine Importflut tiefgefrorener Hähnchenteile ein, für die es in Europa keinen Markt gab. Allein 2003 waren es bereits 39 200 Tonnen Hühnerfleisch aus aller Welt, die für umgerechnet 1,50 Euro pro Kilo auf den Märkten verramscht wurden, während das lokal produzierte Fleisch 2,60 Euro kostete.[63] Gegen diese Konkurrenz waren die ghanaischen Produzenten chancenlos. Der Agrarhandelsexperte von Brot für die Welt, Francisco Marí, beschrieb 2008 die Auswirkungen: »Es werden ungefähr 30 000 Tonnen Fleisch nach Westafrika aus Europa exportiert. Das bedeutet den Verlust von 210 000 Arbeitsplätzen in Afrika. Da dort jeder Vollarbeitsplatz ungefähr sieben Menschen ernährt, heißt das rund 1,4 Millionen Menschen, die durch diese Exporte in die Armut geschickt werden.«[64]

Gegen die Handelsmacht aus Europa und den Druck von IWF und Weltbank können afrikanische Regierungen nur schwer opponieren. 2003 hatte das ghanaische Parlament zum Schutz seiner Bauern eine moderate Anhebung des Zolls für die Einfuhr von Geflügel von 20 auf

40 Prozent und für Reis von 20 auf 25 Prozent beschlossen. Auf Intervention des IWF wurde das Gesetz nur vier Tage nach Umsetzungsbeginn ausgesetzt und der Zoll wieder auf das alte Niveau gesenkt. Drei Tage zuvor hatte der IWF dem Land einen Dreijahreskredit über 258 Millionen US-Dollar zur Armutsbekämpfung gewährt mit der Auflage, die Zollerhöhungen während der Laufzeit nicht umzusetzen. Die Geflügelindustrie in Ghana ist inzwischen fast vollständig zusammengebrochen.[65] Nach dem EPA (Economic Partnership Agreement)-Interimsabkommen mit der EU, dem die Regierung Ghanas im Dezember 2007 zustimmte (es aber bislang nicht ratifizierte), ist das Land verpflichtet, die Zölle für über 80 Prozent der europäischen Importe bis zum Jahr 2023 auf null zu senken. Im Gegenzug werden dem Land mit diesem »Partnerschaftsabkommen« Vorteile beim EU-Marktzutritt versprochen.

Subventionsstopp

Obwohl der Skandal seit Jahren bekannt ist, nahmen die europäischen Fleischexporte nach Afrika immer weiter zu. 291 Millionen Kilogramm Geflügelfleischreste exportierte die EU im Jahr 2010 dorthin, allein 114 Millionen in das kleine westafrikanische Land Benin. Deutschland hat davon gut 20 Millionen Kilo ausgeführt und 2012 bereits 42 Millionen. »Europa ist dabei, sämtliche Tierhaltung und Tiermast in Afrika zu schädigen oder zu zerstören. EU-Exporte haben bereits Kleinproduzenten in den bisherigen Großimportländern wie Ghana oder Kongo ruiniert«, resümierte Marí.[66]

Doch endlich scheint die Kritik gehört zu werden. EU-Agrarkommissar Dacian Ciolos verkündete Mitte Januar 2014, dass die Europäische Union ihre Subventionen für Agrarexporte in Entwicklungsländer abschaffen werde. Nachdem inzwischen auch einige afrikanische Länder wie Kamerun und Senegal Importverbote gegen »die Hühner des Todes« verhängt haben, stellen die europäischen Konzerne jetzt ihre Argumentation auf den Kopf. Jahrelang wurde behauptet, ihr Fleisch würde nur einen verschwindend geringen Teil ausmachen – »nun heißt es, die billigen Hühnerteile seien ein großer Segen für die hungernde, arme Bevölkerung auf dem Nachbarkontinent«, erbost sich Francisco Marí. Auf einmal seien die Entwicklungsorganisationen und die Kleinbauernverbände mit ihren Kampagnen schuld daran, dass die Menschen eine billige Proteinquelle verlieren würden.[67]

Tiere mit mehrfachem Nutzwert

Karl Schweisfurth stellt sein klappriges Fahrrad an einen Baum und schließt das Gatter auf: »Hier versuchen wir einen ganz neuen Weg in der Hühnerhaltung. Aber eigentlich ist es ein ganz alter.«

Wir gehen auf die Weide. Entlang des Feldweges ist erst einmal nichts zu sehen. Er lenkt meinen Blick auf die Hecke: Richtig, unter den Büschen scharren sie: hellbeige, fast weiße Hühner und eine bunt gescheckte Rasse, mit leuchtend blauen Federn. »Das sind zum einen die Sulmtaler aus Österreich und dazu Les Bleues aus Frankreich«, erklärt der Bauer. Er will sie miteinander kreuzen: »Das sind Rassen, die gibt es sonst fast gar nicht mehr. Sie sind eigentlich seit 50 Jahren so gut wie ausgestorben, weil man heute nur noch auf Hybrid setzt. Übrigens auch die Biobauern.«

Wozu eine neue Rasse, frage ich: »Wir möchten, dass die Hühner beides können, Eier legen und gleichzeitig Fleisch ansetzen. Die Hybride machen das ja nicht, sie sind entweder nur auf Fleischproduktion oder nur auf Eileistung getrimmt. Deswegen bestehen die Legehennen nur noch aus Knochen und Haut, da ist überhaupt kein Fleisch mehr dran. Und deswegen werden ja auch die Brüder der Legehennen getötet, gleich nach dem Schlupf.« Allein in Deutschland seien das jedes Jahr rund 40 Millionen Eintagsküken.

Brudermord im Hühnerstall

In der industriellen Landwirtschaft hat sich aus Effizienzgründen ein grausamer Umgang mit »ökonomisch nicht nützlichen« Tieren etabliert. Seit bei Hühnern zwischen Mastrassen und Legerassen unterschieden wird, gelten die männlichen Küken der Legehennenrassen als überflüssig. Mit ihren Kollegen der Mastrassen können sie nicht konkurrieren. Während diese bereits innerhalb von rund 38 Tagen ein Gewicht von 1,4 Kilo erreichen, braucht der Legehennensohn etwa 18 Wochen dafür und setzt dabei viel weniger gewünschtes Brustfleisch an. Deshalb werden die männlichen Küken gleich nach dem Schlüpfen von entsprechend geschulten Arbeitern aussortiert. Sexing heißt die Geschlechtsbestimmung auf Englisch. Während die jungen Hennen zum Impfen geschickt werden, fahren ihre Brüder direkt in den sogenannten Kükenvermuser, der sie bei lebendigem Leib zerschreddert, oder sie werden einfach vergast. Die Überreste landen in Dünger, Tierfutter oder verbrannt im Straßenbau.
Allein in Deutschland sterben im Jahr etwa 35 bis 45 Millionen männliche Küken auf diese Art. Die Menge an jährlich getöteten Eintagsküken entspricht dabei annähernd der Menge an Legehennen, die für die 10,6 Milliarden Eier verantwortlich sind, die jährlich in den Einkaufskörben der deutschen Verbraucher landen. Was viele nicht wissen oder wahrhaben wollen: Die Geschwistertötung steht nicht nur in der konventionellen Produktion auf der Tagesordnung, sondern wird auch vom Biobereich mitgetragen. Denn die meisten Biobauern kaufen ihre Legehennen ebenfalls bei den industriellen Zuchtbetrieben. Das massenhafte Töten passiert vor den Augen der Behörden, obwohl es im deutschen Tierschutzgesetz heißt: »Mit Freiheitsstrafe bis zu drei Jahren oder mit Geldstrafe wird bestraft, wer ein Wirbeltier ohne vernünftigen Grund tötet.« Ob dies auch auf Hühner zutrifft, darüber streiten derzeit hoch bezahlte Juristen. Denn gibt es vernünftigere Gründe als wirtschaftliche?

Dass diese Praxis auch die Biobranche mitträgt, nach deren Kriterien rund 8 Prozent der deutschen Legehennen gefüttert und aufgezogen werden, beschädigt deren Image gewaltig. Dem will nun die Bruderhahn Initiative Deutschland entgegentreten. Dieser Verein von ethisch verantwortungsvollen Biozüchtern gibt den Küken seit 2013 eine Chance: Pro Legehenne wird ein männliches Küken nach ökologischen Richtlinien bis zur fünften Woche mit seinen Schwestern zusammen aufgezogen. Anschließend werden die Hähne in den Maststall umgesiedelt und 18 bis 22 Wochen lang mit Biofutter gemästet, bis sie schlachtreif sind. Dann wird ihr Fleisch verkauft. Die entstehenden Mehrkosten werden von ihren Schwestern mit vier Cent mehr pro Ei querfinanziert: Bei einer Legeleistung von 250 verkauften Eiern pro Huhn und Jahr kann damit von den Projektteilnehmern die Aufzucht eines Brudertiers bezahlt werden. Der Verein strebt eine sich selbst tragende gewerbliche Geflügelwirtschaft an, die eine artgerechte Haltung und das größtmögliche Wohl des Tieres berücksichtigt. Dazu engagiert er sich auch bei der Züchtung einer Geflügelrasse, die sich selbst vermehren kann (im Unterschied zu den Hybridtieren) und sich gleichermaßen für die Legehaltung wie für die Mast eignet. Damit könnten sich die landwirtschaftlichen Betriebe unabhängig von den konventionellen Zuchtbetrieben machen und eigene standortangepasste Tiere heranziehen. Bei den Herrmannsdorfer Landwerkstätten in der Nähe von München arbeitet man bereits an der Züchtung dieses sogenannten Zweinutzungs- oder Kombihuhns. Selbst der deutsche Marktführer, die Lohmann Tierzucht GmbH, hat seine zwischenzeitlich eingestellten Versuche wieder aufgenommen und eine solche Rasse unter dem Markennamen »Lohmann-Dual« auf den Markt gebracht.

Druck auf die Produzenten wächst

Ein Grund, warum die Industrie sich wieder für das Zweinutzungshuhn interessiert, liegt auch im Vorstoß des Landes Nordrhein-Westfalen, das die Tötung von Geschwisterküken verbieten will. Die Landes-

regierung beruft sich mit ihrem Erlass auf die Bewertung der Staatsanwaltschaft Münster im Verfahren gegen eine Kleinbrüterei. Im Einklang mit der jahrelangen Forderung von Tierschützern kommt sie zu dem Schluss, dass die Tötung männlicher Küken von Legehennenrassen tierschutzwidrig ist. NRW räumt den Betrieben eine Übergangsfrist bis zum 1. Januar 2015 ein und möchte das Verbot auf das gesamte Bundesgebiet ausweiten lassen. Verbale Rückendeckung findet dieses Ansinnen zumindest beim neuen Bundeslandwirtschaftsminister Christian Schmidt: »Für mich gilt: Der Tierschutz ist der Maßstab. Das Töten von Küken am ersten Lebenstag, nur weil sie männlich sind und keine Eier legen werden, ist kein akzeptabler Umgang mit Geschöpfen. Darum müssen wir uns schleunigst kümmern.«[68] Nun klagen bereits elf von zwölf großen Eierzeugern gegen ein solches Verbot. Die Branche fordert, damit zu warten, bis Alternativen gefunden sind. Es sei sonst zu befürchten, dass die Brütereien ins Ausland abwandern oder die Tiere lebend verkauft werden, um dann am Bestimmungsort zu sterben.
Mögliche alternative Methoden zur Tötung der Küken, die allerdings noch nicht kommerziell eingesetzt werden, drehen sich um die frühe Geschlechtserkennung der Embryos. Dazu werden die Eier mit Infrarotstrahlen durchleuchtet oder aus einer Hormonbestimmung Rückschlüsse auf das Geschlecht gezogen. Hierbei handelt es sich jedoch nur um eine Verschiebung des Problems, denn bei diesen Methoden müssten die bereits angebrüteten Eier entsorgt werden.

Stierkälber unerwünscht

Ähnlich wie den Brüdern einer Legehenne geht es den männlichen Büffelkälbern in Kampanien in Süditalien, aber auch in Irland und Neuseeland. Für eine hohe Milchproduktion müssen die Büffelkühe gedeckt werden und ihre Kälber austragen. Da die männlichen Nachkommen ebenfalls für die Fleischproduktion nutzlos sind, werden sie zum Schlachthof gebracht und das Fleisch als Sondermüll entsorgt.

So sieht es zumindest die italienische Gesetzgebung vor. Weil aber dieser Vorgang mit Gebühren verbunden ist, umgehen ihn viele Bauern. Die Stierkälber werden in Jauchegruben geworfen, erstickt, ausgesetzt oder einfach mit verbundenem Maul ihrem Schicksal überlassen. Das Knebeln soll verhindern, dass die Schreie der Kälber die Milchproduktion ihrer Mütter stört.

Karl Schweisfurth ist sichtlich betroffen, als wir ihm erzählen, dass wir die Selektion der Küken auch in Indien gesehen haben. »In Deutschland gibt es ja nur noch drei oder vier große Brütereien. Dass dort die Geschwisterküken millionenfach getötet werden, das hat lange kein Mensch mitbekommen«, so der Bauer. »Auch mir als Hühnerhalter war das bis vor acht Jahren nicht bewusst.«

Sein Vater Karl Ludwig Schweisfurth besaß die Wurstfabrik Hertha, eine der größten Deutschlands. Als seine Kinder heranwuchsen, stritten sie mit ihm zunehmend über die Frage, ob Fleisch aus der Massentierhaltung ethisch vertretbar ist. Doch für einen Hersteller von Billigwürsten sind andere Bezugsquellen zu teuer – also entschied sich der Vater im Jahr 1986, seine Fabrik zu verkaufen und einen neuen Betrieb aufzubauen, der nur Fleisch aus artgerechter Tierhaltung verarbeitet: die Herrmannsdorfer Landwerkstätten.

Der Ort ist gut ausgesucht für das landwirtschaftlich-handwerkliche Experiment: Er liegt in idyllischer Einzellage im Hügelland von Glonn, aber noch nahe genug am Absatzmarkt München. Hier gibt es neben der Metzgerei auch eine Bäckerei, eine Käserei, eine Brauerei, ein Restaurant, ein Biocatering und eine Gärtnerei. Seit sein Vater im Ruhestand ist, führt Karl Schweisfurth den Bauernhof.

Er winkt einer Kindergartengruppe zu, die gerade den Schweinestall besichtigt. »Landwirtschaft hat vielfältige Aufgaben. Doch heute wird alles nur auf möglichst effektive Produktion getrimmt.« Sein Modell soll gegensteuern: »Die Genetik sollte wieder in Bauernhand sein«, postuliert Karl Schweisfurth. »Inzwischen kaufen fast alle

Bauern ihre Küken bei den großen Zuchtkonzernen. Das sind Hybridhühner, die der Bauer nicht selber züchten kann, er muss sie jedes Mal wieder neu kaufen. Diese Superhühner werden nur noch von ganz wenigen Konzernen überhaupt gezüchtet, vier Konzerne beherrschen 60 Prozent des Weltmarkts. Die Lohmann-Tierzucht hat einen Marktanteil von 70 Prozent in Indien.«

Schweisfurth kennt »die Lohmänner« bestens, denn aus der Wesjohann-Tochterfirma kommen auch die Biohühner in Deutschland, die er bisher gemästet hat. Die Leistungssteigerung ist immens: »In den 1960er-Jahren hat ein Huhn vielleicht 230 Eier im Jahr gelegt. Die heutigen Turbohühner legen 280 bis 300 Eier. Oder die Fleischrassen: Die Hybride sind inzwischen in 28 Tagen schlachtreif.« Von 60 Gramm auf 1,6 Kilo in weniger als einem Monat!

»Wir wollten diesen Leistungswahn nicht weiter mitmachen, aber natürlich ist eine gute Produktivität für uns ebenfalls wichtig. Unsere neuen alten Rassen brauchen dreieinhalb bis vier Monate bis zur Schlachtreife. Wir lassen sie aber auch schwerer werden, wir wollen gerne 2,4 Kilo.«

Mitten im Hofgeviert, zwischen Schweinestall, Restaurant und Hofladen, zieht Schweisfurth seine 600 Küken auf. Die Tür des Holzstalls ist gut gedämmt, wir müssen sie schnell wieder schließen, drinnen soll die Temperatur konstant bei 34 Grad bleiben. »Die Küken haben wir selber gebrütet«, erzählt er stolz. »Das ist eine Kreuzung aus den Sulmtalern und den Blauen, Sie sehen es an den Federn. Die sind jetzt vier Wochen alt. Hybride werden in diesem Alter geschlachtet. Die sind dann schon doppelt oder gar dreimal so groß. Denen hat man das Sättigungsgefühl weggezüchtet, sie fressen dauernd, wachsen explosionsartig und können sich kaum mehr auf den Beinen halten, weil die Knochen nicht so schnell mitwachsen.«

Es gibt aber noch einen Riesenunterschied: »Als konventioneller Landwirt hätte ich jetzt nur noch Legehennen. Die Hähne wären schon längst tot.«

»Wenn die Küken ausgewachsen sind, kommen sie auf die Weide«, erzählt der Bauer. Also kein Hühnerstall? »Doch, aber nur für die

Nacht, die meiste Zeit sind sie draußen.« Die vier kleinen Häuschen mit ihren roten Dächern fallen schon von Weitem auf: »Das sind unsere mobilen Hühnerställe«, erklärt Karl Schweisfurth, »wir ziehen alle paar Monate damit um, weil sonst das Gras rund um die Hütte allzu sehr in Mitleidenschaft gezogen wird. So bleibt die Fläche schön grün.«

Er öffnet die Stalltür. Die Hühner gackern aufgeregt. »Schön langsam gehen, dann beruhigen sie sich schnell.« Und tatsächlich, nur zwei Minuten später sitzen die ersten schon wieder auf den Stangen. Der Bauer schnappt sich beherzt eine Legehenne: »Die wiegen etwa zweieinhalb Kilo. Eine Hybridhenne dürfte gerade mal anderthalb Kilo wiegen. Wir halten damit die alte Tradition der Suppenhühner hoch, wir können auch noch ihr Fleisch nutzen.«

Warum sind denn die Hybridlegehennen so viel leichter, will ich wissen. »Die sind eben extrem auf Eileistung gezüchtet, ihre Körper sollen alle Energie in die Eierproduktion stecken. Das ist nur Haut und Knochen, da kannst du wirklich den Brustknochen fühlen, eine gute Suppe kannst du daraus jedenfalls nicht mehr kochen.«

Besonders schockiert mich, dass auch Biobetriebe dieselben Hybride mästen.

»Es bleibt ihnen leider keine andere Möglichkeit. Die alten Rassen sind so gut wie ausgestorben, du kannst sie nirgendwo mehr kaufen.« Karl Schweisfurth verlässt den Stall, nimmt sich einen Eimer mit Körnerfutter. »Putt, putt, putt«, lockt er seine Hühner und wirft eine Schaufel voll Körner auf den Boden.

Auf der Weide kommt Unruhe auf, Getrappel wird hörbar, und schließlich taucht auf dem Hügel eine kleine Schweineherde auf. Sie trampeln direkt an uns vorbei, um sich schließlich im Schatten der Hecke hinzulegen – direkt neben den Hühnern. »Wir nennen das hier die große Symbiose. Hühner und Schweine passen gut zusammen. Die Schweine können wühlen, manchmal finden dort die Hühner hinterher auch Würmer. Aber so eine Wiese können sie nicht abfressen. Deshalb ist es sinnvoll, auch die Kühe dazuzutun. Dann hat man über die Rinder auch das Gras genutzt. Und es ist eine gute Düngung, wir ziehen alle zwei Jahre um, nächstes Jahr steht hier wieder Getreide.«

Gleich drei Tierarten auf einer Weide? Die anderen Bauern beurteilten den Versuch höchst skeptisch: »Die werden krank, stecken sich gegenseitig an, hieß es, oder: Die Schweine fressen die Hühner«, lacht Schweisfurth. »Aber es funktioniert wunderbar, die Tiere leben gut miteinander. Und sie sind ja nicht miteinander verwandt, sodass keine Keime von einer Tierart auf die andere überspringen.« Die Dreifachnutzung ist für den Ökobauern intensiv und ökologisch zugleich.

Die Hybridzüchtung kommt seiner Meinung nach an ihre Grenzen: »Lohmann sagt heute, dass ihre Hühner nachhaltiger sind, weil sie mit nur zwei Kilo Futter ein Kilo Fleisch erzeugen. Damit kommst du aber nicht nur in einen Gegensatz zum Tierwohl, sondern du brauchst in der industriellen Landwirtschaft mehr Energie und mehr Medikamente. Die Massentierhaltung geht ja nicht ohne Antibiotika, und die resistenten Keime findet der Verbraucher dann hinterher auf seinem Fleisch.«

Der Biobauer plädiert für eine Tierhaltung mit Augenmaß: »Hühner und Schweine sind Allesfresser. Heute mästet man sie nur mit Getreide und Soja. Dabei fressen sie auch Gras, wie man sieht, oder Würmer und andere Kleintiere im Boden. Noch besser: Sie sind zudem hervorragende Resteverwerter. Doch das Verfüttern von Speiseresten wurde uns jetzt verboten. Die Landwirtschaft ist verrückt geworden. Zuerst haben sie die Kuh, die wirklich ein Veganer ist, zu einem Fleischfresser gemacht, indem sie schon den Kälbern im Milchaustauscher tierische Fette verabreichen. Dann kam die BSE-Seuche. Danach haben sie das Kind mit dem Bade ausgeschüttet und tierische Fette generell verboten. Aber Hühner und Schweine sind Allesfresser, die brauchen essenzielle Aminosäuren, die überwiegend im Fleisch vorkommen. Da sind sie uns Menschen ähnlich. Veganer müssen Hülsenfrüchte essen, Bohnen zum Beispiel. Wenn wir jetzt Schweine und Hühner zu Veganern machen, dann können wir das Fleisch in ihrer Nahrung eigentlich nur durch Sojabohnen ersetzen.«

Inzwischen sind auch einige Kühe näher gekommen, neugierig schnuppern sie an unserem Kameraequipment. »Das Rind ist das sinnvollste Tier für den Menschen«, findet der Bauer. »Es frisst uns nichts weg, es kann das ganze Jahr vom Gras leben. Deshalb sind Rinder ja so wichtig in vielen Gegenden der Welt, wo es zu trocken oder zu steil ist für den Ackerbau.« Er bedauert, dass die Rinder immer weniger Gras bekommen: »Die Bayern sind stolz darauf, dass sie 200 Prozent Selbstversorgung bei der Milch und beim Fleisch hätten, aber die Rechnung stimmt nicht, weil sie das meiste Futter heute importieren. Fahren Sie mal die Donau entlang, da kommt eine große Siloanlage nach der anderen, da wird Soja gelagert, die über das Meer und den Fluss herangekarrt wird.«

Aber heißt eine bessere Tierhaltung nicht auch, dass das Fleisch teurer wird, frage ich. »Ja, natürlich, heute ist das Fleisch oft schon billiger als frisches Gemüse. Und es ist in jedem Fall billiger als Hundefutter! Das ist immer teurer, vergleichen Sie mal den 100-Gramm-Preis, das ist Wahnsinn!«

Im Hofladen von Gut Herrmannsdorf jedenfalls wird kein Billigfleisch verkauft. Eher das Gegenteil. Ich zucke kurz, als ich das Preisschild sehe: Ein Hühnchen für über 20 Euro – wer kann sich das leisten? Karl Schweisfurth weist nicht nur auf das höhere Gewicht hin, sondern wird grundsätzlich: »Letztendlich ist doch die Frage: Wie viel Fleisch wollen wir essen? Wie viel Fleischkonsum ist sinnvoll?« Seinen Überlegungen liegt eine gleichzeitige Nutzung von Eiern und Fleisch zugrunde: »Ich hab das mal ausgerechnet: Wir essen etwa 300 Eier im Jahr. Also eine Legehenne. Wenn wir auch den Bruder der Henne mästen und am Ende außerdem die Legehenne essen, dann könnten wir ungefähr zwei Hühner pro Jahr essen.« Das wären vier Kilo Geflügelfleisch – derzeit isst ein Deutscher im Durchschnitt zwölf Kilo. »Das wäre eine sinnvolle Kombination von Fleisch- und Eierproduktion.«

Eine ähnliche Rechnung bei den Rindern: »Wir trinken ungefähr 300 Liter Milch, da würden die zehn Kilo Rindfleisch, die wir im Jahresdurchschnitt essen, sogar passen.« Aber auch bei den Rinderrassen heißt es zunehmend: entweder Milch- oder Fleischproduktion. »Beim Schwein kannst du diese Rechnung nicht machen, weil das kein Tier mit ›Zweinutzung‹ ist. Das hat nur eine Nutzung, nämlich

Fleisch ansetzen. Aber da kommt man wieder in eine Balance, wenn man es mit Abfällen füttert, möglichst regional, dann ist die Schweinehaltung auch ökologisch sinnvoll.«

So kommerziell der Hofladen aussieht, am Schluss gibt er uns einen Rat, der mir deutlich macht, dass das Verkaufen nicht sein Hauptantrieb ist: »Das Huhn ist ein Tier, das man wunderbar in Minieinheiten halten kann. Wenn ihr einen nicht allzu kleinen Garten habt, dann schafft euch doch sechs Hühner an. Futter habt ihr bereits genug, die Abfälle aus der Küche. Und mit wenig Arbeit habt ihr so jeden Tag frische Eier.« Mit einem maliziösen Lächeln fügt er hinzu: »Und wenn du dich traust, die hinterher auch zu schlachten, hast du sogar noch Fleisch.«

Eiweißquellen aus Meer und Teich

Fischzucht könnte ökologisch nachhaltig, ressourcenschonend und tiergerecht gestaltet werden, hoffen viele Meeresbiologen. Jedenfalls viel eher als die Zucht von Säugetieren und Vögeln. In China und anderen asiatischen Ländern werden schon seit 2000 Jahren verschiedene Arten von Karpfen in Teichen und überfluteten Reisfeldern gehalten. Und auch in Bayern gibt es eine jahrhundertealte Tradition der Forellenzucht. Fische sind mit ihren 27840 Arten zwar eine vielgestaltige Tiergruppe, aber relativ einfach strukturiert. Sie sind wechselwarme Lebewesen, wie die Insekten, und benötigen daher viel weniger Nahrungsenergie als Säugetiere und Vögel, die ihre Körper immer auf annähernd gleich warmer Temperatur halten müssen. Viele Fischarten leben in Schwärmen und mögen es kuschelig eng. Sie haben kein Bewusstsein, verfügen nur über winzige Gehirne ohne größere Erinnerungsgabe und verspüren höchstwahrscheinlich keine Schmerzen. Fische sind zwar in der Lage, Reize durch Berührung oder Verletzung wahrzunehmen und darauf zu reagieren. Aber um Schmerz als Leiden zu empfinden, bedarf es eines Bewusstseins, so die gängige Ansicht.

Fischkonsum weltweit

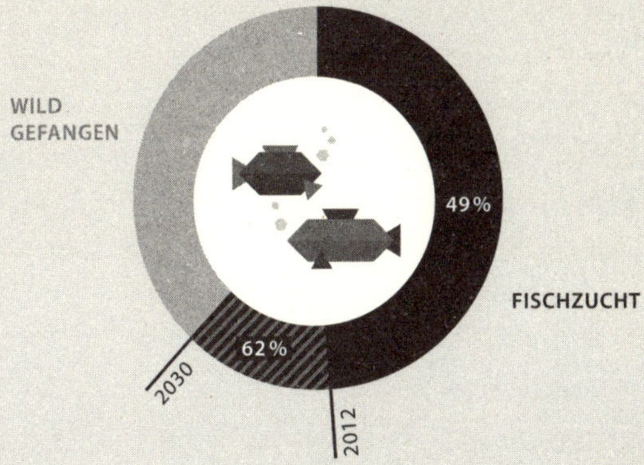

Und das Beste: Fische, zumindest in der Meereszucht, verbrauchen keine raren Trinkwasserreserven. Könnten sie also, zusammen mit den Insekten, die beste tierische Eiweißquelle der Zukunft sein?

Tatsächlich sind Aquakulturen heute die weltweit am schnellsten wachsende Form der Nahrungserzeugung. Jedes Jahr steigt die Produktivität um 8 bis 10 Prozent, während die Wildfänge mit rund 90 Millionen Tonnen seit zwei Jahrzehnten stagnieren und bald drastisch abnehmen werden. Der rasante Boom der Zuchtfische kann schon in absehbarer Zeit Rindfleisch als Hauptlieferant von tierischem Eiweiß vom Thron stürzen. Fischfarmen an der Küste, auf hoher See und in Teichen liefern heute bereits annähernd jedes zweite verzehrte Wasserlebewesen – gegenüber nur 9 Prozent im Jahr 1980. Nach Angaben der FAO produzierten 2013 alle Fischfarmen zusammen 70 Millionen Tonnen Meerestiere, 44 Prozent der gesamten Fischindustrie und 49 Prozent des direkten menschlichen Konsums.[69] Eingerechnet ist dabei allerdings auch der sehr hohe Anteil der traditionellen Teichzucht in China. Und die dient fast ausschließlich der Eigenversorgung. Auf dem Weltmarkt gehandelt werden hingegen nur 20 bis 25 Millionen

Tonnen Zuchtfisch. Im Jahr 2030 sollen es nach Prognosen der Weltbank mit dann insgesamt 95 Millionen Tonnen bereits 62 Prozent gegenüber Wildfängen sein. Der »Fish to 2030«-Report identifiziert dabei Asien mit 70 Prozent als größten Konsumenten. China wird mit allein 38 Prozent den bedeutendsten nationalen Markt darstellen. Neben der ebenfalls expandierenden Algenzucht werden die hauptsächlich produzierten Zuchtfische der Buntbarsch Tilapia, Karpfen und der Katzenfisch, eine Welsart, sein. Allein die Tilapiaproduktion wird sich von 2010 bis 2030 annähernd verdoppeln.[70]

Massenhaltung unter Wasser

Wird Aquakultur wie industrielle Landwirtschaft betrieben, kann sie mehr Schaden als Nutzen bringen. Dies ist jedenfalls die Überzeugung der meisten Umwelt- und Entwicklungsorganisationen. Und die alarmierenden Erfahrungen seit dem Start der ersten Fischfarmen in den 1970er-Jahren geben ihnen recht. In Ländern wie Bangladesch, Thailand, Vietnam, Chile oder Ecuador hat der Ausbau der Aquakultur zur Vertreibung von Menschen aus den Küstenregionen, zur Abholzung von Tausenden Hektar Mangrovenwäldern und zur Verseuchung und Überdüngung der Gewässer durch Fäkalien und Antibiotika geführt, erinnert Brot für die Welt. Ihr langjähriger Fischereiexperte Francisco Marí macht darüber hinaus auch auf den fatalen sozialen Kontext aufmerksam: »Ist die Aquakultur die einzige Erwerbsmöglichkeit, so machen sich die Fischwirte extrem abhängig von Exportmärkten, und das Armutsrisiko steigt«.[71]

Der Traum von einer nachhaltigen Produktion

Der Großteil der gezüchteten Fische und Schalentiere, die nach Europa importiert werden, stammt aus Entwicklungsländern wie Vietnam und Indonesien. In Hinblick auf die schmutzige und profitgierige jüngere Vergangenheit der Branche bedarf es eines globalen Systems, um eine umwelt- und sozialverträgliche Produktion bewerten und kontrollieren zu können. Staatlich geregelt wird das nicht, sondern von privaten Organisationen und Zusammenschlüssen durchgeführt. Sie vergeben Siegel für gute Fischzucht. Inzwischen gibt es bereits mehr als 30 solcher Zertifizierungssysteme. Die größten sind Global G.A.P., Global Aquaculture Alliance/Best Aquaculture Practices (GAA/GAP), Friend of the Sea (FOTS) und der Aquaculture Stewardship Council (ASC), das Pendant zum Marine Stewardship Council (MSC), der seit vielen Jahren mit seinem Gütesiegel den Fisch aus nachhaltigem Wildfang zertifiziert. Diese internationale, unabhängige und gemeinnützige Organisation wurde 1997 vom WWF und dem Lebensmittelkonzern Unilever gegründet. Der WWF initiierte im Jahr 2004 auch eine Diskussion über umweltgerechtere Aquakulturen. Daraus entwickelte sich 2009 der ASC als ein Zusammenschluss von Nichtregierungsorganisationen und der Fischwirtschaft. In sogenannten Aquakultur-Dialogen haben mehr als 2000 Vertreter der verschiedenen Interessensgruppen ihre Anregungen eingebracht und die Standards für das ASC-Siegel erarbeitet. Sie enthalten unter anderem Kriterien zur Herkunft des Fischfutters: Es muss rückverfolgbar sein und darf nicht von überfischten Beständen stammen. Transgene Fische sind gänzlich verboten, allerdings nicht andere gentechnisch veränderte Organismen (GVO) im Futter. Falls solches GVO-Futter im Einsatz ist, muss es aber deklariert werden. Zurzeit sind auf dem deutschen Markt Tilapia, Pangasius und Lachsprodukte mit dem Siegel erhältlich. Im Laufe des Jahres 2014 werden Forelle und Garnelen hinzukommen. Der ASC meint es gut und ist sehr kompromissbereit bei der Versöhnung von ökologischen und wirtschaftlichen Interessen. So lautet denn auch seine weit auslegbare »Mission«: »Die Veränderung der Aquakultur hin zu ökologischer Nachhaltigkeit und sozialer Verantwortung durch den Einsatz effizienter Marktmechanismen zur Wertschöpfung in der gesamten Lieferkette«.[72] Und man vertraut dabei den Unternehmen aufs Wort: So vergab der ASC bereits sein Siegel an eine vietnamesische Shrimpsfarm allein auf das Versprechen hin, dass sie sich in Zukunft an die Standards halten wolle. Auch die Prüfungen selbst konzentrieren sich immer nur auf einzelne Fischfarmen und nicht darauf, welche Umweltfolgen es hat, wenn an einem Küstenstreifen oder in der Region gleich mehrere Farmen produzieren. Die Standards vermeiden daher bewusst die Bezeichnung »nachhaltig« und sprechen von »besserer« und »verantwortlicher« Produktion. »Nachhaltig kann eine Aquakultur nur produzieren, wenn die landwirtschaftlichen Ökosysteme der umgebenden Fluss- und Küstengebiete, in die sie integriert ist, insgesamt Regeln unterworfen sind«, gibt Professor Simon Bush von der Environmental Policy Group an der Universität Wageningen in den Niederlanden zu bedenken. Das bedeute, dass »die Zertifizierung nur als eine von mehreren Strategien gesehen werden darf, eine nachhaltige Produktion zu fördern.« Alles in allem sieht er die Entwicklung aber positiv: »Die Annahme, die Länder im globalen Süden seien nicht bereit oder nicht fähig, die Aquakultur zu regulieren, trifft längst nicht überall zu. Viele von ihnen haben Erfahrung mit internationalen Vorschriften zur Sicherheit von Lebensmitteln und zählen zu den wichtigsten Inlandsmärkten für Aquakultur-Erzeugnisse.«

Als Marktführer überprüft der MSC in seinem Programm rund zehn Millionen Tonnen (durch Fischereien in Bewertung) gefangenen Wildfisch und Meeresfrüchte, rund 10 Prozent des weltweiten Fischfangs. Die drei genannten Zertifizierer der Aquakulturen siegeln derzeit ungefähr 5 Prozent der Erzeugnisse. Gemeinsam genügt somit bereits ein nicht zu unterschätzender Teil der weltweiten Fischproduktion ökologischen und sozialen Standards, mit steigender Tendenz. Entscheidend für den zukünftigen Einfluss nachhaltiger Zertifizierungen sei es denn auch, so Bush, in welchem Umfang sie sich in den großen asiatischen Märkten durchsetzen. Und das ist ein Problem der Nachfrage. Das Zertifizierungspotenzial sei zwar ausgesprochen hoch, aber eine entsprechende Nachfrage gäbe es bislang nur in den USA und Europa. »13 Arten, für die es zurzeit Standards gibt, machen 41,6 Prozent der weltweiten Aquakultur-Produktion aus. Berücksichtigt man,

dass sich die Standards auf weitere Arten anwenden lassen, kann der möglicherweise zu zertifizierende Anteil bis zu 73,5 Prozent betragen«, schreibt Bush.
Welch einmalige Chance böte sich für die Welternährung, wenn die zukünftige Haupteiweißquelle zum größten Teil tatsächlich umwelt- und ressourcenschonend produziert würde. Aber Professor Bush bleibt Realist. Da in großen Verbraucherländern wie China keine Nachfrage bestünde, »schätzen wir, dass das Zertifizierungspotenzial tatsächlich nur 14 Prozent der globalen Produktion beträgt«.[73]
Der Meeresbiologe Rainer Froese vom Institut für Meeresforschung in Kiel bezweifelte im April 2012 selbst die Sinnhaftigkeit solcher Zertifizierungen: Ein Drittel der vom MSC zertifizierten Fische würde tatsächlich gar nicht nachhaltig befischt oder sei bereits überfischt, schrieb er. Diese harte Anschuldigung wurde später aber durch eine Studie von 23 Wissenschaftlern aus sechs Ländern entkräftet: Demnach sind die Bestände, die vom MSC zertifiziert wurden, in den vergangenen zehn Jahren um durchschnittlich 46 Prozent gewachsen.[74]
Die international im Meeresschutz engagierten Umweltorganisationen WWF und Greenpeace haben auch einen nicht unwesentlichen Einfluss auf die Händler von Fischprodukten, die empfindlich auf ein verändertes Kaufverhalten reagieren. Zunehmender Mediendruck, regelmäßige Warnungen und Kampagnen, Fischführer und Kaufratgeber führten dazu, dass sich beispielsweise der größte deutsche Lebensmitteleinzelhändler EDEKA genötigt fühlte, eine Erklärung abzugeben: Ab 2015 will er nur noch Fisch aus zertifizierter, nachhaltiger Fischerei und Fischzucht verkaufen. Bereits 2009 ist die Lebensmittelkette eine strategische Partnerschaft mit dem WWF eingegangen und will sich für den Schutz der Meere und der weltweiten Fischbestände starkmachen. Dieses gute Beispiel könnte Schule machen. Und tatsächlich finden sich immer öfter gesiegelte Waren in Tiefkühltruhen und an Fischtheken. Von einem Durchbruch kann aber noch lange nicht die Rede sein: Im Dezember 2013 ergab eine Greenpeace-Analyse von

rund 15 000 Fischprodukten aus 91 Filialen von 17 deutschen Supermarktketten, dass lediglich knapp über ein Fünftel ökologisch nachhaltig ist und nur ein Viertel ausreichend gekennzeichnet war. »Damit Verbraucher empfehlenswerte Fischprodukte erkennen, müssen diese vollständig gekennzeichnet sein«, verlangt denn auch Dr. Iris Menn, Meeresexpertin der Umweltorganisation. Greenpeace fordert von Einzelhandel und Fischindustrie darüber hinaus auch eine transparente Rückverfolgbarkeit von Fang oder Ernte über alle Verarbeitungsstufen.

6 Geld regiert die Welt

Schon der Flug nach Chicago ist beeindruckend. Hunderte von Meilen geht es über schier endlose Getreidefelder, dazwischen immer wieder gigantische Silos, deren Metalldächer in der Sonne glänzen. Die USA sind der größte Produzent von Mais und Soja weltweit. Die Lage von Chicago im Zentrum des Mittleren Westens am Ufer des Michigansees ist kein Zufall: Von hier wurde und wird das Getreide verschifft. Hier schlägt das Herz des amerikanischen Agrarkapitalismus. Auf dem spitzen Dach der Chicagoer Börse thront eine riesige Statue der römischen Göttin des Ackerbaus Ceres.

Es beherbergt das Chicago Board of Trade (CBOT), das 1848 gegründet wurde. Damit ist es die weltweit älteste Terminbörse und nach wie vor die größte Rohstoffbörse der Welt, nirgendwo werden mehr Optionen und Termingeschäfte gehandelt. Heute operiert die Börse unter dem Dach des Chicago Mercantile Exchange (CME).

Scott Shellady begrüßt uns mit einem kräftigen Händedruck: »Gleich ist es 9.30 Uhr, dann öffnet die Börse. Die Händler, Runner oder Angestellten der Börse tragen unterschiedliche Farben, damit man sie leichter unterscheiden kann.« Er holt sich allerdings eine ganz spezielle Jacke mit aufgedruckten Kuhflecken.

»Das ist zum Andenken an meinen Vater, wir haben eine Milchfarm, als ich klein war, habe ich immer die Kühe mit gemolken«, erklärt der Rohstoffhändler. »Gleichzeitig hat mein Vater hier an der Börse gehandelt, seit Mitte der 1960er-Jahre. Mit dieser Jacke wollte er allen zeigen, dass das hier nicht Las Vegas ist. Die Bauern brauchen die Börse, wenn sie ihre Ware vor der Ernte verkaufen wollen, und der Handel braucht sie, um Preisschwankungen auszugleichen. Hier wird

Preisentwicklung von Erzeuger- und Endverkaufspreisen 1980-2000 in Prozent

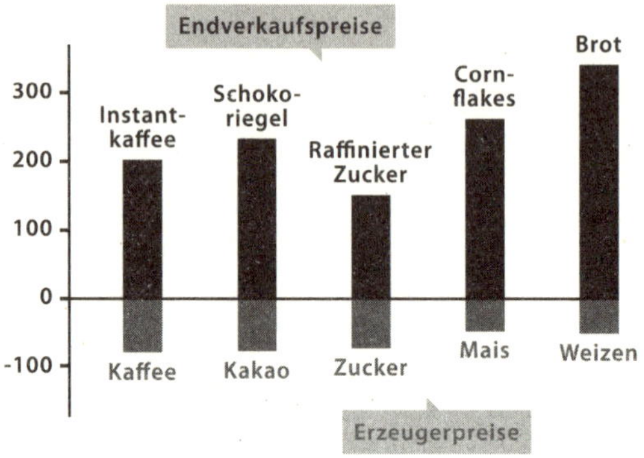

nicht gezockt, wir dienen einem realen ökonomischen Zweck.« Gleich beginnt der Börsentag, er treibt zur Eile.

Wir betreten das Allerheiligste, eine gigantische Halle, deren Seitenwände mit riesigen Leuchttafeln bedeckt sind, auf denen undurchschaubare rote, gelbe und grüne Ziffern prangen. Hunderte von Menschen stehen in der Halle, in deren Boden mehrere Vertiefungen eingelassen sind, deren Form an ein antikes Amphitheater erinnert. »An jedem dieser Marktplätze wird etwas anderes gehandelt«, erklärt uns Shellady, »das ist der Getreidemarkt, ich handle hier vor allem mit Mais, Soja oder Weizen.«

Ich schaue auf einen übergroßen Bildschirm, auf dem Wetternachrichten laufen. »Das ist für mich die wichtigste Informationsquelle«, meint Scott. »Wenn irgendwo auf der Welt eine Dürre gemeldet wird, dann weiß ich, die Bauern werden weniger ernten, und die Preise werden steigen.« Also doch eine Wette auf die zukünftige Erntemenge? »Genau, damit übertragen wir das Preisrisiko vom Farmer auf das große Publikum. Unser Handel mildert die jahreszeitlichen Schwankungen – sonst wären die Preise immer zur Erntezeit am niedrigsten, und die Farmer würden weniger dafür kriegen.«

Etwa 50 Leute stehen in dem Rund. Der Boden ist übersät mit Papierschnipseln. Während der kurzen Öffnungszeit bis 13.15 Uhr schließen die Börsenhändler an einem einzigen Tag Termingeschäfte über ein Mehrfaches der Maisjahresernte ab. Treibt diese Zockerei nicht die Preise in die Höhe? Scott Shellady kennt diese Frage, jeder Besucher stellt sie: »Ja, wir Spekulanten haben einen schlechten Ruf. Aber wir haben eine wichtige ökonomische Rolle: Wenn wir die Preise nach oben treiben, dann ermutigen wir die Bauern, mehr zu produzieren, bis schließlich die Preise wieder fallen. Oder andersherum, wenn wir die Preise nach unten drücken, dann zwingen wir die Bauern, weniger zu produzieren, indem sie weniger ertragreiche wirtschaftliche Anbauflächen aufgeben.«

Er wird unterbrochen, ganz plötzlich brüllen und gestikulieren die Händler auf dem Börsenparkett, und ebenso plötzlich ebbt das Geschrei wieder ab. »Also noch mal: Die Spekulanten sagen den Produzenten Dinge, die sie eigentlich wissen müssten: ›Hallo, es gibt nicht genug Öl‹ – sie treiben den Ölpreis nach oben, also wird mehr Öl produziert. ›Es gibt zu viel Mais‹ – sie drücken den Maispreis nach unten, und die Bauern pflanzen Sojabohnen stattdessen.«

Während die meisten Börsen der Welt den Handel nur noch über Computer abwickeln, läuft hier das Hauptgeschäft nach wie vor über Handzeichen. Es sieht aus wie eine Geheimsprache, wenn man den Händlern zuschaut, die sich mit Schreien und Handzeichen verständigen. »Das ist eigentlich nicht so kompliziert«, erklärt uns Shellady, »Hände nach außen heißt: ›Ich will verkaufen‹, Hände nach innen heißt ›kaufen‹. Die Zahlen bis fünf sind hochgestreckte Finger, die Zahlen von sechs bis zehn waagrecht gestreckte Finger. Und Hunderter- oder Tausenderpacks, indem man mit der Faust an die Stirn tippt.«

Was ist denn der Vorteil einer solchen *open outcry area* gegenüber dem Computerhandel? »Es ist viel transparenter. Man kann sehen, wer was macht. Auf dem Bildschirm weiß ich nicht, ob Cargill oder Bunge gekauft haben, da geht der Preis nur rauf und runter – hier kann ich es direkt sehen.« Für die Bevölkerung wird es dadurch aber nicht transparenter, werfe ich ein. »Mag sein, dass die Leute nicht verstehen, wie hier die Preise gemacht werden. Trotzdem beeinflusst unser Handeln hier die Fonds, die ihre Rente bezahlen.«

Die Hungermacher

Zwei Drittel der Entwicklungsländer produzieren in der heutigen globalisierten Welt nicht mehr genug Nahrung für ihre Bevölkerung. Sie sind zu sogenannten Nettonahrungsmittelimporteuren geworden. Sie exportieren zwar tropische Früchte und Gemüsesorten, aber müssen Grundnahrungsmittel wie Mais, Weizen und Reis einführen. Daher sind Entwicklungsländer von steigenden Preisen auf den Weltmärkten besonders hart betroffen. Diese wirken sich direkt auf ihre nationalen Märkte aus. Gleichzeitig müssen die dort lebenden Menschen bis zu 70 Prozent und mehr ihres geringen Haushaltseinkommens für Nahrungsmittel ausgeben. In Deutschland sind es hingegen nur gut 10 Prozent. Im Verhältnis gesehen, kostet somit ein Brot dort 30 Euro oder ein Sack Kartoffeln 50 Euro. Viele Menschen verzichten wegen teurer Grundnahrungsmittel daher notgedrungen auf einen vielseitigen und ausgewogenen Speiseplan und geben weniger für Gesundheit und Bildung aus.

Die meisten armen und hungernden Menschen leben von kärglicher Landwirtschaft und dem Verkauf ihrer wenigen Produkte auf lokalen Märkten. Von steigenden Preisen auf dem Weltmarkt haben sie nichts, hiervon sind sie abgekoppelt. Theoretisch müssten zwar auch die Kleinbauern von weltweit steigenden Rohstoffpreisen profitieren – wenn sie denn langfristig oben bleiben würden. Das tun sie aber nicht. Es sind die Schwankungen an den Börsen, mit denen die Bauern nicht zurechtkommen. Denn sie sind gleichzeitig auch Konsumenten und müssen oft dann verkaufen, wenn die Preise unten sind, und kaufen, wenn sie oben sind. Sie verfügen über keine finanziellen Reserven, haben keine Lager und können nicht im größeren Maße vorausplanend

produzieren. Im Gegenteil: Allein die Preissteigerungen im Jahr 2010 hätten weitere 44 Millionen Menschen in Entwicklungsländern in die Armut getrieben, resümiert die Weltbank.
Immer weiter steigende Öl- und Energiepreise wirken sich darüber hinaus durch höhere Kosten für Transport und Dünger aus und treffen die »arbeitenden Armen« existenziell. Fakt ist: Steigende Weltmarktpreise für Grundnahrungsmittel und Energie treiben viele Familien in Entwicklungsländern in Verschuldung, Hunger und Knechtschaft. Denn in einer globalisierten Wirtschaftswelt passiert nichts, was nicht Auswirkungen auf den anderen Teil des Globus hat: Armut und Reichtum, Mangel und Überfluss hängen zusammen und bedingen sich gegenseitig.

Globale Verkettung

Dass steigende Nahrungsmittelpreise Hungerkrisen verursachen, belegen die sogenannten »Brotunruhen« des Jahres 2008. Von Anfang 2007 bis Mitte 2008 stiegen die Preise für an Rohstoffbörsen gehandelte Nahrungsmittel wie Mais, Soja, Weizen und Speiseöl um rund 45 Prozent an. Es kam zur weltweiten Hungerkrise mit katastrophalen Folgen für die Entwicklungsländer. Die Reispreise explodierten beispielsweise innerhalb von nur sechs Monaten um 277 Prozent. Die durchschnittlichen Kosten für den Nahrungsmittelimport der am wenigsten entwickelten Länder stiegen zwischen 2000 und 2007 um etwa 90 Prozent. Zig Millionen Menschen wurden dadurch in Hunger und extreme Armut getrieben. Es kam zu Aufständen in Haiti, Ägypten und in über 30 weiteren Staaten sowie zu weltweiten Protesten gegen die Preissteigerungen.
Der Agrarwissenschaftler Joachim von Braun, Leiter des Zentrums für Entwicklungsforschung an der Universität Bonn, erklärt im Interview bei den Recherchen zum Kinofilm *Taste the Waste* die globalen Abhängigkeiten: »Die Welt ist inzwischen globalisiert, und die Weltlebensmittelkette ist global. Wenn Sie irgendwo an einem Glied dieser Kette etwas verändern, es verkürzen oder erweitern oder brüchig werden

lassen, wirkt sich das auf die gesamte Lebensmittelkette aus.« Es sei ein großes Problem, dass die Preise für Grundnahrungsmittel nicht nur hochgegangen, sondern dass sie mittlerweile auf hohem Niveau zu schwanken angefangen haben. »Damit können arme Leute nicht umgehen«, sagt Braun. Und eindeutig seien »wir Teil der Triebkräfte der steigenden Preise und der Volatilität der schwankenden Preise«.
Sicherlich sind die Ursachen für Preissteigerungen von Grundnahrungsmitteln komplex und nicht eindimensional zu sehen. Neben der Lebensmittelverschwendung und der gestiegenen Nachfrage aufgrund von Agrartreibstoffen wird aber immer deutlicher, dass die Spekulation mit agrarischen Rohstoffen einer der entscheidenden Faktoren ist. Zu diesem Ergebnis kam auch eine im Auftrag der Welthungerhilfe erstellte Studie der Hochschule Bremen mit dem Titel *Finanzmärkte als Hungerverursacher?* Die Autoren um den Bremer Wirtschaftswissenschaftler Professor Hans-Heinrich Bass schätzen, dass Kapitalanlagen auf den Terminmärkten für Getreide im Jahr 2008 für allein 15 Prozent des beobachteten Preisanstiegs auf den Spotmärkten verantwortlich waren.[75] Die Spekulanten versuchen, zukünftige Preise richtig vorherzusagen und damit einen Gewinn zu erzielen. Sie wetten auf steigende Preise bei Grundnahrungsmitteln und setzen ihr Kapital preistreibend ein, um den spekulierten Wert zu erreichen.
Mit dem Hunger auf der Welt lassen sich so vortreffliche Geschäfte machen. Das Geld für diese Wetteinsätze der Zocker stammt auch aus den Taschen deutscher Kleinsparer, die ihr Vermögen zu international agierenden Banken tragen. Beispielsweise zur Deutschen Bank mit ihrem DB Platinum Agriculture Euro Fonds. Während der Hungerkrise warb die Bank im April 2008 unverfroren auf Brötchentüten in deutschen Bäckereien mit folgendem Slogan: »Freuen Sie sich über steigende Preise? Alle Welt spricht über Rohstoffe – mit dem Agriculture Euro Fond haben Sie die Möglichkeit, an der Wertentwicklung von sieben der wichtigsten Agrarrohstoffe zu partizipieren. Investition in etwas Greifbares.« Die Banker wissen genau, wovon sie reden,

und analysieren präzise das Weltgeschehen. Auf der Webseite des Fonds gehen sie ins Detail: »Agrarrohstoffe – begrenzt und begehrt. Folgende Erfolgsfaktoren lassen eine Wertsteigerung der Agrarrohstoffe erwarten: signifikant steigende Bevölkerung; Veränderung der Ernährungsgewohnheiten durch steigenden Lebensstandard in den Schwellenländern; erhöhte Nachfrage nach Agrarrohstoffen bei der Produktion von erneuerbaren Energien; historisch weltweit niedrige Lagerbestände an Agrarrohstoffen.«[76] Über derartige Agrarfonds und zusammenfassende Dachfonds fließt das Geld in sogenannte Derivate mit »Optionen« oder »Futures« auf Rohstoffe wie Weizen, Mais oder lebende Tiere wie Rind und Schwein.

Mit Essen spielt man nicht

Im April 2012 startete ein Bündnis von Oxfam Deutschland, der Welthungerhilfe, Misereor, Attac, Campact, WEED und dem Südwind-Institut eine Protestaktion unter dem Motto »Mit Essen spielt man nicht«. Die sieben Organisationen forderten Bundesfinanzminister Wolfgang Schäuble auf, sich bei der anstehenden EU-Finanzmarktreform für eine stärkere Regulierung der Warentermingeschäfte einzusetzen. Dazu gehöre mehr Transparenz an den Rohstoffbörsen. Investmentfonds sollten komplett von den Agrarrohstoffbörsen verbannt werden, denn die Spekulation mit Agrarrohstoffen an den Finanzmärkten sei mitverantwortlich für extreme Preisschwankungen und -anstiege bei Nahrungsmitteln und trage so zu globalen Hungerkrisen bei. »Die Zeit drängt«, sagte Wolfgang Jamann, Generalsekretär der Welthungerhilfe, »wenn die Getreidespeicher leer sind, müssen verarmte Länder zu astronomischen Summen Nahrungsmittel auf den Weltmärkten zukaufen. Weitere Millionen werden in den Hunger getrieben.«[77]
Durch den öffentlichen Protest aufgeschreckt, ließen einige Banken und Investmentfonds, auch die Deutsche Bank und die Allianz-Versicherung, tatsächlich solche moralisch fragwürdigen Geschäfte zwischenzeitlich ruhen. Nach eigenen Angaben bieten Commerzbank,

Deka-Bank und Landesbank Baden-Württemberg den Kunden bis heute keine Wetten mehr an, bei denen man an steigenden Nahrungsmittelpreisen verdient. Doch nach einer gewissen Schamfrist stiegen einige dieser Unternehmen, allen voran die Deutsche Bank und die Allianz, Anfang 2013 wieder in das hochprofitable Spekulationsgeschäft mit Agrargütern ein. Auf ihrer Webseite schreibt die Bank zu der Frage, ob es vertretbar sein kann, sich auf Märkten für Agrarrohstoffe zu engagieren: »Man darf nicht nur, man muss sogar. Agrarspekulation erfüllt eine wichtige Aufgabe: Landwirte, Lebensmittelhersteller und Händler begrenzen mit ihrer Hilfe Preisrisiken und sichern damit ihre Liquidität (...) Nach dem aktuellen Stand der Wissenschaft können Indexfonds und Agrarspekulation nicht für steigende Lebensmittelpreise verantwortlich gemacht werden.«[78]

Vorausgegangen waren eine kritische Studie der Organisation Foodwatch mit dem Titel *Die Hungermacher*, weitere Studien von Oxfam und der Welthungerhilfe sowie ein offener Brief von 450 Wirtschaftswissenschaftlern verschiedener Länder an die Finanzminister der Gruppe der 20 wichtigsten Industrie- und Schwellenländer. Die Ökonomen forderten darin regulatorische Maßnahmen gegen die exzessive Spekulation mit Nahrungsmitteln. Dem widersprach nun eine Gruppe von deutschen Wissenschaftlern um den Volkswirtschaftler Professor Ingo Pies von der Universität Halle-Wittenberg. Ihrer Meinung nach seien die Studien nicht haltbar, und es gebe keine Belege für schädliche Auswirkungen der Finanzspekulation mit Agrarrohstoffen. Sie schrieben ihrerseits dem Bundespräsidenten einen offenen Brief.

Diese akademische Rückendeckung ermöglichte den Finanzkonzernen die Rückkehr zu den Geschäften mit dem schlechten Image. Jay Ralph, Vorstandsmitglied der Allianz SE, wusch seine Hände in Unschuld und versprach künftig mehr Transparenz: »Als Finanzinvestoren greifen wir selber nicht in den realen Handel mit Lebensmitteln ein. Wir entziehen dem Markt keine Rohstoffe. Wir verstehen den ethischen Impuls der NGOs, wir teilen ihn sogar. Deshalb wollen wir Transparenz, um gemeinsam an Themen zu arbeiten, die einen Beitrag zur Armutsbekämpfung in der Welt leisten.«[79]

Von solch freiwilliger Transparenz ist allerdings bis heute nichts zu sehen. Eine staatliche Intervention gegen Nahrungsmittelspekulationen ist hingegen möglich und nötig. Für viele überraschend kam es bereits am Rande der IWF-Frühjahrstagung Mitte April 2011 in Washington zu einer Sensation: Die G-20-Finanzminister einigten sich auf Initiative der internationalen Börsenaufsichten auf eine Eindämmung der Spekulationen und eine Einführung von Obergrenzen. Zukünftig sollen einzelne Händler nicht mehr als 5 Prozent der maximalen Handelsmenge am Weltmarkt aufkaufen dürfen. Zudem sollen die Regelungen und Obergrenzen für den Handel mit Lebensmitteln auch für die abgeleiteten Finanzprodukte, die Derivate an den Terminmärkten, gelten.[80] Auch das Europaparlament stimmte Mitte April 2014 einer Neufassung der Finanzmarktrichtlinie MiFID zu, die der exzessiven Spekulation mit Agrarrohstoffen Einhalt gebieten soll. So werden bald Positionslimits eingeführt, die an den Warenterminmärkten Obergrenzen für Kontrakte festlegen, und auch der Hochfrequenzhandel soll stärker reguliert werden. Bundeslandwirtschaftsminister Christian Schmidt begrüßte ebenso wie die Hilfsorganisation Oxfam diese Entscheidung. Verbraucherschutzorganisationen bemängeln aber weiterhin, dass es keine zentrale Kontrolle gebe und aufgrund mangelnder Transparenzvorschriften zudem große Teile des außerbörslichen Handels im Dunkeln blieben.[81]

Ich will mehr herausfinden über die Preisbildung und kontaktiere den bekanntesten Guru der amerikanischen Rohstoffmärkte: Jim Rogers. Der Milliardär hatte 1973 mit George Soros den legendären Quantum Funds gegründet. Später verkaufte er seine Anteile und gründete 1998 den Rogers International Commodity Index (RICI), den wichtigsten Rohstoffindex. Unzählige Medien verbreiten seine Investmenttipps. Der Mann muss es doch wissen. Er lebt in Singapur, erklärt sich aber zu einem Treffen in London bereit, wo er demnächst die Vorstandssitzung eines seiner zahlreichen Unternehmen leiten wird.

Seine kühne These: »Die Welt wird auf eine ernsthafte Krise zusteuern, wenn die landwirtschaftlichen Preise nicht hochgehen. Sonst haben wir bald keine Farmer mehr, und wenn wir keine Farmer haben, haben wir kein Essen mehr. Nur höhere Preise können Kapital und Arbeitskräfte anziehen. Dann werden junge Leute wieder in die Landwirtschaft gehen, auch mehr Kapital wird dorthin fließen. Ich rate Ihnen, lernen Sie Traktor fahren, weil bald goldene Zeiten auf die Farmer zukommen werden.«

Ich frage ihn, was er jungen Menschen heute rät: »Kaufen Sie Land und werden Sie Farmer. Das Land wird im Wert steigen und die Landwirtschaft wird mehr bringen. Sie werden glücklich sein und ein gutes Leben führen. Sie könnten auch einen Laden aufmachen, der Saatgut oder Dünger verkauft. Oder investieren Sie in die Landwirtschaft, weil dort die größten Reichtümer in den nächsten 20 Jahren gemacht werden. Nicht auf dem Aktienmarkt. Investieren Sie in Saatgutfirmen, Traktor- oder Düngerhersteller oder in Plantagen oder Agrarländer wie Kanada und Australien.« Ich frage, ob die steigenden Nahrungsmittelpreise nicht für Hunger in der Dritten Welt sorgen werden.

»Millionen indischer Bauern haben in den letzten 15 Jahren Selbstmord begangen, weil sie sich verschuldet haben. Fragen Sie ihre Witwen und Waisenkinder, ob es gut ist, wenn die Agrarpreise niedrig sind. Auch hier in England ist die Selbstmordrate unter den Farmern die höchste aller Berufsgruppen. Die Farmer in Amerika und Australien sind im Durchschnitt 58 Jahre alt, in Korea sogar 65 und in Japan 66. So alt waren die Farmer noch nie! Ganz einfach, weil Landwirtschaft ein furchtbar schlechtes Geschäft war in den letzten Jahrzehnten.«

Er fängt an, sich in Rage zu reden: »Sie möchten gerne im Restaurant sitzen und günstigen Champagner trinken und günstige Paté essen, aber irgendeiner muss auf dem Feld arbeiten. Sie sagen: ›Wir brauchen billiges Essen, damit die Armen nicht leiden.‹ Doch wo soll das Essen herkommen? Wollen Sie vielleicht den Acker bestellen, zusammen mit anderen Journalisten und Politikern, und in der heißen

Die Welthandelsschere

Agrarexporte und -importe der ärmsten Länder in Milliarden US-Dollar

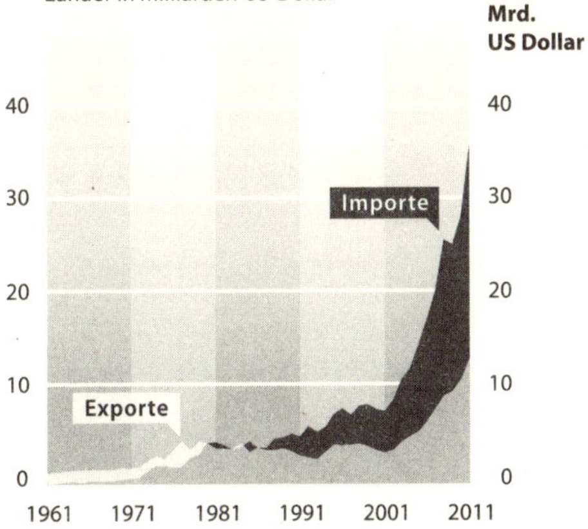

Sonne schwitzen und dreckig werden? Ich werde applaudieren und einen Toast auf Sie ausbringen, wenn Sie umsonst auf den Feldern arbeiten, damit wir günstiges Essen haben.«

Dann wird er wieder ernster: »Richtig, es werden Leute unter den hohen Preisen leiden, aber was ist mit den Farmern, die jetzt schon leiden? Das fundamentale Problem ist doch, dass unsere Ackerfläche schrumpft, die Zahl der Farmer schrumpft und gleichzeitig die Nachfrage wächst.« Er nimmt einen Kugelschreiber und zeichnet auf ein Blatt Papier zwei Linien, die sich kreuzen: »Im letzten Jahrzehnt hat die Welt historische Rekordernten produziert, und trotzdem sind die Nahrungsmittelvorräte die geringsten seit 40 Jahren. Weil wir eben immer mehr konsumieren. Eine ernsthafte Krise wird kommen, und da bringt es wenig, wenn Sie sich um die Armen sorgen. Sie sollten sich besser darum sorgen, wo Ihr Essen überhaupt herkommt, egal ob Sie arm oder reich sind.«

»Glauben Sie etwa, die Nahrungsmittellager sind leer, weil böse Spekulanten in Agraroptionen investieren? Nein, es ist genau andersherum: Die bösen Spekulanten investieren in Agraroptionen, weil die Vorräte auf dem tiefsten Stand seit 40 Jahren sind.« Ich wende ein, dass die Spekulation große Preisschwankungen verursacht, 2008 und 2011 haben sich die Getreidepreise verdoppelt bis verdreifacht. Jim Rogers kontert: »In den 1980er-Jahren gab es solche Preisschübe noch nicht. Und warum? Weil damals die Lager voll waren. Wir hatten genug Farmer und genug Land. Die Welt hat in den letzten 30 Jahren einen riesigen Wandel durchgemacht.«

Das Mantra des Börsengurus: »Die beste Medizin gegen hohe Preise sind hohe Preise. Wenn die Preise steigen, dann wird neues Equipment gekauft und die Bauern produzieren mehr. Und auf der anderen Seite werden die Verbraucher weniger konsumieren. Und wenn die Produktion steigt und die Nachfrage fällt, dann gibt es irgendwann zu viele Waren, und die Preise werden wieder fallen.« Aber dreht es sich bei Nahrungsmitteln nicht um ein lebensnotwendiges Gut, das man nicht dem freien Spiel des Marktes überlassen sollte? »Sie haben gar keine andere Wahl! Ich gebe Ihnen ein Beispiel: Vor einigen Jahren beschloss die Regierung auf den Philippinen: ›Wir setzen den Reispreis fest, weil ihn sonst die Spekulanten nach oben treiben.‹ Wissen Sie, was passierte? Die philippinischen Bauern merkten, dass sie mit der Reisproduktion nichts mehr verdienten, und die philippinischen Konsumenten aßen immer mehr Reis, weil es billiger als alles andere war. Die Versorgungslage wurde immer prekärer, bis die Regierung begriff, was sie für einen dummen Fehler gemacht hatte. Also gaben sie den Reispreis wieder frei.«

Rogers kennt viele Beispiele, wie Regierungen die Preise künstlich limitieren wollten und dabei scheiterten. Im Weltbild von Jim Rogers handelt es sich dabei quasi um Naturgesetze: »So hat die Welt schon immer funktioniert. Das läuft schon so seit Hunderten von Jahren.« Es klingt zynisch: »Das gab es in der Geschichte immer schon, dass einige Leute reich wurden und andere nicht. Es ist schlicht unvermeidbar, dass einige unter den steigenden Preisen leiden werden.«

Ich erzähle, dass die öffentliche Debatte in Deutschland große Banken wie die Commerzbank dazu gezwungen hat, sich aus der Spekulation mit Agrarrohstoffen zurückzuziehen. »Ich weiß«, entgegnet er, »auch die Deutsche Bank ist unter Beschuss und überlegt einen Rückzug, weil die Politiker und Journalisten auf die bösen Spekulanten schimpfen. Und die Banken wollen nicht als ›böse Spekulanten‹ bezeichnet werden. Sie haben genug andere Probleme. Aber ich frage Sie noch mal: Wenn jetzt keiner Geld investiert, wo soll das Essen in zehn Jahren herkommen? Ich sage Ihnen, dann wird niemand mehr Lebensmittel produzieren. Erst wenn es kein Essen mehr gibt, werden die Politiker merken, dass sie einen Fehler gemacht haben, dass sie die Kräfte des Marktes nicht aufhalten können.« Sein Fazit: »Es ist wichtig, dass die Preise einige Jahre hoch bleiben. Erst dann werden die jungen Leute dazu animiert, Farmer zu werden. Erst wenn die Studenten sehen, dass die Farmer Lamborghini fahren, werden sie es glauben.«

Ich frage, ob Spekulation gut oder schlecht ist. Er fragt zurück: »Wenn Sie ein Haus oder eine Wohnung kaufen, hoffen Sie dann auf höhere Preise beim Wiederverkauf? Na also, dann sind Sie auch ein böser Spekulant. Ebenso, wenn Sie Kunst kaufen oder Münzen.« Ich wende ein, dass man weder Kunst noch Münzen essen kann und dass die Existenz der Menschen vom Essen abhängt. »Aber wo soll das Essen herkommen, wenn die Farmer alle aussterben oder Selbstmord begehen?« Um eine Wende auszulösen, brauche es viele Milliarden Dollar, und die können nur von der Börse kommen.

Wenn ich schon mit einem Börsenguru zusammensitze, will ich mir auch die Zukunft vorhersagen lassen. Wie sind denn die Langzeittrends? »Zucker wird um 300 oder 400 Prozent steigen. Sie sprachen von den Armen. Aber was ist mit den armen Zuckerfarmern, die nicht genügend einnehmen? Der Preis ist heute um 75 Prozent niedriger als 1974. Kennen Sie irgendetwas, das 75 Prozent billiger ist als vor 40 Jahren?« Auf dem Laptop zeigt er mir seine neueste Errungenschaft, die Holding Agrifirma: »Ich bin der Direktor. Wir kaufen Land in Brasilien, unnützes Land, also quasi Müll. Wir roden den Wald, bewässern die Äcker und pflanzen Soja.« Ich frage, ob er den Begriff Landgrabbing kennt. »Ist das Landgrabbing, wenn wir in Brasilien investieren und Jobs schaffen?« Ich antworte, dass es Landraub ist, wenn dort vorher jemand gewohnt hat und nicht entschädigt wurde. »Machen Sie sich nicht lächerlich! Die Leute wurden alle bezahlt. Zeigen Sie mir auch nur einen Platz auf der Welt, wo Menschen dazu gezwungen wurden, ihr Land zu verlassen. Niemand zwingt die Kleinbauern zum Verkaufen.« Mir bleibt die Spucke weg, so holzschnittartig hatte ich es nicht erwartet. Schließlich kennt Jim Rogers die Welt.

Wir kommen auf den Aufstieg Asiens zu sprechen: »Als ich 1984 zum ersten Mal nach China fuhr, grüßten sich die Leute üblicherweise mit dem Satz: ›Hast du heute schon gegessen?‹ Weil sie für lange Zeiten unter Mao gehungert haben. Fleisch gab es damals höchstens einmal im Jahr, für manche sogar nur einmal im Leben, zur Hochzeitsfeier. Und heute essen die Chinesen gleich dreimal am Tag und sogar Fleisch.« Jim Rogers setzt wieder sein grimmiges Grinsen auf: »Diese bösen Chinesen! Sie treiben die Preise, sie essen jeden Tag!«

Unser Gespräch endet mit einer düsteren Prognose: »Bald werden wir im Zeitalter der Finsternis sein. Regierungen werden scheitern, ganze Länder werden scheitern, soziale Unruhen und Bürgerkriege, wahrscheinlich richtige Kriege, weil es zu wenig zu essen gibt. Wenn Waren knapp werden, sind die Menschen gestresst. Erinnern Sie sich an die Ölkrise in den späten 1970er-Jahren? Wenn das Essen knapp wird, ist das schlimmer. Und die Politiker wollen nicht sehen, dass eine Nahrungsmittelkrise diesmal viel schlimmer sein wird, ganz einfach weil jetzt in Asien drei Milliarden Mäuler dazugekommen sind, die genauso essen wollen wie die Europäer und Amerikaner!«

Die Begegnung mit dem Finanzmagnaten hat mir klargemacht, welche gigantischen Geldmengen im Geschäft mit unserem Essen bewegt werden. Allein an den Agrarbörsen wurde in den letzten fünf Jahren die unglaubliche Summe von 200 Milliarden Dollar umgesetzt. Das übersteigt den Wert der realen dort gehandelten Güter um das 16-Fache. Eine exzessive Spekulation, die für extreme Preisschwankungen sorgt: So haben sich die Getreidepreise 2008 und 2011 jeweils verdoppelt bis verdreifacht. Einige werden dadurch reich. Und viele leiden Hunger.

Wenn wir das nicht ändern, rasen wir von einer Hungerkrise in die nächste. Aber wie kann Landwirtschaft zukünftig finanziert werden, ohne dass dabei Hunger entsteht? Die EU will Steuern auf Finanzwetten erheben. Das sorgt aber höchstens für eine Abmilderung der extremen Ausschläge. Wir brauchen einen Mechanismus, der sicherstellt, dass das Geld der Investoren nicht nur in Großbetriebe fließt, sondern auch die kleinen Bauernhöfe erreicht.

Das Geschäft mit dem Hunger

Rund 3,1 Millionen Kinder sterben jährlich vor ihrem fünften Geburtstag, weil sie nicht ausreichendes oder unausgewogenes Essen bekommen. Mangelernährung und Probleme beim Stillen seien für 45 Prozent aller Todesfälle von Kleinkindern weltweit verantwortlich. Zu diesem Ergebnis kam Mitte 2013 ein Forscherteam um Professor Robert Black von der Johns Hopkins Bloomberg School of Public Health in Baltimore. Die Ernährungssituation im Mutterleib und in den ersten zwei Lebensjahren bestimme über die Sterblichkeit und über chronische Erkrankungen im Erwachsenenalter. Die Forscher riefen die G-8-Länder dazu auf, in den 34 vom Hunger am härtesten betroffenen Ländern konkrete Hilfsmaßnahmen umzusetzen. Dazu gehören: gesunde Säuglingsnahrung, Vitamin- und Mineralpräparate, jodiertes Speisesalz und mit Mikronährstoffen angereicherte Lebensmittel. Mit diesen Maßnahmen könnten dort jährlich bis zu 900 000 Leben gerettet werden.[82]

Auch die Weltbank fordert, dass jährlich rund 12 Milliarden Dollar gegen Mangel- und Unterernährung investiert werden sollten. Derartige Präparate und Nahrungsmittel werden von international aufgestellten Firmen hergestellt und vertrieben. Ihre Abnehmer sind staatliche und nicht staatliche Organisationen, die angesichts der Not nicht lange um den Preis feilschen. Doch je mehr Hilfs- und Spendengelder in diesen Bereich fließen, umso größer wird auch das Geschäft mit dem Hunger.[83]

Dicke Nüsse, dicke Gewinne

In der Nothilfe setzen humanitäre Organisationen schon lange eine energiereiche Erdnussbutterpaste als therapeutische Fertignahrung (Ready to Use Therapeutic Food, RUTF) gegen akute Unterernährung von Kindern ein: »Plumpy'nut«. Der Name setzt sich aus den englischen Wörtern *plump* (dick) und *peanut* (Erdnuss) zusammen. Die Paste ist ein eingetragenes Produkt der französischen Firma Nutriset, das 1997 zum Patent angemeldet wurde. Sie besteht aus Erdnussbutter, Milchpulver, Öl und Zucker und wird für Kinder ab einem Alter von sechs Monaten angeboten. Ihr sind lebenswichtige Mineralien und Vitamine zugesetzt. Plumpy'nut wird in 92-Gramm-Packungen, die etwa zwei Jahre haltbar sind, verteilt. Der Nährwert einer Packung entspricht 500 Kilokalorien. Die Paste hat viele Vorteile: Sie verdirbt nicht so schnell, da sie auf Öl und nicht auf Wasser basiert, und kann direkt und ambulant gefüttert werden, was eine stationäre Behandlung der Unterernährten erübrigt. Zudem können Kinder sie ohne Hilfe und auch ohne voll entwickeltes Gebiss zu sich nehmen. Die zweimonatige Versorgung eines Kindes kostet ca. 60 US-Dollar. Die Nachfrage ist groß und Nutriset konnte allein im Zeitraum von 2001 bis 2004 seinen Produktumsatz auf zwölf Millionen Euro verdoppeln. Die Kalorienbombe ist ausdrücklich zur Bekämpfung akuter, schwerer Mangelernährung gedacht und nicht als ständiges Lebensmittel. So weit, so gut. Das Problem fängt da an, wo solche therapeutischen Nahrungsmittel ohne entsprechende Indikation verkauft werden. Und genau dies passiert bereits. Faktisch ist die Paste zu einem Vorreiterprodukt für weltweit agierende Lebensmittelkonzerne geworden, die sich ein gutes Geschäft versprechen. Dank ihrer bereits hervorragend funktionierenden Vertriebsnetze in Entwicklungsländern (Coca-Cola-Dosen und Schokoriegel findet man selbst im letzten afrikanischen Dorf) wollen sie nun mit einer neuen Generation von Nahrungsmitteln den Markt von einer Milliarde hungernder Menschen erschließen. Es ist dabei nur ein kleiner Schritt von therapeutischer Nahrung hin zu angereicherten Snacks und Powerdrinks. Erste Zielgruppe sind die über sechs Monate alten Babys. Unter dem Stichwort »personalisierte Ernährung« für Kleinkinder will die Ernährungsindustrie Fertignahrung nicht nur bei schwerer, sondern auch bei »moderater« Unterernährung einsetzen. Dies ist eine Frage der genauen Definition: Wie bemisst sich Unterernährung, wie schwere und wie moderate? Eine Expertenkonferenz der Weltgesundheitsorganisation hatte beispielsweise 2008 eine neue Definition von moderater Unterernährung eingebracht, was zur Folge hatte, dass die Zielgruppe für Fertignahrung von 60 Millionen auf 200 Millionen Kinder anschwoll.[84]

Entmündigung und Abhängigkeit

Die Nahrungsmittelbranche stellt sich als Retter dar und argumentiert, dass ohne Fertigprodukte der Kampf gegen Mangel- und Unterernährung verloren sei. Unterstützt wird diese Ansicht auch durch eine Studie, die 2009 veröffentlicht wurde: Das der Organisation Ärzte ohne Grenzen nahestehende Forschungsinstitut Epicentre führte von 2006 bis 2007 Versuche in zwölf Dörfern in Niger durch. Die Hälfte der Kinder im Alter von drei Monaten bis fünf Jahren bekam ein Vierteljahr lang täglich zusätzlich zum gewohnten Essen nährstoffreiche Fertignahrung, die andere Hälfte nicht. Im Ergebnis hatten die so versorgten Kinder eine knapp 60-prozentig bessere Chance, keine Mangelernährung auszubilden.
Dieses Ergebnis klingt plausibel. Dass man aber für eine ausgewogene Ernährung keine industriell gefertigte und importierte Instantpaste benötigt, belegt eine Studie der Kinderhilfsorganisation Terre des hommes zur Behandlung von moderat unterernährten Kindern in Guinea aus dem Jahr 2010. Der Projektansatz lautete, mit einfachen und preiswerten Rezepten Kinderleben zu retten. Die Mütter lernten in Kochkursen lokale Zutaten wie Mehl, Öl und Zucker zu nutzen und selber Babybrei herzustellen. Am Ende erreichten 95 Prozent der behandelten Kinder ihr Normalgewicht.

Mit ihrer Fertignahrung verhindert die Industrie hingegen die Vermittlung einer lokalen Esskultur innerhalb der Familien und macht sie abhängig von ihren Lieferungen. Jean-Pierre Papart, Arzt und Spezialist für öffentliche Gesundheit bei Terre des hommes, bemerkt dazu treffend: »Wird aus der guten Idee jedoch ein Allheilmittel für alle ernährungsbedingten Probleme gemacht, kommt es zu einer Entmündigung von Familien und Gemeinschaften in Entwicklungsländern: Ihnen wird die Abgabe wichtiger Verantwortung für die Ernährung ihrer Kinder regelrecht aufgenötigt.«[85]

Das Geld soll in der Region bleiben

Gegenentwürfe zur globalen Finanzherrschaft gibt es nicht viele. Lokalwährungen haben sich zwar an einigen Orten etablieren können, aber immer nur parallel zu den nach wie vor dominierenden nationalen Währungen, die fest ins internationale Finanzsystem eingebunden sind. Im beschaulichen Breisgau gibt es einen, dem das nicht genug ist: Christian Hiß. Wir treffen ihn auf dem Marktplatz von Breisach, den das historische Stephansmünster überragt.

Wir setzen uns an einen Tisch vor dem Regionalwert Biomarkt Waage: »Den Laden betreibt meine Frau, er ist Teil unserer Regionalwert AG«, erzählt Christian Hiß. Was macht eine Aktiengesellschaft zum revolutionären Gegenentwurf? »Wir sind eine Bürger-AG, es sind 520 Aktionäre, die sich die knapp 2,5 Millionen Stammkapital teilen. Im Durchschnitt haben sie also 4000 Euro eingebracht, aber das ist unterschiedlich, die Mindestgröße ist 500 Euro. Wir haben festgelegt, dass unser Geld nur in der Region angelegt werden darf. Das geht von Bauernhöfen über Händler und Restaurants bis zu einer Forschungsgesellschaft. Bei der letzten Hauptversammlung ist noch ein Existenzgründer dazugekommen, ein Kindergartencatering.«

Christian Hiß hat einen der Aktionäre zu unserem Gespräch dazugebeten. Über sein Geld zu reden, fällt Jörg Selinger erstaunlich leicht: »Ich habe hier 10 000 Euro investiert, hätte es auch auf die Börse tragen können, aber ich wollte damit etwas Sinnvolles unternehmen.« Seine Anteile könne man durchaus wieder verkaufen, betont Hiß, doch die meisten Anleger denken langfristig. »Mir geht es nicht in erster Linie um das Geld«, stimmt Selinger zu, »ich möchte in die Region investieren, damit hier vor Ort gute Lebensmittel erzeugt werden. Ich finde das Projekt echt klasse. Ich gehe jetzt auch oft zu Marias Restaurant in Freiburg zum Mittagessen. Man merkt schon, die Leute, die hier mitmachen, sind mit Herzblut dabei. Ganz anders als in einem normalen kommerziellen Laden, wo die Verkäufer halt ihren Job machen, aber nicht überzeugt davon sind. Ich fühle mich nicht gut, wenn ich in einem Supermarkt Obst aus fernen Ländern sehe. Ich möchte nicht wissen, unter welchen Bedingungen die Leute dort arbeiten und wie das hierher transportiert wird. Da gehe ich doch lieber hier in die regionalen Läden wie den von Christians Frau Andrea.«

Christian Hiß lädt uns zu einer Tour durch den Biomarkt ein. Johannisbeeren, Kirschen, Fenchel, Radieschen – viele Produkte im Obst- und Gemüseregal sind gekennzeichnet als »Netzwerk-Produkt« und mit dem »Regionalwert«-Logo. »Die sind von einem der regionalen Partnerbetriebe.« Auch in der Käseabteilung, im Weinregal und beim Dörrobst dominieren lokale Produkte, ansonsten ist das Angebot ganz konventionell: »Waren, die es hier in der Region nicht gibt, kaufen wir zu, aber ich will vermeiden, dass wir Joghurtbecher anbieten, von denen wir wissen, dass sie während der Verarbeitung und Abfüllung 8 000 Kilometer auf der Straße transportiert werden, wenn es Joghurt auch hier aus der Region gibt.«

Der Laden sieht schmuck aus, das Geschäft scheint sich zu lohnen. Christian Hiß lacht: »Ich habe ja nichts gegen das Geldverdienen, nur nicht auf Kosten der Umwelt und der Gesellschaft und vor allem der Zukunft. Wenn das im Einklang ist, dann darf's auch gerne Geld sein. Ich will mit ökologischer, nachhaltiger Wirtschaft Geld verdienen.

Das darf kein Gegensatz sein.« Für sein Konzept wurde Christian Hiß als Social Entrepreneur 2011 ausgezeichnet.

Wie kommt man auf so eine Idee? »Ich hatte einen Gartenbaubetrieb, der lief eigentlich gut, aber es war mehr als unsicher, ob meine Kinder den übernehmen. Das war aber nur der Anstoß.« Das Interesse an gesellschaftlichen Themen brachte Christian Hiß unter anderem mit dem Philosophen Ivan Illich zusammen, dessen Wachstumskritik ihn stark beeinflusste. »Das war ein mehrjähriger Prozess. Wir haben an dem Konzept in einem halb öffentlichen Diskurs über drei Jahre gearbeitet, wir nannten das ›Think Tank‹, das waren nicht nur Experten, sondern auch Bauern.«

Die Frage war: »Welche Betriebsform ist auch in 20 oder 100 Jahren noch die richtige, um die Menschen zu ernähren – in der Region beziehungsweise vielleicht dann auch weltweit. Das war ganz persönlich für mich als Landwirt und Gärtner wichtig.« Die Alt-68er waren für ihn dabei mit ihrer Fixierung auf die Gesellschaft auf dem Holzweg: »Wer ist denn ›Gesellschaft‹? Gesellschaft löst sich in dem Moment auf, wenn man einen Ansprechpartner sucht, und dann landet man beim Staat als Institution. Markt löst sich genauso auf. Wenn Sie versuchen, einen Marktpartner bei seiner Verantwortung zu packen, dann stellt sich das Marktsystem davor.«

Der philosophierende Gärtner suchte nach einem Weg jenseits des produktivistischen Denkens, das Kapitalismus und Kommunismus gleichermaßen prägt: »Wir wollten aus Shareholdern Stakeholder machen, also aus anonymen Kapitalanlegern echte Beteiligte, die Verantwortung übernehmen, sowohl im Markt als auch bei der Kapitalvergabe und als Betriebsleiter.« Hiß ging dabei voraus und überführte gleich nach der Gründung das Eigentum an seinem Demeter-Hof in die Regionalwert AG. Kein einfacher Schritt, denn der Hof wurde seit über 60 Jahren biologisch-dynamisch bewirtschaftet und war damit einer der Pioniere in Deutschland.

Ich frage ihn, ob seine Frau ihn nicht für verrückt erklärt hat. Christian Hiß lacht: »Nein, sie hat ja selbst bei den Think Tanks mitgewirkt. Und der Besitz wird ja nicht verschenkt. Es wurde nur umgewandelt in Aktien, und wir sind ja auch Aktionäre. Der Schritt, die Bürger der Region reinzuholen in die Kapitalverantwortung, war wichtig. Weil ich es unmöglich finde, dass heute die Bauernfamilien allein die Kapitalverantwortung tragen müssen, wenn es um die Ernährung aller Menschen geht.«

Was treibt ihn an, frage ich ihn. »Der Zorn«, sagt er überraschend. Der nüchterne Mensch wirkt überhaupt nicht wie einer, der vom Zorn geleitet ist. »Es hat mich zornig gemacht, dass diese Art des Wirtschaftens, des Raubbaus, so unantastbar war. Sie müssen sich vorstellen: Wer vor zehn Jahren in ökologische Landwirtschaft investierte, galt bei den Kreditgebern als Ideologe. Also nicht mal als Idealist, sondern als Ideologe.« Er legt seine Stirn in Falten. »Das macht mich zornig, als Ideologe beschimpft zu werden. Man sorgt sich um die Sicherung der Zukunft und wird dafür noch verunglimpft. Heute, zehn Jahre später, redet alles von nachhaltigem Wirtschaften. Vielleicht waren wir damals noch zu früh.« Ganz offensichtlich geht es ihm nicht um einen karitativen Ansatz: »In dieser Diskussion sind Egoismus und Altruismus kein Gegensatz. Wenn Sie nichts mehr zu essen haben, dann sind das uregoistische Motive, dafür zu sorgen, wieder etwas zu essen zu bekommen. Wenn Sie nicht mehr atmen können, wie in China wegen des Smogs, dann sind das keine altruistischen Motive, die Sie antreiben, etwas für die Umwelt zu tun.«

Er lädt uns ein, einen Mitgliedsbetrieb zu besuchen. Die Fahrt führt uns durch die Weinberge und Wälder des Kaiserstuhls. Christian Hiß beachtet die spektakuläre Landschaft nicht, er kennt sie, sondern redet weiter: »Das Problem ist ja, dass die Umweltschäden nicht im Preis der Produkte enthalten sind. Sie werden externalisiert, also der Allgemeinheit aufgebürdet. Wenn man eine seriöse Rechnung machen würde, die also die Schäden, zum Beispiel für Hochwasser, ruinierte Böden oder den Klimawandel, mit einkalkuliert in den Preis, dann bin ich überzeugt davon, dass unsere Produkte günstiger wären als konventionell erzeugte. Wir haben eine Methode entwickelt, bei der der Aktionär zwei Renditegesichtspunkte hat: das Geld auf der einen

Seite und seine Wirkung auf der anderen: Hat es in der Region für die Bodenfruchtbarkeit positiv oder negativ gewirkt?«

Biolandwirtschaft gilt als teuer, aber: »Dabei wird nicht realisiert, dass die Schäden der industriellen Erzeugung irgendwann bezahlt werden müssen.«

Die Landschaft ändert sich, die Hügel machen der weiten Rheinebene Platz. »Das Grundproblem ist, dass die Landwirtschaft die Bilanzierungsmethoden aus der Industrie übernommen hat. Also solche Dinge wie Stückkostenrechnung, Rationalisierung, die ganze Kalkulation bis zur Finanzbuchhaltung. In der Industrie hat diese Betriebswirtschaftslehre wahrscheinlich ihre Berechtigung, doch es zeigt sich mehr als deutlich, dass sie in der Landwirtschaft nichts zu suchen hat, weil sie eben den industrialisierten Betrieb hervorbringt. Ich bin überzeugt davon, dass wir eine andere Betriebswirtschaftslehre in der Landwirtschaft brauchen, die von anderen Paradigmen ausgeht: Nachhaltigkeit, Bodenaufbau, Vielfalt bei den Kulturen und in der Landschaft, Qualität bei den Nahrungsmitteln. Dann hätten wir andere Preise und damit auch einen anderen Landwirtschaftstyp, der Geld verdienen kann mit dem Aufbau von natürlichen Ressourcen anstatt mit dem Abbau.« Unter dem Strich würden landwirtschaftliche Produkte also teurer? »Schon, aber die Kosten entstehen ja auch real, nur eben, dass sie heute nicht der Verursacher trägt. Dann würden die Erträge in echte Nachhaltigkeitsleistungen reinlaufen.« Wie kann man das berechnen? »Wir haben 64 Indikatoren, anhand derer wir jeden Betrieb evaluieren, da helfen uns oft auch Studenten etwa im Rahmen einer Bachelorarbeit. Auf dieser Basis erstellen wir dann alle zwei Jahre den sozial-ökologischen Bericht.«

Wir sind angekommen beim Obstbauern. »Obstgut Joel Siegel« und »La Saveur« steht auf einem Schild. »Er kommt aus Frankreich, wir sind ja hier direkt an der Grenze«, erklärt Christian Hiß, »aber er lebt schon seit über zehn Jahren hier.« Der Bauer winkt, wir sollen gleich weiterfahren zu seinem Feld, wo die Ernte in vollem Gang ist. Das Rot der Johannisbeeren leuchtet schon von Weitem in der Sonne.

Joel Siegel schleppt gerade eine Kiste in seinen Lieferwagen, während seine Mitarbeiter die Beeren pflücken.

»Wir haben am Anfang eine stille Beteiligung in den Betrieb gesteckt«, erklärt Hiß. Der Bauer ergänzt: »Wenn man einen Hektar Äpfel anpflanzt, dann braucht man 20 000 Euro, allein für das Pflanzgut und das Gerüst. Aber wenn man am Anfang steht, ist es fast unmöglich, von einer Bank Geld zu bekommen. Landwirtschaft gilt sowieso als Risikobereich für die Banken. Ich hatte eigentlich keine Chance, an Geld zu kommen, um überhaupt den Betrieb aufzubauen. Wenn es die Regionalwert AG nicht gegeben hätte, hätte ich den Hof wahrscheinlich aufgeben müssen. Oder mich vielleicht über private Darlehen durchwurschteln müssen.«

»Joel hat den Betrieb nicht von den Eltern geerbt«, erläutert Christian Hiß, »er ist ein sogenannter außerfamiliärer Hofnachfolger. Sie haben es noch viel schwerer, an Kapital zu kommen, als wenn schon Grundbesitz da ist. Aber wenn man jetzt sieht, wie toll seine Obstpflanzen dastehen, da muss ich sagen, diesen jungen Menschen muss man doch eine Chance geben. Ich bin froh, dass wir ihm vor drei Jahren die Anschubfinanzierung gegeben haben. Das ist auch unser Konzept: geduldiges Kapital, das drei Jahre warten kann, bis eine Obstanlage Ertrag erwirtschaftet.«

Für junge Bauern wird es zunehmend schwieriger, Land zu finden: »Wir sehen, dass es auch bei uns immer mehr Landgrabber gibt, also Investoren, die Land im großen Stil aufkaufen und es an den Meistbietenden verpachten, was derzeit heißt: Maismonokulturen für Biogasanlagen«, klagt Hiß. »Da können die Bürger dieser Region entgegenhalten und in die bäuerliche Landwirtschaft investieren.«

Die Regionalwert AG ist für den Bauern mehr als ein reiner Geldgeber: »Eigentlich beliefere ich fast alle Partnerbetriebe«, erzählt Siegel, »zum Beispiel verkaufe ich meine Ernte sowohl an die Biokiste als auch an die Läden. Und die Restaurants nehmen mir die zweite Wahl ab, die ich nicht als Tafelobst verkaufen kann und als Ausschuss wegwerfen müsste. Die kriegen das günstiger und können es verarbeiten. So kann ich fast 100 Prozent von meinem Obst verkaufen.«

Das Netz an regionalen Abnehmern sorgt dafür, dass der Bauer mehr Obstsorten pflanzen kann: »Sonst müsste ich mich auf eine einzige Kultur konzentrieren, wegen der Kosten. Aber es ist für den ganzen Betrieb viel besser, wenn wir mischen. Durch die unterschiedlichen Erntezeiten kann ich mein Personal ständig beschäftigen und muss nicht mit Leiharbeitern arbeiten.«

Die Frage, wie die Arbeitskräfte behandelt werden, spielt auch eine Rolle im sozialökologischen Bericht, was der Obstbauer richtig findet: »Ich könnte meine Leute sehr schlecht bezahlen oder nur Saisonarbeiter aus Rumänien einstellen und stünde vielleicht mit meinen Zahlen sehr gut da, ökologisch wäre das auch, jedoch nicht sozial und damit falsch. Deshalb finde ich es gut, wenn die Regionalwert AG auch soziale Parameter bewertet.«

Christian Hiß ist inzwischen in die nächste Reihe weitergewandert und nascht an den schwarzen Johannisbeeren: »Die mag ich eigentlich viel lieber.« Der Bauer ermutigt mich, ebenfalls davon zu probieren: »Die machen eigentlich zu viel Arbeit, die kann man nicht so leicht pflücken. Aber für mich ist es dennoch eine schöne Beimischung, meine Kunden lieben die Vielfalt.«

Er bedauert, dass die Vielfalt im Obst- und Gemüseregal heute vor allem importiert wird: »Wenn wir im Ausland produzieren lassen, dann sind die Menschen da unterbezahlt. Die Leute zum Beispiel, die die Ökotomaten in Marokko ernten, die kriegen 50 Cent pro Stunde. Die Ware wird dann nach Deutschland geholt zu einem Dumpingpreis. Es ist zwar ökologischer Anbau, aber da werden die letzten Wasservorräte in einer Wüstenregion verschleudert, das brauchen sie doch eigentlich, um Essen für das Land selbst anzubauen. Aber die Großinvestoren haben das Land besetzt, und die Leute, die dort leben, können weder an Boden kommen noch an Wasser.«

Die Erntearbeiter haben inzwischen die zweite Reihe abgepflückt. Joel Siegel ruft ihnen zu, dass sie aufhören können: »Wir gehen jetzt ausliefern.« Wir fahren nach Freiburg, keine 20 Kilometer entfernt. In einer ehemaligen Fabrik am Stadtrand befindet sich die Biohöfe

Frischekiste. Die Chefin Angelika Hanser erwartet ihn schon: »Das kannst du gleich alles hier vorn lassen, wir packen bereits die Kisten.«

Das Prinzip ist simpel: Die Kunden bekommen jede Woche eine Auswahl an Obst und Gemüse nach Hause geliefert, und zwar immer das, was in der Saison gerade geerntet wird. Jetzt im Frühsommer sehen die Kisten, die Angelika Hanser packt, sehr bunt aus: »Die Kunden können ein paar individuelle Wünsche äußern, aber im Wesentlichen packen wir immer das Gleiche in die Kisten. Das dürfte jetzt der letzte Rhabarber sein, Spargel ist vermutlich auch nicht mehr lange da, dafür der erste Mangold, Brokkoli, Fenchel und Kartoffeln. Und am Ende noch ein Zettel mit Rezepten für die Leute, die nicht wissen, wie man Mangold zubereitet.«

Und was ist im Winter, verlangen die Kunden dann nicht nach Importware? »Eigentlich ist immer irgendetwas auf dem Feld verfügbar«. Angelika Hanser zeigt auf einen Saisonkalender an der Wand. »Im Winter sind es die ganzen Kohlsorten, aber auch Pastinaken, Lauch und Spinat, Champignons sowieso. Dann haben die Bauern Kartoffeln und Äpfel meist noch auf Lager, und Kürbis hält sich auch wunderbar lange. Aber klar, Erdbeeren und Tomaten gibt es im Winter bei uns nicht.«

Christian Hiß fällt ihr ins Wort: »Die Alternative ist doch, dass unser Essen über weite Strecken transportiert und anonym produziert und gehandelt wird. Und dagegen habe ich große Bedenken.«

Er weist mich auf die Probleme der riesigen Maismonokulturen in der Rheinebene hin: »Das scheint sich zu lohnen, Mais wird ja weltweit gehandelt. Aber die Kulturlandschaft wird dadurch sehr eintönig, und die Bauern machen sich abhängig.«

Was heißt denn Abhängigkeit für einen Bauern, will ich wissen. »Er ist abhängig, wenn er Saatgut, Dünger und Kapital nur noch von großen Konzernen beziehen kann. Oder wenn er keinen Zugang zu Ackerland und zum Markt hat. Ein Bauer braucht Entscheidungsspielraum, damit er entscheiden kann, was die bessere Wahl ist. Nehmen wir das Saatgut: Patente regeln den Zugang zu den genetischen

Ressourcen, als einzelner Bauer habe ich keine Auswahl, die wird für mich irgendwo auf der Welt getroffen.«

Christian Hiß geht zur Seite, gerade kommt ein Fahrer und holt Kisten ab. »Ein anderes Beispiel von Abhängigkeit: Ich habe selbst als Gärtner erfahren, was es bedeutet, keinen Marktzugang zu haben. Das heißt, man pflanzt Lauch, der steht zwölf Monate auf dem Feld, und dann sagt der Großhandel: ›Brauch ich nicht.‹ Und dann war die ganze Arbeit umsonst.« Als Direktvermarkter hätte der Gärtner zumindest noch die Möglichkeit gehabt, das Gemüse zum Teil zu verkaufen.

Vor diesem Hintergrund glaubt Christian Hiß, dass »gigantomanische Großlösungen« nicht weiterhelfen. Die Regionalwert AG sammelt das Geld deshalb nicht von anonymen Kapitalgebern, sondern von 500 Bürgern der Region: »Sie teilen das Ziel einer vielfältigen Kulturlandschaft und einer direkten Verbindung von Landwirten, Verarbeitern und Verbrauchern der Region. Ganz entscheidend ist, dass die Menschen in den einzelnen Regionen für sich selbst sorgen. So eine regionale Ernährungssouveränität ist die Basis, von der aus dann auch die Menschheit ernährt werden kann, vom Kleinen ins Große und nicht vom Großen ins Kleine.«

Wir stehen auf der Rampe vor dem Lieferservice, wollen eigentlich Obstbauer Joel Siegel verabschieden, die Mittagssonne brennt, Christian Hiß zieht sein Sakko aus und holt noch einmal richtig aus: »Es stimmt einfach nicht, dass die bäuerliche Landwirtschaft rückwärtsgewandt ist und nur Großbetriebe oder die industrielle Landwirtschaft Ertragszuwächse schaffen. Der Biolandbau hat in den letzten 30 Jahren riesige Fortschritte gemacht. Wenn ich die moderne Anlage von Joel damit vergleiche, wie vor 30 Jahren Johannisbeeren angebaut wurden, da sind Welten dazwischen, Qualifikation, Wissen, Züchtung, Bodenumgang und so weiter.«

Joel steht daneben und lauscht gespannt: »Ich bin der Überzeugung, dass ein bäuerlicher Kleinbetrieb, wenn er an das Wissen und das Kapital herankommt, denselben Ertrag erzielen kann wie ein industrieller Betrieb.« Kleine Betriebe haben aber noch einen ganz anderen Vorteil, betont er: »Kleinere Betriebe stellen sicher, dass das Einkommen breiter verteilt wird und dass die Nahrungsmittel auf der Welt gerechter verteilt werden.« Aber der Ökolandbau, bringt der nicht weniger Ertrag pro Hektar Land? »Es ist ja nicht verboten, als Ökobetrieb weiter zu rationalisieren«, hält Hiß dagegen. »Allerdings sollten wir permanent beobachten, geht das zulasten oder zugunsten der Ressourcen. Deshalb unsere umfassendere Buchhaltung.«

Obstbauer Joel Siegel drückt es pragmatisch aus: »Wir versuchen natürlich so rationell wie möglich zu arbeiten. Es bringt ja nichts, wenn ich jetzt einen Hektar Erdbeeren anlege und dann, weil's mir alles verregnet oder irgendeine Krankheit reinkommt, nur drei Erdbeeren pro Hektar ernte. Das wäre eine ziemlich miese Ökobilanz. Das heißt, ich muss schon auf ein gewisses Ertragsniveau kommen, damit es Sinn macht, den Boden zu bearbeiten. Unter dem Strich will ich ja auch noch etwas verdienen.«

Kann man das Modell Regionalwert AG auf andere Regionen der Welt übertragen, will ich wissen, auch auf die Dritte Welt? Christian Hiß überlegt kurz: »Ja, ich würde sagen, es gilt auch für Afrika. Ich hatte etwas Einblick in die Situation in Ghana. Dort verursacht der Weltmarkt im Moment immense Schäden. In einem rasanten Tempo gehen regionale Strukturen verloren durch Billigimporte auch aus Europa. Das habe ich selbst gesehen.«

Wie könnte man das ändern? »Wenn Schaden entsteht an der Regionalinfrastruktur, an der Sozialgemeinschaft, dann sollte das in die Preise einkalkuliert werden. Das gilt für jede Region der Welt. Ich denke, in diesem Sinne ist auch in Afrika die kleinräumige Ökonomie letztendlich die effektivere und die billigere.« Ich versuche zusammenzufassen: Der globale Handel nimmt die günstigen Produkte, lässt aber die Regionen Afrikas mit der Reparatur der Schäden allein? »Ja, weil die Kosten erst zeitverzögert entstehen und nicht im Preis des Produktes enthalten sind. Wenn alles gewissenhaft eingerechnet würde, da bin ich sicher, ist unsere Methode des Wirtschaftens die billigere.«

Klingt überzeugend. Nur wer soll diese Ökobilanzierung durchsetzen, um Chancengleichheit zu garantieren, am besten auch noch weltweit? Wird die Regionalwirtschaft eine Nische bleiben, während der internationale Freihandel wächst und wächst, bis die planetaren Ressourcen wirklich am Ende sind?

Eines ist klar: Die Agrarindustrie kann zwar große Mengen Nahrungsmittel erzeugen, aber sie nimmt keine Rücksicht auf kommende Generationen. Der Ökolandbau geht zwar nachhaltig mit den knappen Ressourcen um, doch ausreichende Mengen an Lebensmitteln produziert er nicht, jedenfalls nicht für einen Verbrauch, der sich zunehmend an westlichen Standards orientiert. Gibt es einen Ausweg aus diesem Dilemma? Müssen wir vielleicht ganz neue Methoden der Landwirtschaft erfinden, um genügend Kalorien auf der Welt zu erzeugen?

Hunger ist weiblich

Hunger ist auch ein Geschlechterproblem: 70 Prozent der Hungernden sind Frauen und Mädchen. Das hat seine Gründe gerade auch in den patriarchalen Strukturen, in denen sie leben müssen. Dabei beruhen die Benachteiligungen auf sozialen Unterschieden zwischen den Geschlechtern und den jeweiligen Rechten und Pflichten, die ihnen zugewiesen werden. Obwohl Frauen kaum Ackerflächen, Saatgut, Dünger und Produktionsmittel besitzen und oftmals kein eigenes Einkommen haben, sind sie es, die pflanzen, ernten, lagern und die Nahrung zubereiten. Tatsächlich besitzen Frauen in Entwicklungsländern nur etwa 10 Prozent der Ackerflächen und rund 2 Prozent der Bodenrechte. Oftmals verlieren im südlichen Afrika die Frauen noch dazu das Nutzungsrecht am Land, wenn der Mann oder Sohn stirbt. Ihre Ernährung wird als zweitrangig angesehen. In Südasien beispielsweise bedienen sich traditionell die Männer am Tisch zuerst, sodass für Frauen und Mädchen oft nur noch Reste bleiben. Darüber hinaus vererben Mütter den Hunger: Die Kinder unterernährter Frauen sind ebenfalls untergewichtig und so fort. Ohne Hilfe von außen ist es meistens nicht möglich, den Teufelskreis von Hunger und Armut zu durchbrechen. Der gleichberechtigte Zugang zu Ressourcen und Land ist zwar in internationalen Konventionen festgelegt, steht aber genauso wie das Recht auf Nahrung nur auf dem Papier.

Mit dem Kochlöffel gegen Mangelernährung

Die echten Vanilleschoten aus Madagaskar, die es in unseren Supermärkten zu kaufen gibt, kommen bei Bao Emilienne nicht in den Kochtopf, sie sind zu teuer. Aber sie weiß, dass eine abwechslungsreiche und nahrhafte Mahlzeit nicht nur aus Reis, sondern auch aus Chinakohl, getrocknetem Fisch, Erdnüssen und Öl bestehen kann. Das hat die Madagassin in einem Kochkurs der Welthungerhilfe gelernt, die im Südosten des Landes – wo jedes zweite Kind unterernährt ist – 7000 Familien in 40 Dörfern im Kampf gegen Armut und Mangelernährung unterstützt. Die aufeinander aufbauenden Kurse und die parallel dazu laufenden Radiosendungen rund um eine gesunde Ernährung sind Teil eines Bildungsprogramms für Frauen, wie sie die Welthungerhilfe, Brot für die Welt oder Oxfam in vielen armen Ländern der Welt in ähnlicher Form umsetzen. Denn sie haben erkannt, dass Frauen der Schlüssel zur Bekämpfung von Unterernährung sind. In den Schulungen lernen sie, mit dem wenigen, was vorhanden ist, ausgewogen zu kochen. Mithilfe solcher Maßnahmen ging in 25 Jahren die Unterernährung bei Kindern um 43 Prozent zurück, belegen Langzeitstudien. Dies ist direkt auf die verbesserte Bildung der Mütter zurückzuführen.[86] Ermöglicht man Frauen darüber hinaus, ein eigenes Einkommen zu erwirtschaften, so verbessert sich die Ernährungslage deutlich: Nicht nur, weil sie dann mehr und vielfältigere Zutaten einkaufen können, sondern insbesondere auch, weil dies ihr Selbstbewusstsein stärkt.

Motor der Entwicklung

Frauen sind in vielen armen Ländern das tatsächliche Rückgrat und der Motor der wirtschaftlichen und sozialen Entwicklung. Sie sind ebenso für das Einkommen wie für die Versorgung der Familien zuständig. Sie betreiben Ackerbau, füttern das Vieh und halten die lokalen Märkte in Gang. »Oft sind es die Frauen, die das Wissen über Wert und Nutzen lokaler Pflanzen und Tiere für Ernährung, Gesundheit und Einkommen als Familienversorgerinnen, Pflanzensammlerinnen, Kräuterspezialistinnen, Saatguthalterinnen und Züchterinnen besitzen. Ihre Experimente und Anpassungsversuche mit einheimischen Arten machen sie oft zu Expertinnen für pflanzengenetische Ressourcen«, schreibt der Weltagrarbericht.[87] Verschiedene Studien haben gezeigt, dass von Frauen erwirtschaftetes Einkommen mehr den Familien zugutekommt, während Männer oftmals das wenige Geld für Alkohol und Spiele vergeuden. Das ist auch ein Grund, warum Frauen bei der Vergabe von Mikrokrediten als vertrauenswürdiger gelten. Fest steht zudem, dass Mütter, die sich in Selbsthilfegruppen engagieren, ihre Kinder häufiger in die Schule schicken. Das Fundament für mehr Geschlechtergerechtigkeit ist daher die wirtschaftliche, soziale und psychologische Stärkung der Frauen. Mittelfristig wird sich jedoch nur etwas ändern, wenn man auch die Männer anspricht und einbezieht: Einige Organisationen bieten deshalb auch Kurse für Männer an, in denen sie lernen, dass sich »ganze Kerle« nicht über häusliche Gewalt und die Diskriminierung ihrer Frauen und Töchter definieren müssen. Nach Ansicht der Experten des Weltagrarberichts ist die Achtung fundamentaler Menschenrechte von Frauen auf dem Land »die mit Abstand effektivste Maßnahme zur nachhaltigen Überwindung von Hunger und Armut«.[88] Auch die FAO sieht das ähnlich und steilt fest, dass die Erträge aus weiblicher Landwirtschaft unmittelbar um 20 bis 30 Prozent steigen würden, wenn Frauen einen gleichberechtigten Zugang zu produktiven Ressourcen hätten.

7 »Gaga Food«

Landwirtschaft im Hochhaus

Shinji Inada fährt seinen Toyota vom Parkplatz. Er will mit uns zu seiner Salatfarm fahren. Wir haben uns mitten in der Stadt getroffen. Genau genommen im zweitgrößten Ballungsraum des Landes nach Tokio: »Wir sind hier in der alten Kaiserstadt Kyoto, nirgendwo in Japan gibt es so viele historische Tempel. Aber inzwischen ist Kyoto zusammengewachsen mit dem Ballungsgebiet Kansai. Hier leben etwa 17 bis 18 Millionen Einwohner.« In der Tat, am Rand der Straße sehen wir riesige Tempelanlagen mit goldenen Dächern, dann wieder Hochhäuser. Wo soll hier eine Salatfarm sein?

Inada-san bittet uns um Geduld: »Wir wollen eine effiziente Landwirtschaft verwirklichen, weil wir in der japanischen Landwirtschaft große Probleme haben. Das Durchschnittsalter der Bauern beträgt 65 Jahre. Sie haben keine Nachfolger. Junge Leute wollen nicht gerne in der Landwirtschaft tätig sein.« Wir fahren inzwischen auf einer Stadtautobahn, die auf Stelzen durch ein nicht enden wollendes Häusermeer führt. »Unsere innovative Lösung ist die Pflanzenfabrik. Das ist ein neues und effizientes System mit weltweitem Potenzial«, schwärmt er. »Sie werden erstaunt sein.«

Schließlich fährt er vor einer schlichten Fabrikhalle auf einen Parkplatz. Das Gebäude war mir schon von Weitem aufgefallen, weil es trotz seiner Größe kein einziges Fenster hat. Der Firmenname Spread Inc. steht in großen Lettern auf dem schlicht weiß gestrichenen Gebäude. Neben uns steht an einer Rampe ein Lkw mit Gasflaschen. Auf Landwirtschaft deutet hier nichts hin.

Wir betreten das Gebäude durch einen Seiteneingang und steigen im Treppenhaus zwei Stockwerke hinauf. Dort führt uns Inada-san in einen Umkleideraum: »Wir haben für Sie Schutzkleidung vorbereitet, bitte vergessen Sie auch das Haarnetz und den Mundschutz nicht.« Nachdem unser Team die weißen Ganzkörperanzüge und auch die Überschuhe angelegt hat, geleitet er uns zu einer Tür, die er mit einer Chipkarte öffnet. »Wir wollen vermeiden, dass Krankheiten in die Fabrik eingeschleppt werden, deshalb sind Händewaschen und Desinfektion vor dem Betreten vorgeschrieben.« Er öffnet eine Schleuse: »Das ist die Luftdusche, bitte einzeln betreten und die Hände hochhalten, damit der Staub von Ihrer Kleidung gepustet werden kann.«

Nach ein paar Sekunden schaltet sich das Gebläse ab, eine Tür öffnet sich automatisch. Das ist also die Produktionshalle. Breite Metallregale türmen sich in die Höhe. Das Grün der Salatpflanzen leuchtet unter dem hellen weißen Licht von Leuchtstoffröhren, die direkt über den Pflanzen angebracht sind in einem Abstand von etwa 40 Zentimetern, sodass mehrere Etagen übereinandergestapelt sind.

»Die Pflanzen werden von der Saat bis zur Ernte in einer künstlichen und kontrollierten Atmosphäre hygienisch überwacht«, erklärt Shinji Inada. »Auch Temperatur, Feuchtigkeit und CO_2-Gehalt werden automatisch kontrolliert. Ein wichtiger Faktor bei der Fotosynthese ist die Luftströmung, die Windgeschwindigkeit, die optimal eingestellt ist. Und dann natürlich die Nährlösung.«

Das Kohlendioxid muss er im Moment teuer bezahlen und in Gasflaschen herankarren. In Zukunft will er das Gas von Kraftwerken abnehmen, die ihre CO_2-Bilanz verbessern wollen und deshalb dem Abnehmer sogar noch etwas bezahlen. »Weil hier Menschen arbeiten, dürfen wir aber nicht zu viel CO_2 einspeisen. Wir stellen keine naturähnliche Atmosphäre her, sondern passen die Umwelt optimal an die Pflanzen an, sodass sie besser ist als draußen in der Natur, wo sich Temperatur und Luftfeuchtigkeit ständig ändern.« Der Direktor der Pflanzenfabrik ist sichtlich stolz. »Unser Klima wird immer schwieriger, das Wachstum der Pflanzen leidet darunter, die Produktivität ist instabil, die Landwirtschaft hat einen geringeren Ertrag. Gemüse aus dem Treibhaus ist noch viel zu sehr vom Sonnenlicht abhängig. Wir können das künstliche Licht in der Pflanzenfabrik optimal auf die Bedürfnisse der Pflanzen einstellen. Wir sind nicht vom Sonnenschein abhängig, können Lichtstärke und Lichtwellenlänge genau kontrollieren.« Ich frage, ob das andernorts funktionieren kann. »Die künstlich induzierte Fotosynthese kann überall auf der Welt verwirklicht werden, wir werden unser Konzept im nächsten Jahr auf der Cebit in Hannover vorstellen.«

Zumindest in Japan scheint das Konzept erfolgreich – in den letzten zehn Jahren entstanden über 200 solcher Pflanzenfabriken, und nun die ersten auch in China. Ich frage den Direktor, ob er am Anfang kein widerstrebendes Gefühl hatte, in einer künstlichen Atmosphäre Gemüse anzubauen. »Ich komme ja aus dem Gemüsehandel, wir hatten davor nur mit normalen Bauern zu tun. Ich spürte am Anfang schon einen Widerstand in mir, dass die Pflanzen weder mit Sonnenlicht noch in der Erde produziert werden. Aber wenn man um den desolaten Zustand der Landwirtschaft in Japan weiß, erkennt man schnell, dass die Pflanzenfabrik sehr effizient ist und eine stabile Produktion sicherstellt. Wir können hier qualitativ hochwertiges Gemüse kontinuierlich erzeugen, das kann die konventionelle Landwirtschaft nicht.«

Sind die Kosten eines solchen Systems nicht viel zu hoch? »Zu Buche schlagen vor allem die Investitionen für den Bau der Anlage und die laufenden Kosten für Strom. Aber dies können wir ausgleichen durch eine deutlich höhere Produktivität im Vergleich mit dem Feld- oder dem Treibhausanbau.«

Inada-san bittet uns zwischen die Regalreihen und zeigt mit seiner Hand nach oben: »Da wir die Pflanzen auf mehreren Etagen anbauen, können wir die Produktivität um das 100- bis 150-Fache steigern. Das deckt den Mehrpreis für die höheren Strom- und Anlagekosten. Unter dem Strich werden die Produktionskosten pro Salatkopf niedriger sein als in der Feldwirtschaft.« Werden? »Ja, wir arbeiten noch an der Technologie, noch ist unser Salat vielleicht 20 Prozent teurer als der Salat von den Feldern. Wir haben trotzdem bereits heute genug Kunden, die es schätzen, dass wir unseren Salat ohne Pestizide anbauen.«

Ich verstehe, deshalb die strikte Hygiene am Eingang, kein Besucher soll irgendwelche Insekten oder Krankheiten einschleppen. Pestizidfrei wäre ja fast schon Biostandard. Obwohl ich mir kaum vorstellen kann, dass er ein Demeter- oder Bioland-Siegel bekommen würde, so ganz ohne Erde? »Man kann unsere Salate ohne Waschen verzehren. Sie enthalten sehr wenige Keime, vielleicht ein Tausendstel von einem normalen Salat. Deshalb halten unsere Salate im Supermarkt dreimal so lange. Gleichzeitig haben wir wenig Müll, man kann fast alle Teile essen. Die Pflanzenfabrik ist in jeder Hinsicht umweltfreundlich: Wir verbrauchen extrem wenig Wasser. Pro Salatkopf ist nur ein Liter nötig. Für einen Salatkopf vom Feld braucht es im Durchschnitt drei- bis fünfmal mehr Wasser.« Der Direktor führt uns zu einer Gruppe von Arbeitern, die gerade kleine Salatpflanzen umsetzen. Umtopfen kann man hier nicht sagen, denn es gibt ja keine Erde. Sie werden von einer Kunststoffplatte mit vielen kleinen Löchern auf eine Platte mit wenigen größeren Löchern umgesetzt. Dann schieben die Arbeiter die Platte zurück ins Regal, und wir sehen, dass sie schwimmt, und die Pflanzenwurzeln in der Nährlösung hängen.

»Der große Vorteil einer Pflanzenfabrik ist, dass man keinen bestimmten Ort braucht. Man kann sie dort bauen, wo auch die Verbraucher sind. Dadurch werden die Transportwege kürzer. Oder dort, wo aus klimatischen Gründen kein Gemüse wächst, weil es zu kalt oder zu trocken ist. Dadurch erreichen wir eine gleichmäßige Verteilung. Alles, was sie braucht, ist Wasser und Strom.«

Es ist sicher kein Zufall, dass dieses System in Japan entwickelt wurde. »Unser Land ist dicht bevölkert, hat nur wenige Nutzflächen, die wir deshalb effektiv nutzen müssen. Dadurch entstand die Idee, in die Höhe zu bauen.« Lohnt sich das denn? »Es ist bereits heute rentabel. Wir produzieren täglich 21 000 Salatköpfe. Die Stromkosten betragen pro Salatkopf etwa 25 Yen (das sind 18 Eurocent).« Das ist erheblich, wenn ich überlege, dass in Deutschland die Discounter einen Salatkopf manchmal schon für 29 Cent verkaufen. »Trotzdem sind wir wettbewerbsfähig gegenüber dem Feldanbau, weil wir eine höhere Produktivität haben.«

Wie kann das die immensen Energiekosten ausgleichen? »Nun, diese Fabrik hat eine Fläche von 4800 Quadratmetern. Beim Feldanbau kann man pro Quadratmeter theoretisch neun Salatköpfe anbauen, das würde für unsere Fläche in etwa 45000 Salatköpfe geben. In der Pflanzenfabrik bauen wir den Salat auf 16 Etagen an. Aber das ist nicht das Einzige, draußen kann man nur ein- oder zweimal pro Jahr ernten. Hier drinnen wird neunmal pro Jahr geerntet. Eine Pflanze braucht 40 Tage, bis sie erntereif ist, und es gibt keine Winterpause. Deshalb ist die Produktivität pro Anbaufläche mehr als 100-mal höher!«

In die Höhe ackern

Die nutzbaren Ackerflächen der Erde nehmen wegen Vergiftung und Raubbau und folgender Erosion immer mehr ab. Dennoch geht die FAO davon aus, dass es bis 2050 eine Ausweitung der landwirtschaftlich nutzbaren Flächen um 70 Millionen Hektar oder 5 Prozent geben wird. Doch wo soll der Boden herkommen? Neben einer ökologischen Wiederaufbereitung ausgelaugter Erdschichten durch Humus und Terra Preta ist es eine genial futuristische Idee, nicht nur ebenerdig zu ackern, sondern auch in die Höhe. Und das ganz ohne Pflug und dort, wo man es braucht, direkt in den Städten. 1999 entwickelte Dickson Despommier, Professor für Umweltgesundheit und Mikrobiologie an der Columbia University in New York City, erste Konzepte zum *vertical farming*, einer vertikalen Landwirtschaft: Pflanzliche und sogar tierische Erzeugnisse sollen in Ballungsgebieten in mehrstöckigen Gebäuden (sogenannten *farmscrapers*) produziert werden. Auf mehreren Ebenen gedeihen unter Gewächshausbedingungen ganzjährig Früchte, Gemüse, Speisepilze und Algen. In den unteren Geschossen und im Keller werden Schweine und Hühner gemästet und Fische gezüchtet. Die hierfür notwendige Technik basiert auf einer geschlossenen Kreislaufwirtschaft mit künstlicher Beleuchtung, Hydrokulturen,

Aquaponik und Aeroponik. Bei der Hydrokultur wurzeln die Pflanzen nicht in Erde, sondern in einem anorganischen Substrat. Aquaponik verbindet Fischzucht und Gemüseanbau (siehe Kapitel 8) und Aeroponik ist eine Anbaumethode für Pflanzen, die so fixiert werden, dass ihre Wurzeln ständig durch ein Aerosol aus Wasser und Nährstoffen benetzt sind. Nichts geht verloren: Die Abfallstoffe der einen Etage dienen wiederum der anderen Etage als Nahrung.

Vertikale Landwirtschaft verspricht viele Vorteile: Man kann ganzjährig ernten und nutzt die Fläche optimal aus. Ein überdachter Quadratmeter entspricht dabei vier bis sechs Freiluftquadratmetern oder mehr, abhängig von der Pflanzenart. Bei Erdbeeren erhöht sich die Produktivität sogar um den Faktor 30. Es gibt keine witterungsbedingten Ernteausfälle aufgrund von Dürren, Überschwemmungen oder Seuchen. Man benötigt in der Theorie keine Herbizide, Pestizide oder Düngemittel und kann sogar Brauchwasser *(black water)* zu Trinkwasser recyceln. Vertikale Landwirtschaft kennt keine Infektionskrankheiten, die bei der Feldarbeit auftreten können wie beispielsweise Malaria oder Bilharziose, und auf den vertikalen Farmen ließe sich Energie über Biogasanlagen erzeugen. Darüber hinaus benötigt man keine Traktoren, Pflüge, Transporter und Kühlung. Bislang marode und verlassene städtische Immobilien würden zu Zentren der Nahrungsmittelproduktion, und städtische Ballungsräume könnten so weitgehend autark in ihrer Lebensmittelerzeugung werden. Die räumliche Nähe von Produktion und Konsum wäre wieder möglich – ein *urban-gardening* der Superlative.

Soweit die Theorie. In der Praxis haben sich bislang nur kleinere Teilausschnitte davon verwirklichen lassen. Die großen Projekt sind allesamt gescheitert.

Deltapark-Projekt in Rotterdam

Das beste Beispiel für das Scheitern einer Ernährungsvision ist der Deltapark, der in Holland im Jahr 2000 heiß diskutiert, aber nie verwirklicht wurde. Der frühere niederländische Landwirtschaftsminister Laurens Jan Brinkhorst schlug vor, im Rotterdamer Hafen die größte Agrarfabrik der Welt zu bauen, das Projekt war als Leitbild für eine effiziente, umweltschonende und tierfreundliche Landwirtschaft gedacht. Der Gebäudekomplex sollte 1000 mal 400 Meter groß sein, mit einer Windkraftanlage zur Energieerzeugung auf dem Dach, und fortwährend Fleisch, Fisch, Eier, Gemüse und Obst produzieren. Die fünfte bis siebte Etage waren als Gewächshäuser vorgesehen und deren Abfallprodukte für die Tierproduktion und Mast. Die vierte Etage war für die Champignonzucht gedacht, und in der ersten bis dritten Etage sollten Schweine gemästet und Hühner gehalten werden. Das Erdgeschoss war für Schlachtereien und Verladestationen bestimmt. Im Kellergeschoss sollten Fischbassins für die Aquakultur angelegt und Schlachtabfälle als Futter verwendet werden. Schweinegülle und Hühnermist sollten zu organischem Pflanzendünger verarbeitet werden und das von den Tieren ausgeatmete Kohlendioxid zur Anreicherung der Luft in den Gewächshäusern dienen. Die Abwärme der Tiere und das aus dem Schweinemist gewonnene Biogas sollten den Gebäudekomplex mit Wärmeenergie versorgen. Die Realisierung des Projekts scheiterte jedoch nach ausführlicher Diskussion am Widerstand der Öffentlichkeit gegen diese Form der industrialisierten Landwirtschaft.

Aber kleiner geht es schon: In den USA kann Chicago als das aktuelle Epizentrum der vertikalen Landwirtschaft bezeichnet werden. Im Vorort Bedford Park eröffnete hier im Jahr 2013 die landesweit größte kommerzielle Indoor-Farm »farmed here«, die in einem 90000 Quadratmeter großen Gebäude untergebracht ist. Produziert werden bislang allerdings nur drei ökologische Produkte: Rucola, Basilikum und Basilikumvinaigrette.[89] Die Betreiber gehen davon aus, bei vollem Erreichen des Produktionspotenzials rund 200 Menschen zu beschäftigen. Die benötigte Energie soll durch Kompostierung und das daraus entstehende Methangas gewonnen werden.

Wir bekommen in der Salatfabrik Besuch. »Darf ich vorstellen, Professor Toyoki Kozai von der Universität Chiba, er hat unser System mit entwickelt.« Professor Kozai glaubt, dass es in Zukunft noch mehr Pflanzenfabriken geben wird: »Hier in Japan sind 40 Prozent der Beschäftigten in der Landwirtschaft älter als 65 Jahre. Wenn das so bleibt, wird die Beschäftigungszahl drastisch sinken. Wer produziert dann noch Lebensmittel? Wir haben Angst, dass bald alle Lebensmittel aus dem Ausland kommen. Außerdem haben wir hier in Japan im Sommer viele Taifune, die sehr viel Regen bringen, das macht die Ernte instabil. Deshalb schwanken die Preise sehr stark. Die schwer kalkulierbaren Preise sind ein Problem für Restaurants und Supermärkte. China hat ähnliche Probleme, auch wegen der starken Luftverschmutzung, deshalb bauen sie auch dort Pflanzenfabriken. In Russland und im Mittleren Osten haben sie ebenfalls großes Interesse, weil dort der größte Teil des Gemüses importiert wird.«

Die Vorteile werden immer mehr Menschen überzeugen, so der Professor: »Die Produkte müssen nicht gewaschen werden und sind direkt für den Verzehr geeignet. Man kann sie in der Nähe der Großstädte anbauen, das senkt die Transportkosten. Und Gewächshäuser brauchen viel mehr Heizenergie, weil viel Wärme durch das Glas entweicht.« Auch würden dort mehr Lampen und mehr Nährlösungen gebraucht. »Letztendlich ist es wie in der Viehindustrie. In geschlossenen Ställen haben Nutztiere doch auch bessere Wachstumsbedingungen als draußen.« Erntearbeiter bringen die Salatköpfe auf Rollwägen fort. Sie tragen allesamt einen weißen Overall und Mundschutz, eine Atmosphäre fast wie im Krankenhaus. Dabei sind hier die meisten Arbeitsschritte automatisiert: das Zukleben der Kisten etwa oder das Verschweißen einzelner Salatköpfe in Plastik. Nur wenn die Maschinen mal streiken, braucht es wieder eine menschliche Arbeitskraft.

Und um unschöne Salatblätter zu entfernen. Aber das sind nicht viele, wie uns Professor Kozai zeigt: »Die Ernte hier besteht zu mehr als 90 Prozent aus verkaufsfähiger Ware. Bei der Landwirtschaft auf dem Feld hingegen wird im Durchschnitt etwa die Hälfte der Ernte weggeschmissen.« Er denkt, dass sich in Zukunft zwei unterschiedliche Formen von Pflanzenfabriken entwickeln werden: zum einen Großanlagen wie diese, eher am Rande der Ballungsräume, zum anderen Kleinanlagen direkt in der Stadt, zum Beispiel neben einem Restaurant oder im Keller eines Hochhauses, auf dem Dach eines Supermarktes, in Gemeindehäusern oder Krankenhäusern.

»Es sorgt auch für mehr Wertschätzung von Lebensmitteln, wenn die Entfernung zwischen Erzeugern und Verbrauchern kürzer wird. Die Leute wissen, wo ihr Essen herkommt, und kümmern sich darum.« Seine Vision: »In 20 Jahren werden 80 Prozent der Weltbevölkerung in Städten leben, dann sollten wir möglichst viel frisches Gemüse und Süßwasserfische direkt in den Großstädten produzieren.« Seine Universität in Chiba arbeitet deshalb mit einer Gruppe von Unternehmen zusammen, die Pflanzenfabriken für Privathaushalte entwickelt. »Die Benutzer brauchen kein Tageslicht mehr, nur LED-Lampen. Sie werden über das Internet verbunden sein. Über soziale Medien wie Facebook werden sie untereinander über ihre Züchtungserfolge diskutieren.«

Dann würde der Konsument zum Produzenten. Sozusagen ein »Prosument« – ist das unsere Zukunft?

Weltweit verfügbare Ackerfläche pro Kopf

Im Verhältnis zur Weltbevölkerung

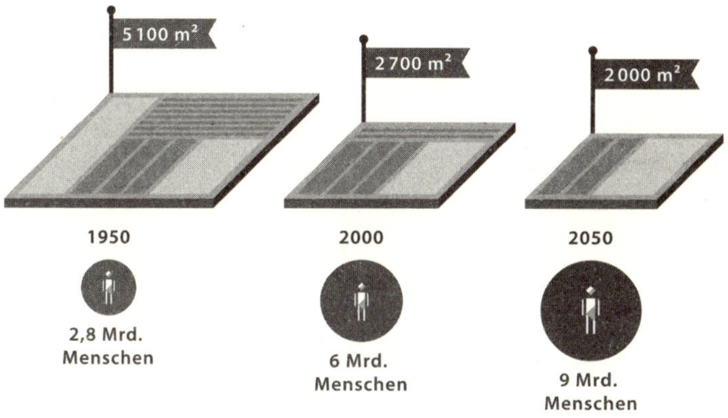

Professor Kozai will am Ende unseres Gesprächs noch etwas loswerden: »Ich habe Ihr Buch über die Lebensmittelverschwendung gelesen.« Richtig, es ist auch auf Japanisch erschienen. »Sie schreiben, dass die Hälfte aller Lebensmittel im Müll landet, auch weil viele Verbraucher die Landwirtschaft nicht erlebt haben. Die Großstädter, die nie die Produktionsorte mit ihren eigenen Augen gesehen haben, sollten deshalb selber Lebensmittel produzieren. Nicht nur Gemüse, sondern auch Fische oder andere Tiere. Die Stadtmenschen sollten die Landwirtschaft in ihren Alltag integrieren. Das wird ihre Denkweise und ihren Lebensstil ändern, sodass sie weniger Essen wegwerfen werden.«

So viel ökologisches Bewusstsein vom Vertreter einer hoch technisierten Landwirtschaft hätte ich nicht erwartet. Der Professor empfiehlt uns, in die Versuchsanlage der Universität Osaka zu fahren. Dort würden die technischen Methoden der Zukunft erprobt.

Die Fahrt von Kyoto nach Osaka auf der teilweise zehnspurigen Autobahn dauert keine zwei Stunden – aber die haben es in sich. Rundherum dichte städtische Bebauung, kein Grün. Die Universität ist ein schmuckloser Betonbau. Im Erdgeschoss begrüßt uns Professor Haruhiko Murase und bittet uns, die Schuhe auszuziehen. Schutzkleidung brauchen wir hier keine, aber wir dürfen auch gar nicht in die Pflanzenfabrik hinein: »Die betreten noch nicht einmal die Arbeiter. Menschen erhöhen nur das Risiko einer Kontamination mit Krankheitserregern. Deshalb haben wir alle Vorgänge automatisiert. Dadurch können wir auch auf Pestizide verzichten. Menschen müssen wir nur im Falle eines Maschinenschadens hineinschicken.«

Wir schauen durch eine große Glaswand hinein. Hier sind die Regale noch höher als in Kyoto. Ein Roboteraufzug zieht einen Boden mit Salatpflanzen heraus, lässt ihn etwas herunter und schiebt ihn in das Regal zurück. »Wir haben den Vertikalanbau so organisiert, dass sich oben die kleinsten Pflanzen befinden und unten die größten. Jeden Tag werden sie eine Etage tiefer gestellt. Nach unten wird der Abstand zu den Leuchtröhren immer etwas größer. Auf der untersten Etage wird der Salat dann geerntet. Alles verläuft grundsätzlich automatisch.«

Durch eine Tür sehen wir jetzt doch einen Arbeiter, weißer Schutzanzug, Mundschutz, er geht in einen Nebenraum. »Er kontrolliert den Wachstumszustand über eine Webcam. Das System ermöglicht es uns, Fabriken in aller Welt fernzusteuern und damit unser Know-how zu schützen.«

»Der Arbeiter kann nicht einfach hineingehen, weil im Gewächshaus eine hohe CO_2-Konzentration herrscht, zwischen 1 000 und 1 500 ppm. Eine solche Konzentration ist nicht für Menschen geeignet, in der normalen Atmosphäre sind es etwa 400. Aber für die Pflanzen ist es optimal, CO_2 ist wie ein Dünger. Natürlich kostet das Gas auch Geld. Wir testen hier, welche Menge optimal ist, damit der Mehrertrag deutlich höher ist als die Kosten.«

Auch hier wachsen die Pflanzen in einer Nährlösung. Was ist eigentlich so schlimm an Erde? »Erde ist kein kontrollierbares Medium, deshalb wollen wir sie nicht benutzen«, meint Murase kategorisch. »Wir sind hier in einer Fabrik, alles muss kontrollierbar sein. In der Erde wachsen Bakterien, die könnten für uns zu einem Problem werden. Generell brauchen Pflanzen keine Erde, um zu wachsen.« Und wie ist das mit Knollenfrüchten, will ich wissen. »Sogar Kartoffeln überleben im Wasser, wenn dort Luftblasen sprudeln.«

»Unsere Produkte haben eine gleichbleibend gute Qualität«, preist der Professor sein System. »Die Bauern auf dem Feld sind vom Wetter und der Jahreszeit abhängig. Es gibt einen Zeitpunkt im Jahr, an dem die Lebensmittel am besten schmecken und einen hohen Nährwert haben. Wir Japaner nennen das *Shun* (Saison). Hier in der Pflanzenfabrik haben wir sozusagen jeden Tag Shun.«

Professor Murase experimentiert auch mit einer gezielten Anreicherung mit Vitaminen: »Das könnte die Vitamintabletten ersetzen. Salate mit niedrigem Kaliumgehalt sind jetzt schon zu einem kommerziellen Erfolg geworden. Auch geringere Nitratwerte, die besonders in Europa gewünscht werden, sind machbar.« Kalium ist vor allem für Dialysepatienten ein Problem, Nitrat hingegen vor allem für Kinder.

»Auch der Preis bleibt konstant«, fährt Murase fort. »Der Sommer hier in Japan wird immer heißer, dadurch steigt der Salatpreis mal stark an oder sinkt mal drastisch. Wir können den Verbrauchern die Salate zum immer gleichen Preis anbieten.« Der Roboterarm ist derweil ganz oben angekommen, wir sehen, wie die Pflanzenwurzeln durch Löcher nach unten hängen, als er ein Blech aus der Reihe zieht. Für Haruhiko Murase sind die Pflanzenfabriken eine Technik, die für die Menschheit überlebenswichtig werden wird: »Weil durch den Klimawandel zunehmend mehr Tornados und Fluten kommen, werden die Menschen in der Zukunft nicht ohne Pflanzenfabriken weiterleben können«, so der Professor. »Überall dort, wo Energie vorhanden ist, kann man Pflanzen losgelöst von den Bedingungen der Natur anbauen.« Auch mitten in der Wüste, weil der Wasserverbrauch dort nur etwa ein Tausendstel vom Freilandanbau ausmacht. Er will dazu Techniken aus der Weltraumforschung anwenden, »weil wir sonst bald nicht mehr auf der Erde leben können. Es wird immer schlimmer werden, das fürchte ich ganz im Ernst.«

Im Moment werden vor allem Salate und Kräuter in Pflanzenfabriken produziert, Murase möchte uns zeigen, dass das auch mit Grundnahrungsmitteln geht. Er führt uns über das Gelände der Universität in sein Labor. »Wenn wir wollen, können wir heute alles importieren. Aber das wird nicht immer so bleiben, die Getreideproduktion wird schrumpfen. Jedes Land wird zunächst an seinen eigenen Bedarf denken, dann gibt es jedoch keinen Reis mehr für den Export. Deshalb müssen wir eine Technologie für den Reisanbau entwickeln. Das ist eine wichtige politische Strategie. Wir benötigen sie nicht sofort, aber in der Zukunft, wenn die Weltbevölkerung weiter zunimmt.«

Japan ist schon heute stärker abhängig vom Import als andere Nationen, das Land stellt nur 40 Prozent seiner Lebensmittel selbst her. »Es ist falsch, wenn wir uns von Importen abhängig machen. Vor allem beim Reis sollten wir eine Notfallreserve haben.«

Der Maschinenbauprofessor ist überzeugt davon, dass sich die Menschheit nur deshalb auf sieben Milliarden vermehren konnte, weil Anfang des 19. Jahrhunderts der künstliche Stickstoffdünger erfunden wurde. »Die Energie, die wir für die Düngerherstellung verwenden, könnten wir allerdings genauso gut in das Licht für die

Pflanzenfabrik stecken.« Wir sind an einem kleinen Gebäude angekommen: »Ich zeige Ihnen jetzt unser Labor, wo wir zum ersten Mal beweisen, dass auch die Reisproduktion ohne Tageslicht möglich ist.«

Wir betreten einen Raum, der vollständig in ein violettes Licht getaucht ist. Die unnatürlichen Farben wirken gespenstisch, so sieht die Hautfarbe des Professors ziemlich ungesund aus. »Das ist für die Pflanzen das optimale Licht, wir mischen rotes und blaues Licht im Verhältnis vier zu eins. Das brauchen die Pflanzen für die Fotosynthese. Grünes Licht brauchen sie gar nicht. Wir nehmen die Pflanzen draußen grün wahr, weil sie genau dieses Licht reflektieren.«

In der Mitte des Raumes ist ein großes, mit Wasser gefülltes flaches Becken, in dem viele Pflanztöpfe stehen. Moment, Töpfe? Nein, es ist keine Erde darin, die Reispflanzen wachsen in steriler Mineralwolle heran. »Hier verwenden wir nur LED-Lampen, die sind deutlich sparsamer als die Leuchtstoffröhren.« Seine Experimente ergeben, dass das Wachstum von Salat beschleunigt werden kann, wenn das Licht 22 Stunden am Tag brennt: »Damit können wir auf Marktschwankungen reagieren: Wächst die Nachfrage, dann verkürzen wir einfach die Nacht.«

Noch wird Reis in keiner kommerziellen Pflanzenfabrik erzeugt. Doch in Japan wächst die Nachfrage vor allem in den Regionen, die beim Reaktorunglück von Fukushima verseucht wurden. In Sendai ist bereits eine solche Pflanzenfabrik in Planung. Murase hofft auf die Olympischen Spiele 2020 in Tokio. Einer seiner Sponsoren will dort die Reisfabrik dem internationalen Publikum zeigen. Er schätzt, dass er Reis mit drei- bis zehnmal weniger Dünger als auf dem Feld erzeugen kann.

Einige der Reispflanzen im Labor tragen Fruchtstände mit Reiskörnern, die in dem rotblauen Licht sonderbar doppelte Außenkonturen haben, als ob ich nicht scharf sehen würde. »Hier in der Pflanzenfabrik ist die Erntemenge pro Quadratmeter um ein Vielfaches höher als im konventionellen Reisanbau«, preist der Professor. Und die Energie für die Lampen, treibt das das Land nicht weiter in die Abhängigkeit vom Atomstrom?

Der Professor lächelt. »Der Energieverbrauch wird immer niedriger werden. Schauen Sie in den hinteren Teil des Pflanzbeckens. Wir haben mehr oder minder zufällig entdeckt, dass man die Pflanzen auch mit Laserstrahlen beleuchten kann, das hat noch keiner vor uns gemacht. Ein Scanner muss den Lichtstrahl aber gleichmäßig bewegen, sonst würde er ein Loch in die Blätter brennen. Die Technologie ist aus der CD-Herstellung bekannt, wir arbeiten deshalb mit Panasonic zusammen.« Der Laser braucht noch weniger Energie als die LED-Lampen.

Professor Murase geleitet uns nach außen. Ich bin froh, diesem komischen violetten Licht entkommen zu sein. »Möchten Sie noch unser Kontrollfeld sehen?« Sein Institut forscht nach wie vor auch draußen: »Das Reisfeld brauchen wir zum Vergleich.«

Unterwegs macht er mir mit einer globalen Energiebilanz klar, wie stark die moderne Landwirtschaft von Energie abhängig ist: »Um ein Kilogramm Reis oder Gerste herzustellen, beträgt der Energieanteil des Benzins etwa 40 Prozent, der des Düngers ungefähr 30 Prozent, und für Pestizide brauchen wir etwa 10 Prozent der Energie, der Rest verteilt sich auf Maschinen und anderes.«

Die Pflanzenfabrik kann auf einen großen Teil davon verzichten: »Wir brauchen keine Traktoren, das heißt weniger Benzinverbrauch. Wir brauchen nur ein Zehntel des Düngers und gar keine Pestizide, sodass wir unterm Strich nur 30 Prozent von der Energie verwenden, die auf dem Feld gebraucht wird.« Bei dieser Rechnung fehlt allerdings noch der Strom für die Lampen. »Wir schätzen, dass unter dem Strich der Energiebedarf in den Fabriken etwas niedriger ist«, antwortet der Professor.

Ob die meisten existierenden Pflanzenfabriken schon so effizient sind, kann er nicht sagen. Ohnehin klappt der Vergleich nur mit konventionellen Methoden, denn die Biolandwirtschaft braucht deutlich weniger Energie. Die Fabrik hat aber noch einen weiteren Umweltvorteil: »Bevor wir ein Energieproblem bekommen, wird zunächst das Wasser knapp werden.« Der Reisanbau braucht in der Tat mehr Wasser als fast jede andere Kulturpflanze.

Wir sehen es, als wir am Feld ankommen, das mit Wasser überflutet ist, so wie es die Reispflanzen lieben. Jetzt im November sind sie praktisch erntereif. Der Professor greift sich eine Pflanze: »Diese besteht aus fünf Ähren. Jede Ähre hat etwa 60 Reiskörner. Das ist uns zu wenig, in der Pflanzenfabrik möchten wir 200 Reiskörner pro Ähre haben.«

In der Pflanzenzüchtung sieht der Wissenschaftler ein gigantisches, noch ungenutztes Potenzial: »Bisher haben sich die Saatgutunternehmen darauf konzentriert, die Pflanzen immun gegen Schädlinge und Krankheiten zu machen. Doch das spielt in unseren Fabriken keine Rolle, da gibt es keine Insekten. Wir brauchen spezielles Saatgut für die Pflanzenfabriken, da forscht bislang kaum einer.« Er reißt eine Ähre heraus: »Diese Pflanze ist an die Natur angepasst, sie braucht Widerstandskräfte gegen Schädlinge und Krankheiten. Deshalb ist der Ertrag geringer.« In der Pflanzenfabrik können die Pflanzen ihre ganze Energie ins Wachstum stecken. »Jetzt müssen wir nur noch die richtigen Sorten dafür züchten.«Sind Pflanzenhochhäuser, die ich bis vor Kurzem noch für Science-Fiction hielt, eine Lösung für den Welthunger? In kalten Ländern oder inmitten von Großstädten sind sie vielleicht eine sinnvolle Alternative. Aber wenn es um die Versorgung der fast eine Milliarde Hungernden geht, sind ihre Produkte doch schlicht zu teuer.

Sechsbeinige Nutztiere

Das Fahrzeug ist schon von Weitem zu hören und zu sehen. Blinkende Lichter in allen Farben, aus den Lautsprechern plärrt die traditionelle Volksmusik der Isaan-Region. Der Fahrer spricht in ein Mikrofon: »Frittierte Insekten! Supergünstig! Nur 20 bis 30 Baht pro Sorte. Halten Sie uns einfach an!«

Das Gefährt hält. Jetzt erst sehe ich, dass es sich um ein umgebautes Motorrad handelt mit einem breiten Verkaufsstand und sogar einer Garküche mit einem großen Wok. Chaiya, der Fahrer, erklärt mir, was er anbietet: »Wir haben kleine Grillen, auch Sading genannt, dann größere Grillen und Heuschrecken, und hier sind Kokons von der Seidenraupe und schließlich noch etwas längere Maden, wir nennen sie ›Schnellzug‹.«

Wir begleiten ihn auf seiner weiteren Fahrt durch das nächtliche Khon Kaen, eine Provinzstadt im Nordosten von Thailand. Chaiya hält an der Terrasse eines Restaurants. Einige Gäste kommen heran. Fast jeder bestellt eine Tüte Insekten, sie scheinen hier eine Art Snack zu sein, und der Restaurantbesitzer hat offenbar nichts dagegen, dass seine Gäste davon kosten.

Ich frage ihn, wie lange er schon Insekten verkauft. »Seit einem Jahr. Am Anfang war das Geschäft schleppend. Dann habe ich die Lichter und die Musik gekauft, seitdem läuft es richtig gut.« Chaiya lacht über das ganze Gesicht. »Ich verkaufe am Tag ungefähr fünf Kilo von jeder Sorte.« Lohnt sich das? »Und ob, ich habe einen täglichen Umsatz von 6000 Baht.« Das sind etwas über 130 Euro. Für die eher arme Region in Nordostthailand eine enorme Summe, etwa ein halber Monatsverdienst für Angestellte. Er fährt weiter, hält schließlich an einer belebten Stelle vor einem Supermarkt.

Hier gibt es mehr als genug Kunden, er kann stehen bleiben. Ob in den letzten Jahren mehr Leute Insekten essen, will ich wissen. »Eindeutig, seit fünf Jahren wird immer mehr verkauft«, erklärt Chaiya. »Manchmal werden in Thailand nicht genug gefangen oder gezüchtet, sodass wir sie aus den Nachbarländern importieren müssen. Das ist ein wenig schick geworden. Selbst Ausländer, die nach Thailand in den Urlaub kommen, essen sie jetzt.«

Ich probiere auch ein paar. Ein wenig Überwindung kostet es schon, aber eigentlich ist das auch nichts anderes als Shrimps oder Krebstiere, denke ich mir. Der Geschmack ist nicht schlecht, doch mit nichts wirklich zu vergleichen, das ich kenne. Die »Schnellzüge« genannten Raupen sind ganz lecker, aber am besten sind die Heuschrecken, die ganz verspeist werden. Die Beinchen sind durch das Frittieren so knusprig, dass man sie wie Chips zerbeißen kann. Nur vor den großen Wasserwanzen schrecke ich zurück.

In Thailand stehen Insekten traditionell auf dem Speiseplan, allerdings galten sie eine Zeit lang wohl eher als Armeleuteessen. Ich habe mich mit der Frau verabredet, die dafür verantwortlich ist, dass sich das geändert hat: Yupa Hanboonsong. Sie ist Professorin an der Universität Khon Kaen und hatte uns auf Chaiya aufmerksam gemacht.

Die Professorin begrüßt ihn wie einen alten Bekannten. Dann wendet sie sich dem Kind einer Kundin zu, das gerade eine Made verspeist: »Du scheinst das ja sehr zu mögen. Wie alt bist du?« »Fünf Jahre.« »Isst du das jeden Tag?« »Ja, am liebsten mag ich den Schnellzug, aber nur mit Soße.« Die Mutter ergänzt: »Ja, die sind schön fettig und lecker.«

Dann fragt sie Chaiya, wo das Geschäft am besten läuft: »Am meisten verkaufe ich vor den Kneipen, als Beilage zum Alkohol, also als Knabberzeug.« »Also mehr Männer?« »Nein, eigentlich essen Frauen mehr. Ich glaube, das hat damit zu tun, dass Insekten so viel Kalzium enthalten.«

Yupa Hanboonsong fragt weiter: »Du würzt die Insekten ordentlich?« »Ja, das muss man machen, sonst schmecken sie fad. Ich nehme Soßen und Pfeffer.« »Und was sind das für Blätter?« Chaiya nimmt eine Handvoll grüner Blätter, damit sie daran riechen kann: »Das ist Krapao-Basilikum. Und manchmal nehme ich auch Pandanblätter.« »Interessant, zu welchen Insekten?« »Die nehme ich für die Grillen oder Heuschrecken oder die Kröten. Für die Tiere, die etwas strenger riechen.«

Die Professorin nickt: »Du wirfst beim Frittieren einfach zwei Blätter dazu? Und dann Sojasoße?« »Ja, genau, und Pfeffer.« »Und was ist das?« Sie zeigt auf eine Plastikflasche mit einer aufgesetzten Spitze. »Das kann ich nicht verraten. Das ist mein Geheimrezept.« Yupa lächelt: »Oh, ein Geheimrezept?« Chaiya ist sichtlich verlegen, verrät aber nicht mehr: »Das ist ein zusätzliches Gewürz.«

Yupa Hanboonsong, Professorin der Entomologie, also Insektenkunde, hat neue Methoden der Insektenzucht entwickelt und beschäftigt sich auch mit der Vermarktung: »In den letzten zwei oder drei

Jahren werden Insekten zunehmend auch von Kindern und Jugendlichen gegessen.« Wie ist es dazu gekommen? »Das liegt daran, dass Insekten inzwischen an vielen Orten angeboten werden, zum Beispiel im Supermarkt als Tiefkühlkost. Das wiederum ist möglich, weil man sie heute züchtet. Vor allem Grillen kommen von Farmen, deshalb gibt es sie jetzt auch das ganze Jahr über. Früher wurden die Insekten nur im Wald gesammelt, deshalb gab es sie nur zu bestimmten Jahreszeiten. Es ist wirklich ein Erfolgsmodell: Inzwischen haben wir über 20 000 Grillenfarmer in Thailand.« Dass Insekten mittlerweile auch in hippen Szenelokalen serviert werden, ist ihr eher egal. Yupa Hanboonsong sieht die Insekten vor allem als Möglichkeit, ärmere Bevölkerungsschichten mit tierischen Proteinen zu versorgen.

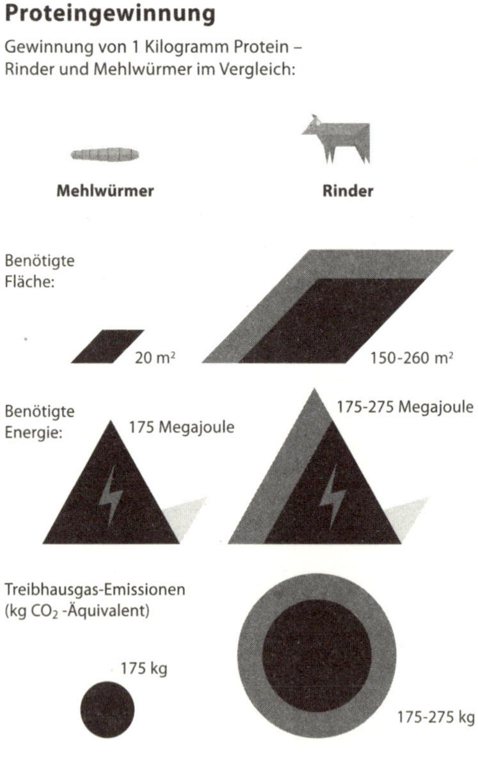

So hat sie ein Modellprojekt an den Schulen der armen Region an der Grenze zu Laos gestartet: »Die Schüler züchten in einem Gewächshaus sogenannte Soldatenfliegen. Die fressen Essensreste, sind also billig zu füttern.« Ich verziehe den Mundwinkel: Fliegenmaden essen? Die Professorin lacht: »Nein, nicht direkt. Das sind Maden, die sich wunderbar als Kraftfutter für Legehennen eignen. Man wartet, bis sich die Maden verpuppen, und die Puppen landen dann im Hühnerstall. Die Schüler bekommen schließlich die Eier, die die Hennen legen.«

Ob sie selbst auch Insekten mag, will ich wissen. Die Professorin schaut auf den mobilen Insektenverkäufer. »Ja, allerdings nicht so frittiert, wie es die Straßenhändler machen, sondern verarbeitet, etwa zu Chips oder zu Chilisaucen. Also eher als richtige Gerichte und nicht als Snack. Deshalb versuche ich auch, neue Rezepte zu erfinden. Wie zum Beispiel das Rote-Ameisen-Eier-Omelett.«

Insekten – Nahrung der Zukunft?

Gut zwei Milliarden Menschen weltweit essen regelmäßig Insekten. In Zentral- und Südafrika, Asien, Australien und Südamerika stehen ca. 500 Insektenarten auf dem Speiseplan: geröstete Heuschrecken und mit Schokolade überzogene Ameisen in Mexiko, gebratene Palmenmaden in Ecuador und Australien, frittierte Grillen und Wasserkäfer in Thailand und Laos, gebrühte Taranteln in Kambodscha oder getrocknete Raupen und rohe Termiten in Südafrika. Als Snack für zwischendurch, Beilage zu Hauptspeisen oder mitgekocht in Suppen und Eintöpfen, decken sie bereits einen erheblichen Teil des täglichen Nahrungsbedarfs ab. Und in Zukunft könnte das noch viel mehr werden. Die FAO widmete im Jahr 2013 diesem Thema einen ausführlichen Report, der für Schlagzeilen sorgte.[90] Die Ernährungsexperten sehen im Verzehr von Grillen und Co. eine wichtige Möglichkeit, die Mangelernährung in Entwicklungsländern zu bekämpfen. Die sechsbeinigen Krabbler und ihre Larven sind ähnlich reich an Proteinen,

Mineralstoffen und Spurenelementen wie Hühner, Schweine und Rinder und stellen somit eine ausgezeichnete Eiweißquelle dar. Zugleich enthalten sie nur wenig Fett, sind also kalorien- und cholesterinarm und damit sehr gesund. Ihre Zucht und Produktion verschwenden deutlich weniger Ressourcen und das mit viel geringeren ökologischen Auswirkungen: Insekten produzieren pro Kilogramm zehn- bis hundertmal weniger Treibhausgase als Rinder und Schweine und benötigen nur ein Zehntel so viel Land. Um ein Kilogramm Insektenfleisch zu erhalten, braucht man höchstens zwei Kilogramm Futter, bei Rindfleisch ist dagegen mindestens die vierfache Menge nötig. Mit ihrer Kampagne »Humans bite back« (Menschen beißen zurück) will die FAO beispielsweise in Laos zu einer stabilen Versorgung mit Insekten beitragen und hat in den vergangenen Jahren dazu Hunderte Kleinbauern zu Insektenfarmern umgeschult.[91]

Ist hiermit nun das Wundermittel gegen Hunger und Mangelernährung in der Welt gefunden? Möglicherweise, aber nur wenn es kein Gefühl des Ekels, keine erlernten kulturellen Traditionen und gesellschaftliche Tabus gäbe. Bei den meisten Europäern und in Nordamerika ruft allein schon der Gedanke an lange Beine, Fühler und Chitinpanzer Ekel und Abscheu bis hin zu Phobien hervor. Durchaus vergleichbare Krabben und Scampi sowie Weinbergschnecken und rohen Fisch verzehren wir hingegen massenhaft und mit Genuss. Bei manchen Menschen ist auch die Religion ein Hindernis: Strenggläubige Christen, Juden und Muslime dürfen kein Ungeziefer essen, ausgenommen Heuschrecken, die in biblischen Zeiten gerne verspeist wurden. Bereits der griechische Dichter Aristophanes nannte sie »vierflügeliges Geflügel«. Die Römer genossen bei Essorgien die gesottenen Maden des Weidenspinners, und selbst in unseren Landen galten vor dem 19. Jahrhundert außer Insekten auch Fischotter, Igel, Marder, Biberschwänze und Singvögel als Delikatesse. Noch Anfang des 20. Jahrhunderts wurde in Nordhessen und Frankreich eine Bouillon aus Maikäfern verspeist.

Wieso verschwanden also diese Verzehrgewohnheiten, obwohl der Homo sapiens von der Anlage her ein »Allesfresser« ist und problemlos verschiedene Nahrungsquellen nutzen kann? Und woher kommt der Ekel?

Essen ist eben nicht nur Geschmackssache, sondern erlerntes Verhalten. Unsere kindliche Erziehung, der Speiseplan der Familie, landes- und regionstypische Traditionen und Gewohnheiten bestimmen darüber, was uns schmeckt und was nicht. Dass sich Gewohnheiten aber auch schnell ändern können, beweist die »Amerikanisierung« und Gleichschaltung unserer Essgewohnheiten in den letzten 50 Jahren. Von den ersten Pizzerien über Chinarestaurants bis hin zu Dönerbuden und Sushibars – heute ist uns fast keine Küche mehr unbekannt und keine Spezialität mehr fremd. Doch frittierte Heuschrecken und geröstete Würmer dürften in nächster Zeit kaum mehr als eine exotische Nische in unserer modernen Esskultur erobern. Aussichtsreicher ist hingegen die Verwendung als Proteinersatz für Fertigprodukte: beispielsweise gemahlene Raupen als Eiweißzusatz für Hamburgerfleisch oder Insektengranulat in Fitnessriegeln. Erste industrielle Versuche dazu gibt es bereits in den Niederlanden.

Warum überhaupt Insekten züchten? »Da gibt es mehrere Vorteile gegenüber der Zucht anderer Tiere. Zum Ersten brauchen Insekten nicht viel Platz, man muss nicht den Wald roden oder riesige Farmen bauen. Dann fressen sie weniger, und benötigen weniger Wasser, ihre Zucht verbraucht also insgesamt weniger natürliche Ressourcen. Und vor allem produzieren sie so gut wie kein Methan oder andere umweltschädliche Stoffe.«

Die Professorin vermittelt uns den Kontakt zu einem Großhändler in der nahe gelegenen Kleinstadt Maha Sarakham: »Er hat bei mir vor 15 Jahren studiert. Besuchen Sie sein Lager, und Sie werden erstaunt sein. Die Insekten haben ihn reich gemacht. Heute verdient er 100 Millionen Baht (2,25 Mio. Euro) im Jahr.«

Der Insektenmillionär heißt Sikön Phitchitchai. Seine Villa befindet sich in einer abgelegenen Nebenstraße, daneben eine lichte Halle, bei der zwei Seiten offen sind. Hier ist das Lager des Grillenhändlers, wo die Bauern die Grillen anliefern und wo sie zugleich weiterverarbeitet werden. Die Insekten werden dreimal hintereinander mit heißem Wasser gebrüht, bis sie sauber genug sind und in Plastiksäcke verpackt werden können.

Einige Säcke wandern in eine Tiefkühltruhe, andere werden direkt auf einen Pick-up verladen, ein Arbeiter schaufelt zerstoßenes Eis darauf. 1,5 Tonnen verkauft Sikön Phitchitchai täglich. »Es wird immer mehr. Ich mache das jetzt seit 14 Jahren. Am Anfang konnte ich gerade mal 20 Kilo pro Tag verkaufen.«

Ich frage, ob wir eine Grillenzucht besuchen können. »Kein Problem, einer unserer Helfer, Vitoon Kaewmontri, hat selbst eine kleine Farm.« Dessen Villa sieht eigentlich überhaupt nicht nach einer Grillenfarm aus, zwar etwas weniger prachtvoll als die des Großhändlers, aber auch kunstvoll verziert mit Götterfiguren auf der Mauer.

Die Grillenzucht befindet sich in einem ausgedehnten Schuppen direkt hinter dem Wohnhaus. Ich frage den Bauern, wie viel er damit verdient: »Ich kann davon leben. Es ist ein guter Verdienst für meine Verhältnisse. Eine Generation braucht etwa 50 Tage. Aber wenn es heiß ist, wachsen die Insekten schneller. Im Sommer dauert es nur 35 Tage. Dafür bekomme ich etwas über 100 000 Baht. Wenn ich die Ausgaben abziehe, bleiben mir 50 000 (etwa 1 100 Euro).«

Ist Insekten züchten schwierig, will ich wissen. »Es hängt davon ab, ob man sich dafür interessiert. Wenn man kein Interesse hat, kommt man nicht weit.«

Die Anlage besteht aus rund 50 badewannengroßen Betonbecken, die so dicht beieinanderstehen, dass der Bauer gerade noch zwischen ihnen hindurchgehen kann. Er rollt die Plastiknetze von den Becken und holt ein kleines Handsprühgerät: »Die kleinen Insekten sollte man nur besprühen, zu viel Wasser vertragen sie nicht. Auch essen sie noch nicht so viel, man muss sie nur ein- oder zweimal am Tag füttern.«

Dann nimmt er eine große Karaffe Wasser und geht weiter: »Wenn sie dann größer sind so wie die hier, gebe ich das Wasser in eine Rinne, die mit Sand gefüllt ist. Nicht zu viel, denn wenn die Rinne zu voll ist, können sie ertrinken.« Die Becken sind mit mehreren Lagen Eierkartons ausgelegt, zwischen denen die Insekten herumkrabbeln. Obendrauf liegen flache Becken, in die der Bauer jetzt Körnerfutter streut.

»Früher gab es nur Hühnerfutter, aber jetzt stellt der Tierfutterhersteller CP spezielles Grillenfutter her«, erklärt der Bauer. »Die Grillen sind zwar klein, doch sie wachsen schnell und fressen deshalb viel. Ich brauche täglich neun Zentnersäcke von dem Futter.« Er zeigt uns die Eier, die in zwei gesonderten Becken heranreifen. »Ich kann die Grillen selbst vermehren. Das ist aber komplizierter, die Eier muss man gut schützen.« Wie kommt es eigentlich, dass sie nicht aus den Becken herauskrabbeln? Er lächelt und zeigt auf ein glattes Plastikband, das er rundherum an die Kante geklebt hat, und auf dem die Grillen ausrutschen.

Ich frage ihn, wie lange er das schon macht. »Seit sieben Jahren«, antwortet der Grillenfarmer. »Davor habe ich Rinder gezüchtet. Aber am Ende war das kein gutes Geschäft mehr. Der Preis für die Rinder auf dem Markt ist gesunken, ich habe Verluste gemacht. Ich habe damals unseren Bauernvorsitzenden um Rat gebeten. Er hat mir empfohlen, Insekten zu züchten. Das war eine gute Idee, ich konnte genug verdienen, um meine Schulden abzubezahlen. Es dauerte zwei oder drei Jahre, dann hatten wir wieder genug zu essen, und ich konnte meine Kinder wieder zur Schule schicken. Also, das ist besser als eine Beamtenlaufbahn.« Und sein Haus? »Ja, das konnten wir mit dem Geld von den Insekten bauen. Ich habe dafür drei Jahre gespart.«

Man sieht dem wettergegerbten Gesicht des Bauern an, dass er weiß, was harte Arbeit ist. »Mir gefällt die Insektenzucht. Das kann ich auch noch machen, wenn ich 60 oder 70 bin. Es ist ja keine schwere Arbeit, und man kann im Schatten bleiben.«

Ich frage ihn, ob die Insektenzucht auch eine Nahrungsquelle für Menschen werden könnte, die unter Hunger leiden. »Auf jeden Fall. Sehen Sie, unser Nachbarland Laos ist sehr arm. Vor einigen Wochen ist ein Dorfbürgermeister gekommen, um sich unsere Arbeit hier anzuschauen. Papa Miang hieß er, ich habe ihm einige Grillen mitgegeben, damit sie dort auch mit der Zucht anfangen können. Im Moment exportieren wir aber immer mehr, nicht nur nach Laos, sondern auch nach Vietnam und Kambodscha. Heute Morgen habe ich zwei Tonnen nach Kambodscha geliefert.«

Das Exportgeschäft wird über den Großhandel von Sikön Phitchitchai abgewickelt. Wir fahren zurück in seine Halle, er hat uns zum Mittagessen eingeladen. Wie kommt er auf solche Mengen, will ich wissen. »Es wird bald noch mehr werden, wir rechnen bald mit drei Tonnen täglich. Mich beliefern etwa 200 Grillenfarmer, aber nicht bei allen läuft es so gut wie bei Vitoon, einige brauchen noch etwas Training, doch sie werden von Tag zu Tag besser.«

Meine Frage nach der Welternährung muss ich gar nicht stellen, er formuliert die Antwort schon selbst: »In Zukunft wird es der Weltbevölkerung an Nahrungsmitteln fehlen. Die Insekten haben einen hohen Proteinanteil. Die Universität Khon Kaen hat herausgefunden, dass sie das Protein aus Tierfleisch ersetzen können. Urteilen Sie selbst«, sagt er und winkt uns in einen Pavillon im Garten.

Eine Köchin macht Feuer unter einem großen Wok. Sie schneidet Knoblauch und Chili; Zitronengras und Kaffirblätter holt sie direkt aus dem Garten nebenan. Hier werden die Grillen nicht frittiert, sondern mit wenig Fett angebraten. Und tatsächlich, die Professorin hat recht, so sind sie um Längen besser.

Der Händler ist zufrieden, dass wir unsere Teller leer gegessen haben. Er lädt uns ein, ihn am nächsten Morgen auf den Markt zu begleiten. Das Städtchen Talad Kalasin ist das Zentrum des Insektenhandels in der Region. »Hierher kommen vor allem Restaurantbesitzer oder Einzelhändler«, erklärt Sikön Phitchitchai.

Am Marktstand von Kanyakorn Hokratok scheint die ganze Familie zu leben, die Kinder machen Schulaufgaben, ein alter Mann ruht sich in einer Hängematte aus. Gleichzeitig stehen mehrere Kunden in der Warteschlange, sodass es einen Moment dauert, bis wir die Markthändlerin ansprechen können.

Die Insekten befinden sich in einem riesigen Kühlschrank. Ich frage, welche Insekten gezüchtet wurden und welche im Wald gefangen. »Die meisten sind aus der Natur, die Heuschrecken ebenso wie die Wasserwanzen. Auch die Bambusraupen, sie leben auf Bambussträuchern in der Natur, die kann man nicht züchten. Nur die Grillen werden gezüchtet.«

Welche sind denn am teuersten? »Das sind die Patanka-Heuschrecken mit 320 Baht pro Kilo. Die Schnellzug-Raupen kosten auch 320 (etwa sieben Euro). Die Kokons sind momentan günstiger, das Kilo nur 90 Baht. Und die Wasserwanzen kosten 6,50 Baht (14 Cent) pro Stück.« Warum sie teurer sind, will ich wissen. »Wenn die Saison zu Ende ist, kann man sie nicht mehr fangen. Deswegen gibt's die nur einmal im Jahr.«

Am Nachmittag besuchen wir die Entomologin in ihrem Forschungslabor in der Universität von Khon Kaen. Ihr nächstes Projekt ist das Futter: »Nach der Vogelgrippe ging die Hühnerhaltung stark zurück, deshalb haben die großen Tierfutterhersteller jetzt den Insektenmarkt im Auge«, erklärt Yupa Hanboonsong. In Thailand hat die Firma CP fast ein Monopol. »In der Tat verkürzt das Industriefutter den Zyklus bei der Aufzucht von 40 auf 30 Tage, aber die Bauern müssen das teuer bezahlen, von ihrem Erlös gehen 50 Prozent für das Tierfutter drauf.«

Deshalb sucht die Wissenschaftlerin jetzt nach Alternativen, wie die Farmer selbst das Futter erzeugen können, und experimentiert zum Beispiel mit Maniokblättern. Ich frage sie, wie sie die Entwicklung beim Konsum von Insekten sieht. »Es sind schon sehr viele Leute, die Insekten essen. Aber viele schrecken noch vor der Form zurück. Sie werden sich leichter tun, wenn die Insekten verarbeitet werden, sodass man die Form nicht mehr erkennt.«

Damit könne der Massenmarkt leichter erreicht werden. »Ich denke, in Zukunft wird ein großer Teil der Insekten zu Chips oder Nudeln verarbeitet«, prophezeit die Professorin. »Die Basis dafür wird ein Proteinpulver sein, damit kann man den Proteingehalt von allen möglichen Gerichten steigern.« Sicherlich sei die Akzeptanz am besten dort, wo Insekten auch traditionell gegessen werden, neben Thailand in China, Mexiko und einigen afrikanischen Ländern. Aber auch andernorts wachse das Interesse. Die französische Firma Crickeat exportiert Biogrillen von Thailand nach Europa: »Das lohnt sich, sie verkaufen in Europa einen Kilobeutel für sieben Euro.«

Ich erwarte dennoch nicht, dass Insekten demnächst weltweit zu einer wichtigen Nahrungsquelle werden. Denn Ekel ist ein Gefühl, das sich nicht mit rationalen Argumenten beeinflussen lässt.

Monsterfische oder Jahrhunderterfindung?

Der Ort könnte nicht abgeschiedener sein: Prince Edward Island liegt vor der kanadischen Atlantikküste, der Hauptort Charlottetown hat gerade mal 35 000 Einwohner. Die Insel ist für Kartoffelanbau und schöne Strände bekannt. Doch an einem kleinen Fjord nahe der Westspitze hat sich die US-amerikanische Firma AquaBounty niedergelassen, die Geschichte schreiben will, indem sie weltweit das erste genetisch veränderte Tier auf den Markt bringt. Im Vorstand der Firma finden sich Protagonisten, die lange für Monsanto tätig waren – auch der Hauptaktionär hat 20 Jahre für den Konzern gearbeitet. Der Direktor Ronald Stotish empfängt uns mit dem Hinweis, dass AquaBounty in den letzten Jahren Filmteams nur noch in Ausnahmefällen reingelassen hat. »Wir hoffen, dass Sie unser Unternehmen positiv darstellen.«

Mir fallen die hohen Zäune auf, die das Gelände umgeben. »Greenpeace wollte im letzten Jahr hier eindringen, aber es ist ihnen nicht gelungen.« Ansonsten würden sich nicht so viele Protestler auf die Insel verirren, der Weg sei doch etwas weit. Ich frage, ob sie deshalb die abgeschiedene Lage gewählt hätten. Ron Stotish lacht: »Nein, das liegt eher daran, dass es hier in der Gegend einige Forschungseinrichtungen gibt, wir konnten deshalb auf erfahrene Wissenschaftler zurückgreifen.«

Er stellt mir Dawn Runighan vor: »Das ist unsere Laborleiterin, sie stammt aus einer alten Fischerfamilie von der Insel hier.« Gemeinsam geleiten sie uns in eine riesige Lagerhalle durch eine unscheinbare Tür, dahinter ein Desinfektionsbecken für die Schuhsohlen. Wir bekommen auch hier einen weißen Schutzanzug und Plastiküberschuhe verpasst. »Wir wollen verhindern, dass irgendwelche Parasiten hier eindringen.«

Ron Stotish ist wichtig, dass wir zunächst die Filteranlage sehen: »Unsere Fische stellen keine Bedrohung der Umwelt dar. Wir haben unsere Fischzucht durch mehrere Barrieren gesichert. Weil wir die Bedenken von …« Er macht eine Pause, denkt wahrscheinlich »durchgeknallten Ökofanatikern«, fährt aber fort: »… wohlmeinenden Leuten schätzen, die fürchten, dass unsere Fische ausbrechen könnten.« Aber nicht nur Umweltaktivisten, sondern auch amerikanische Kongressabgeordnete protestieren vehement über die Parteigrenzen hinweg gegen den Genlachs. Vor allem die Abgeordneten der lachsproduzierenden Staaten sprechen in Anlehnung an Frankensteins Monster vom »Frankenfish«.

Dawn Runighan weist darauf hin, dass die 15 aufeinanderfolgenden Sicherungen sogar kleine Fische abfangen würden: »Das Abwasser wird mehrfach gefiltert und kontrolliert, da kommt noch nicht einmal ein Ei durch. Wir sind hier seit 20 Jahren und haben noch nie einen Fisch verloren.« Ohnehin gibt es hier an der Atlantikküste so gut wie keine wilden Lachse mehr, das Meer wurde bereits in den 1980er-Jahren so gut wie leer gefischt, schon deshalb sei eine Vermischung mit natürlichen Populationen mehr als unwahrscheinlich.

In einer schummrigen Halle stehen die großen, mehrere 1 000 Liter fassenden Becken, alle sind mit einem Netz gesichert. Dawn beginnt die Führung: »Sie werden jetzt ziemlich große Brocken sehen, zwischen vier und vierzehn Kilo schwer. Vorsicht, wenn Sie zu nah rangehen, könnten die Fische erschrecken, dann spritzen sie mit Wasser, und das nicht zu knapp.«

Und in der Tat, die Oberfläche der Becken kräuselt sich unruhig, hier und da sieht man eine Schwanzspitze. Plötzlich bricht Panik im

Becken aus, Fische springen gegen die Netze, Wasser schwappt über. Jetzt weiß ich, warum die Netze so hoch gespannt sind: »Sie können mehrere Meter hoch springen, in der Natur überwinden sie so sogar Stromschnellen und kleine Wasserfälle.«

»Ich muss erst einmal eine Besonderheit erklären«, beginnt Ron Stotish. »Diese Fische hier sind eigentlich Weibchen, aber sie produzieren Sperma. Das ist unsere genetisch veränderte Elterngeneration, wir nutzen sie, um die Eier normaler Lachse zu befruchten, was dann die AquAdvantage-Lachse ergibt.«

Weibchen, die Sperma produzieren? »Das ist eine ziemlich einzigartige Methode und hat den Vorteil, dass alle Nachkommen weiblich sind.« Er führt uns zu einem kleinen Gerät, das auf einer Gasflasche aufsitzt, und winkt einem Arbeiter im Blaumann: »Ich zeige Ihnen jetzt mal was: Wir behandeln die Eier mit Druckluft.«

Der Arbeiter bringt eine kleine Flasche mit leuchtend orangeroten Eiern und setzt sie in eine Halterung. Dann drückt er einen Knopf, ein lauter Knall ertönt, weitere folgen in rhythmischen Abständen, bis er schließlich die Flasche mit den Eiern wieder herausnimmt. »Die Druckluftstöße beschädigen sie nicht, aber sie machen die Eier triploid«, erklärt der Farmdirektor. »Das heißt: Jede Eizelle enthält dann drei Chromosomensätze statt wie in der Natur zwei. Dadurch werden die Fische unfruchtbar gemacht, und das hat zwei große Vorteile: Zum einen sichert es unseren intellektuellen Besitz – also keiner kann unsere schnell wachsenden Lachse weiterzüchten, sie müssen jedes Jahr von Neuem bei uns gekauft werden. Zum anderen schützt es die Umwelt, unsere Fische können sich gar nicht mit wilden Lachsen kreuzen, weil sie unfruchtbar sind.« Ich wende ein, dass bei diesem Verfahren doch immer auch einige Eier fruchtbar bleiben. »Das stimmt zwar, aber fast 99 Prozent werden unfruchtbar – das reicht, weil wir ja auch noch die anderen Sicherheitsmaßnahmen haben.«

»Der große Unterschied zu normalen Atlantiklachsen ist«, fährt Ron Stotish fort, »dass unsere Fische das Marktgewicht von drei bis vier Kilo in etwa der halben Zeit erreichen. Also wenn die normalen dreieinhalb bis vier Jahre brauchen, sind unsere schon in anderthalb bis zwei Jahren so weit. Und sie verwerten das Futter um 20 Prozent besser als die normalen Tiere. Das sorgt für deutlich geringere Kosten.«

Er winkt den Arbeiter noch einmal herbei. Der schnappt sich einen riesigen Kescher und hält ihn in das Becken. Mit langsamen Bewegungen holt er einen der schweren Fische heraus. Er zappelt im Netz, während der Direktor sichtlich stolz fortfährt: »Dieses Tier ist in jeder Hinsicht effizienter. Zum Beispiel hat es eine um 5 Prozent verbesserte Stickstoffspeicherung. Stickstoff wird gebraucht, um Gewebe aufzubauen. 5 Prozent klingt vielleicht nicht viel, aber wir sprechen über die teuerste Komponente beim Futter, deswegen ist das schon ein Riesenunterschied.« Der Arbeiter wirft den zappelnden Riesenfisch zurück in das Becken. »Das ist die Schönheit von AquAdvantage: Sie wachsen schneller, doch wie Sie sehen können, es gibt keinen Unterschied zu den normalen Lachsen, sie sind absolut identisch.«

Ron Stotish ist noch auf einen weiteren Fortschritt stolz. Während die Aquakultur von Lachsen sonst in Käfigen stattfindet und ganze Buchten verwüstet, weil Abwässer und Antibiotika ungeklärt ins Meer rieseln, können seine Lachse in Becken an Land gemästet werden. »Das heißt, man kann AquAdvantage in der Nähe der Großstädte produzieren. Das senkt die Transportkosten.« Ron Stotish sieht die Genlachse deshalb sogar als Beitrag zum Klimaschutz: »Anstatt die Fische per Flugzeug aus Chile oder Nordeuropa in die USA zu bringen, könnte man sie in der Nähe der Verbraucher produzieren, sodass sie nur noch per Lkw transportiert werden müssen. Das ist nicht nur billiger, sondern wird auch den ökologischen Fußabdruck verringern.«

Der Direktor wird kurzzeitig richtig euphorisch: »Eine Erfindung für die Zukunft! Sie wird die Ernährungssicherheit in diesem Jahrhundert verbessern und dazu beitragen, die Bedürfnisse der wachsenden Weltbevölkerung zu befriedigen.«

Transgene Tiere: von »Knock-out-Mäusen« und anderen Mutanten

Nicht nur Pflanzen, auch Tiere lassen sich gentechnisch verändern. Mittels Klonung und anderen Manipulationen versucht man gezielt, einzelne Gene abzuschalten oder Erbinformationen anderer Arten in die DNA einzubringen, sogenannte Transgene. Damit will man bestimmte Eigenschaften fördern oder andere unterbinden. Derart mutierte »Knock-out-Mäuse« (von englisch *knock-out,* außer Gefecht setzen, weil bestimmte Gene ausgeschaltet wurden), Schafe, Ziegen und Hühner werden vor allem in der Forschung als Versuchstiere eingesetzt. Sie dienen in erster Linie zur Medikamentenproduktion und um bestimmte menschliche Eiweiße zu bilden. Beispielsweise stellt man in genmanipuliertem Milchvieh ein humanes Protein her, das manche Menschen nicht selbst produzieren können. Oder gewinnt aus der Milch transgener Ziegen ein Blutgerinnungsmittel. Hydra, ein in der Forschung beliebter transgener Süßwasserpolyp, besitzt viele Gene, die den menschlichen ähnlich sind und bietet sich daher für die Erforschung von Krankheitskeimen an. Für die Xenotransplantation, die Übertragung von Zellen, Zellverbänden oder Organen zwischen verschiedenen Arten, wird ebenfalls an genmodifizierten Tieren als »Organersatzteillager« geforscht. Transgene Tiere sind hingegen zum menschlichen Verzehr sowie zur Eindämmung von Infektionskrankheiten bislang in der EU nicht zugelassen.

Vorerst kein Genfleisch

Im Lebensmittelbereich wird es daher bei uns in naher Zukunft noch keine genetisch veränderten Tiere geben. Zwar wird versucht, gezielt das Muskelwachstum bei Rindern und Geflügel zu verstärken oder die durchschnittliche Milchleistung von Kühen zu erhöhen, aber das passiert im Rahmen einer kontrollierten Züchtung mittels künstlicher Besamung und Befruchtung und nicht durch Gentechnik. In der Theorie könnten durch die gezielte Veränderung der DNA ganz neue Merkmale gezüchtet werden wie vielleicht ein Schwein ohne Schwanz und mit besonders viel Schinken. Aber das ist Science-Fiction und bei großen Säugetieren wenig zweckmäßig. Zu aufwendig ist die Gewinnung der Eizellen und ihrer Behandlung, zu wenige Embryonen wachsen zu einem gesunden Tier heran. Dennoch wird eifrig auch an Nutztieren weitergeforscht. Das »Beltsville-Schwein« beispielsweise wächst durch ein zusätzliches Wachstumshormongen etwa 14 Prozent schneller als sein herkömmlicher Verwandter. Jedoch ist es anfällig für Stress, Arthritis, Magengeschwüre und Nierenleiden. An der Lösung dieser Probleme wird weitergearbeitet. Die Milch von Rindern soll mehr der Muttermilch von Menschen ähneln, fettarm, besonders nährstoffreich oder laktosearm werden. In Neuseeland hat man bereits eine Kuh entwickelt, die allergenarme Milch für Säuglinge liefert. Im Fokus der Forschung steht auch ein Schwein, dessen Fleisch mit Omega-3-Fettsäuren angereichert werden soll. Doch gibt es auch Rückschläge: In Kanada wurden vor einigen Jahren sogenannte Enviropigs gezüchtet. Vornehmlich sollten sie das Futter besser verwerten und somit die Ausgaben für Futtermittel senken. Ein umweltfreundlicher Nebeneffekt war, dass ihre Gülle weniger Phosphat enthielt. Das Projekt wurde jedoch 2012 wegen Finanzierungsschwierigkeiten eingestellt, die Schweine wurden getötet. Möglicherweise ist der Markt für genmanipuliertes Saatgut zur Futtermittelherstellung schon zu gewinnbringend etabliert, als dass die Wirtschaft interessiert an Tieren wäre, die weniger davon verbrauchen. Die Forscher bemühen sich hingegen weiterhin, Schweinen den Ebergeruch abzuzüchten. Das würde den Ferkeln die Kastration ersparen.

In der Frage der Welternährung ist Gentechnik bei Nutztieren also momentan kein großes Thema. Dennoch scheint US-Präsident Barak Obama von den Vorzügen der Genforschung überzeugt. Im Gedenken an den 100. Geburtstag von Dr. Norman Borlaug, dem »Vater« der Grünen Revolution, schreibt er im April 2014: »Ich teile seine Überzeugung, dass die Investition in verbesserte Biotechnologie ein essenzieller Baustein zur Lösung der dringlichsten landwirtschaftlichen Probleme unseres Planeten darstellt.«[92]

Es ist Mittagszeit, der Direktor lädt uns zum Essen ein. Es gibt natürlich Lachs, genetisch veränderten Lachs. Ich habe ein etwas mulmiges Gefühl, aber der Geschmack ist genauso, wie ich ihn von Lachs kenne.

»Wir können die Fische im Moment weder verkaufen noch verschenken, dürfen sie aber in der Firma essen«, erklärt der Direktor. »Und das machen unsere Angestellten auch hin und wieder, aber Sie können sich sicher vorstellen, dass kein Mensch täglich immer nur Lachs will. Deshalb müssen wir leider im Moment noch viele Tonnen Fisch im Jahr vernichten.«

Nach dem Essen zeigt mir Dawn Runighan in ihrem Labor, wie sie die Unterschiede zwischen den normalen und den gentechnisch veränderten Lachsen untersucht. Ein Mitarbeiter bringt in einer kleinen Wanne vier betäubte Fische: »Die vier Lachse sind alle gleich alt«, erklärt die Laborleiterin. »Ihre Eier wurden im Herbst 2012 gelegt. Sie haben im März 2013 zu fressen begonnen, und zwar dasselbe Futter. Es sind Brüder und Schwestern, sie stammen alle aus derselben Familie. Aber die beiden großen haben das Wachstumsgen, die beiden kleineren haben es nicht.« Sie legt sie auf die Waage: Während die Genlachse zwischen 180 und 200 Gramm wiegen, sind es bei den normalen nur zwischen 30 und 40 Gramm. »Das heißt«, fasst Dawn Runighan zusammen, »sie wachsen fünf- bis sechsmal schneller.«

Wie konnten die Forscher das erreichen? Ihr Chef Ron Stotish führt uns ins mikrobiologische Labor nebenan, in dem einige Laboranten gerade mit Pipetten hantieren: »Es war eigentlich kein großer Eingriff. Ein atlantischer Lachs hat vermutlich zwischen 20 000 und 40 000 Gene, und wir haben einfach nur ein weiteres Gen hinzugefügt. Es ist ein Wachstumsgen von den pazifischen Lachsen, von der nahe verwandten Chinook-Rasse.«

Dabei verschweigt er zunächst, dass noch ein weiteres Gen zur Regulierung eingebaut werden musste. Es stammt von der Aalmutter (Zoarces americanus), einem mit den Lachsen nicht verwandten Bewohner der kalten kanadischen Küstengewässer, gut angepasst an die Temperaturen durch eine Art Frostschutzprotein. Dieses Gen sorgt nun auch bei den Genlachsen dafür, dass ihre Wachstumshormone nicht nur saisonal ausgeschüttet werden, sondern das ganze Jahr über, auch im Winter.

»Das zeigt, dass wir mit der Gentechnik präzise Änderungen auch bei Tieren herbeiführen können, die große Vorteile für den Verbraucher bringen. Wir erwarten bis 2050 fast zehn Milliarden Einwohner auf der Erde. Auf die begrenzten Ressourcen müssen wir mit technologischen Neuerungen reagieren, damit meine ich nicht nur die Genlachse, wir müssen auch andere Tiere und Pflanzen verbessern.«

Ich frage ihn, wie er damit umgeht, dass viele Menschen ganz schnell an »Frankenfish« denken. »Ich finde, sie sollten nicht fragen: Sind diese Lebensmittel genmanipuliert? Sie sollten lieber fragen: Sind diese Lebensmittel sicher? Pioniere haben es immer schwer gehabt. Wir müssen jetzt den Menschen den Wert dieser Technologie nahebringen.«

Sein Vorgänger Elliot Entis hat dies bereits versucht. In Charlottetown, dem Hauptort der Insel, erzählt er uns, wie alles begann: »Wir haben 1989 Prince Edward Island gewählt, weil wir hier weit weg von anderen Fischzuchten sind, die Krankheiten eintragen könnten. Aus dem Grund ist ja auch das nordamerikanische Forschungszentrum für Fischkrankheiten hier auf der Insel.« Er kann die ganze Aufregung um die Gentechnik nicht verstehen: »Technologie ist neutral. Nicht alle gentechnisch veränderten Tiere oder Pflanzen sind besser. Einige sind es, andere nicht. Wir sollten die Gentechnik einsetzen und dann die Ergebnisse testen. Wenn sie besser sind, dann sollten wir sie nutzen. Wenn nicht, dann nicht. In den amerikanischen Fischfarmen werden gestreifte und weiße Barsche gezüchtet. In der Natur begegnen sie sich nie, weil die eine Art im Salzwasser und die andere im Süßwasser lebt. Der Fischzüchter kann sie kreuzen auf die altmodische Art, indem er die Milch von dem einen und die Eier vom anderen mischt. Das ist dann, als ob man 20 000 Gene vom einen und 20 000 vom anderen in die Luft wirft und es dem Zufall überlässt, was wie herunterfällt. Aber wenn man ein einzelnes Gen von einer Art nimmt und es bei der anderen Art einfügt, dann gilt das als Genmanipulation, die aufwendige Genehmigungsverfahren braucht, die jahrelang dauern. Dabei ist diese Form der Züchtung doch viel präziser und steuerbarer. Die Verbraucher haben eine unrealistische, romantische Vorstellung von der Lebensmittelproduktion.«

Auch Elliot Entis argumentiert mit der wachsenden Weltbevölkerung, ich kann es, ehrlich gesagt, bald schon nicht mehr hören, obwohl ich durch meine Erkundigungen selbst daran schuld bin. Ich spare mir diesmal zumindest die Frage, ob sich die Hungernden in Afrika jemals Genlachse werden leisten können.

Am letzten Abend gehen wir am Hafen von Charlottetown essen. Die regionale Spezialität hier ist Hummer. Als ein Gast, Restaurantbesitzer aus der kanadischen Hauptstadt Ottawa, hört, was wir hier auf der Insel machen, meint er: »Die meisten Kanadier finden diesen Frankenfish einfach gruselig. Ich hoffe, meine Regierung macht diesen Mist nicht mit.«

Hat sie aber doch. Drei Monate nach unserem Besuch, im November 2013, gibt sie AquaBounty die Genehmigung zur kommerziellen Erzeugung von Fischeiern – nicht zur Fischzucht, die soll ja sowieso in Panama betrieben werden. Dort hat AquaBounty in 1 500 Metern Höhe eine Fischfarm gebaut, das milde Bergklima ist kühl genug für die Lachse.

Die Börse jubelt: Ende 2013 steigt der Kurs der AquaBounty-Aktie steil nach oben, auf über 60 Euro, nachdem er jahrelang bei rund sechs Euro verharrt hatte. Doch die letzte Hürde ist immer noch nicht genommen: die Genehmigung durch die Food and Drug Administration (FDA), die für Nahrungsmittelsicherheit zuständige US-Behörde. Und ohne die lässt sich der Lachs nicht in den USA verkaufen. Bereits 1995 hatte die Firma AquaBounty den ersten Antrag bei der FDA gestellt, aber noch keine Genehmigung erhalten.

Erst jetzt wächst nämlich in den USA der Widerstand gegen den »Frankenfish«. Umweltgruppen haben inzwischen einige große Supermarktketten dazu gebracht, sich einem Boykott anzuschließen: Sollten die Genlachse in den USA zugelassen werden, wird ihr Fleisch weder von Aldi noch von Trader Joe's oder von Whole Foods verkauft werden. Ende offen.

Super-Fast-Food und Nanolebensmittel

Der 25-jährige amerikanische Elektroingenieur und Softwareentwickler Rob Rhinehart aus Atlanta mag nicht regelmäßig essen und kochen. Stattdessen hat er ein Pulver entwickelt, das angeblich alle Nährstoffe enthält, die der Mensch zum Leben braucht. Die Zutaten sind eine Reihe künstlicher Vitamine, Aminosäuren, Kohlenhydrate, Spurenelemente und Olivenöl, die er sich teilweise in Drogerien besorgt oder über das Internet bestellt. Nur noch zweimal die Woche isst er normal, ansonsten trinkt er seinen mit Wasser angerührten Fast-Food-Shake, den er »Soylent« nennt. Es ist eine Anspielung auf den apokalyptischen Science-Fiction-Film *Soylent Green* aus den 1970er-Jahren mit Hauptdarsteller Charlton Heston: Im überbevölkerten New York des Jahres 2022 ernähren sich die Menschen von Keksen aus Menschenfleisch. Aber solch eine Entwicklung meint Rhinehart mit seinem Superpulver gerade verhindern zu können. Er will damit den Hunger auf der Welt stoppen und gleichzeitig viel Geld verdienen. Seine Firma Rosa Labs in San Francisco sammelte bereits Vorbestellungen im Wert von zwei Millionen US-Dollar ein.

Kleiner geht's nicht mehr

Das Experimentieren mit und Verändern von Lebensmitteln nimmt immer skurrilere Formen an. Der letzte Schrei ist der Einbau von Nanomaterial, das man bislang eher aus der Kosmetikindustrie kannte: von winzigen Strukturen, die nur ein Millionstel eines Millimeters groß sind. Sie können als eingeschleuste »Container« für verschiedene Stoffe den Geschmack, die Farbe, das Aroma und selbst die Struktur eines Lebensmittels verändern. Beispielsweise ein Eis mit wenig Fett erzeugen, das trotzdem gut schmeckt, ein Brot mit Fischöl, das nicht nach Fisch schmeckt, oder einen Tofuwürfel, der sich faserig wie Fleisch beißt. Zurzeit gelten in der EU alle künstlich hergestellten Materialien, die kleiner sind als 100 Nanometer, als Nanomaterial. Ihre Verwendung muss bei Lebensmitteln ausdrücklich auf der Verpackung angegeben werden. Denn ob sie beim Verzehr sicher sind, ist noch gar nicht ausreichend erforscht. Die EU-Kommission hatte vor, die Auszeichnungspflicht auf Zusatzstoffe zu beschränken, die mindestens zur Hälfte aus solchen Nanopartikeln bestehen. Diese Definition hat das EU-Parlament aber im März 2014 abgelehnt. Die Europäische Behörde für Lebensmittelsicherheit hat ganz im Gegenteil vorgeschlagen, jeden Zusatzstoff, der zu mindestens 10 Prozent aus Nanopartikeln besteht, als Nanomaterial zu deklarieren.

»No-kill-Meat«: Fleischproduktion ohne Tiere

Der schlichte Stil der Zweckbauten der Fakultätsgebäude der Universität Maastricht kontrastiert mit dem eigenartigen Kunstwerk über dem Eingang. Ich vermute, es soll eine Nervenzelle darstellen, mit ihren vielen feinen Verästelungen. In der Mitte ist ein leuchtender roter Punkt, um den sich das bizarre Gebilde dreht. Doch was mich drinnen in der Uni erwartet, ist noch viel futuristischer: künstliches Fleisch aus dem Labor.

Das erinnert mich an den Science-Fiction-Film *Soylent Green* aus den 1980er-Jahren, in dem die Erde so stark verseucht ist, dass die Menschen nur noch Kunstnahrung aus der Fabrik bekommen.

Eine Mitarbeiterin holt mich an der Pforte ab und begleitet mich zu Professor Mark Post, der gar nicht den Eindruck eines Dr. Frankenstein macht.

Man merkt ihm schnell an: Der Mann hat eine Mission, er ist zutiefst davon überzeugt, dass er die Lösung für ein Menschheitsproblem erfunden hat. »Die Idee ist eigentlich ziemlich alt. Schon 1932 träumte Winston Churchill von einer Zeit, in der wir nicht mehr das ganze Huhn züchten müssen, sondern einfach nur die Hühnchenbrust, die wir essen.«

Heute sei das kein Traum mehr: »Es ist technisch möglich, wir können heute Fleisch ohne Tiere produzieren. Und es ist nicht nur möglich, sondern auch geboten. Die Fleischproduktion verursacht jede Menge Umweltprobleme. Wenn wir nichts unternehmen, wird es zu einem teuren Luxusgut. Es gibt nur zwei Optionen: Entweder wir essen weniger Fleisch, oder wir finden einen neuen Weg, es zu produzieren.«

Er führt uns in ein Chemielabor. Ein Mitarbeiter im weißen Kittel sitzt an einem Mikroskop und zupft mit einer Pinzette an kleinen Fleischstückchen. »Wir entnehmen die Stammzellen aus echtem Fleisch. Das kann irgendein Stück sein, dieses hier stammt aus dem Schlachthof, aber wir können das Gewebe auch mit einer Spritze einer lebenden Kuh entnehmen, wir müssten dafür kein Tier töten.«

Der Laborant kippt die Fleischfasern in eine Flasche mit einer roten Flüssigkeit. »Um Stammzellen zu gewinnen, muss man keine Embryonen züchten, es gibt sie auch in ganz normalem Muskelgewebe, wo sie darauf warten, Verletzungen zu reparieren.« Die rote Flüssigkeit ist ein Kulturmedium, das Zucker, Aminosäuren, Vitamine und Mineralien enthält sowie embryonales Serum, das aus Rinderembryonen gewonnen wird. »Das brauchen wir noch, um das Wachstum anzuregen, doch auch das können wir vermutlich schon bald durch eine künstliche Komponente ersetzen. Das Ganze stellen wir bei 37 Grad in den Inkubator. Dort vermehren sich die Zellen von selbst. Es dauert etwa drei Wochen, bis genug Muskelzellen vorhanden sind, um einen Hamburger herzustellen.« Er nimmt eine Plexiglasschachtel mit 24 quadratischen Abteilungen aus dem Inkubator: »Wir legen diese Zellfasern in ein Gel um kleine runde Säulen herum, sodass sie in einer Art Donut-Form weiterwachsen, rund um die kleine Säule. Dann verbinden sie sich und fangen von selbst an, sich zusammenzuziehen, ohne dass wir das irgendwie anregen müssen. So lassen wir sie noch mal drei Wochen reifen, bis wir die Muskelfasern ernten. So ein Faserring besteht aus 1,5 Millionen Zellen. Um einen Hamburger herzustellen, brauchen wir 20 000 von diesen kleinen Ringen.« Mark Post ist sichtlich ergriffen von diesem Wunder: »Wir könnten das mit jeder Art von Fleisch machen, vorausgesetzt wir haben Muskelfleisch mit Stammzellen. Soweit wir wissen, hat das jedes Tier, Fische ebenso wie Vögel und Säugetiere. Stammzellen haben die Fähigkeit, sich zu teilen. Und so können wir aus einer Zelle eine Milliarde Zellen gewinnen, ausreichend für 10 000 Kilo Fleisch. Aus einer einzigen Zelle.« Mit dieser Technik können zwar keine kompakten Fleischstücke hergestellt werden, so der Professor, »aber für Hackfleisch reicht es.«

Mark Post holt aus einem Gefrierschrank kleine Becherchen mit jeweils rund 240 Muskelfasern, alle handgemacht – das Rohmaterial für drei Hamburger. Die glibberigen kleinen Fasern sind gelblich und sehen gar nicht wie Fleisch aus.

»Die meisten Leute glauben, das Rot im Fleisch komme vom Blut, aber das stimmt nicht – es kommt vom Myoglobin, einem Protein, das leider in unserem Fleisch bislang fehlt. Deshalb haben wir es mit Rote-Beete-Saft und Safran gefärbt. Dann sieht es genauso aus wie ein Hamburger. Der Nährwert ist im Moment noch nicht identisch mit dem Fleisch einer Kuh, aber das kann alles noch verbessert werden. Ich kann nicht sagen, wie lange es dauert, bis dieses Fleisch im Supermarkt angeboten wird, vielleicht fünf Jahre oder zehn oder fünfzehn. Wir müssen nur noch ein paar technische Probleme lösen, um die Herstellung großer Mengen möglich zu machen.«

Mark Post ist fest davon überzeugt, dass die Verbraucher das Laborfleisch akzeptieren werden: »Stellen Sie sich vor, zwei Produkte, die identisch sind. Sie schmecken gleich, fühlen sich gleich an, sehen gleich aus, das eine aus dem Labor, das andere vom Rind. Und alle wissen, das Rindfleisch ist schlecht für die Umwelt, und ein Tier musste dafür getötet werden, während das Laborfleisch viel umweltfreundlicher erzeugt wurde. Welches würden Sie auswählen? Wir haben eine Umfrage gemacht, und zwei Drittel der Bevölkerung in den Niederlanden und in Großbritannien möchten es probieren. Ich habe auch mit vielen Vegetariern gesprochen, sie finden die Idee gut und sehen in mir einen Verbündeten.«

Ich frage Mark Post, ob er Vegetarier ist. »Nein, ich esse Fleisch, obwohl ich die ganzen damit verbundenen Umweltprobleme kenne. Die rationale Erkenntnis reicht offenbar nicht aus, um meinen Wunsch nach Fleisch zu unterdrücken.«

Aber warum soll das Laborfleisch besser für die Umwelt sein? »Es geht ohne die Methanemissionen, die die Rinderhaltung so klimaschädlich macht. Wir haben errechnet, dass die Herstellung von Laborfleisch 90 Prozent weniger Land braucht, 90 Prozent weniger Wasser, 70 Prozent weniger Energie und 60 bis 70 Prozent weniger Nährstoffe. Wenn diese Zahlen korrekt sind, dann haben wir im Grunde das Welthungerproblem gelöst. Im Moment werden 70 Prozent der Weltgetreideernte an Tiere verfüttert, um Fleisch zu gewinnen. Wenn wir nur die Hälfte oder ein Drittel davon brauchen, um Fleisch zu erzeugen, dann können wir mit Leichtigkeit jeden Menschen auf diesem Planeten ernähren, sogar 2050, wenn es zehn Milliarden oder mehr sein werden.«

Aber ist die Fleischproduktion in riesigen Laborfabriken denn nachhaltig? Vergessen wir da nicht den Aufwand für den Transport? Der Forscher gibt sich optimistisch: »Wenn wir erst einmal so weit sind, dann wird das auch in kleinen Einheiten funktionieren. Sie könnten dann sogar zu Hause Ihr Fleisch heranzüchten, in einem kleinen Inkubator in der Küche.«

Er lächelt mich herausfordernd an: »Jetzt könnten wir zur Probe schreiten, sind Sie bereit?« In die Institutsküche bringt Mark Post die nötigen Utensilien mit: Öl, Salz, Salat, Tomate, Brötchen und natürlich eine Petrischale mit dem Fleisch.

Er stellt eine Pfanne auf den Herd. »Es ist kein Gewürz im Fleisch, damit wir den puren Geschmack testen können.« Ist Fleisch dafür die richtige Bezeichnung? »In diesem Stadium nicht. Erst wenn es ununterscheidbar ist von natürlichem Fleisch, wenn Menschen im Blindtest keinen Unterschied mehr bemerken. Wir brauchen keinen anderen Namen, weil es Fleisch ist, nur nicht in einem Rind herangewachsen.«

Der Fleischklops zischt in der Pfanne. Spielen wir hier mit viel Geld, frage ich. »Stimmt, im Moment ist das schrecklich teuer. So ein Hamburger kostet 250 000 Euro, für 80 Gramm Fleisch. Aber mithilfe großer Produzenten für medizinische Stammzellen – also wenn wir das Fleisch in den heute bekannten Bioreaktoren in großen Mengen erzeugen würden – würde das Kilo rund 50 Euro kosten. Und in Zukunft werden wir die Technologie so weit verbessern, dass wir es zu einem wirklich günstigen Preis anbieten können. Unser Ziel ist es, dass das Laborfleisch für jedermann erschwinglich wird.«

Der Professor schneidet ein Brötchen auf und legt den gebratenen Fleischklops auf die untere Hälfte, darauf ein Salatblatt und zwei Tomatenscheiben, und fertig ist der Hamburger. Fast feierlich ergreift er ihn, schaut mich kurz an, und beißt hinein. »Schmeckt gut, noch nicht perfekt, weil wir bislang kein Fett darin haben. Und das ist wichtig für den Geschmack. Aber Fettzellen kann man ja auch züchten, daran arbeiten wir im Moment.«

Wenige Tage später stellt Mark Post den Burger zum ersten Mal der Öffentlichkeit vor. Bei einer Pressekonferenz in London enthüllt auch der Hauptsponsor des Projektes seine Identität: Sergey Brin. Der Google-Gründer erklärt, dass er sich nicht wohl bei dem Gedanken fühle, wie Fleisch in der Massentierhaltung erzeugt wird. »Bis zum Jahr 2050 wird sich der Fleischbedarf verdoppeln – entweder wir werden alle zu Vegetariern, oder wir beschädigen die Umwelt, oder wir finden etwas Neues«, sagt der Suchmaschinenboss.

Ganz offensichtlich wittert hier ein Geschäftsmann einen Zukunftsmarkt, er könnte das »No-kill-Meat« sogar an Vegetarier verkaufen. Ich bezweifle zwar, dass es eine Lösung für die Hungernden ist, denn für die wird das Laborfleisch schlicht zu teuer sein. Aber es könnte vielleicht den Fleischhunger der wachsenden Mittelklassen in den Schwellenländern befriedigen.

Ob das Kunstfleisch wirklich Ressourcen spart, hängt vom Blickwinkel ab: Im Vergleich zu einem Betrieb der Massentierhaltung stimmt das vielleicht, aber vermutlich nicht bei einem Ökobauern, der sein Futter selbst produziert, und definitiv nicht bei einem indischen Hirten, dessen Kühe oder Ziegen einfach das Gras an den Straßenrändern fressen.

Die Suche nach tierischen Produkten aus dem Labor geschieht übrigens parallel auch an anderen Orten: Zum Beispiel hat die Organisation New Harvest gerade ein Stipendium über 50 000 Dollar an die Forscher Ryan Pandya und Perumal Gandhi vergeben, die damit in ihrem Labor im irischen Cork eine »kuhfreie Milch« aus Hefekulturen entwickeln wollen. Werden unsere Kühe bald gar nicht mehr gebraucht werden? Wünschenswert finde ich das nicht. Ohne Kühe wird das Grünland überall dort verbuschen, wo es zu feucht, zu steil oder zu kalt für den Ackerbau ist – damit verschwinden alte Kulturlandschaften. Ob Laborfleisch und Kunstmilch den Hunger in der Welt beseitigen werden, bleibt mehr als fraglich. Denn diese Produkte müssten aus den Industrieländern importiert werden und würden die Abhängigkeiten nur vergrößern. Schon heute geht es weniger um die Menge als mehr um die Verteilung.

Die derzeit produzierten Nahrungsmittel würden für 14 Milliarden Menschen reichen. Doch viele können sich schlicht nicht genug Essen leisten, weil ihnen die Kaufkraft fehlt. Einfach mehr produzieren ist also keine Lösung gegen den Hunger in der Welt. Wo doch heute schon ein Drittel der Ernte auf dem Müll landet. Wo die einen so viel zu essen haben, dass sie übergewichtig werden, und es sich sogar leisten können, einen großen Teil der Ernte in Sprit für ihre Autos zu verwandeln. Ich begebe mich also auf die Suche nach neuen Ideen zur gerechteren Verteilung der Nahrung. Wie kommen die daran, die sie so dringend brauchen?

8 Neues Denken

Kleinbauern in Malawi

Es ist noch früh am Morgen, als die Frauen vom Dorf losmarschieren. Die Anführerin der kleinen Truppe heißt Fanny Nanjiwa, ihr farbenfrohes Kleid und ihr festlicher Kopfputz sehen nicht nach Feldarbeit aus, aber genau das steht jetzt an.

»Lasst uns mit dem Chinakohl anfangen. Besser ohne Messer, mit den Händen lässt er sich besser ernten«, erklärt sie ihren Begleiterinnen. »Hmmm, der schmeckt so gut, wenn man ihn anbrät«, antwortet eine der Frauen. »Meine Oma mag ihn lieber mit Erdnusssoße«, sagt eine andere. »Ihr wisst, dass wir die Ernte heute auf dem Markt verkaufen«, entgegnet Fanny. Und fügt stolz hinzu: »Wen eine Frau weiterkommen will, sollte sie Gemüse anbauen.« Ich nutze eine Ruhepause, um zu fragen, wie die Situation hier im Dorf früher war. »Uuh, es war furchtbar. Oft genug gab es zu wenig Essen. Obwohl eigentlich genug Essen vorhanden war, zum Beispiel wachsen hier Kochbananen, aber die Leute aßen immer nur Maisbrei, sie wussten nichts anderes.«

Und wo ist das traditionelle afrikanische Wissen hin? Unser Übersetzer hat eine Antwort: »Seit der Kolonialzeit gab es viele Bevölkerungsbewegungen, gerade hier in der Region Mulanje leben viele Flüchtlinge. Die traditionellen Sozialstrukturen sind meist nicht mehr intakt.« Eigentlich heißt er Dr. Chimwemwe A. P. S. Msukwe, aber alle nennen ihn nur CAPS.

Fanny fährt fort: »Inzwischen hat sich die Lage deutlich gebessert, unsere Mahlzeiten sind vielfältiger. Am Mittag essen wir vielleicht Süßkartoffeln gemischt mit Bohnen und anderem Gemüse. Und am Abend Gemüse mit Erdnusssoße und dem traditionellen Maisbrei Nsima. Das schmeckt auch den Kindern besser, und vor allem ist es nahrhafter.«

Das klingt nicht nach Hunger. »Oh, wir hatten eigentlich immer so zehn bis fünfzehn unterernährte oder fehlernährte Kinder im Dorf. Heute sind es vielleicht noch zwei oder drei, aber die sind auch krank.« Fanny ist stolz darauf, dass das Dorf einen Weg aus der Dauerkrise gefunden hat. »Wir haben früher überhaupt kein Gemüse angebaut, wir haben nur wilde Pflanzen gesammelt. Gemüse aus Kulturen sahen wir als etwas Exotisches an, nur für Weiße.«

Wann kam denn der Umschwung, will ich wissen. »Vor etwa zehn Jahren«, entgegnet Fanny, »heute bauen wir nicht nur für uns an, sondern verkaufen unsere Überschüsse auch auf dem Markt. Das Ganze begann mit einem Projekt der GIZ.« Die deutsche Gesellschaft für internationale Zusammenarbeit leistete nach einer Hungerkrise Anfang der 1990er-Jahre Nothilfe in der Region. Daraus entstand ein Selbsthilfeprojekt.

Es wurde nach zehn Jahren abgeschlossen. Umso mehr freut sich der damalige Projektleiter Christoph Messinger, dass seine Impulse Früchte getragen haben: »Wir haben von Anfang an die Dorfgemeinschaften bei der Wahl der Ziele, und wie es gemacht werden soll, mit einbezogen. Damit ein Gefühl des Sich-selbst-bestimmen-Könnens entsteht. Denn das war ja die größte Herausforderung: Wie mache ich aus Empfängern von Anweisungen und Hilfsleistungen Menschen, die selbst über ihre Optionen entscheiden können?« Wovon hängt denn eine gesunde Ernährung ab, will ich wissen. »Für die Dörfer hier ist es wichtig, so viel wie möglich aus eigenen Quellen zu schaffen, weil der Markt sehr unberechenbar ist«, erklärt der Entwicklungshelfer. »Selbst wenn es noch Nahrungsreserven irgendwo im Land gibt, heißt das nicht, dass sie hier verfügbar sind. Von daher müssen sie Alternativen haben. Wenn der Mais knapp wird, gibt es noch Maniok oder Süßkartoffeln oder Hirse.«

Also muss die Grundversorgung lokal sein? »Ja, das ist das Wesentliche«, stimmt Christoph Messinger zu. »Bestimmte Dinge werden sie schon dazukaufen müssen, Salz oder Öl zum Beispiel, aber die Basis der Ernährung sollten sie so weit wie möglich hier in der Region selber herstellen können.«

Fanny Nanjiwa fügt hinzu: »Wir haben auch gelernt, wie wir auf den Klimawandel reagieren können. Wir brauchen bewässerte Felder, falls mal der Regen ausbleibt so wie dieses Jahr.« Und weil sie nur wenig Fläche zur Verfügung haben, sei eine Rotation nötig: »Wir müssen nach der Ernte das Land noch mal bepflanzen, mit anderen Pflanzen.«

Ganz besonders stolz ist sie auf ein Feld, zu dem sie uns jetzt führen will. Sie redet auf CAPS ein, ich verstehe nur das englische Wort *intercrop*. Auf dem Feld ist mir sofort klar, was sie meint: Hier stehen zwischen übermannshohen Holzstängeln grüne Stauden und auf dem Boden noch eine andere Kultur, alles nebeneinander. »Selbst wenn eine Kultur ausfällt, bringt eine andere noch Ertrag«, erklärt die Bäuerin. »Unsere Straucherbsen tragen dieses Jahr fast gar nichts, auch Maniokwurzeln sind nur mäßig viele gewachsen, aber dafür war die Hirseernte ganz gut.«

Von Straucherbsen habe ich bisher noch nie gehört: »Das ist eine einheimische Art mit mehrfachem Nutzen: Die Früchte essen wir, die Stämme verbrennen wir als Feuerholz, und die Blätter lassen wir auf den Boden fallen, sie verbessern die Fruchtbarkeit.« Christoph Messinger ergänzt: »Als wir hierherkamen, waren Straucherbsen noch weitgehend unbekannt als Kulturpflanzen und sind es außerhalb unseres Projektgebiets immer noch. Die Regierung von Malawi setzt auf eine ganz andere Politik, sie verteilt Mineraldünger und Hybridsaatgut. Das funktionierte einige Jahre lang, aber jetzt bröckelt das System. Zum einen klappt die Verteilung nicht mehr, die Bauern müssen immer länger auf die Lieferung warten, zum anderen erweist sich dieser Ansatz als schwierig bei klimatischen Schwankungen.« Der Entwicklungshelfer bückt sich und kratzt mit einem Stöckchen im Boden, der von trockenen Blättern bedeckt ist. »Fanny verlässt sich nicht auf irgendwelche Pakete der Regierung, sie macht selbst Kompost. Und der bringt nicht nur Nährstoffe, sondern hält auch die

Bodenfeuchtigkeit. Gerade in diesem Jahr hat man gesehen, dass Bauern, die nur Mineraldünger ausgestreut haben, am Ende viel schlechter dastanden als diejenigen, die Kompost verwenden.«

»Das ist ja kein Entweder-oder«, ergänzt Christa Roth, auch sie Entwicklungshelferin. »Fanny hatte ja Kunstdünger zusätzlich zum Kompost aufs Feld gestreut. Aber kurz danach hat es heftig geregnet, und der ganze Kunstdünger wurde einfach weggeschwemmt. Der Kompost nicht.«

Eine Nachbarbäuerin berichtet, dass sie deutlich heftiger betroffen ist: »Unser ganzes Feld wurde von der Flut weggeschwemmt. Wir haben jetzt ein richtiges Problem, weil wir unser Essen kaufen müssen. Aber unser Geld haben wir leider schon ausgegeben, um Saatgut zu kaufen.«

»Diese Abhängigkeit ist fatal«, ärgert sich Christa Roth. »Das Hybridsaatgut muss man jedes Jahr neu kaufen, ich muss Geld ausgeben, bevor ich weiß, ob ich es wieder durch die Ernte reinkriege. Und das Geld bleibt nicht im Land, im Gegenteil: Kunstdünger und Hybridsaaten müssen eingeführt werden, da gehen Devisen drauf, die das Land eigentlich für anderes dringend braucht. Wir müssen diese Abhängigkeiten verringern und den Bauern hier ihre eigenen Produktionsmittel in die Hände geben.« Bestandteil des GIZ-Projekts war ein Saatgutprogramm, bei dem den Kleinbauern gezeigt wurde, wie sie ihr eigenes Saatgut vermehren können.

Doch die Regierung verbot Produktion und Verkauf von Saatgut, inzwischen sind nur noch die Hybridsaaten der Konzerne legal erhältlich. Wie kommt eine solche Entscheidung zustande? Die Entwicklungshelfer können oder wollen darauf nicht klar antworten.

Für mich stinkt das nach Korruption, wenn eine Regierung offensichtlich die Interessen ausländischer Konzerne bedient. Fanny Nanjiwa geht damit eher pragmatisch um: Mal nutzt sie das eine, mal das andere System. Aber in diesem Jahr wird sie überhaupt kein Geld für Hybridsaatgut haben: »Wir hatten eine äußerst schlechte Ernte. Der sintflutartige Regen war das eine, die Trockenheit danach aber war mindestens genauso katastrophal.«

Die Bäuerin zeigt uns den Lagerraum in ihrem Wohnhaus, direkt neben dem Schlafzimmer: »Das ist unser ganzer Reichtum, da ist er am besten bewacht.« Sie zieht eine Plane weg und weist auf einen Stapel großer Plastiksäcke voller Mais. »In einem guten Jahr wäre der Stapel hier doppelt so hoch und würde bis zum Fenster gehen, da ernten wir zwischen 30 und 35 Säcken. Dieses Jahr haben wir nur elf Säcke geerntet, zwei haben wir schon gegessen, jetzt sind noch neun übrig. Früher wäre das eine Katastrophe gewesen, aber inzwischen haben wir ja auch noch Maniok auf dem Feld.«

Fanny ist stolz auf ihre Leistung: »Die meisten Haushalte haben nicht so viel zu essen, sie leiden bereits jetzt. Sie arbeiten Tag und Nacht, nur um zu überleben. Allerdings gibt es auch einige Ehemänner, die trinken, anstatt auf dem Feld zu arbeiten. Ich habe keinen Mann, aber ich arbeite hart, damit meine Familie genug zu essen hat.«

Vor dem Haus, unter einem großen Baum, haben sich mehrere Frauen versammelt, rundherum ein Dutzend Kinder. Fanny lädt uns zum Essen ein. Zwei alte Frauen beginnen, die Süßkartoffeln zu schälen, routiniert mit großen, scharfen Messern in der bloßen Hand.

Eine von ihnen ist die etwa 80-jährige Amake Agi. Ich will wissen, ob sie glaubt, dass es in Zukunft genug Essen für alle Menschen im Dorf geben wird. Ihre Antwort ist klar: »Nein. Es wird einfach nicht genug Ackerland geben. Schon heute haben viele Familien zu wenig Land. Wenn die Eltern sterben und ihren Kindern das Land vererben, dann wird es geteilt. So werden die Stücke immer kleiner.«

Unser Übersetzer CAPS fügt hinzu: »Malawi ist dicht besiedelt, und Mulanje ist eine der am dichtesten bevölkerten Regionen des Landes. Hier hat eine Familie im Schnitt nur noch 0,3 Hektar Land zur Verfügung. Das reicht gerade mal so, noch weniger darf es nicht werden.« Fanny fällt ihm ins Wort: »Ich denke, das Beste in der Situation wäre Familienplanung, es werden zu viele Kinder geboren, manche Frauen bekommen jedes Jahr ein Kind, sodass sie bis zu zehn Kinder haben. Zwei oder drei wären genug.« Welchen Rat würde Amake Agi jungen Bauern geben? »Ich würde ihnen raten, zunächst mal das anzubauen, was sie zum Leben brauchen, und für den Markt nur dann, wenn sie sicher sind, dass sie Überschüsse haben. Viele verlassen sich immer noch darauf, dass sie ihren Mais auf dem Markt verkaufen können und damit genug Geld für andere Lebensmittel einnehmen. Aber das ist riskant, die jungen Leute sollten lieber lernen, wie man für seine Grundversorgung viele Feldfrüchte nebeneinander anbaut.«

Jetzt wird ein kleiner Tonofen angeschürt. »Das Holz ist von unseren Straucherbsen. Früher mussten wir das Holz sammeln, das war äußerst anstrengend, weil es immer weniger Wald hier gibt«, erklärt Fanny. »Dieser Ofen hat einen großen Vorteil: Er spart Feuerholz. Den traditionellen Drei-Steine-Ofen musste man von drei Seiten füttern, du brauchst also neun Äste auf einmal. Mit dem neuen Tonofen brauchst du nur drei.« Es war Christa, die die Neuerung ins Dorf brachte. »Das werden wir ihr nie vergessen«, sagt Fanny und lacht mit ihrem unvergleichlichen »E-e-e«.

Mit der Straucherbse hat das GIZ-Entwicklungsprojekt eine Energiequelle eingeführt, die die Bauern selbst nachhaltig erzeugen können.

»Wenn man sich auf Energiequellen verlässt, die man auf dem Weltmarkt kaufen muss, dann schafft das eine große Krisenanfälligkeit. Wir dachten, dass es besser ist, wenn wir den Leuten hier zeigen, dass sie ihre eigene Zukunft in die Hand nehmen können und nicht auf Almosen warten müssen«, erklärt Christa Roth. Die Pflanze bringt aber noch weitere Vorteile: »Es ist eine sogenannte Leguminose, die an ihrer Wurzel mit Knöllchenbakterien in Symbiose lebt, die Stickstoff aus der Luft im Boden bindet und damit den wichtigsten Dünger für andere Pflanzen auf natürliche Weise herstellt.« Fanny hat schon Teller in der Hand und serviert uns: »Das sind die Blätter der Süßkartoffeln, früher haben wir die weggeworfen, weil keiner wusste, wie gut sie gedämpft schmecken.« Und in der Mitte? Natürlich *Nsima,* der feine Maisbrei, und rundherum vier verschiedene Gemüse. Ein Festmahl, wie ich es hier nicht erwartet hätte. Die Ruhepause nach dem Essen ist nur kurz, schließlich will Fanny noch auf den Markt in der nahe gelegenen Stadt.

Gemeinsam mit zwei anderen Frauen aus dem Dorf balanciert sie ihre Ware auf dem Kopf – die Ernte von heute Morgen. Chinakohl, und dazu noch zwei Tonöfen, von den Frauen selbst hergestellt, aus Lehm, den sie aus einer kleinen Grube direkt hinter dem Haus gewinnen. Ist das nicht anstrengend, die schweren Tonöfen? »Ach, wir sind das gewohnt«, wehrt Fanny ab. »Aber ehrlich gesagt, ich spare schon auf ein Fahrrad, das wird es uns leichter machen.« Kaum sind sie in das Menschengedränge des Marktes eingetaucht, findet sich auch schon ein Käufer für den ersten Tonofen.

Fanny strahlt über das ganze Gesicht. »Früher hatten wir meist gar kein Geld, um irgendetwas zu kaufen. Mit dem Erlös aus den Tonöfen können wir jetzt Mais kaufen.« Sie macht sich auf die Suche, fragt bei mehreren Händlern. Doch zur Überraschung aller gibt es nirgendwo auf dem Markt Maismehl, alle Vorräte sind ausverkauft.

Ich frage sie, ob das öfter vorkommt: »Dass der Maispreis immer wieder steigt, das kennen wir. Aber dass es gar keinen Mais gibt, das habe ich noch nie erlebt.« Eigentlich müsste sie sich als Bäuerin doch über steigende Preise freuen. »Es ist leider so, dass die Preise zur Erntezeit, wenn wir verkaufen, am niedrigsten sind. Ein Dreivierteljahr später, wenn bei den meisten die Vorräte aufgebraucht sind und sie Mais kaufen müssen, ist er dann oft doppelt so hoch. Deswegen freuen wir uns über das Auf und Ab der Preise überhaupt nicht«, erklärt Fanny.

»Dieses Jahr reicht die Ernte wegen der Dürre bei keinem im Dorf, aber viele haben nicht genug Geld, um bei den extrem gestiegenen Preisen noch Mais zu kaufen.«

Ich frage sie, ob sie schon immer Gemüse anbaut. »Nein, meinen Garten habe ich erst vor zehn Jahren angelegt«, erzählt die Bäuerin. »Davor habe ich vor allem Zuckerrohr angebaut. Zur Erntezeit konnte ich viel verkaufen und hatte Geld. Aber weil man Zuckerrohr nur einmal im Jahr ernten kann, hatte ich im Rest des Jahres keine Einkünfte. Das ist jetzt mit dem Gemüse und den Tonöfen viel besser, die kann ich das ganze Jahr über herstellen und verkaufen.«

Am Abend setzen wir uns noch einmal mit Christoph Messinger und Christa Roth zusammen. Den Entwicklungshelfer wundert es nicht, dass Fanny den Zuckerrohranbau wieder aufgegeben hat: »Der

Anbau von *cash crops,* also Exportgütern, bedeutet für Kleinbauern, dass sie von den Schwankungen des Weltmarktpreises abhängen. Sie wissen also nie, was die Ernte bringt. Die Bauern können nicht auf steigende Preise spekulieren, sie haben kein Kapitalpolster. Auf den Weltmarkt vertrauen, gerade was Agrarprodukte angeht, wäre deshalb hochriskant für sie. Sie sollten sich besser bei der Grundversorgung auf die eigenen Beine stellen. Was darüber hinausgeht und nicht im Land hergestellt wird, Radios zum Beispiel, kann gerne importiert werden, da ist es nicht schlimm, wenn mal eine Lieferung ausfällt. Aber beim Essen ist es gleich eine Katastrophe.«

Deshalb ist es überlebenswichtig für Kleinbauern wie Fanny Nanjiwa, dass sie sich unabhängig machen von den Preisschwankungen auf dem Weltmarkt – und zwar nicht nur beim Essen, sondern auch bei der Energie. Weil sie mit den Straucherbsen eine nachwachsende Energie auf den eigenen Feldern hat, kann es ihr fast egal sein, wenn sich die Benzinpreise mal wieder verdoppeln. Es geht dabei nicht um eine Rückkehr zur Subsistenzwirtschaft, denn Fanny produziert ja durchaus für den Markt. Doch wenn es hart auf hart kommt, ist ihre Grundversorgung gesichert. Wenn das für Afrika richtig und wichtig ist, sollen wir dann einfach so weitermachen und unsere Lebensmittel kreuz und quer über den Globus karren? Müssten wir nicht auch mehr lokal essen? Doch wie soll das gehen, wenn so viele Menschen in Städten leben?

Kochkurs im Tropenwald

Hilfe zur Selbsthilfe lautet das übergeordnete und wohlklingende Leitmotiv der Entwicklungszusammenarbeit. Wie wirkungsvoll dieses Subsidiaritätsprinzip im Kampf gegen Hunger und Landraub tatsächlich ist, kann sich jedoch nur in der praktischen Umsetzung zeigen. Die unrühmliche technische und finanzielle Förderung von Megaprojekten wie Staudämmen oder der Fischwirtschaft – sogenannter

»weißer Elefanten« – ist zwar mittlerweile Geschichte, aber auf den ersten Blick sinnvoll erscheinende Kleinprojekte sind auch nicht immer zielführend. Ein schlechtes Beispiel sind die tragbaren Solarkocher, die zu Tausenden in Afrika verteilt wurden. Technisch einfach, Holz sparend und wirkungsvoll werden sie dennoch nur von wenigen Menschen angenommen und enden zu oft als Metallschrott. Zu unterschiedlich und stark sind eben die tradierten Kochgewohnheiten und Zubereitungszeiten.
Wer wirklich im Kampf gegen Hunger helfen will, sollte sich an den Bedürfnissen der Zielgruppen orientieren, die lokalen Umweltbedingungen beachten, langfristig vor Ort sein, systematisch schulen, echter Partner sein und Erfolge anschaulich deutlich machen. Die Menschen, um die es geht, und ihre zivilgesellschaftlichen Organisationen müssen verstärkt in die Lage versetzt werden, selbst in den Auseinandersetzungen mit korrupten Behörden und Landräubern bestehen zu können.

Millenniumsdörfer

Ein Beispiel für solch einen am *empowerment* orientierten Ansatz ist die Projektarbeit der Deutschen Welthungerhilfe. Sie ist mit vielen ihrer Auslandsstandorte schon seit Jahren in den vom Hunger am schlimmsten betroffenen Gebieten der Welt präsent. Schon früh wurde der Organisation klar, dass für das Erreichen der UN-Entwicklungsziele neben finanzieller und technischer Unterstützung gerade auch das eigene Engagement der Bevölkerung ausschlaggebend ist. Die Hilfsorganisation schult und beschäftigt hauptsächlich heimische Fachkräfte zu guten Löhnen und Honoraren. Sie will der Landbevölkerung nach eigenem Selbstverständnis medial »eine Stimme und ein Gesicht« geben und sie dabei unterstützen, »die Millenniumsziele auf Dorfebene herunterzubrechen und Fortschritte messbar zu machen«.[93] Dazu startete die Organisation zusammen mit lokalen Partnerorganisationen im Jahr 2006 die Initiative Millenniumsdörfer. Die bestehenden Projekte in 15 ausgewählten Dörfern oder Regionen sollen veranschaulichen, wie ländliche Gebiete in Afrika, Asien und Lateinamerika neue Entwicklungschancen erhalten und diese erfolgreich nutzen.[94] Das Prinzip ist überall gleich: Dorfgemeinschaften benennen ihre Probleme, erarbeiten mit Unterstützung der Welthungerhilfe und ihren Partnern auf sie zugeschnittene Lösungswege und setzen sie dann eigenverantwortlich um. Die dazu benötigte Basistechnik wird ihnen gestellt. Die Initiative lief in einer ersten Phase von 2005 bis 2010, wurde dann evaluiert und in einer zweiten Phase bis Ende 2014 fortgesetzt. Die bisherigen Erfolge sind beachtlich, insbesondere was die Stärkung des Selbstbewusstseins und der Selbstorganisation der beteiligten Frauen und der Dorfgemeinschaften ausmacht. Auch die Ernährungssituation hat sich überall deutlich verbessert. Diese positiven Entwicklungen werden in letzter Zeit aber immer öfter durch Landraub, Vertreibungen und ihre sozialen Folgen infrage gestellt. Ein Beispiel ist Kambodscha. Auf einer Fläche halb so groß wie Deutschland leben hier rund 14,5 Millionen Menschen. Die durchschnittliche Lebenserwartung beträgt 59 Jahre. Beim Welthungerindex liegt das Land mit Rang 47, ebenso beim Human Development Index, im mittleren Bereich. Mehr als die Hälfte der landwirtschaftlich nutzbaren Fläche wurde in den letzten zehn Jahren an ausländische Firmen zur Nutzung verpachtet.

Das Millenniumsdorf Kanat Toch

Eines der ersten Millenniumsdörfer der Welthungerhilfe ist Kanat Toch. Die Betonung liegt auf Toch, dem kleinen Dorf Kanat, denn es gibt auch das große Dorf, Kanat Tom, und noch 28 weitere Siedlungen, die zum Projektgebiet gehören. Es liegt in der Provinz Ratanakiri im äußersten Nordosten von Kambodscha, nahe der Grenze zu Vietnam. Für kambodschanische Verhältnisse gilt diese hügelig bewaldete Landschaft mit Erhebungen bis zu 400 Metern schon als Hochland. Hier leben hauptsächlich Menschen mehrerer indigener Völker wie der Kachok, der Kreung und der Brov, die im Land zusammenfassend als Hochland-Khmer bezeichnet werden. In der ansonsten homogenen Khmer-Gesellschaft Kambodschas sind die offiziell nur 179000 Indigenen eine verschwindende Minderheit. Seit 2001 sind ihre Rechte per Gesetz festgeschrieben – aber wie so oft nur auf dem Papier.

Sauberes Wasser für alle

Kanat Toch besteht aus neun Holzhäusern, die rund um einen zentralen Platz angelegt sind. Die Bauart auf hohen Stelzen ist typisch für die an Überschwemmungen gewöhnten Kambodschaner. Über eine Leiter gelangt man nach oben in die offene Wohnetage, wo die ganze Familie auf Matten auf dem Boden schläft. Darunter ist die Küche, wo auch das Arbeitsmaterial fürs Feld wie Hacken, Holzstangen, Töpfe und Körbe lagert. Zwischen allem laufen ein paar junge schwarz gefleckte Schweine herum, und ein kleiner Hund döst in der Sonne. An einem Pfosten lehnt ein Moped. Es gehört dem Sohn des Hauses und stellt, wie im gesamten Land, das Hauptverkehrsmittel dar. Zentral in der Mitte des Dorfplatzes steht ein Grundwasserbrunnen mit einer großen Pumpe, die mit beiden Händen bedient werden will. Er ist einer von mittlerweile über 50 Brunnen in der Region, die seit dem Projektbeginn 2005 gebaut wurden. Eine junge Mutter mit ihrem Kind auf dem Rücken betätigt ein paarmal die Pumpe, und 20 Meter weiter kommt das frische Nass aus einem Betonzylinder mit zwei Wasserhähnen. »Früher haben wir das Wasser in Krügen aus dem nahen Fluss geholt, der aber in der Trockenzeit nur wenig bis gar kein Wasser führt«, erklärt der 58-jährige Sao Cheng. Er ist hier aufgewachsen. Von seinen vier Kindern lebt nur noch eins, die anderen sind an Malaria und Durchfällen gestorben. »Das Wasser haben wir gesammelt, wenn es welches gab, und es aufbewahrt, bis es klar war, um es zu kochen und zu trinken.« Cheng ist so etwas wie der Hausmeister der Gemeinschaft. Er kümmert sich um kleine Reparaturen im Dorf und sorgt für den reibungslosen Betrieb der Pumpe. »Sie funktioniert gut, seit Jahren gab es keine größeren Probleme«, sagt er stolz. Die beiden kambodschanischen Projektleiter der Welthungerhilfe Bunrithy und Soriya – man nennt sich hier nur beim Vornamen – sind im Dorf gern gesehen. Gemeinsam bespricht man einmal im Jahr in einem aufwendigen Monitoringprozess den Stand und die weiteren Schritte der Projektarbeit.

Sechs Zutaten und viel Handarbeit

Weitere Neuerungen wurden von den Bewohnern nicht so schnell angenommen wie der Brunnen: Bei der Ernährung und den Anbaumethoden galt es, behutsam gewohnte Muster zu ändern und vergessenes traditionelles Wissen neu zu beleben. In regelmäßigen Kochkursen der Partnerorganisation CEDAC, die sich mit der Welthungerhilfe das Regionalbüro in der Provinzhauptstadt Banlung teilt, lernen Frauengruppen einfache Konservierungstechniken durch Fermentierung von Kohl, Bambussprossen und Chilis sowie die Zubereitung ganzer Menüs. Denn Kochen ist hier Frauensache. Im Kursraum hängen Rollbanner, auf denen jeder Arbeitsschritt detailliert in Bildern erklärt wird, daneben große Plakate, die in drastischen Szenen die Folgen von Waldrodungen und Monokulturen illustrieren: vergifteter Boden, tote Tiere und hungernde Kinder.
Der Reisanbau nach der SRI-Methode (vgl. Kapitel 2) wird auf einem weiteren Banner dargestellt. »Ernährungsphysiologisch ist die übliche Reisernährung zu einseitig auf Kohlenhydrate ausgerichtet«, erklärt CEDAC-Programmdirektor Sam Vitou und wirbt daher für eine nährstoffreiche Abwechslung mit mindestens sechs Zutaten, insbesondere mehr Gemüse und Waldfrüchte. Die Anregungen werden gerne aufgenommen und in den Dörfern bei gemeinschaftlich zubereiteten Mittagstischen ausprobiert. Als Nachtisch gibt es dann aber immer noch einen zuckersüßen Pudding aus Reismehl.
Derweil laufen sich, nur ein paar Kilometer entfernt, die Dieselmotoren der Rodungsbagger warm und fressen tiefe Schneisen in den Tropenwald. Rund um die Dörfer dehnen sich die Kautschukplantagen

vietnamesischer Firmen immer weiter aus. Platz für den eigenen Feldanbau bleibt da kaum noch, und die Registrierung des Waldes als Gemeinschaftsland schleppt sich seit Jahren dahin. Ohne kostenfreie Landvermessungen und von der Welthungerhilfe beauftragte Anwälte gäbe es das Projektgebiet vielleicht schon gar nicht mehr.

Solidarische Landwirtschaft in Deutschland

Es ist eine lustige Truppe, die sich da auf dem Bauernhof zusammengefunden hat: Sandalen, Tropensonnenhut, Sonnenbrille auf der Stirn, wie Landarbeiter sehen sie nicht aus. Und doch möchten sie auf dem Feld mithelfen. Bauer Martin Baumgart muss beim Erklären sozusagen bei null beginnen: »Die Frühkartoffeln sind bald so weit, wenn da nicht so viele Kartoffelkäfer wären. Die müsst ihr von den Blättern schütteln.« Der Bauer reißt eine Unkrautpflanze heraus, die bereits deutlich größer ist als die umgebenden Kartoffelpflanzen: »Am besten, ihr macht es damit, wedelt die kleinen Kartoffelkäferlarven von den Blättern.«

Die Laien wagen vorsichtigen Widerspruch: »Krabbeln die nicht wieder hinauf?« Martin Baumgart gibt zu, dass es nicht die allereffizienteste Methode ist: »Ja, aber das dauert Tage, und viele schaffen es nicht, auf jeden Fall reicht das für die Frühkartoffeln, die in zwei, drei Wochen so weit sein werden.«

Was hätte er denn ohne die Freiwilligentruppe gemacht? »Ich habe den Zeitpunkt zum Kupferspritzen verpasst. Und andere Mittel sind im Biolandbau nicht erlaubt«, erklärt der Bauer. Martin Baumgart ist froh über die Hilfe – mit seinen drei Arbeitskräften allein hätte er auf dem großen Feld nichts mehr ausrichten können.

Er marschiert die langen Ackerfurchen entlang zu einer der Freiwilligen: »Könnt ihr auch morgen kommen?« Hilke Deinet wiegt den

Kopf: »Ich auf jeden Fall und von zwei oder drei anderen weiß ich es auch, aber ich habe die anderen noch nicht gefragt.« Sie hat die Gruppe SoLaWi Bonn mitgegründet. »Wir wollen eine lokale Ernährungssouveränität«, erklärt sie mir das Prinzip der Solidarischen Landwirtschaft. Die Ausdrucksweise verrät die Akademikerin, Geografin, wie ich erfahre. »Wir möchten gerne, dass hier vor Ort Biolandwirtschaft betrieben wird mit einer Vielfalt an Pflanzen und menschenfreundlich.«

Das klingt nach mehr als einer wöchentlichen Gemüsekiste: »Ja, es ist ein politischer Akt, der alles verändert. Wir gehen raus aus dem Kapitalismus und schaffen unser eigenes kleines System. Dafür müssen wir keinen fragen. Wir tun uns einfach als Gemeinschaft zusammen und finanzieren die Landwirtschaft, die wir uns vor Ort wünschen, und teilen uns die Ernte. Das ganze System wird wegen der Abhängigkeit vom Erdöl zusammenbrechen. Deswegen ist es wichtig, hier vor Ort die Nahrungsmittelproduktion zu sichern.«

Hilke Deinet treibt auch die Überzeugung an, dass das Angebot im Supermarkt trügt: »Paprika, rot-gelb-grün eingeschweißt, das ganze Jahr für 69 Cent. Wenn man einmal Bohnen vom Feld gegessen hat, dann möchte man gar nicht mehr anders essen.«

Martin Baumgart bringt eine Handvoll von den gerade erwähnten Bohnen: »Rheinische Dicke Bohne, eigentlich ein Traditionsprodukt aus der Region, aber such das mal im Supermarkt. Weiß ja auch kaum einer mehr, wie man die zubereitet, da geht echt Esskultur verloren.«

Die SoLaWi als Hüter kulinarischer Traditionen? »Es geht um viel mehr. Ich war als Landwirt zu dem Beschluss gekommen, dass ich mich nicht mehr den unvorhersehbaren Schwankungen des freien Marktes aussetzen will. In der SoLaWi bin ich nicht mehr der Einzige, der das Risiko trägt. Auch wird meine Arbeit von der Gemeinschaft ganz anders wertgeschätzt und getragen. Wir sind in diesem Jahr gestartet und schon direkt durch tiefe Täler gegangen mit heftigen Herausforderungen. Wenn bis Ende April Frost ist, dann kann ich nicht schon im Mai mit den Dicken Bohnen da sein. Das geht nicht. Jetzt haben wir Anfang Juli, und jetzt sind sie da. Es ist schon ein

Lernprozess: Wir müssen mit der Natur wirtschaften, die gibt uns die Regeln vor und nicht der Markt.«

Die SoLaWi hat mit Martin Baumgart einen Bauern gefunden, der nicht nur das Wissen mitbringt, sondern auch ein Stück Land und einen Hof in Stadtnähe, das Gut Ostler. Dort packt Hilke jetzt mit drei anderen Freiwilligen die Gemüsetüten für die Mitglieder: »Wenn du den Eindruck hast, wir seien unkoordiniert, dann täuscht das nicht. Wir sind ja noch Frischlinge, und jede Woche kommen andere Leute und helfen. Eigentlich müsste eine zentrale Person alles organisieren, aber wir müssen das ja irgendwie neben der Arbeit stemmen. Das muss sich also noch einspielen. Die Leute, die zu uns kommen, sind ja nicht hier, um nur reinzuklotzen, sondern die möchten auch miteinander reden. Eigentlich ist es ganz schön zu sehen, dass auch ein unperfektes System irgendwie funktioniert.« Wie war das denn früher im Jahr, als noch nicht so viel geerntet werden konnte? »Also, es gibt halt das, was es gibt. Und das wird geteilt – gerecht. Wir haben von Anfang an entschieden, dass wir nichts dazukaufen. Wir möchten mit dem arbeiten, was es hier gibt. Und arbeiten natürlich daran, es zu verbessern.«

»Wir haben zum Beispiel Obstbäume gepflanzt, es gibt eine Arbeitsgruppe Bienen und hoffentlich bald unseren eigenen SoLaWi-Honig.« Hilke Deinet öffnet Klappkisten, und ein Mitstreiter verstaut darin eine Reihe von Gemüsetüten. Und die Arbeitszeit? »Wir protokollieren nicht, wer wie viel arbeitet. Das ist halt der solidarische Ansatz der Gemeinschaft. Auch die Beiträge sind unterschiedlich hoch, jeder zahlt, so viel er kann.« Aber man braucht am Ende doch eine bestimmte Summe? »Um eine Mindestsumme zu erreichen, haben wir eine Bieterrunde durchgeführt. Es war klar, im Durchschnitt müssen wir bei 80 Leuten pro Monat 110 Euro bezahlen, damit sich der Hof trägt. Die Leute konnten ein Gebot abgeben, wer nicht viel Zeit zum Helfen hat, kann mehr bieten. Letztendlich basiert das ganze System auf gegenseitigem Vertrauen.« Hilke Deinet blinzelt etwas: »Schöne Erfahrung übrigens, dass sich Menschen darauf einlassen.«

Der Winter wird dann vermutlich eine harte Prüfung? »Ich glaube, das ist eine Sache der Gewöhnung. Wir wollen im Herbst anfangen, Sauerkraut selbst herzustellen. Wir müssen die alten Fähigkeiten wieder erlernen: Was wächst hier in der Region, und wann wird es geerntet?«

Alternative Anbaukultur

Einen sehr viel versprechenden Ansatz nachhaltiger Landwirtschaft stellt das in den 1970er-Jahren in Australien von David Holmgren und Bill Mollison entwickelte Permakulturkonzept dar. Der Begriff setzt sich aus den englischen Worten *permanent* und *agriculture* zusammen und soll so viel heißen wie »sich selbst erhaltende Kreislaufwirtschaft«. Mollison wurde dafür 1981 mit dem Alternativen Nobelpreis ausgezeichnet. Permakultur ist eine bewusste Abkehr von der industriellen Landwirtschaft. Ein wichtiges Ziel ist, die Erosion von fruchtbaren Ackerböden zu stoppen. Durch eine doppelte Fruchtfolge an ein- und demselben Standort, wie beispielsweise Reis und Wintergerste mit Weißklee gegen Unkraut, wird der Boden zunehmend fruchtbarer, statt weiter auszulaugen. Der Ansatz geht dabei weit über die ökologische Landwirtschaft hinaus: Das wichtigste Prinzip der Permakultur besteht darin, sich so wenig wie möglich in ein bestehendes Ökosystem einzumischen. Das Düngen und die Schädlingsbekämpfung werden komplett der Natur überlassen. Durch genaue Beobachtung der Abläufe wird eine naturnahe Gestaltung entwickelt, die durch Vielfältigkeit, Mischkulturen und Multifunktionalität gekennzeichnet ist. Ein Beispiel ist die Kräuterspirale, in der auf wenig Platz viele Pflanzen wachsen, deren Mauern und Steine aber auch den Lebensraum für zahlreiche Tiere bilden. Ziel ist eine »standortangepasste Landwirtschaft unter Einbindung der vor Ort gegebenen Ressourcen und optimaler Ausnutzung der Stoffkreisläufe«.[95]
Ein wichtiger Aspekt der Permakultur ist die urbane Landwirtschaft: Durch Eigeninitiative der Bürger soll die selbstversorgende Ernährung

gestärkt und das Gemeinschaftsleben befördert werden. Die regional ansetzenden Konzepte verfügen immer über ökonomische, ökologische und soziale Komponenten. Dabei geht es um einen »achtsamen und fairen Umgang mit der Erde und ihren Ressourcen, mit den Menschen und ihrem Selbstbestimmungsrecht«.[96] Die Permakultur fordert, Verantwortung für das persönliche Handeln und zukünftige Generationen zu übernehmen. Aus diesen Gedanken heraus entstand 2006 übrigens auch die Bewegung der Transition Towns (Stadt im Wandel). Sie wollen eine lokale Ökonomie und soziale Bindungen unter anderem durch Gemeinschaftsgärten und Kommunalwährungen fördern. Als Vordenker gilt der britische Dozent und Umweltaktivist Robert »Rob« Hopkins. Von seiner südenglischen Heimatstadt Totnes aus wurde die Transition-Towns-Initiative zu einer internationalen Bewegung, die inzwischen mehrere 100 Städte und Gemeinden in der ganzen Welt umfasst.[97]

Essbare Städte: Pflücken erlaubt statt Betreten verboten

Ein deutsches Beispiel für ein ausgezeichnetes Konzept rund um die Permakultur bietet Andernach am Rhein, das sich selbst »essbare Stadt« nennt. Ob Erdbeeren, Salat oder Zwiebeln: Die Stadtverwaltung lässt überall Gemüse, Obst und Kräuter anbauen – und jeder darf sich bedienen. Öffentliche Parks und Grünanlagen werden zum Garten für die Bürger. Die öffentlichen Nutzpflanzen zeigen, wie man sich gesund ernährt, und steigern die Wertschätzung für regionale Lebensmittel. Im Stadtteil Eich hat das Projekt Lebenswelten seit 2008 auch eine 13 Hektar große öffentliche Permakulturanlage entwickelt. Zwischenfrüchte im Mischfruchtanbau und umfangreiche Mulche ersetzen Herbizide und mineralischen Dünger. Fast ausgestorbene Nutztierrassen wie das Schwäbisch-Hallische Hausschwein oder der Coburger Fuchs, eine Schafart, werden hier gezüchtet. 2010, im Jahr der Biodiversität, eroberten engagierte Bürger das Zentrum der Stadt und pflanzten 101 verschiedene Tomatensorten entlang der Stadtmauer, was von der Stadtverwaltung als Konzept aufgegriffen und weiterentwickelt wurde. Jedes Jahr steht nun ein bestimmtes Gemüse im Mittelpunkt. Wilde Blumen, Obstbäume, Beeren und Weinreben wachsen in ehemaligen Blumenrabatten, auf »Schmetterlingswiesen« und Verkehrsinseln. Hühner laufen durch die Gräben der Klosterruine zu ihrem Stall, und Bienen summen um die Mauern. »Wir wollen die Wildnis wieder in die Stadt holen«, sagt Lutz Kosack, Geoökologe und Projektleiter bei der Stadt. Die Bürger sind aufgefordert, dieses Gemüse und Obst für ihren eigenen Bedarf zu ernten – und machen, nach anfänglicher Skepsis, nun reichlich Gebrauch davon. Die Erzeugnisse der Permakulturfläche und die Reste aus den städtischen Grünanlagen verkauft der zentral in der Fußgängerzone gelegene FairRegio-Laden zu günstigen Preisen. Über die Perspektive GmbH, deren Geschäftsführer Karl Werf gleichzeitig Leiter des sozialen Jugendamtes ist, werden zur Pflege der Anlagen Langzeitarbeitslose als Hilfskräfte beschäftigt. In der Firmenkantine können sie zudem für einen Euro ein hochwertiges Essen erhalten. Ein transportabler Schulgarten auf einem Anhänger verdeutlicht Schülern, worauf es beim Pflanzenwachstum ankommt, und wird von ihnen selbst beackert. Noch befindet sich die Stadt in der Phase der Umweltaufklärung und Ökopädagogik. Aber angesichts drohender Altersarmut und steigender Lebenshaltungskosten soll das Projekt bereits in naher Zukunft einen Teil der städtischen Selbstversorgung abdecken. »Mit unseren Gehölzpflanzungen sind wir jetzt dafür verantwortlich, dass Andernach in 30 bis 40 Jahren noch lebenswert ist. Es sind Obstbäume wie Quitten, Esskastanien, Feigen, Mispeln, Kirschen, Birnen und Äpfel. Unser Ziel ist es, die Permakultur weiter auszubauen, verstärkt mit Landwirten vor Ort zusammenzuarbeiten und uns mehr und mehr regional zu ernähren«, betont Kosack. Die »essbaren Städte« sind mittlerweile zu einer Bewegung geworden: In vielen weiteren Kommunen wie beispielsweise Freiburg, Halle und Heidelberg haben sich bereits Vereine und Initiativen gebildet und folgen dem Beispiel von Andernach.

Melonen unter Palmen

Eine weitere sinnvolle Anbaumethode ist Agroforstwirtschaft oder Waldfeldbau, die bewusste Kombination von mehrjährigen Bäumen und Sträuchern mit einjährigen landwirtschaftlichen Nutzpflanzen. Optimal ist diese Form vor allem dort, wo auf relativ begrenztem Raum gleichzeitig stärkehaltige Wurzeln und Bohnen, Obst und Futtermittel, aber auch Kakao und Kaffee produziert werden sollen. Agroforstwirtschaftliche Systeme findet man bislang hauptsächlich in tropischen Regenwaldgebieten, obwohl sie sich ohne Weiteres auch in gemäßigten Zonen umsetzen ließen. Dabei bieten sie viele Vorteile: Sie sind artenreich, stabilisieren den Wasserhaushalt und schützen die Böden vor Erosion. Die Vielfalt der Ernteerzeugnisse und die relativ geringen Mengen machen allerdings eine wirtschaftliche Vermarktung schwierig. Für die Selbstversorgung und für lokale Märkte sind sie aber geradezu ideal. Ein Beispiel ist ein Entwicklungsprojekt im brasilianischen Bundesstaat Pará in Amazonien: Durch Brandrodung und jahrelange Monokulturen ausgelaugte Böden werden nach jahrhundertealten Methoden des indigenen Stammes der Kayapo rekultiviert. In sieben »Etagen« wird aufgeforstet, gleichzeitig werden Feldfrüchte angebaut. Ganz unten wachsen Bohne, Wassermelone und Kürbis, darüber Maniok und Ananas. Es folgen Bananenstauden, Zitrusfrüchte und Cashewbäume. Darüber erheben sich Schatten spendende Palmen, Gummibäume und Edelhölzer.

Paradies im Schnee

Zwischen 1 100 und 1 500 Metern Höhe erstreckt sich die 45 Hektar große Landwirtschaft der Familie Holzer im Salzburger Lungau, wegen der langen, strengen Winter auch »Sibirien Österreichs« genannt. Der Krameterhof sieht auf den ersten Blick aus wie ein typischer Bergbauernhof: rustikale Holzbauweise vor saftigen Wiesen und beeindruckender Berglandschaft. Auf den zweiten Blick ist man irritiert. Überall wuchern Brennnesseln und anderes »Unkraut«, die Hänge sind – wie sonst nur in Asien üblich – mit Terrassenfeldern überzogen, Hühner und Enten laufen frei herum. Schnaufend und grunzend pflügt eine Rotte schwarz-weiß behaarter Waldschweine als »Bodenbearbeitungstrupp« durch eine Obstplantage von Kiwi- und Pfirsichbäumen. Wildtiere, Fische, Krebse, Würmer und Insekten leben auf dem Hof in 70 Biotopen und einer natürlichen Nahrungskette zusammen. Baumschule, Waldpilzzucht, Gemüsekulturen und Heilkräutergärten runden das paradiesische Bild ab.

Elektrische Energie liefert ein kleines Wasserkraftwerk, geheizt wird mit einer Hackschnitzelheizung und dem Kachelofen. Die Klärung der Abwässer erfolgt in biologischen Sickergruben, die natürlichen Humus bilden. Künstliche Düngemittel und Pestizide sind auf dem Krameterhof streng verpönt. Die Bewirtschaftungsmethode folgt modellhaft den Prinzipien der Permakultur und dem Waldfeldbau. Während andere Bergbauern ihre Almwirtschaft aufgaben und wegzogen, haben Veronika und Sepp Holzer ihren Hof konsequent weiter ausgebaut und das Freiluftlabor bis 2009 geführt. Dann übernahm Sohn Josef Andreas und entwickelte neue Konzepte und Seminare zum Thema Permakultur. Mit Erfolg: Der Krameterhof gilt als ein einmaliges Beispiel für selbstversorgende und erfolgreiche Landnutzung in einer landwirtschaftlichen Extremlage.

Modell für Entwicklungsländer

Menschen in der Landwirtschaft des globalen Südens sind auf die eigene Produktion von Nahrungsmitteln zum eigenen Verbrauch angewiesen. Um nicht abhängig von importierten Grundnahrungsmitteln oder Fertignahrung zu werden, braucht es einfache und nachhaltige Konzepte. Gerade Permakultur und die Agroforstwirtschaft, die auf Tausenden Jahren indigener Erfahrung basiert, bieten sich dazu hervorragend an. Leider sind viele landwirtschaftliche Traditionen verschüttet und müssen neu erlernt werden. Bill Mollison hielt 1987 seinen ersten Kurs in Botswana, und 2009 fand in Malawi der

9. Internationale Permakultur-Konferenz statt. Mittlerweile gibt es rund 200 Permakulturschulen in sechs Ländern Afrikas. In der Region Chikukwa in Simbabwe beispielsweise wird fast jeder Hof nach diesen Prinzipien bewirtschaftet. Der Anspruch ist hoch: Mithilfe permakulturellen Wissens ließen sich familiäre und andere soziale Systeme planen und gestalten, in denen die »Menschen auf nachhaltige Weise selbst für ihre Nahrung, Energie, Unterkunft und ihre sonstigen materiellen und nicht materiellen Bedürfnisse sorgen«, schreibt Mollison in seinem Permakultur-Handbuch.[98] Elemente des Empowerment, der Hilfe zur Selbsthilfe und viele Methoden der Permakultur finden sich dann auch in fast allen nachhaltigen Landwirtschaftskonzepten der internationalen Hilfsorganisationen wieder: bei der effektiven Reisanbaumethode SRI ebenso wie bei den Kochkursen und Ernährungsschulungen.

Martin Baumgart fährt einen Wagen mit Körben voller saftig roter Kirschen heran. »Mir geht es auch um die Wertschätzung für die Lebensmittel. Die Leute gehen in den Supermarkt und kaufen Gemüse, das so billig ist, dass es kein Problem ist, es wegzuschmeißen. Es ist schön, dass die Leute hier wieder lernen wollen, was saisonal heißt. Die Nagelprobe war ja schon in diesem Frühjahr, das Wetter war einfach sehr lange sehr schlecht. Wir konnten im April eigentlich nichts ernten, aber die Mitarbeiter müssen trotzdem bezahlt werden, ebenso Saatgut, Jungpflanzen, neue Geräte. Zum Glück waren die SoLaWis geduldig.«

Hilke lächelt: »Dafür war gar nicht so schlecht, was wir bekommen haben: das Fleisch von den Schweinen, die gerade geschlachtet wurden.«

»Heute musst du dich als Bauer auf wenige Produkte spezialisieren, um bei den Marktpreisen noch zu überleben. Eine hohe Gemüsevielfalt ist eigentlich gar nicht mehr möglich«, erklärt Martin. »Mit der solidarischen Landwirtschaft hingegen schon, weil die Mitglieder genau das wollen: Sie wollen alles von ihrem Hof haben, wollen wieder alte Sorten einführen. Es ist schön für mich, dass ich das jetzt wieder anbauen kann.«

Hilke weist darauf hin, dass die solidarische Landwirtschaft in anderen Ländern noch weit stärker verbreitet ist als in Deutschland, zum Beispiel die Community Supported Agriculture (CSA) in den USA, die Associations pour le maintien d'une agriculture paysanne (AMAP) in Frankreich, und die Teikei in Japan. Aber das sind doch nur die reichen Industrieländer? Martin widerspricht vehement: »Ich habe einige Jahre in Afrika als Entwicklungshelfer gearbeitet, als landwirtschaftlicher Berater. Und tatsächlich gibt es auch dort SoLaWis. Erst letztes Jahr habe ich eine im Benin besucht, am Rand der Hauptstadt, die arbeiten auch nach ökologischen Prinzipien und nennen das AMAP wie in Frankreich.« Ich frage, ob das reichen kann, um die schnell wachsenden Städte in Afrika zu ernähren. Martin antwortet: »Besser als alles andere. Die sogenannte moderne Landwirtschaft, die auf Mineraldünger und Pflanzenschutzmitteln beruht, können sich die meisten Bauern doch gar nicht leisten.«

Hilke fällt ein: »Das ist doch ein einfaches Prinzip. Die Menschen bezahlen die Landwirtschaft, die sie vor Ort haben wollen. Warum sollte man so nicht die ganze Welt ernähren können? Was kommt denn bei der Massenproduktion rum? Die Nahrungsmittel sind nur so billig, weil Umweltzerstörung und soziale Kosten nicht mit eingeschlossen sind in diesen Preisen. Das funktioniert nur, weil die Konzerne dafür nicht die realen Kosten bezahlen.«

Die Tüten, die Hilke und die anderen gepackt haben, werden in einen Hinterhof in der Bonner Innenstadt gebracht, wo sie die Mitglieder abholen. 110 Euro pro Monat für eine wöchentliche Gemüsekiste, ist das nicht etwas teuer? »Im Bioladen wäre es auch so teuer«, sagt Hilke. »Es ist nicht billig, ja, aber das sind die realen Kosten, um Lebensmittel zu produzieren. Diese Art von Landwirtschaft mag aufwendiger sein, aber sie fördert die Biodiversität und erhält die Bodenfruchtbarkeit. Wenn wir im Laden immer nur das Billigste auswählen, zerstören wir die Lebensgrundlage unserer

Kinder. Ich glaube schon, dass sich unsere Generation dieser Verantwortung stellen muss.«

Am Nachmittag helfe ich selbst noch etwas mit beim Auspflanzen von Salatsetzlingen. Als ich auf den Hof zurückkehre, sehe ich verwundert einen riesigen Stapel mit Reispackungen. Martin klärt mich auf: »Das sind zehn Tonnen indischer Basmatireis. Den hat die GEPA mir gespendet, weil er nicht mehr verkauft werden konnte, das Mindesthaltbarkeitsdatum war abgelaufen.« Und jetzt? »Ich verfüttere den an meine Schweine.«

Ich schaue auf die Verpackung – vor einem Jahr abgelaufen. Ich denke: Reis verdirbt doch nicht so schnell, den kann man doch noch essen. Dann trifft mich schier der Schlag: Auf der Rückseite der Reistüte lächelt mir Vandana Shiva entgegen. Es ist Bioreis, ausgerechnet aus Orissa, von unseren Navdanya-Kleinbauern. Was für ein Wahnsinn! Ich frage Martin, ob der Reis nicht besser von Menschen gegessen werden sollte. »Ja, schon, ich nehme mir auch ab und zu eine Packung, aber wie willst du die Mengen loswerden?« Ich erzähle ihm von Foodsharing und dem öffentlichen Essensschrank, den wir »Fair-Teiler« nennen. Er bietet mir an, dass ich so viel mitnehmen kann, wie in unser Auto passt. Ich lade mindestens 1000 Packungen ein und fahre zurück nach Köln. Mein nächster »Fair-Teiler« in der Stadtgarten-Initiative NeuLand ist schnell voll, ich muss noch einen weiteren Schrank anfahren. Dann noch auf Facebook gepostet. Und tatsächlich: Am nächsten Tag waren die Schränke schon leer.

Der Tomatenfisch macht Karriere

Genial einfach und ungemein effektiv ist es, Fisch- und Pflanzenzucht miteinander zu kombinieren. Schon die Azteken verbanden Landwirtschaft mit Fischerei. In schwimmenden Gärten, in flachen Seen und Teichen kultivierten sie Mais, Bohnen und Tomaten. Auch die Chinesen bauten schon vor 1000 Jahren Fischbecken in Reisfelder. Mit der heute Aquaponik genannten Technik erfährt diese verschüttete Tradition eine moderne Renaissance. Das Kunstwort setzt sich aus »Aquakultur« und »Hydroponik« (Aufzucht von Pflanzen ohne Erde) zusammen. Die Forscher des Leibniz-Instituts für Gewässerökologie und Binnenfischerei arbeiten am Müggelsee in Berlin an der Perfektionierung dieses Systems. Sie ziehen Tomaten und Barsche zusammen in einem geschlossenen Kreislaufsystem auf. Dabei hat die Gruppe um Professor Werner Kloas die Sicherung der Welternährung im Blick. Seit Februar 2014 ist das Wasserforschungsinstitut federführend bei einem knapp sechs Millionen Euro schweren EU-Projekt, das der kombinierten Fisch- und Gemüsezucht den Weg in die weltweite Praxis ebnen soll. In dem auf vier Jahre angelegten Vorhaben INAPRO werden in Deutschland, Spanien, Belgien und China vier große Aquaponik-Demonstrationsanlagen auf jeweils rund 500 Quadratmetern gebaut und später praktisch betrieben.

Geschlossenes Kreislaufsystem

Bei der Aquaponik wurzeln die kultivierten Pflanzen in anorganischem Substrat wie beispielsweise Kies, Blähton oder Mineralwolle. Gedüngt werden sie ausschließlich durch nährstoffreiches Wasser aus den Fischbecken, das die Wurzeln umspült. Wie in einem natürlichen Gewässer verstoffwechseln die im Substrat lebenden Bakterien den Fischkot in Nahrung für die Pflanzen. Fische, Bakterien und Pflanzen leben zusammen in einem geschlossenen System, bei dem nichts verloren geht. Das Gemüsebeet kommt dabei völlig ohne chemische Zusätze aus. Von außen zugeführt wird nur das Pelletfutter für die Marienbarsche, Licht, Wärme und etwas Frischwasser. Die Forscher im Leibniz-Institut arbeiten bei ihrem Projekt mit dem technischen System ASTAF-PRO (Aquaponik-System zur emissionsfreien Tomaten- und Fisch-Produktion). Es besteht aus einem Gewächshaus, in dem jeweils ein Aquakultur- und Hydroponik-Kreislauf installiert sind. Ein patentiertes System reguliert die unterschiedlichen ph-Werte und die

Flüssigkeitsströme zwischen den beiden Teilbereichen der Anlage. Diese werden nur bei Bedarf über ein Einwegventil, das Wasser aus dem Fischkreislauf in Richtung Hydroponik strömen lässt, miteinander verbunden. So können in beiden Teilsystemen die jeweils optimalen Wachstumsbedingungen hergestellt werden. Sollte zum Beispiel im Pflanzenkreislauf ein Nährstoffdefizit auftreten, könnte dort regelnd eingegriffen werden, ohne die Fische einem höheren Gehalt auszusetzen. Durch ein ausgeklügeltes System wird das verdunstete Wasser der Pflanzen aufgefangen und wieder in den Kreislauf zurückgeführt, sodass sich die einzuspeisende Menge an Frischwasser auf unter 3 Prozent am Tag reduziert. Das von den Fischen produzierte CO_2 verwenden die Pflanzen für ihr Wachstum und wandeln es in Sauerstoff um. Gelingt es, die notwendige Betriebsenergie für die Gesamtanlage aus regenerativen Energiequellen zu gewinnen, arbeitet sie praktisch emissionsfrei. Die Forscher rechnen vor, dass weltweit 70 Prozent des Süßwasserverbrauchs auf die Landwirtschaft entfallen. Es sei daher ausgesprochen sinnvoll, Aquakulturen in bestehende Produktionssysteme zu integrieren. Gebiete, die für herkömmliche Landwirtschaft zu trocken sind, könnten statt aufwendiger Bewässerungssysteme viel besser ASTAF-PRO oder ähnliche Systeme nutzen, für die kaum zusätzliches Wasser benötigt wird.

Erfolgreiches Wirtschaftsmodell

Die Leistungsbilanz der Aquaponik kann sich im Vergleich zur klassischen Landwirtschaft sehen lassen. Erträge mit über zehn Kilogramm Tomaten pro Pflanze und Saison seien mit der Methode möglich, sagen die Jungunternehmer des Schweizer Start-up-Betriebes Urban Farmers. Sie haben ihr Hobby zur Aktiengesellschaft gemacht und verkaufen – so das Motto ihres Businessmodells – keine Tomaten, sondern komplette Anlagen für städtische Gemeinschaftsgärten. Bei ihren geschlossenen Systemen spart man bis zu 90 Prozent Wasser ein, und es können kaum Krankheitserreger eindringen, sodass Antibiotika überflüssig sind. Die im Vergleich zur klassischen Aquakultur geringe Fischdichte (im Urban-Farmers-Projekt »Dreispitz« verteilen sich 2000 Fische auf drei 2000-Liter-Becken) verhindert Stress bei den Fischen. Die alternativen Anlagenbauer gehen davon aus, dass allein in Basel beispielsweise zwei Millionen Quadratmeter zur Nutzung von Aquaponik zur Verfügung stünden. Allein 5 Prozent davon könnten 40000 Menschen ernähren. Unterschiedlich große Demonstrationsprojekte der Urban Farmers finden sich in Basel, Berlin und Zürich. Das LOKDEPOT auf dem Dach des Dreispitzareals in Basel eröffnete im Mai 2013. Die 1000 Quadratmeter große Rooftop Farm erwirtschaftet 3400 Kilogramm Fisch und 20000 Kilogramm Gemüse. Die Betreiber verfüttern ausschließlich pflanzliche Eiweiße wie Kartoffelstärke und produzieren aus einem Kilo Futter 800 Gramm Fisch. Die Forscher am Müggelsee sprechen sogar von einem Kilo Futter für ein Kilo Fisch. Außer in einer kurzen Jungphase der Fische verwenden sie ebenfalls vegetarisches Futter.

Hobbyzucht auf dem Hausdach

Die Zahl der Hobby-Aquaponiker steigt rasant an, vor allem in der Urban-Gardening-Bewegung. Die Urban Farmers bieten dazu auch eine für den privaten Verbrauch nutzbare UF-Box an, einen mobilen 18 Quadratmeter großer Gewächshauscontainer. Er soll pro Saison bis zu 60 Kilogramm Fisch und 120 Kilogramm Gemüse liefern. Der Arbeitsaufwand belaufe sich auf etwa eine Stunde pro Tag, um die Fische zu füttern und Prüfungen am technischen System durchzuführen. Hinzu kämen etwa 30 Minuten pro Woche für die Pflanzenpflege. Je nachdem, ob man selbst mit Material aus dem Baumarkt zum Aufbau einer Anlage beiträgt oder auf ein vorgefertigtes Modell zurückgreift, liege der finanzielle Aufwand zwischen 1600 bis 8200 Euro. Die Fachgruppe Aquaponics an der Zürcher Hochschule für Angewandte Wissenschaften ist hingegen der Meinung, dass aufgrund der klimatischen Verhältnisse in Mitteleuropa eine kleine Anlage zur

Selbstversorgung nicht kostendeckend betrieben werden könne. Daher müssten sich viele Mitmacher für ein größeres Projekt finden. Für Urban-Gardening-Initiativen sind solche Systeme geradezu optimal: Dank modernem LED-Pflanzenlicht oder Plasmalampen kann die Produktion unabhängig von Tageslicht stattfinden, beispielsweise in leer stehenden Fabrikgebäuden oder Lagerhallen. Auch für das Vertical Farming, bei dem die optimale wirtschaftliche Nutzung des Raumes im Vordergrund steht, ist Aquaponik interessant.

Hunger im Überfluss

»Fällt Ihnen etwas auf?«, fragt Will Allen mich, während wir durch eine Vorstadt von Milwaukee fahren. »Sehen Sie hier ein Lebensmittelgeschäft? Wir müssen in alle Richtungen mindestens fünf Kilometer fahren, um Essen zu kaufen. Dabei ist das ein sehr dicht besiedeltes Viertel. Aber kein Essen. Wir nennen das Food Desert – Essenswüste.«

»Woran liegt das?«, frage ich. »Amerika ist doch eines der reichsten Länder der Welt.«

Will Allen lacht grimmig. »Die Verteilung unserer Lebensmittel ist ungerecht. In Gegenden mit wohlhabender Bevölkerung gibt es Essen im Überfluss, doch in armen Vierteln wie hier müssen die Menschen ziemlich weit fahren, um Essen zu kaufen. Wenn sie kein Auto haben, sind sie aufgeschmissen – vor allem im Winter, wenn hier tiefer Schnee liegt.«

Die Häuser sehen gar nicht so arm aus von Weitem. Aber wenn man genau hinschaut, bemerkt man, dass einige Fenster vernagelt sind. Und die Menschen, die vor den Häusern im Schatten sitzen, machen kein Barbecue. Es ist tagsüber, unter der Woche, sie sind offensichtlich arbeitslos. Und die meisten von ihnen sind schwarz.

»Wir hatten noch nie so viel Hunger in Amerika. Dabei hat uns die Regierung immer erzählt, dass die amerikanischen Farmer die ganze Welt ernähren können, so ein Blödsinn, sie erzeugen vielleicht Unmengen, aber ernähren noch nicht mal die eigenen Leute.«

Will Allen hat sich in Rage geredet: »Das Schlimmste ist: Drei von zehn jungen Leuten in Amerika gehen abends ohne Essen zu Bett. Die großen Ketten haben ihre Lebensmittelgeschäfte in den armen Vierteln geschlossen, überall in Amerika. Nur ein McDonald's ist noch hier, der hochverarbeitete Industriefraß killt unsere Leute. Hier kann man auch sonst nur noch andere ungesunde Dinge kaufen wie Bier und Zigaretten.«

Er lenkt sein Fahrzeug auf eine Abbiegespur: »Wir sind gleich da. Unser Laden bietet das einzige gute Essen im Umkreis von fünf Kilometern östlich und westlich, südlich vielleicht sechs und nördlich sogar zehn Kilometern.« Will Allen wird schon erwartet, er soll heute eine Führung durch seine Farm übernehmen, die direkt hinter dem Laden liegt. Er gilt als der Pionier des Urban Gardening in den USA, sein Modell wurde in Hunderten Städten kopiert. Michelle Obama, die Frau des Präsidenten, kam sogar schon zweimal zu Besuch, um sich Anregungen für ihren Gemüsegarten im Weißen Haus zu holen.

Will Allen bittet uns in eines der Gewächshäuser, in dem eine tropische Hitze herrscht: »Willkommen bei Growing Power und willkommen in Milwaukee, der besten Stadt Amerikas.« Die Besucher kommen aus ganz Amerika, Jung und Alt sind da, ebenso Familien mit Kindern. »Wir starteten hier 1993 eine der ersten City Farmen. Inzwischen ist das der Sektor der Landwirtschaft, der überall am schnellsten wächst. Heute haben wir 140 Angestellte.«

»Wir sollten das weltweit machen, weil wir eine Ernährungskrise in der ganzen Welt haben, nicht nur in Amerika, wo viele Menschen nicht in der Lage sind, täglich gutes Essen zu bekommen. Ich sage ›gutes Essen‹, nicht einfach Essen, sondern ›gutes Essen‹.« Will Allen greift in eines seiner Hochbeete. »Sie werden gleich sehen, wie man das produziert, nämlich mit gutem Boden«, sagt er und lässt die Erde durch seine Finger rieseln.

»Überall im Land ist der Boden mit Metallen kontaminiert. Arsen und Blei töten die Mikroorganismen. Deshalb erzeugen wir unseren eigenen Kompost, den wir hier in über 25 000 Pflanzkübel füllen und auf 120 Hektar Felder und 10 Hektar Gewächshäuser verteilen. Wir graben also nicht in die Erde, sondern pflanzen in 60 Zentimeter hoch aufgeschüttete Beete.«

Will Allen führt die Gruppe zu einer Reihe von langen Kisten, die mit dampfender Erde befüllt und mit Jutesäcken bedeckt sind.

Will Allen schlägt einen zur Seite: »Hier züchten wir Würmer.« Er nimmt ein paar von den roten Würmern in die Hand, sie sehen aus wie kleine Regenwürmer. »Die Würmer brauchen etwa vier Monate, um sich durch den Kompost zu fressen. Wir füttern sie unter anderem mit Brauereiabfällen. Wenn die von den Mikroorganismen im Boden zersetzt werden, erhitzt sich der Komposthaufen auf 20 bis 30 Grad, das mögen die Würmer. Beide leben eng zusammen, man muss sich das so vorstellen: Wenn die Würmer den Boden in ihrem Magen aufnehmen, vergrößert sich die Zahl der Mikroorganismen um das 14-Fache. Und das sind gute Bakterien, die schlechten wie E. coli werden im Wurmmagen getötet.« Dann zeigt er auf einen Berg von Holzschnitzeln: »Die geben wir in den Boden unter anderem deshalb, weil sie die Feuchtigkeit halten. Es dauert Jahre, bis sie sich zersetzen. Vor allem aber speichern sie Nährstoffe und werden von Pilzen besiedelt, die den Pflanzenwurzeln weitere Nährstoffe liefern.«

Auf einem Feld verteilt gerade eine Gruppe von jungen Mitarbeitern mit Schubkarren und Mistgabeln den Kompost. »Bei uns machen Leute aus allen ethnischen Gruppen mit. Das ist unsere Stärke, weil es bei uns um soziale und ökologische Gerechtigkeit geht. Denn jeder hat das Recht, gutes Essen zu bekommen. Wir müssen die Bedingungen ändern, die viele hier davon abhalten, gesund zu essen. Wir machen das, indem wir mitten in der Stadt Lebensmittel produzieren.«

Die Mitarbeiter sind zum Teil fest angestellt, erkennbar an ihren blauen »Growing-Power«-T-Shirts, andere sind freiwillig für ein paar Wochen hier. »Landwirtschaft kann man nur in der Praxis lernen. Das geht nicht im Klassenzimmer. Du musst ein Gefühl dafür bekommen, weil Landwirtschaft eine Kunst ist. Es ist schön, wenn jetzt junge Leute nachkommen, weil wir wirklich Nachwuchs brauchen. Viele von ihnen werden feststellen, dass sie es nicht können, weil es die härteste Arbeit auf der Welt ist. Ich war Profisportler, habe viele Jobs gemacht, aber wirklich das Anstrengendste ist die nachhaltige Landwirtschaft.«

Will Allen strahlt eine Autorität aus, die die Leute in seinen Bann zieht. Er bittet die Gruppe in das Gewächshaus Nummer zwei: »Inzwischen haben wir 31 Gewächshäuser, aber hier haben wir das erste große Aquaponiksystem ausprobiert. Das ist eine Weiterentwicklung der Hydrokultur, in der die Pflanzen mit Chemikalien gedüngt werden. Wir hingegen düngen sie mit den Ausscheidungen der Fische. Was sie ausscheiden, Stickstoffverbindungen wie Nitrat und Nitrit, würde sie auf Dauer vergiften. Aber für die Pflanzen ist das ein idealer Dünger.«

Will Allen bittet seine Helfer, ein paar Pflanzkübel auf den Flächen oberhalb der Fischbecken beiseitezuräumen. Man sieht, wie sie im fließenden Wasser stehen. »Die Becken sind mit 38 000 Liter Wasser gefüllt, das ist genug für 6 000 Barsche, die sind jetzt im Prinzip groß genug, um abgefischt zu werden. Es sind Barsche, wie sie auch im Michigansee leben.«

Er geht weiter in ein Gewächshaus, in dem alle zunächst ihre Schuhe reinigen müssen: »Hier arbeitet Sheri, eine Forscherin des Great Lakes Institut. In der Natur vermehren sich die Fische nur einmal im Jahr, aber Sheri und ihr Team haben herausgefunden, wie man die Fische viermal im Jahr zum Eierlegen bringen kann. Wir müssen einfach die Wassertemperatur in den Zwischenperioden auf fünf Grad senken.«

»Ihr Filet bringt 30 Euro pro Kilo.« Offenbar denkt der Biopionier auch über Geld nach: »Ich habe lange im Handel gearbeitet, das hilft mir hier, denn auch gemeinnützige Projekte müssen sich tragen. Doch Vorsicht, ein Barschweibchen braucht vier bis fünf Jahre, bis es Eier legt. Also schnelle Gewinne sind bei den Fischen nicht zu erwarten. Zum Glück haben wir in dem System aber das Gemüse, das geht schnell und wirft zwei Ernten im Jahr ab.«

Will Allen nimmt einen Kescher und holt einen Barsch heraus. »Keine Angst, die Barsche können stundenlang außerhalb des Wassers überleben. Sie sind wirklich anspruchslos, Sie können sie ganz leicht auch zu Hause in Ihrer Garage züchten. Zum Anfang vielleicht so ein 2 500-Liter-Bassin, da können je nach Art 300 oder 400 Fische aufgezogen werden. Der Wasserverbrauch ist minimal, weil das Wasser immer wieder zirkuliert und durch einen Lavafilter geleitet wird. Das System kostet vielleicht 400 Euro oder weniger, um 300 Fische in einem Jahr zu produzieren. Das ist genug für eine Großfamilie. Das funktioniert auch ganz großartig mit Tilapia, weil die alles essen, selbst Gemüseabfälle.«

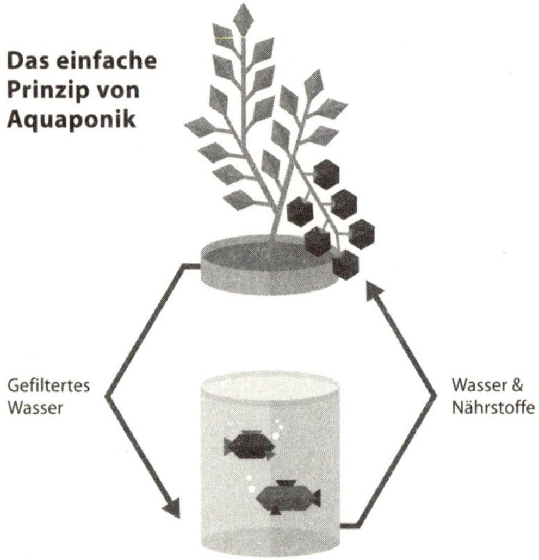

Die Führung geht weiter, es ist kaum zu glauben, was die City Farm noch alles bietet: In einem alten Gemüsetruck werden Shiitakepilze gezüchtet, es gibt einen großen Hühnerstall und viele Ziegen: »Wir füttern sie mit Lebensmittelabfällen der umliegenden Haushalte und holen zudem bei Supermärkten abgelaufene Lebensmittel ab. Das machen unsere Praktikanten.«

Zwei Praktikanten erzählen von ihren Begegnungen mit den Nachbarn. Es sind weiße Oberschichtkinder, die offensichtlich noch nie mit der größtenteils schwarzen Unterschicht zu tun gehabt haben. »Wir nutzen diese Lebensmittel, um eine Gemeinschaft zu bauen«, erklärt Will Allen. »Wir schaffen Jobs und nachbarschaftliche Netze. Ist auch ökonomisch, denn das Geld bleibt hier im Viertel.«

Wäre das Land außerhalb der Stadt nicht für weniger Geld zu haben und damit der Anbau billiger? »Ganz im Gegenteil. 99 Prozent der Lebensmittel, die hier in der Stadt konsumiert werden, werden aus über 2 000 Kilometern Entfernung herangefahren. Das kostet viel Sprit, das ist einfach nicht nachhaltig. In den Großstädten gibt es genug Platz, in Milwaukee sind es über 5 000 ungenutzte Grundstücke, in Chicago 77 000, und in Detroit ist sogar mehr als die Hälfte der Stadtfläche ungenutzt: 230 von 440 Quadratkilometern.«

»Wenn wir jetzt noch unsere Gewächshäuser mit Sonnenenergie heizen, dann können wir Biogemüse viel günstiger herstellen als dieses Industriebio, das jetzt überall zu haben ist, das ist einfach zu teuer für arme Leute.« Will Allen führt uns wieder zurück zum Eingang, wo das Gemüse am Straßenrand feilgeboten wird. Und wirklich: Die Kundschaft hier würde man in keinem Bioladen vermuten. Eine schwarze Familie, deren Kinder nach Pommes quengeln, packt sich gerade Tomaten, Auberginen und Maiskolben in die Einkaufstüte. Aber der Laden ist nur ein Weg: »Dieses Jahr haben wir 120 000 Kilo Karotten an die öffentlichen Schulen hier in Milwaukee geliefert. Und Krautsalat für insgesamt 90 000 Schüler.«

Der Zweimetermann war einst Basketballprofi in der NBA. Ich frage ihn, wie er zum Urban Gardening kam. »Meine Eltern waren Bauern. Wenn Besuch in unser Haus kam, selbst wenn es 30 Leute waren, gab es immer genug zu essen, meine Mutter stellte sich in die Küche und kochte für alle. Wir hatten vielleicht nur wenig Geld, aber immer genug Essen, das bringt die Menschen zusammen und gibt dir sehr viel Sicherheit.«

Die Gruppe ist bereits verabschiedet, als er mir noch seine neueste Errungenschaft zeigt, die Fliegenzucht. »Wir züchten sie, um unsere

Fische zu füttern. Fabrikfutter ist nämlich teuer und nicht so gut wie die Larven der Fliegen, die enthalten 42 Prozent Protein.«

Er schiebt die Bretter weg, die eine lange Kiste bedecken, und gräbt ein wenig in der Erde. Dutzende von Maden winden sich: »Sie essen alles. Ich habe mal einen alten Truthahn, den ich in der Kühltruhe vergessen hatte, auf den Haufen geworfen, die Fliegenmaden haben alles in wenigen Tagen verschlungen.«

Will Allen setzt sich nieder, etwas ermattet von der langen Tour: »Wir brauchen solche lokalen Ernährungssysteme überall auf der Welt. Nur so werden wir den Hunger besiegen, nicht indem wir einen Nahrungsbrei einfliegen, der irgendwo in Europa oder Amerika in der Fabrik hergestellt wurde. Das ist nicht nachhaltig, wir müssen den Menschen wieder beibringen, wie sie das Essen in ihren Dörfern, in ihren Städten und Großstädten selbst herstellen können.«

Die essbare Stadt

Das Gartenmäuerchen ist kniehoch. »Es war mal so hoch, dass ich nicht mehr darüberschauen konnte«, erinnert sich Mary Clear. »Dann habe ich beschlossen, dass wir es besser abreißen. Und ich habe ein Schild aufgestellt: ›Bedient euch‹. Damit hat alles begonnen.« Das war vor sechs Jahren, damals gründete sie mit ein paar Freundinnen die Initiative »Incredible Edible« (Unglaublich essbar).

»Wir waren besorgt über den Hunger in Afrika und die Zukunft unserer Kinder«, erinnert sich die Mittsechzigerin. »Der beste Ort, um etwas Neues zu beginnen, ist dein eigener Ort. Also begann alles in diesem Garten. Aber bald gingen wir dazu über, öffentliche Flächen zu besetzen, die keiner pflegte. Denn wer ist denn die Öffentlichkeit, das sind doch wir, also gehören diese Flächen doch uns? Wir wollten damit Essen für alle verfügbar machen. Aber es ging auch darum, die Menschen wieder miteinander in Kontakt zu bringen, die Reichen mit den Armen, die Kirche mit den Ungläubigen, die Moslems mit den

Christen und die Polizei mit den Kriminellen.« Hier spürt man deutlich, wo Mary herkommt: Sie arbeitete als Sozialarbeiterin in dem nordenglischen Städtchen Todmorden, in dem bereits in den 1950er-Jahren die große Krise begann, als die Textilfabriken schlossen. »Das Essen ist ein Trick, eine Bestechung, ein trojanisches Pferd, um die Menschen zu erreichen.«

Mary verbindet ihre Botschaft nicht mit einer starren Ideologie, ihre Kapitalismuskritik kommt eher aus dem Bauch: »Wir leben in einer Gesellschaft, die sagt: ›Nicht betreten, nicht berühren, das gehört mir.‹ Und wir sagen: ›Das gehört allen.‹ Wir haben Schilder aufgestellt, damit die Leute wissen, was da wächst. Ich sehe das nicht mehr als meinen privaten Garten. Es ist mein Land, aber ich lasse das Obst und Gemüse für andere wachsen. Manchmal ist das schon schwer, wenn man etwas heranwachsen sieht, und dann ist es einfach weg, weil es jemand genommen hat. Für einen Moment dachte ich: ›Mist‹, aber dann: ›Ich hoffe, jemand hat es richtig genossen.‹« Mary Clear hat keinerlei Ausbildung als Gärtnerin: »Ich bin eigentlich gar nicht so sehr am reinen Produzieren interessiert. Die Leute wollen immer alles perfekt machen, aber ich denke, es ist wichtiger, dass viele Leute mitmachen und dabei lernen.«

Die Nacht verbringe ich bei Hilary Watson, sie ist Mitglied bei Incredible Edible und führt eine winzige Frühstückspension mit zwei Gästezimmern. Am Morgen bekomme ich ein Frühstück, wie ich es noch nie gegessen habe: Üppig, wie es sich für ein englisches Frühstück gehört, aber komplett vegan, sogar die Würstchen sind fleischlos. Überraschenderweise ist es das beste englische Frühstück, das ich je gegessen habe.

Mary und ich haben als Treffpunkt den kleinen Busbahnhof im Zentrum vereinbart. Der Anblick der kleinen Truppe von Guerillagärtnern lässt mich schmunzeln: Mit Hacken, Pflanzen und Gartenerde in den Armen stapfen sie mir entgegen, und ihr Grinsen verrät, dass sie sich auf den Einsatz freuen. Der Busbahnhof ist wirklich nicht der schönste Fleck der Stadt, ihr Ziel ist eine gemauerte Pflanzinsel zwischen einer Haltestelle und einem kleinen Wartesaal: »Die haben hier nur ein paar nutzlose Blumen gepflanzt, die blühen ein paar Wochen, und dann müssen die Gärtner wiederkommen und neue Pflanzen für den Winter einsetzen. Hier verbringen die Leute viel Zeit mit Warten und könnten währenddessen auch mal ein paar Kräuter ernten. Wir haben zum Beispiel Liebstöckel und Koriander dabei. Das ist ein toller Platz für eine Unterhaltung, du wirst sehen, die kommen direkt, am schnellsten die Kinder.« Und genauso ist es: Es dauert keine zehn Minuten, die Guerillagärtner haben gerade mal die Zierpflanzen entfernt, da kommen zwei dunkelhäutige Jungs mit ihren Fahrrädern. Mary fragt sie, ob sie mithelfen wollen. Zunächst ein misstrauisches »Nein, ich will nicht«. Aber schon zehn Minuten später kommen sie wieder: »Okay, wir sind dabei.«

Wirklich beeindruckend, Mary ist eine echte Menschenfängerin. »Mach mal hier ein Loch.« Sie holt einen Rosmarinstrauch und setzt ihn hinein. »Und jetzt kannst du die Erde rundherum etwas festtreten, nicht zu fest. Das ist jetzt dein Busch, pass auf ihn auf, dass keiner ihn kaputt macht.« Beide Jungen – inzwischen wissen wir, dass ihre Eltern aus Bangladesch kommen – sind mit großem Ernst bei der Sache.

»Es geht darum, ein Beispiel zu geben. Jeder kann einen Apfelbaum oder etwas anderes pflanzen. Und wenn es alle machen würden, dann könnte man damit tatsächlich eine ganze Stadt ernähren. Die Leute werden lernen, wie man das Obst und Gemüse anbaut, indem sie die Pflanzen beobachten, wenn sie zur Bushaltestelle gehen.«

»Und wem gehören die Pflanzen jetzt?«, will ich wissen. »Jedem«, antwortet Mary, »wie auch die Stadt jedem gehört. Ich hasse den Gedanken, dass sich die Leute als Opfer fühlen. Dann beschuldigen sie die Polizei oder die Politiker oder irgendwelche Teenager, die etwas zerstören. Ich aber denke, wir sind alle verantwortlich für unsere Stadt, also kann auch jeder alles haben.«

Tatsächlich frage ich mich, warum nicht schon längst die Polizei eingeschritten ist, schließlich haben sie eine städtische Grünanlage neu bepflanzt. Mary lächelt: »Besser nicht fragen, einfach machen. Und wenn jemand sich ärgert, dann sollte man ›Entschuldigung‹ sagen. Wir könnten eine E-Mail an die Busgesellschaft schreiben, dann werden wir im nächsten Jahr immer noch mailen. Dann besser einfach pflanzen.«

»Und noch keiner ist gekommen und hat gesagt: Aufhören!«, frage ich. »Nein. Vielleicht weil die Leute, die dafür bezahlt werden, nach dieser Grünfläche zu schauen, sich darüber freuen, dass sie es jetzt nicht mehr machen müssen.«

Mary führt mich zum Bahnhof, wo Incredible Edible Pflanzkübel aufgestellt hat. Schilder mahnen: »Pflanzen mögen kein Nikotin.« »Komisch, dass man das den Menschen sagen muss, aber seither sind die Kübel sauber. Ich finde das sehr praktisch: Die Leute können frische Kräuter ernten, wenn sie auf den Zug warten oder aussteigen, auf dem Weg nach Hause. Und die ganze Stimmung ist netter mit den Pflanzen hier. Rosmarin, Thymian, Minze, das kostet doch ein Vermögen, wenn man das im Supermarkt kauft. Wenn es sehr heiß ist, stellen wir noch andere Schilder auf: ›Bitte bringt ein wenig Wasser mit auf dem Weg zur Arbeit.‹ Und einige Leute tun es.«

Auf dem Parkplatz des Bahnhofs stehen weitere, größere Kübel, zwei oder drei Stellplätze mussten dafür herhalten, und wieder hat keiner gemeckert. Und Zerstörungen, Vandalismus? »Nichts dergleichen. Sogar die Obdachlosen haben die Idee für sich adoptiert«, erzählt Mary mit sichtlichem Stolz. »Kürzlich war ein berühmter Fernsehkoch in Todmorden, Hugh Fearnley-Whittingstall, er wollte vor laufenden Kameras an der Bushaltestelle etwas Rosmarin ernten. Die Penner haben sich vor die Pflanzen gestellt und gesagt: ›Du darfst hier nichts ernten, die Pflanzen gehören den Menschen von Todmorden, du bist nicht von hier.‹ Ich finde das so großartig.«Mary zieht das Unkraut aus den Pflanzkübeln, das offenbar schon länger nicht mehr entfernt wurde. »Das Wichtige dabei ist: Es ist kein Tauschhandel, es ist unser Geschenk. Freundlichkeit ist die Basis von allem, was wir machen. Wir glauben, dass die Ernährungskrise nicht von der Politik gelöst werden wird – mit Geld werden wir die vielen Menschen auf der Welt nicht ernähren können, auch die Wissenschaft wird uns hier nicht helfen, nur die Güte anderer Menschen. Wir zeigen den Menschen, dass es möglich ist, Essen mit anderen zu teilen, ohne völlig verrückt zu sein.« Mary schaut mich an: »Es geht eigentlich um viel mehr: Durch das Fernsehen und die Zeitungen haben wir so viel Angst vor Kriminalität, dass wir die Straße entlanggehen, ohne andere Menschen anzuschauen, ohne zu lächeln, ohne Kontakt mit der Gemeinschaft. Deshalb wollen wir die Umwelt und damit auch die Menschen stärken. Jeder pflückt gerne unterwegs Johannisbeeren oder Äpfel, wenn er sie sieht. Das macht glücklich, und man wird deshalb auch in anderen Situationen freundlicher reagieren.« Mary will mir unbedingt noch den Parkplatz des Krankenhauses zeigen, die Grünflächen zwischen den Parkbuchten sind ihr ganzer Stolz: »All das hatten sie mit großen Bäumen bepflanzt, die mit dem Lastwagen hergebracht werden mussten. Nutzloses Grün, stachlig, giftig und nicht essbar. Ich ging zum Chefarzt und fragte: ›Doktor, sollen die Patienten Äpfel pflücken können, wenn sie reinkommen, und Rhabarber, wenn sie heimgehen?‹ Er sagte: ›Tolle Idee, aber bezahlen können wir es nicht.‹ Also sammelten wir ein paar Spenden, und dann mussten wir noch die offizielle Genehmigung abwarten, weil das hier Privatgrund ist, da konnten wir nicht einfach so rangehen.«

Während sie erzählt, nimmt Mary immer wieder eine Frucht oder einen Zweig in die Hand, probiert und riecht daran und reicht sie mir weiter. »Schließlich haben wir alle Pflanzen rausgerissen. Und jetzt ist alles, was du siehst, essbar. Das Schöne ist, das Gelände ist die ganze Woche über offen, jeder kann rein.« Auch hier weisen Schilder darauf hin: »Greif zu und nimm so viel, wie du essen kannst.« Kirschen, Erdbeeren, Himbeeren, ich habe das Gefühl, dass die Beeren sogar von der Hitze des umgebenden Asphalts profitieren, so schön wie sie hier gedeihen. Es wird so viel gebaut, und dann pflanzen sie immergrüne Bäume und Ziergräser davor anstatt Beeren, die wichtig sind für die Menschen. Wir sollten Essbares vor jedem Supermarkt und jeder Schule pflanzen, so könnten wir viel mehr Essen in den Städten produzieren.«

Auch die letzte Station meines Stadtrundgangs ist sehenswert, wenngleich nicht architektonisch: Neben der Durchgangsstraße und einem schmalen Bürgersteig liegt ein breiter Vorgarten, der komplett asphaltiert ist. Obendrauf stehen drei Hochbeete, etwa sechs Meter lang und zwei Meter breit, mit einer Umrandung aus Holz. Das Haus dahinter hat verspiegelte Scheiben, darüber die Aufschrift »Police station«.

Ich klingle, und heraus kommt Ryan Stockton in voller Polizeimontur. Der Polizeibeamte ist erstaunt und erfreut zugleich, dass sich ein deutscher Filmemacher für die Gemüsebeete vor der Polizeistation interessiert. »Ich muss zugeben, dass ich am Anfang etwas skeptisch war. Wir dachten, dass irgendjemand die Beete zerstören wird, Vandalismus oder so, aber das ist nicht passiert. Es funktioniert, Freiwillige aus dem Ort pflegen die Pflanzen, und wir helfen ihnen, indem wir täglich ein wenig Wasser geben.« Ich frage ihn, wessen Idee das war. »Also, die Leute von Incredible Edible haben uns noch nicht einmal gefragt, sie haben die Pflanzkübel da einfach hingestellt. Aber es war eine gute Idee, weil das hilft, die Barrieren zwischen Polizei und Bevölkerung niederzureißen. Die Leute trauen sich eher, mit uns zu sprechen. Mehr Gemeinschaftsgeist bedeutet auch weniger Kriminalität, davon bin ich überzeugt.«

Ich mache mich wieder auf den Weg zu Mary, die zu Hause Obstsalat für das Erntefest vorbereitet. Sie erzählt mir, dass sie kürzlich auf einer Kriminologenkonferenz eingeladen war, um über Gewaltverbrechen zu reden: »Die Polizei hat verstanden, dass wir anders auf Gemeinschaften und Armut schauen müssen. Dass es wichtig ist, dass die Leute sich wohlfühlen, wo sie leben. Wenn du in einem armen Ort lebst, kannst du die Leute zwar nicht reich machen, aber du kannst die Umwelt reicher an Schönheit machen. In England reden wir zu viel über Verbrechen und Angst. Stattdessen sollten wir über Liebe und Freundlichkeit reden, das ist das Gegenmittel. Als Menschen lieben wir es, Dinge zu teilen. Meine Tochter war gerade in Afrika, wo selbst die ärmste Person noch das letzte bisschen Essen mit dir teilen würde, weil Menschen seit Urzeiten so veranlagt sind. Und wenn du Essen teilst, dann redest du mit den anderen. Und darum geht es: Wir müssen mehr miteinander reden.«

Aus dem Wohnzimmer tönen die Kuckucksuhr und das Gemurmel mehrerer Besucher. »Ich glaube, dass bald die Kacke am Dampfen ist.

Wir werden bald eine Ernährungskrise in der Welt haben. Dann wird es zwei Arten von Menschen geben: die, die alles haben, und die Armen. Und was wird passieren? Die Armen werden sich die Sachen nehmen, notfalls mit Gewalt. Genau das wird passieren, wenn wir nicht heute schon eine Brücke bauen.«

Ihre Philosophie verbindet immer wieder das Große mit dem Kleinen: »Eigentlich haben wir die Ernährungskrise jetzt schon, aber wir sehen sie nicht, weil sie sich auf fernen Kontinenten abspielt, in Afrika zum Beispiel. Aber England sollte sich nicht zu sicher fühlen als eine Insel, die nicht genug Essen für die eigenen Leute produziert. Vor fünf Jahren brach auf Island ein Vulkan aus, die Aschewolke legte den Flugverkehr lahm. Wir waren in England nur vier Tage von einer Versorgungskrise entfernt, als schließlich die Flugzeuge wieder fliegen durften. Vier Tage! Nur wegen eines Vulkans in Island! Das kann uns jederzeit wieder passieren!«

Wir machen uns auf den Weg zum Erntefest, das auf einer Wiese hinter der historischen Markthalle stattfindet. Rundherum sind Tische und Stände aufgebaut: ein fahrradgetriebener Fruchtshakemixer zum Beispiel, eine Apfelsaftpresse und ein Stand der »Incredible Farm«, die unweit der Stadt im letzten Jahr als Gemeinschaftsprojekt gestartet wurde. Mary grüßt ständig nach links und nach rechts, sie kennt offenbar so gut wie jeden hier – auch die Bürgermeisterin, die Suppe ausgibt, und vor allem die Kinder, die durch die Reihen wuseln. »Ich wünsche mir, dass überall Obstbäume und Beerensträucher wachsen, dann könnten auch die Armen immer Früchte essen, das ist mit das Teuerste im Supermarkt. Und wenn ich dann 80 bin und die Straße hinuntergehe, Erdbeeren und Äpfel pflücke, und jeder macht es – das würde mich glücklich machen.«

Nachwort: Was haben wir gelernt? Unsere Erkenntnisse und Folgerungen

Am Anfang dieses Buches stand die Frage, ob alle Menschen zukünftig ausreichend ernährt werden können. Nach Monaten der Recherche und Diskussion mit engagierten Menschen in vielen Ländern der Welt haben wir die Überzeugung gewonnen, dass dies klappen kann – auch wenn es sicherlich nicht einfach ist. Es gibt noch ausreichend Spielraum in der Landwirtschaft: über effektive technische Lösungen bis hin zu einer nachhaltigen Revitalisierung der geschundenen Böden jenseits von Gentechnik und Monokulturen. Auch viele noch als Nischenlösungen erscheinende Ideen und Ernährungsquellen werden schon bald ein unverzichtbarer Teil der Lebensmittelproduktion sein. Der größte Spielraum liegt aber in unserer Ernährungs- und Konsumweise selbst. Diese gilt es zu ändern und zu beschränken. Denn ein »Weiter wie bisher« geht nicht länger gut: Wenn mehr als die Hälfte der Ernte für andere Zwecke verwendet wird als für die menschliche Ernährung – im Tank, Trog oder der Tonne anstatt auf dem Teller landet –, dann sind die natürlichen Ressourcen rasch aufgebraucht. Wenn wir hingegen weniger wegwerfen, weniger Fleisch essen und weniger Agrarsprit in unsere Autos füllen, dann würde die Ernte heute bereits für 14 Milliarden Menschen reichen – das Doppelte der aktuellen Weltbevölkerung. Es geht also vorrangig nicht um mehr Produktion, sondern um weniger Verluste und eine faire Verteilung. Denn selbst wenn wir mehr ernten, heißt dies noch lange nicht, dass die Nahrungsmittel auch die Hungernden erreichen. Die Unternehmen der Agrarindustrie wirtschaften nur dort profitabel, wo die Abnehmer auch die gewünschten Preise für ihre Produkte bezahlen. Und so wird das Grundrecht auf Nahrung zu einer sozialen Frage von Reichtum und Armut.

Die schöngerechneten Hunger- und Armutsstatistiken internationaler Organisationen haben dabei für uns an Relevanz verloren. Welchen Unterschied macht es noch, ob ein Mensch nur eineinviertel Dollar am Tag zum Leben hat oder zwei Dollar, nur 1 880 Kilokalorien oder 2 100 verbrennt? Viel mehr Menschen als zugegeben hungern und leiden an Nährstoffmangel in dieser reichen Welt: Nicht jeder Achte, sondern mindestens jeder Dritte hat viel zu wenig, um sein »Recht auf Nahrung« wahrnehmen zu können. Alle hehren politischen Versprechungen und Entwicklungsziele der Vereinten Nationen haben daran bislang nichts ändern können. Nun unsere Überschüsse auf dem ganzen Globus zu verteilen, wäre weder einfach noch erwünscht. Selbst wenn wir sie verschenken, wie bei der Nothilfe in Hungerkrisen, führt dies langfristig in eine Katastrophe, denn mit unseren Hilfslieferungen machen wir den einheimischen Bauern Konkurrenz und stürzen sie in die Armut. Anstatt Nahrungsmittel zu liefern, sollten wir also ganz im Gegenteil die Fähigkeit zur lokalen und regionalen Selbstversorgung unterstützen. Nur dann wird das Ernährungssystem die nötige Stabilität für die Herausforderungen der Zukunft bekommen. Wichtig ist, dass die Basis der Ernährung im Land selbst erzeugt wird. Das ist die beste Krisenvorsorge.

Es klingt schizophren und ist es wohl auch: Alle Protagonisten der Agrarindustrie, die wir besucht haben, vom Bayer-Chef über den indischen Hühnerbaron bis zum Sojagroßfarmer, preisen ihre Tätigkeit als Lösung im Kampf gegen den Welthunger an, obwohl sie ihn faktisch erschaffen und aufrechterhalten. Man kann ihnen durchaus abnehmen, dass sie persönlich daran glauben, aber sie sind einem Produktivismus verhaftet, der in einem »Immer-mehr« das Heil sucht. Wenn man nur die Zahlen betrachtet, hat das bisher ja auch geklappt: Die industrielle Landwirtschaft erreichte in der zweiten Hälfte des 20. Jahrhunderts eine beeindruckende Steigerung der Erträge pro Hektar Land – unbestritten. Dennoch: Die Ernährung unserer Kinder und Enkel lässt sich so nicht sichern. Zum einen deshalb, weil ein weiterer Anstieg technisch immer schwieriger und energieintensiver wird, und zum anderen, weil die natürlichen Ressourcen Boden und Wasser immer mehr schwinden. In den entwickelten Agrarländern Westeuropas und Ostasiens gibt es trotz weiterer technischer Fortschritte seit über einem Jahrzehnt keine nennenswerte Steigerung der Erträge mehr. Dieses »Plateauing«

der Ernten trifft zunehmend auch auf Schwellenländer wie China und Brasilien zu.

Bald wird das knappe Ackerland als limitierender Faktor immer relevanter. Selbst ein Rauben oder Pachten von fruchtbaren Landstrichen in Entwicklungsländern kann da auf Dauer nicht helfen und führt in eine systembedingte Sackgasse. Denn das Argument, dass die globalisierte Agrarindustrie produktiver sei, zieht nicht: Fast überall auf der Welt zeigen Studien, dass Kleinbauern entscheidend zur Ernährungssicherheit beitragen und auf schonendere Weise mehr aus einem Hektar herausholen können als die Großfarmer. Die wenigen weltweit agierenden Agrarmultis produzieren lieber *cash crops*, also Exportfrüchte für den Weltmarkt, als Nahrungsmittel für die Menschen vor Ort. Es sind die Preise und die Börsen, die die Schieflage erzeugt haben. Wenn die Reichen mehr für Biosprit und Fleisch zahlen, bleibt einfach weniger übrig für die Ernährung der Armen. Jahrzehntelang hat das Freihandelssystem für sinkende Nahrungsmittelpreise gesorgt. Doch dieser Trend ist passé, die letzten beiden Ernährungskrisen 2008 und 2011 haben gezeigt, wie krisenanfällig das System geworden ist. Börsenspekulationen mit Nahrungsmitteln müssen daher gestoppt und geächtet werden, und es bedarf einer internationalen Konvention, die dem Handel mit Land verbindliche und einklagbare Regeln auferlegt. Großprojekte, durch die Nahrungsmittel außer Landes geschafft werden, dürfen nicht länger Kredite der Weltbank und Subventionen erhalten.

Kleinbauern und ihre Kooperativen können nicht nur sich selbst ernähren, sondern auch für die wachsenden Städte produzieren. Hier haben sie allerdings einen entscheidenden Nachteil gegenüber den Großen: Ihnen fehlt oft der Marktzugang. Genau das sollte der Hauptfokus für die Entwicklungshilfe sein: Verarbeitung, Lagerung und faire Vermarktung der landwirtschaftlichen Produkte. Das ist wichtiger als neue Produktionsrekorde der Großfarmen und auch wichtiger als neue Technologien, die sich die Armen sowieso nicht leisten können.

Solange die Agrarindustrie so energieintensiv arbeitet, wie sie es heute tut, ist sie eine Bedrohung für die Ernährungssicherheit. Denn diese Form der Landwirtschaft ist für einen ganz erheblichen Teil des Klimawandels mit all seinen verheerenden Folgen verantwortlich. Das Roden von Urwäldern, um Neuland zu gewinnen, und das Umpflügen von Mooren und Weideland sollten daher sofort gestoppt werden. Dabei muss die Landwirtschaft keineswegs das Klima aufheizen. In den obersten 30 Zentimetern Boden lagert fast viermal so viel Kohlenstoff wie in der Atmosphäre. Weil humusreiche Böden mehr Kohlenstoff speichern, könnte die ökologische Landwirtschaft das Klima retten, denn sie sorgt für mehr Humusbildung. Darüber hinaus kann der Ökolandbau auch die Welt ernähren. Zwar liegen die Hektarerträge der deutschen Biobauern unter denen der konventionellen Bauern, aber dies gilt nicht für die tropischen Breiten. In den Entwicklungsländern ernten ökologisch vorgehende Bauern oft sogar mehr Grundnahrungsmittel als ihre konventionell arbeitenden Nachbarn. Wenn sie darüber hinaus besondere Produkte wie Kaffee, Tee, Kakao und tropisches Obst über die Strukturen des fairen Handels vermarkten, verdienen sie besser und finden Wege aus der Armutsfalle. Anstelle der industriellen Landwirtschaft sollte die Weltgemeinschaft daher den Aufbau einer klimaneutralen und robusten bäuerlichen Landwirtschaft fördern und absichern. Dann lässt sich neben einer Ernährungssicherheit auch eine Ernährungssouveränität herstellen.

Was können wir tun?

Zur Ernährungssouveränität gehört, dass wir einen Teil der Nahrungsmittelproduktion wieder in unsere Städte holen. Dabei geht es um eine Annäherung von Produzenten und Konsumenten: Jeder, der auch nur einen Sommer lang sein Gemüse selbst gezogen hat, betrachtet Lebensmittel mit einer anderen Wertschätzung und konsumiert deshalb anders. Es geht um die Fähigkeit, Qualität zu erkennen, die Gewöhnung an natürlich gewachsene Formen, wie man sie im Supermarkt nicht mehr findet, und um die Suche nach Lebensmittelquellen, denen man vertraut. Davon werden auch die Bauern außerhalb der Stadt profitieren, die für den regionalen Markt produzieren. Mehr regionale Erzeugung würde zudem der zunehmenden Konzentration auf dem Agrarmarkt entgegensteuern. Jeder kann dazu beitragen, allein schon, indem er auf dem Wochenmarkt lokal erzeugte Lebensmittel einkauft. Doch der Appell allein wird nicht reichen, solange drei Viertel der Konsumenten in erster Linie nach dem Preis schauen. Deshalb sollte unsere Regierung hier eine aktive Rolle übernehmen, indem sie Direktvermarktung erleichtert, anstatt sie durch überzogene Hygienegesetze zu erschweren. Eine Kostenehrlichkeit und Transparenz ist durch Steuern herzustellen: Im Moment zahlt die Allgemeinheit für Umweltschäden der industriellen Landwirtschaft. Diese sollten beziffert und den konventionellen Landwirten berechnet werden. Die Erlöse können der Förderung des Biolandbaus dienen. Auch die EU-Subventionspolitik gehört auf den Prüfstand, die jährlich 50 Milliarden Euro hauptsächlich in die industrielle europäische Landwirtschaft steckt. Dazu müssen klare, an der sozialen und ökologischen Qualität orientierte Indikatoren angewendet und überprüft werden. Was wir hingegen gar nicht brauchen, sind neue Freihandelsabkommen mit den USA, wie TTIP, die völlig intransparent bleiben und demokratisch nicht mehr kontrollierbar sind.

Wir müssen mit der Aufklärung bei den Kindern anfangen, in den Schulen Fleischverzehr, Massentierhaltung und ihre Folgen für die Gesundheit und Umwelt thematisieren. In allen öffentlichen Mensen und Kantinen sollte mindestens ein vegetarisches Gericht angeboten werden, und sie sollten sich verpflichten, nur noch Fleisch aus Weidehaltung einzukaufen. Es geht nicht um Verbote – es geht darum, dass die Verbraucher unterstützt werden, damit sie leichter erkennen, was gesünder ist, besser schmeckt und zu einer Landwirtschaft beiträgt, die auch unsere Kinder und Enkel noch ernährt.

Anhang

Taste of Heimat: regionale Lebensmittel aus bäuerlicher Landwirtschaft

Ein Kommunikationsnetzwerk für regionale Lebensmittelproduzenten, Anbieter und Verbraucher

Der Verein *Taste of Heimat* will die Verbreitung lokaler und regionaler Lebensmittel fördern und eine Diskussion anstoßen, die Regionalität mit ökologischer und sozialer Qualität verbindet.

Die gleichnamige Internetplattform ist ein Führer durch den Dschungel regionaler Produkte. Wir leiten den Verbraucher zu den nächstgelegenen Angeboten, die seinen Vorlieben entsprechen, und erklären die verschiedenen Vermarktungsmodelle. Wir informieren, warum die Unterstützung regionaler Lebensmittelproduzenten sinnvoll ist, klären auf, wo der Verbraucher diese in seiner Umgebung finden kann, und schaffen interaktive Diskussionsforen auf lokaler Ebene. Wir möchten vor allem die bäuerliche Landwirtschaft stärken, ebenso wie die handwerkliche Weiterverarbeitung zum Beispiel durch Bäcker oder Kräutermanufakturen.

Taste of Heimat – wer ist das?

Die Initiative wird getragen vom gleichnamigen Verein *Taste of Heimat e. V.*, der ein Kommunikationsnetzwerk für regionale Lebensmittelproduzenten, -anbieter und -verbraucher aufbaut, die Entwicklung nachhaltiger lokaler Strukturen fördert und eine ressourcenschonende und gesunde Ernährung unterstützt. Angesprochen sind Aktive aus ganz Deutschland: als Einzelpersonen, aus Organisationen, Unternehmen, Bildungseinrichtungen, die bei der Entwicklung einer nachhaltigen Landwirtschaft zusammenarbeiten möchten. Zu unseren Unterstützern gehören unter anderem die Regionalwert AG, das Bündnis »Meine Landwirtschaft«, die Arbeitsgemeinschaft bäuerliche Landwirtschaft, Misereor, Brot für die Welt, Slow Food, der Bundesverband der Regionalbewegungen, die Solidarische Landwirtschaft e.V. und die Food Assembly.

Der Verein will darüber hinaus Programme wie die NRW-Genussregionen einbeziehen. Ferner arbeiten wir mit Institutionen wie dem Naturpark Bergisches Land, dem Institut für Welternährung, der anstiftung & ertomis, der Schweisfurth-Stiftung oder auch der Kölner Kinderuniversität zusammen.

Bereits mit dem Erfolgsfilm *Taste the Waste* und dem Bestseller *Die Essensvernichter* konnten wir zeigen, dass es möglich ist, mithilfe sozialer Medien vom Denken zum Handeln zu motivieren: So führten Buch und Film zu einer europaweiten Bewegung gegen Lebensmittelverschwendung, die in der Gründung der Onlineplattform *Foodsharing.de* mündete. Diese feiert im Dezember 2014 ihren zweiten Geburtstag und ist mit über zwei Millionen Besuchern in den ersten beiden Jahren ein außergewöhnlicher Erfolg.

Das Herzstück von *Taste of Heimat:* die gleichnamige Onlineplattform

Der Internetauftritt dient nicht dem direkten Verkauf regionaler Lebensmittel, sondern begreift sich als kostenlose Unterstützung aller regionalen Direktvermarkter und Regionalbewegungen – auch solcher, die keinen Internetauftritt haben. Sie können sich auf der Seite registrieren und mit Texten und Bildern präsentieren. Die Nutzer haben die Möglichkeit, die vorhandenen Profile zu kommentieren und zu bewerten sowie direkt in Kontakt mit den Anbietern zu treten.

Eine interaktive Regionalsuche zeigt unter anderem Bauern, Restaurants und Supermärkte, die verarbeitete und unverarbeitete Produkte aus der ausgewählten Region anbieten, auf einer Landkarte an. Der sogenannte »Taste-o-Mat« empfiehlt – entsprechend persönlicher Vorlieben und Interessen des Nutzers – ausgewählte Angebote und Konzepte. Eine dazugehörige App erleichtert die Suche zukünftig auch von unterwegs und zeigt geöffnete Verkaufsstellen in der Umgebung und genaue Anfahrtsrouten an.

Ein Führer durch den Dschungel regionaler Angebote

Der Magazinteil klärt auf, warum Regionalität und Saisonalität zusammengehören und wie sie durch ökologische und soziale Qualitätskriterien ergänzt werden können. Wir hinterfragen die bestehenden Siegel und Label im Handel und informieren über die Bewegung für mehr Nahrungsmittelsouveränität in allen Erdteilen und über neue Konzepte, die Verbraucher und Landwirte näher zusammenbringen.

Dazu gehören auch die zahlreichen Möglichkeiten, sich mit regionalen Produkten zu versorgen, die es schon heute außerhalb des Supermarktes gibt:

Selbsterntefelder: Der Kunde wird selbst zum Gärtner.
Die essbare Stadt: Das Gemüse wächst im Park oder am Straßenrand.
Urbane Gärten: Hier kann man ernten und gemeinsam die Stadt gestalten.
Hofladen: Er bietet Produkte vom Bauern und von den Nachbarhöfen an.
Gemüsekiste: Frisches Gemüse wird an die Haustür geliefert.
SoLaWi: Die solidarische Landwirtschaft unterstützt Bauern, die sich mit frischen Lebensmitteln revanchieren.
Food-Coops: Hier wird gemeinsam bestellt – direkt, frisch und ohne Zwischenhändler.
Wochenmärkte: Es gibt Bio- oder regionales Gemüse vom Bauern, mitten in der Stadt.
Bioläden: Sie bieten Vielfalt – oft mit direkten und vertrauensvollen Kontakten zu den Bauern.
Biosupermärkte: Sie offerieren verstärkt Produkte von lokalen Anbietern.

Weiterführende Informationen zum Projekt auf
www.tasteofheimat.de

Danksagung

Unser besonderer Dank gilt:

RECHERCHE UND TEXTE ZU BUCH UND FILM:
Susanne Blech, Antje Held, Laura Pasch, Ilva Ifland, Christian-René Kall und Frederik Weck

FILMRECHERCHE:
Malawi: Christa Roth, Christoph Messinger, Dr. Chimwemwe A.P.S. Msukwe
USA: Steven Fischer
Japan: Susanne Steffen
Thailand: Sebastian Muench, Ludovic Petho, Yen Petho
Indien: Sangeetha Rajeesh
Mosambik: Belchion Lucas, Joseph Henlon

FILM:
Regie: Valentin Thurn
Kamera: Hajo Schomerus
Schnitt: Henk Drees
Autoren: Valentin Thurn, Sebastian Stobbe
Dramaturgie: Sebastian Stobbe
Ton: Ralf Weber
Standfotografie: Jens Mattner
Zusatzkamera: Erik Sick, Frank Kranstedt
Transkriptionen: Raik Strunz
Produzenten: Tina Leeb, Jürgen Kleinig (Alte Celluloid-Fabrik)
Koproduzenten: Ira von Gienanth (Prokino), Valentin Thurn
Producerin (Prokino): Saskia Wagner
Produktionsleitung: Julia Ludwig, Yvonne Miehlke, Doris Kovacevic, Muriel Schulte
Produktionsassistenz: Christian Horn
Redaktion WDR: Andrea Ernst, Angelika Wagner
Redaktion SWR: Gudrun Hanke-El Ghomri

Anmerkungen

1 Deutsche Welthungerhilfe: Welthunger-Index 2013. Herausforderung Hunger: Widerstandsfähigkeit stärken, Ernährung sichern, Bonn/Washington DC/Dublin, 2013

2 FAO, IFAD und WFP: The State of Food Insecurity in the World 2013. The multiple dimensions of food security. FAO, Rom 2013

3 Zahlenzauber: Wirklich weniger Hunger in der Welt? Was uns die globalen Hungerzahlen sagen – und was sie verschweigen. Hintergrundpapier zur Pressekonferenz von Brot für die Welt und FIAN Deutschland zum Welternährungstag 2013, Berlin u. Köln 11.10.2013, www.brot-fuer-die-welt.de/fileadmin/mediapool/2_Downloads/Presse/Welternaehrungstag/hintergrundpapier_statistik_hunger_2013.pdf, S. 1

4 Anlässlich der Vorstellung des gemeinsamen Berichts von FIAN und Brot für die Welt *Right to Food and Nutrition Watch 2013*, zitiert nach: Brot für die Welt, Blogbeitrag »Allianz der Politik mit Konzernen verschärft Hunger« von Ernährungsreferent Bernhard Walter v. 11.10.2013, www.brot-fuer-die-welt.de/index.php?id=175&tx_aspresse_pi1[item]=1921&tx_aspresse_pi1[backLink]=14&cHash=447d71e68330c63c0642f1b8eaa8199f

5 United Nations-Report: World Population Prospects. The 2012 Revision. Key Findings and Advance Tables, New York 2013

6 Bähr, Renate: Selbstbestimmte Familienplanung, in: Entwicklung und Zusammenarbeit (E+Z) Nr. 4/2014, S. 148

7 Überzählig sind immer die Anderen. Interview von Urs Hafner mit Shalini Randeria, in: Neue Züricher Zeitung 29.04.2013

8 Ebd.

9 Harmsen, Thorsten: Zivilisation ist dem Untergang geweiht, in: Berliner Zeitung 20.03.2014

10 Sonderbeitrag der Zeitschrift *Nature* 24.09.2009. Der vollständige Artikel heißt allerdings *Planetary Boundaries: Exploring the safe operating space for humanity*

11 Siehe auch: Das Nildelta versinkt im Meer, Klimaretter.info, 19.02.2014, www.klimaretter.info/umwelt/hintergrund/15751-das-nildelta-versinkt-im-meer

12 Tim Gore von Oxfam, zitiert nach: Der Klimawandel blüht und gedeiht, taz.de 31.03.2014, www.taz.de/!135850/

13 Zitiert nach: Schlimmer als vorhergesagt, taz.de 31.03.2014, www.taz.de/!135872/

14 BMUNR/BMBF/Deutsche IPCC Koordinierungsstelle/Umweltbundesamt: Fünfter Sachstandsbericht des IPCC Teilbericht 3 (Minderung des Klimawandels), Version v. 13.04.2014, S. 2

15 Vgl. wiki.bildungsserver.de/klimawandel/index.php/2-Grad-Ziel. Das Bildungswiki »Klimawandel« ist ein Kooperationsprojekt zwischen dem Deutschen Bildungsserver, dem Climate Service Center und dem Hamburger Bildungsserver zum Aufbau einer Enzyklopädie über den anthropogenen Klimawandel und seine Folgen.

16 Kreutzberger, Stefan/Thurn, Valentin: Die Essensvernichter. Warum die Hälfte aller Lebensmittel im Müll landet und wer dafür verantwortlich ist, Köln 2011 (erweiterte Taschenbuchausgabe 2012)

17 Universität Stuttgart, Institut für Siedlungswasserbau, Wassergüte- und Abfallwirtschaft: Ermittlung der weggeworfenen Lebensmittelmengen und Vorschläge zur Verminderung der Wegwerfrate bei Lebensmitteln in Deutschland, Stuttgart 2012

18 v. Witzke, Harald u.a.: Fleisch frisst Land. Ernährung, Fleischkonsum, Flächenverbrauch. WWF Deutschland, Berlin, Oktober 2011, S. 10

19 Noleppa, Steffen/v. Witzke, Harald: Tonnen für die Tonne. WWF Deutschland, Berlin 2012, S. 31

20 A.a.O., Zusammenfassung S. 6

21 FAO: The State of the World Fisheries and Aquaculture, 2012

22 Greenpeace: Kurzinfo Überfischung. Die Jagd auf den letzten Fisch. Hamburg 8/2008

23 Clover, C.: Fisch kaputt. Vom Leerfischen der Meere und den Konsequenzen für die ganze Welt. München 2005

24 BMELV: Aigner: »Der Fischfang wird strenger reguliert und nachhaltiger«, Pressemitteilung Nr. 68 v. 27.02.2013, www.bmelv.de/SharedDocs/Pressemitteilungen/2013/068-AI-EU-Fischereipolitik.html

25 IAASTD: Agriculture at a Crossroads. Global Report + Synthesis Report, Washington DC 2009

26 www.weltagrarbericht.de

27 Ebd.

28 IAASTD, a.a.O., Global Report, S. 10

29 Ebd.

30 Die Kapitalverstrickung der Saatgutkonzerne zeigt anschaulich die Erklärung von Bern-Dokumentation: Agropoly. Wenige Konzerne beherrschen die weltweite Lebensmittelproduktion, Zürich 2011, S. 9

31 Arvay, Clemens G.: Hilfe, unser Essen wird normiert! Wie uns EU-Bürokraten und Industrie vorschreiben, was wir anbauen und essen sollen, München 2014, S. 9

[32] A.a.O., S. 10

[33] Deere, Carolyn: The Implementation Game. The TRIPS Agreement and the Global Politics of Intellectual Property Reform in Developing Countries, Oxford 2009

[34] www.sri.ciifad.cornell.edu. Die von der Cornell University betriebene Seite bietet die umfassendste Materialsammlung rund um SRI.

[35] John Vidal: Ein Körnchen Wahrheit, in: SZ-Magazin Nr. 20, 17.05.2013, S. 21

[36] www.masipag.org/bit.ly/M-Studie

[37] BMELV, Pressemitteilung Nr. 152 vom 22.05.2013

[38] IAASTD, a.a.O., Global Report, S. 478

[39] Benbrook, Charles M.: Impacts of genetically engineered crops on pesticide use in the U.S. – the first sixteen years, Pullman 2012

[40] Rickelmann, Richard: Tödliche Ernte. Wie uns das Agrar- und Lebensmittelkartell vergiftet, Berlin 2012, S. 80

[41] Wildermuth, Volkart: Europas Gewässer in Gefahr, Deutschlandfunk 17.06.2014

[42] baydir.de/Unsere_Position_Bayer_CropScience_zur_REACH_Broschuere_des_Bundesumweltministeriums.cms v. 10.11.2009

[43] Quelle BMU. Siehe auch: Deutscher Bundestag Drucksache 15/4466,15. Wahlperiode, 06.12.2004. Antwort der Bundesregierung auf die Kleine Anfrage einzelner Abgeordneter und der Fraktion der FDP – Drucksache 15/4006 –, Belastungen von Obst und Gemüse mit Pflanzenschutzmitteln und Konsequenzen für den Verbraucher- und Gesundheitsschutz.

[44] Greenpeace (Hrsg.)/Wolfgang Reuter: Mehrfachbelastung durch Pestizide auf Mensch und Umwelt. Die kombinierte Wirkung von Pestiziden, 2012, gruppen.greenpeace.de/wuppertal/service_files/infoliste_files/landwirtschaft_pestizide/studie_mehrfachbelastung_durch_pestizide_august_2012

[45] www.pan-germany.org/download/pan_studie_endokrine_pestizide_1303.pdf

[46] PAN Germany: Pestizide und Gesundheitsgefahren – Daten und Fakten, Hamburg 2012, S. 8
www.pan-germany.org/download/Vergift_DE-110612_F.pdf

[47] Klawitter, Nils: Offene Tür zum Mißbrauch, in: Spiegel 51/2008, S. 88

[48] www.die-pflanzenschuetzer.de/faktencheck

[49] Ebd.

[50] Greenpeace-Online-Interview mit Manfred Krautter v. 16.02.07

[51] Zukunftsstiftung Landwirtschaft (Hrsg.): Wege aus der Hungerkrise. Die Erkenntnisse und Folgen des Weltagrarberichts: Vorschläge für eine Landwirtschaft von morgen. AbL Bauernblatt Verlags-GmbH, Hamm 2013, S. 31

[52] Wasserproduktivität definiert sich darüber, wie viele Nahrungskalorien pro Kubikmeter Wasser erzeugt werden können.

[53] Brauman, Kate A./Siebert, Stefan/Foley, Jonathan A.: Improvements in crop water productivity increase water sustainability and food security. A global analysis, Bristol, Mai 2013

[54] Wege aus der Hungerkrise, a.a.O., S. 33

[55] Bund Ökologische Lebensmittelwirtschaft, www.boelw.de/biofrage_09.html

[56] Bommert, Wilfried: Bodenrausch. Die globale Jagd nach den Äckern der Welt, Köln 2012, S. 284

[57] Berger, Jens: Land Grabbing – die marktkonforme Wiedergeburt des Kolonialismus, 30.10.2013, www.aussengedanken.de/land-grabbing-die-marktkonforme-wiedergeburt-des-kolonialismus

[58] Jeweils aktuelle Zahlen und Auswertungen auf dem englischsprachigen Informationsportal www.landmatrix.org

[59] Pressemitteilung von FIAN zum »Tag der Landlosen«, Köln, 15.04.2014

[60] Alle Zitate nach dpa-Meldung in Bonner Generalanzeiger v. 23.08.2011, S. 6

[61] Bommert, Wilfried, a.a.O, S. 220

[62] Vgl. Marí, Francisco/Buntzel, Rudolf: Das globale Huhn. Hühnerbrust und Chicken Wings – Wer isst den Rest?, Frankfurt 2007, sowie Germanwatch e.V.: Verheerende Fluten – Politisch gemacht. EU-Handelspolitik verletzt Recht auf Nahrung in Ghana – Die Beispiele Hühnchen und Tomaten, Bonn 2008, germanwatch.org/handel/tomahuhn.pdf

[63] Ebd.

[64] Mörderische Subventionen. Wie die Exportbeihilfen für Schweinefleisch den Hunger in Afrika verschlimmern, SWR-Beitrag, Report Mainz, 29.04.2009

[65] Vgl. Paasch, A.: Türöffner für Europas Exporte, in: welt-sichten. Magazin für globale Entwicklung und ökumenische Zusammenarbeit, 3/2011, S. 27

[66] Evangelischer Entwicklungsdienst: Exportwahn ohne Grenzen, Pressemitteilung v. 22.03.2011, www.brot-fuer-die-welt.de/presse/pressemeldung.html?tx_aspresse_pi1[page]=27&tx_aspresse_pi1[item]=1660&tx_aspresse_pi1[backLink]=642&cHash=244f568183085abbe43c265e37b8d34a

[67] Marí, Francisco: Schnelles Geld mit Hals und Schenkel, in: welt-sichten. Magazin für globale Entwicklung und ökumenische Zusammenarbeit, 12/2013-01/2014, S. 38

[68] »Anbauverbot für Gen-Pflanzen«, Interview mit Bundesagrarminister Christian Schmidt, Bonner Generalanzeiger 10./11.05.2014, S. 3

[69] FAO: The State of the World Fisheries and Aquaculture, 2012

[70] World Bank Report 83177-GLB: Fish to 2030 – Prospects for Fisheries and Aquaculture, Washington DC 2013

[71] Brot für die Welt warnt vor Massentierhaltung unter Wasser, Pressemitteilung v. 24.04.2014, www.brot-fuer-die-welt.de/presse/pressemeldung.html?tx_aspresse_

pi1[item]=1993&tx_aspresse_pi1[backLink]=3&cHash=7bf45229809f974b4d57 71b42bd963ab

72 www.asc-aqua.org

73 Bush, Simon R.: Fisch essen mit gutem Gewissen, in: welt-sichten. Magazin für globale Entwicklung und ökumenische Zusammenarbeit, 5/2014, S. 33

74 Veit, Sven-Michael: Alles für den Fisch. Forscher loben das MSC-Siegel, in: taz, 22.08.2012

75 Bass, H.H.: Finanzmärkte als Hungerverursacher? Studie für die Deutsche Welthungerhilfe, Bremen 2011

76 Vgl. www.nerdcore.de/wp/2008/05/14/deutsche-bank-wirbt-mit-der-hungerkrise/

77 Hungerkrisen vermeiden – Schäuble muss Spekulation mit Nahrungsmitteln stoppen. Gemeinsame Pressemitteilung v. 09.04.2012

78 www.db.com/cr/de/positionen/agrarrohstoffe.htm

79 Zitiert nach: Ralph, Jay: Zu Unrecht am Pranger, in: Handelsblatt, 03.01.2013, S. 48

80 Vgl. EED: G20 wollen Nahrungsmittelspekulationen beenden, Pressemitteilung v. 21.04.2011

81 Vgl. www.weltagrarbericht.de/akuelles/nachrichten/news/de/28983.html

82 dpa: Studie zeigt dramatische Entwicklung. Drei Millionen Kinder sterben durch Mangelernährung, Focus online, 06.06.2013, www.focus.de/gesundheit/ernaehrung/news/studie-zeigt-dramatische-entwicklung-drei-millionen-kinder-sterben-durch-mangelernaehrung_aid_1006718.html

83 Siehe auch Studie der Welthungerhilfe und Terre des hommes: Anreicherung von Nahrungsmitteln: »Techno-Fix« oder nachhaltige Lösung für versteckten Hunger?, Bonn, Juli 2014, www.welthungerhilfe.de/fileadmin/user_upload/Mediathek/Fachpapiere/Studie_Anreicherung_Nahrungsmittel_tdh_welthungerhilfe_Zukunft_der_globalen_Beziehungen_2014.pdf

84 Vgl. Expertenmeinung v. Jean-Pierre Papart u. Michel Roulet in NZZ v. 30.09.2010, www.tdh.ch/de/news/expertenmeinung---das-geschaft-mit-dem-hunger

85 Ebd.

86 Im Zeitraum von 1970–1995. Siehe: International Center Research on Women: Women Help Solve Hunger. Why Is the World Still Waiting?, 2008

87 IAASTD: Agriculture at a Crossroads. Global Report + Synthesis Report, Washington DC 2009, Synthese-Report, S. 78

88 Wege aus der Hungerkrise, a.a.O., S. 24

89 www.farmedhere.com

90 FAO: Edible insects. Future prospects for food and security, 2013,www.fao.org/docrep/018/i3253e/i3253e00.htm

[91] Vgl. hierzu auch Drescher, Sebastian: Insekten essen: Die Menschen beißen zurück, in: welt-sichten. Magazin für globale Entwicklung und ökumenische Zusammenarbeit, 12/13-01/14, S. 40–42

[92] aquabounty.com/wp-content/uploads/2014/04/Obama_letter_to_Julie_Borlaug.pdf

[93] Aus der Selbstdarstellung: www.welthungerhilfe.de

[94] Einen guten Überblick zum Ansatz der Welthungerhilfe bietet: Positionspapier Ländliche Entwicklung – Das Zusammenwirken von Landwirtschaft, Gesellschaft und Wirtschaft für eine nachhaltige Ernährungssicherung stärken, Bonn, März 2012, www.welthungerhilfe.de/ueber-uns/mediathek/whh-artikel/positionspapier-laendliche-entwicklung.html

[95] Vgl. www.permakultur-institut.de

[96] Ebd.

[97] www.transitionnetwork.org/initiatives/

[98] Zitiert nach Holzer, Margarethe: Afrika macht es vor, in: Magazin Oya 07/2011

Literaturempfehlungen

Unsere subjektive Auswahl für alle, die sich eingehender mit dem Thema beschäftigen wollen:

Agrarbündnis e.V.: Der kritische Agrarbericht 2014. AbL Bauernblatt Verlags-GmbH, Hamm 2014

Albrecht, Stephan (u.a.): Future of Food – State of the Art, Challenges and Options for Action. oekom, München 2013

Allen, Will: The Good Food Revolution. Growing healthy food, people, and communities. Gotham Books, New York 2012

Arvay, Clemens G.: Friss oder stirb. Wie wir den Machthunger der Lebensmittelkonzerne brechen und uns besser ernähren können. Mit einem Vorwort von Stefan Kreutzberger. Ecowin, Salzburg 2013

Arvay, Clemens G.: Hilfe, unser Essen wird normiert! Wie uns EU-Bürokraten und Industrie vorschreiben, was wir anbauen und essen sollen. Redline, München 2014

Bode, Thilo: Die Essensfälscher. Was uns die Lebensmittelkonzerne auf den Teller lügen. S. Fischer, Frankfurt am Main 2010

Bommert, Wilfried/Jakobs, Sabine: Kein Brot für die Welt. Die Zukunft der Welternährung. Riemann, München 2009

Bommert, Wilfried: Bodenrausch. Die globale Jagd nach den Äckern der Welt. Eichborn, Köln 2012

Brown, Lester R.: Full Planet, Empty Plates. The New Geopolitics of Food Scarcity. W.W. Norton & Company, New York 2012

Busse, Tanja: Die Ernährungsdiktatur. Warum wir nicht länger essen dürfen, was uns die Industrie auftischt. Blessing, München 2010

Clausing, Peter: Die grüne Matrix. Naturschutz und Welternährung am Scheideweg. Unrast, Münster 2013

Deutsche Welthungerhilfe (Hrsg.)/Weingärtner, Lioba/Trentmann, Claudia: Handbuch Welternährung. Campus, Frankfurt am Main 2011

Deutsche Welthungerhilfe: Welthunger-Index 2013. Herausforderung Hunger: Widerstandsfähigkeit stärken, Ernährung sichern, Bonn/Washington DC/Dublin 2013

Edition Le Monde diplomatique No. 10: Cola, Reis & Heuschrecken. Welternährung im 21. Jahrhundert. taz Verlags- und Vertriebs GmbH, Berlin 2011

Erklärung von Bern/Forum Umwelt und Entwicklung (Hrsg.): Agropoly. Wenige Konzerne beherrschen die weltweite Lebensmittelproduktion. Dokumentation, Zürich 2012

Erklärung von Bern (Hrsg.): Pestizide. Vom Schaden der Schädlingsbekämpfung. Dokumentation, Zürich 2012

FAO: The State of Food and Agriculture 2013. Food systems for better nutrition, Rom 2013

Forum Umwelt und Entwicklung/Luig, Benjamin: »Business Case« Hungerbekämpfung. Der fragwürdige Beitrag von Agrobusiness und Nahrungsmittelindustrie zur Ernährungssicherheit, Berlin 2013

Grimm, Hans-Ulrich: Die Ernährungslüge. Wie uns die Lebensmittelindustrie um den Verstand bringt. (Taschenbuchneuausgabe) Knaur, München 2011

Heinrich Böll Stiftung/BUND: Fleischatlas. Daten und Fakten über Tiere als Nahrungsmittel, Berlin 2014

Hirn, Wolfgang: Der Kampf ums Brot. Warum die Lebensmittel immer knapper und teurer werden. Fischer, Frankfurt am Main 2009

Hiß, Christian: Regionalwert AG. Mit Bürgeraktien die regionale Ökonomie stärken. Herder, Freiburg 2014

Hopkins, Rob: Einfach. Jetzt. Machen! Wie wir unsere Zukunft selbst in die Hand nehmen. Oekom, München 2014

Kirchenamt der Evangelischen Kirche in Deutschland (EKD) (Hrsg.): Lesebuch zur Vorbereitung auf das Schwerpunktthema »Es ist genug für alle da« – Welternährung und nachhaltige Landwirtschaft. Geschäftsstelle der Synode der EKD, Hannover 2013

Klingholz, Reiner: Sklaven des Wachstums. Die Geschichte einer Befreiung. Campus, Frankfurt am Main 2014

Kreutzberger, Stefan/Thurn, Valentin: Die Essensvernichter. Warum die Hälfte aller Lebensmittel im Müll landet und wer dafür verantwortlich ist. (Erweiterte Taschenbuchausgabe) Kiepenheuer & Witsch, Köln 2012

Kreutzberger, Stefan: Die Ökolüge. Wie Sie den grünen Etikettenschwindel durchschauen. (Erweiterte Taschenbuchausgabe) Ullstein, Berlin 2012

Kruchem, Thomas: Der große Landraub. Bauern des Südens wehren sich gegen Agrarinvestoren. Brandes & Apsel, Frankfurt am Main 2012

Kruchem, Thomas: Land und Wasser. Von der Verantwortung ausländischer Agrarinvestoren im Süden Afrikas. Brandes & Apsel, Frankfurt am Main 2013

Lemke, Harald: Politik des Essens. Wovon die Welt von morgen lebt. Transcript, Bielefeld 2012

Löwenstein, Felix zu: Food Crash. Wir werden uns ökologisch ernähren oder gar nicht mehr. Droemer Knaur, München 2011

Mauser, Wolfram: Wie lange reicht die Ressource Wasser? Vom Umgang mit dem blauen Gold. Fischer, Frankfurt am Main 2007

Montgomery, David R.: Dreck. Wie unsere Zivilisation den Boden unter den Füßen verliert. Oekom, München 2010

Oxfam: Behind the Brands. Food justice and the »Big 10« food and beverage companies, Oxford 2013

Patel, Raj: Stuffed & Starved. From Farm to Fork. The hidden battle for the world food system. Portobello Books, London 2013

Reller, Armin/Holdinghausen, Heike: Wir konsumieren uns zu Tode. Warum wir unseren Lebensstil ändern müssen, wenn wir überleben wollen. Westend, Frankfurt am Main 2011

Rickelmann, Richard: Tödliche Ernte. Wie uns das Agrar- und Lebensmittelkartell vergiftet. Econ, Berlin 2012

Robin, Marie-Monique: Mit Gift und Genen. Wie der Biotech-Konzern Monsanto unsere Welt verändert. DVA, München 2009

Schöninger, Iris/v. Grebmer, Klaus: Unfair Trade. Wie wir für unseren Wohlstand die halbe Welt verhungern lassen. (E-Book mit Unterstützung der Welthungerhilfe) Campus, Frankfurt am Main 2012

Schweisfurth, Karl Ludwig: Tierisch gut. Vom Essen und Gegessenwerden. Westend, Frankfurt am Main 2010

Shiva, Vandana: Jenseits des Wachstums. Warum wir mit der Erde Frieden schließen müssen. Rotpunkt, Zürich 2014

Steiner, Johannes (Hrsg.): Grenzen des Hungers. Ernährungssicherung in Zeiten des globalen Wandels. Verlag noir, Wien 2014

Stierand, Philipp: Speiseräume. Die Ernährungswende beginnt in der Stadt. Oekom, München 2014

Thurn, Valentin/Oertel, Gundula Christiane: Taste the Waste. Rezepte und Ideen für Essensretter. Das Kochbuch zum Bestseller »Die Essensvernichter«. Kiepenheuer & Witsch, Köln 2012

Trummer, Paul: Pizza Globale. Ein Lieblingsessen erklärt die Weltwirtschaft. Econ, Berlin 2010

UNEP: Agriculture. Investing in natural capital, 11/2011

VENRO (Hrsg.): Die Weichen richtig stellen. Für eine zukunftsfähige Entwicklungs- und Nachhaltigkeitsagenda nach 2015, Bonn 2013

Vollborn, Marita/Georgescu, Vlad D.: Die Joghurt-Lüge. Die unappetitlichen Geschäfte der Lebensmittelindustrie. Campus, Frankfurt am Main 2006

Wagenhofer, Erwin/Annas, Max: We Feed the World. Was uns das Essen wirklich kostet. Orange-Press, Freiburg 2006

Weber, Karl (Hrsg.): Food, Inc. How industrial food is making us sicker, fatter and poorer – and what you can do about it. Public Affairs, New York 2009

Werner-Lobo, Klaus: Uns gehört die Welt! Macht und Machenschaften der Multis. Hanser, München 2008

Wissenschaftlicher Beirat der Bundesregierung Globale Umweltveränderungen (Hrsg.): Welt im Wandel. Gesellschaftsvertrag für eine Große Transformation. WBGU, Berlin 2011

WWF Deutschland (Hrsg.): Fleisch frisst Land. Ernährung – Fleischkonsum – Flächenverbrauch. WWF, Berlin 2011

WWF Deutschland (Hrsg.): Tonnen für die Tonne. Ernährung – Nahrungsmittelverluste – Flächenverbrauch. WWF, Berlin 2011

WWF Deutschland/Heinrich Böll Stiftung (Hrsg.): How to feed the world's growing billions. World Population – Agriculture – Consumption. WWF, Berlin 2011

Ziegler, Jean: Das Imperium der Schande. Der Kampf gegen Armut und Unterdrückung. Goldmann, München 2008

Ziegler, Jean: Wir lassen sie verhungern. Die Massenvernichtung in der Dritten Welt. C. Bertelsmann, München 2012

Zukunftsstiftung Landwirtschaft (Hrsg.): Wege aus der Hungerkrise. Die Erkenntnisse und Folgen des Weltagrarberichts: Vorschläge für eine Landwirtschaft von morgen. AbL Bauernblatt Verlags-GmbH, Hamm 2013

Abkürzungsverzeichnis

AATI	Africa Agriculture and Trade Investment Fund
AgDevC	Agricultural Development Company
AMAP	Associations pour le maintien d'une agriculture paysanne
APEO	Alkylphenolethoxylaten
ASC	Aquaculture Stewardship Council
ASTAF-PRO	Aquaponik-System zur emissionsfreien Tomaten- und Fisch-Produktion
BMELV	Bundesministerium für Ernährung und Landwirtschaft
BMU	Bundesministerium für Umwelt, Naturschutz, Bau und Reaktorsicherheit
BMZ	Bundesministerium für wirtschaftliche Zusammenarbeit und Entwicklung
BÖLW	Bund Ökologische Lebensmittelwirtschaft
BT	Bacillus thuringiensis
BVL	Bundesamt für Verbraucherschutz und Lebensmittelsicherheit
CAFTA	Central America Free Trade Agreement
CBOT	Chicago Board of Trade
CEDAC	Centre d'Étude et de Développement Agricole Cambodgien
CFS	Committee on World Food Security
CME	Chicago Mercantile Exchange
CO^2-eq	Kohlendioxid-Äquivalent
CSA	Community Supported Agriculture
DEG	Deutsche Investitions- und Entwicklungsgesellschaft
DGE	Deutsche Gesellschaft für Ernährung
ECHA	European Chemicals Agency
EED	Evangelischer Entwicklungsdienst
EM	Effektive Mikroorganismen
EPA	Economic Partnership Agreement
FAO	Food and Agriculture Organization of the United Nations
FIAN	Food First Informations- und Aktions-Netzwerk
FOTS	Friends of the Sea
GAA/GAP	Global Aquaculture Alliance/Best Aquaculture Practices
GIZ	Deutsche Gesellschaft für internationale Zusammenarbeit
GV	Gentechnisch verändert
GVO	Gentechnisch veränderte Organismen
HASSP	Harmonized Seed Security Project
IAASTD	International Assessment of Agricultural Knowledge, Science and Technology for Development

ICIPE	International Centre of Insect Physiology and Ecology
IFAD	International Fund for Agricultural Development
IFPRI	International Food Policy Research Institute
INAPRO	Innovative model & demonstration based water management for resource efficiency in integrated multitrophic agriculture and aquaculture systems
INKOTA	Information, Koordination, Tagungen zu Themen des Nord-Süd-Konflikts und der Konziliaren Bewegung
IPCC	Intergovernmental Panel on Climate Change
IRRI	International Rice Research Institute
ITPGR	International Treaty on Plant Genetic Resources
IVA	Industrieverband Agrar
IWF	Internationaler Währungsfonds
KARI	Kenyan Acriculture Research Institut
kcal	Kilokalorie
KIT	Karlsruher Institut für Technologie
LICADHO	Cambodian League for the Promotion and Defense of Human Rights
MiFID	Markets in Financial Instruments Directive
MRL	Maximum Residue Levels
MSC	Marine Stewardship Council
MST	Movimento dos Sem Terra
OECD	Organisation für wirtschaftliche Entwicklung und Zusammenarbeit
OFAI	Organic Farming Association of India
PAK	Polyzyclische aromatische Kohlenwasserstoffe
PAN	Pesticide Action Network International
PCB	Polychlorierte Biphenyle
PROCOMES	Asociación de Proyectos Comunales en El Salvador
REACH	Registrierung, Autorisierung und Evaluierung von Chemikalien
RICI	Rogers International Commodity Index
RR	RoundupReady
RUTF	Ready to Use Therapeutic Food
SIWI	Stockholm International Water Institute
SoLaWi	Solidarische Landwirtschaft
SRI	System of Rice Intensification
THG	Treibhausgase
TRIPS	Agreement on Trade-Related Aspects of Intellectual Property Rights
TTIP	Transatlantic Trade and Investment Partnership
UNEP	United Nations Environment Programme
USAID	United States Agency for International Development
WFP	World Food Programme
WHI	Welthungerindex
WHO	World Health Organization
WTO	World Trade Organization
WWF	World Wide Fund For Nature

Register